ÉTUDES

DE LÉGISLATION

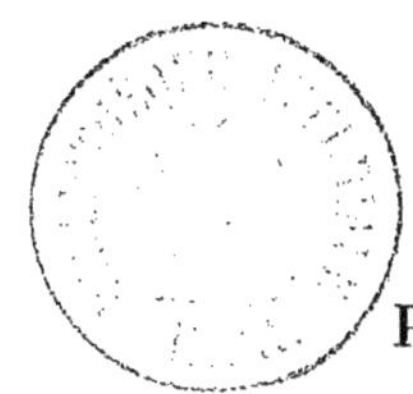

PAR M. I. BÉDARRIDE

AVOCAT A LA COUR IMPÉRIALE DE MONTPELLIER

ancien bâtonnier, chevalier de la Légion d'honneur

Extrait de la REVUE JUDICIAIRE DU MIDI

MONTPELLIER
COULET, LIBRAIRE-ÉDITEUR
Grand'Rue, 5

PARIS
A. MARESQ, LIBRAIRE
rue Soufflot, 17

M DCCC LXVIII

MONTPELLIER, IMPRIMERIE GRAS.

NOTE

Les études de législation qui sont l'objet de cette publication ont été recueillies telles qu'elles ont été insérées dans la *Revue judiciaire du Midi* et dans l'ordre dans lequel elles avaient paru.

Un tirage à part ayant été fait sur chaque livraison, il n'a pas été possible de classer dans un ordre logique des dissertations qui ont chacune un objet spécial, et dont certaines ont été inspirées par l'actualité.

L'auteur n'a pas eu la pensée de faire un traité de législation : il a voulu seulement jeter quelques aperçus sur des sujets qui appellent l'examen. Son but serait atteint si, en respectant une législation à laquelle il n'est permis de toucher qu'avec réserve, il avait pu signaler quelques réformes utiles, fruit de la marche du temps et du progrès des idées.

ERRATUM

—

Page 1, au titre, au lieu de : *De l'Esprit des lois*, lisez : *De la Théorie des lois.*

ÉTUDES DE LÉGISLATION

DE L'ESPRIT DES LOIS

Lorsqu'on jette les yeux sur le recueil de nos lois, on est frappé du nombre prodigieux de dispositions législatives qui se sont succédé les unes aux autres.

Les intérêts à réglementer sont essentiellement circonscrits, comment se fait-il que leur réglementation ait exigé tant de monuments de nature si diverse?

On ne peut s'expliquer le grand nombre de lois qui encombrent nos recueils, que par cela que le législateur ne s'est pas toujours maintenu dans le cercle des intérêts qu'il avait mission de sauvegarder.

Les droits sont le corollaire des devoirs. Le législateur, en réglant les droits des individus, leur a par cela même enseigné leurs devoirs; mais il n'est pas en son pouvoir de tracer à chacun des règles de conduite.

Quel est le but que la législation doit se proposer?

Les attributs de la justice se résument dans ces mots : *Honestè vivere, neminem lædere, jus suum cuique tribuere.*

Nul doute que la loi ne puisse empêcher quelqu'un de léser autrui;

Nul doute qu'elle ne puisse contraindre chacun à respecter le droit d'autrui;

C'est l'application de ce grand principe de morale : *Ne fais pas aux autres ce que tu ne voudrais pas qu'on te fît.*

La loi a le pouvoir d'intervenir lorsqu'il s'agit de régler les actions des hommes dans leurs rapports avec l'intérêt d'autrui.

Mais en est-il de même lorsqu'il s'agit de régler ces actions en ce qui ne touche qu'à l'intérêt individuel de celui qui les commet?

Si l'on entend par *honestè vivere* l'accomplissement de tous les préceptes de religion et de morale : l'amour du prochain, la charité, la bienfaisance, la pratique des vertus publiques ou privées, la loi n'y peut rien.

Il est bien permis d'exciter à la vertu par des récompenses, il ne serait pas possible de contraindre à vivre honnêtement par des peines.

Le pouvoir du législateur ne commence que là où il y a atteinte au droit d'autrui.

La loi est sans force quand il s'agit, d'une manière abstraite, de prêter appui à la morale.

Elle est impuissante pour imposer aux individus des règles de prudence.

De même qu'il est permis à chacun de chercher à se procurer le plus de bien possible sans nuire aux autres;

De même il lui est loisible de se livrer en toute liberté à tous les actes qui ne peuvent nuire qu'à lui-même.

La loi ne peut sauvegarder que la morale publique, en réprimant les actions qui lui seraient contraires.

Mais ce n'est qu'au point de vue de l'ordre public que la loi peut intervenir; pour tout ce qui concerne l'intérêt privé, son rôle s'efface; elle sortirait de sa sphère, si elle voulait imposer aux majeurs des règles de conduite; elle ne peut venir au secours que de ceux qui, à cause de leur faiblesse, demandent protection.

« Règle générale, dit Bentham (1), laissez aux individus la plus grande latitude possible dans » tous les cas où ils ne peuvent nuire qu'à eux-mêmes, car ils sont les meilleurs juges de leur » intérêt.

» S'ils se trompent, dès qu'ils sentiront leur méprise, il est à présumer qu'ils ne persisteront » pas; ne faites intervenir la puissance des lois que pour leur empêcher de se nuire entre eux: » c'est là où elles sont nécessaires. »

Un des principaux vices des lois, et qui a contribué à accroître leur nombre, ça été la propension du législateur à vouloir tout réglementer.

« Au lieu de se fier à la prudence des individus (dit Bentham) (2), ils les ont traités comme » des enfants ou des esclaves. Il se sont livrés à la même passion que les fondateurs des ordres » religieux, qui, pour mieux signaler leur autorité, ont tenu leurs sujets sous la plus abjecte » dépendance et leur ont tracé jour à jour, moment à moment, leurs occupations, leurs ali- » ments, leur lever, leur coucher, etc.

» Il y a, ajoute-t-il, des codes célèbres où l'on trouve une multitude d'entraves de cette » espèce: ce sont des gênes inutiles sur le mariage, des peines contre le célibat, des règlements » somptuaires pour fixer la forme des habits, la dépense des festins, les ameublements des » maisons, les ornements des femmes, etc.... »

On ne peut mettre en doute l'inutilité de pareilles lois, facilement éludées, et qui, pour éviter un mal, donnent carrière aux plus graves abus.

Bacon (3), résumant les principes des lois, s'exprime en ces termes :

« Une loi peut-être réputée bonne quand il y a :

» 1° Certitude dans ce qu'elle intime ;

» 2° Justice dans ce qu'elle prescrit ;

» 3° Facilité dans son exécution ;

» 4° Harmonie entre elle et les institutions politiques ;

» 5° Tendance constante à faire naître la vertu dans les sujets. »

Ce n'est pas en prescrivant des actes de vertu sous la sanction d'une pénalité, que la loi remplira cette dernière condition; ce ne peut-être que d'une manière indirecte qu'elle manifestera sa tendance.

Ainsi en interdisant les maisons de jeu, par exemple, la loi avertira des dangers qu'entraîne la passion du jeu; mais elle n'interdira pas aux individus de se livrer au jeu, dussent-ils compromettre leur fortune.

Il en est ainsi pour d'autres actes que le législateur a intérêt à réprimer, lorsqu'une atteinte à la morale publique est portée, mais qui, pris isolément, échappent à toute répression; la faute qui ne nuit qu'à celui qui la commet ne tombant pas sous le coup de l'action du législateur.

Aux conditions exigées par Bacon pour constituer de bonnes lois, il faut en ajouter une qui les résume toutes: il faut que les lois soient conformes aux mœurs.

C'est alors seulement qu'il y aura facilité dans leur exécution et qu'elles atteindront ce degré d'utilité qui est le *criterium* d'une bonne législation.

Le plus triste spectacle qui puisse être offert à une nation, c'est celui d'une loi frappée d'impuissance, réduite en une lettre morte que l'on viole impunément.

(1) *Traité de législation*, t. I, chap. XI.

(2) *Loc. cit.*, *Traité de législation*, t. I, chap. XI.

(3) *Dignité et accroissement des sciences*, liv. VIII, préambule.

Le législateur ne peut pas procéder par sentiment : il ne connaît ni sympathie ni antipathie ; il n'est pas guidé par des principes abstraits. La législation, dit Bentham, *est une affaire d'observation et de calcul.*

« L'utilité générale, ajoute-t-il, doit être le principe du raisonnement en législation ; connaître le bien de la communauté dont les intérêts sont en question, voilà ce qui constitue » la science ; trouver le moyen de le réaliser, voilà ce qui constitue l'art. »

La loi doit être égale pour tous : l'égalité devant la loi est le corollaire de l'égalité devant Dieu.

On a dit que la loi devait être athée : locution vicieuse qu'aucun esprit sérieux ne voudrait admettre.

Mais la loi, qui a pour mission d'assurer le règne de la justice parmi les hommes, ne peut faire acception d'aucune croyance.

Mettre les lois en harmonie avec les mœurs, c'est le premier devoir du législateur.

Quid leges sine moribus?

Il n'est pas de nation qui n'ait été gouvernée par des coutumes avant d'être gouvernée par des lois écrites.

Les lois n'ont été que la consécration des usages établis ; on peut dire qu'elles n'ont fait que traduire les mœurs.

Si quelquefois les lois ont pu les corriger, presque toujours les mœurs ont dominé les lois.

Les lois doivent être basées sur la raison. Cicéron définit la loi : *ratio summa insita in naturâ.* Une loi qui ne serait pas conforme à la raison ne mériterait pas le nom de loi.

Lorsque le droit romain a cessé d'être loi, on lui a conservé le nom de raison écrite : *ratio scripta.*

C'est en se pénétrant de ces idées qu'on arrive à cette conclusion, qu'il n'y a de lois durables que celles qui s'accordent avec les mœurs de la nation qu'elles régissent.

On demandait à Solon si les lois qu'il avait données aux Athéniens étaient les meilleures, il répondit : « Je leur ai donné les meilleures qu'ils pouvaient souffrir. »

Toutes les fois que le législateur a voulu résister à l'esprit d'une nation, aux mœurs établies, ses efforts ont été inutiles.

Nous ne parlerons pas des lois contre le duel, qui, luttant contre le sentiment d'honneur, contre le sens national, sont toujours restées sans vigueur ;

Mais il est tant d'autres lois qui ont péri parce qu'elles engageaient une lutte impossible.

On peut ranger dans cette catégorie les lois somptuaires.

Il n'est pas de nation qui, à certains moments, ne se soit crue obligée de recourir à des lois somptuaires pour mettre un frein à l'envahissement du luxe.

Des ordonnances de Charles IX, d'Henri III, règlent le nombre de plats qu'il sera permis à un particulier de servir dans un festin.

« Parce que, dit Henri III, l'excessive cherté de toutes choses procède principalement du » luxe et superfluité de nos sujets à leurs vivres, ordonnons qu'à quelques noces, banquets, » festins ou tables privées que ce soit, il n'y ait plus de trois services.... »

Et l'ordonnance règle le menu de ces services, le nombre de plats, la composition de chacun de ces plats, le tout à peine de confiscation et d'amende.

Louis XIII, en 1629, reproduisant ces prescriptions, y ajoute la réglementation des habits.

Il défend toute broderie, dentelles, ornements, tant pour hommes que pour femmes ; il ne fait exception que pour les objets qui n'excéderont pas trois livres l'aune (1).

(1) L'article 133 contient la nomenclature de toutes les broderies et ornements, tant pour hommes que pour femmes.... Le tout est prohibé à peine de confiscation des collets, manchettes, chaînes, colliers, manteaux, chapeaux, qui se trouveront sur les personnes contrevenantes, de quelques sortes et valeur qu'ils puissent être ; ensemble, des carrosses, chevaux, sur lesquels les objets susdits se trouveront, et de mille liv. d'amende.

De pareilles prohibitions ne pouvaient atteindre le but que le législateur se proposait; il n'était pas en son pouvoir de supprimer le luxe, et d'empêcher chacun de disposer de son bien comme il l'entendait.

Le législateur s'éloignait ainsi du cercle dans lequel il devait se circonscrire; il ne lui appartenait pas de régler des actes qui ne pouvaient nuire qu'à celui qui les commettait.

Mais, si les lois somptuaires ont disparu, le législateur s'est-il toujours renfermé dans la limite qu'il ne lui est pas permis de franchir?

A-t-il toujours respecté cette liberté d'action que la loi doit garantir à chaque individu, *jus utendi et abutendi*, pourvu qu'on ne lèse pas le droit d'autrui?

Les dispositions législatives dirigées contre l'usure, contre le jeu, ont essentiellement pour but de protéger la fortune privée.

De tous les temps ces lois ont été éludées; la raison en est bien simple : c'est qu'il n'est pas possible au législateur de forcer quelqu'un à ne pas s'écarter des règles de la prudence; c'est qu'il ne lui est pas permis d'enchaîner la volonté des individus en ce qui ne touche qu'à leur propre intérêt.

Si les lois doivent être en harmonie avec les institutions politiques, la liberté dans les transactions n'est-elle pas la conséquence forcée de nos institutions?

Avant 1789, la réglementation s'étendait à toutes les branches du commerce et de l'industrie.

Les maîtrises et les jurandes ne permettaient pas aux individus de suivre librement leur vocation et de donner essor à leurs facultés; en proclamant la liberté du commerce et de l'industrie, la loi a réintégré les citoyens dans le plein exercice de leurs droits.

La conséquence de ces principes, c'est la liberté dans les transactions. Les objets sur lesquels les transactions peuvent porter n'ont pas de limites; le droit individuel ne s'arrête que là où il pourrait être porté atteinte à l'ordre public ou aux bonnes mœurs.

Hors de là, nulle restriction ne peut être apportée au droit des individus de se livrer à telle ou telle opération qui peut compromettre leur fortune.

Les marchés à livrer, les jeux de bourse, d'où résultent (il faut bien le reconnaître) de si grands désastres et de si rapides fortunes, tombent-ils sous le coup de la loi?

Le débat est engagé depuis longtemps entre le désir de réprimer la passion du jeu, but essentiellement louable, et la crainte de gêner la liberté des transactions, d'encourager la violation des engagements contractés.

Entre ces deux extrêmes, quel peut être le devoir du législateur? Peut-on se dissimuler que les mœurs doivent, dans cette lutte, exercer la plus grande influence sur les lois?

De même que le législateur ne peut enchaîner les conventions, de même il ne peut créer des incapacités, sans porter atteinte au droit individuel.

Existe-t-il des intérêts spéciaux ou des personnes privilégiées que la loi puisse plus spécialement entourer de sa protection?

Nul doute que le mineur ne doive être protégé contre les piéges qu'on pourrait lui tendre: la faiblesse de son intelligence ne lui permet pas d'apprécier la portée des actes qu'il souscrit.

Il faut reconnaître, cependant, que l'instruction est aujourd'hui plus rapide qu'elle ne l'était autrefois. La majorité, fixée autrefois à vingt-cinq ans, a été réduite à vingt-un; avant cet âge, le mineur peut être jugé capable d'être émancipé.

Le mineur émancipé peut être autorisé à faire le commerce, et il engage ainsi ses biens de toute nature; sa capacité civile est, au contraire, limitée à des actes d'administration.

N'y a-t-il pas plus de danger à lui laisser contracter indéfiniment des engagements commerciaux qu'à lui laisser hypothéquer un lopin de terre?

Il en est de même pour la femme mariée.

Commerçante, elle s'engage valablement sans le concours de son mari; non commerçante, sa capacité se restreint, alors même qu'elle est séparée de biens.

La trop grande protection accordée par la loi à certains contrats, à certaines personnes, a ses dangers.

Il arrive souvent que celui que la loi protége abuse de cette protection pour se soustraire à des obligations sérieusement et loyalement contractées.

De plus, celui que la loi protége est moins soucieux de se protéger lui-même; il en résulte un vice dans l'éducation.

Lorsqu'il s'agit d'actes permis à des personnes dont la capacité n'est pas entière, *la loi distingue* les meubles et les immeubles; on pourrait se demander si cette distinction a aujourd'hui la même valeur qu'elle avait autrefois.

Les progrès de l'industrie ont ouvert le plus vaste champ à la création des valeurs mobilières; il en est qui jouissent du même privilége que les immeubles.

On conçoit la prédominance des biens immeubles là où la loi s'oppose à leur division, où les dispositions législatives tendent à maintenir les immeubles dans la même famille, où les fortunes sont essentiellement immobilières ; mais, dans un état de civilisation où la richesse mobilière a pris d'immenses proportions, où l'on cherche à mobiliser les immeubles pour en faire l'objet de spéculations industrielles, les biens immobiliers doivent-ils être l'objet d'une protection spéciale?

C'est à ce point de vue qu'on peut se demander si le régime dotal est en harmonie avec l'état de la civilisation.

On ne peut contester certains avantages attachés au régime dotal : la stabilité dans les familles, une ressource assurée aux époux dans le malheur.

Mais le plus souvent cette stabilité de la dot dégénère en entraves que, dans un moment de gêne, les époux cherchent à éluder par des moyens détournés.

D'ailleurs, à un point de vue général, l'inaliénabilité de la dot ne crée-t-elle pas une sorte de biens de mainmorte, incompatible avec l'esprit de notre législation? Est-il bien vrai que l'on puisse dire aujourd'hui qu'il importe à la chose publique que les dots des femmes soient sauvées?

La loi romaine en disant : *Interest reipublicæ dotes mulierum salvas fore*, ajoutait : *ut novæ nuptiæ perfici possint;* afin que les veuves puissent se remarier. Serait-ce là un motif avouable de nos jours?

Loin de favoriser les secondes noces, les anciens édits les frappaient d'une pénalité.

La loi a sagement mis en relief la puissance paternelle quand il s'agit du mariage.

Le consentement exigé, même pour les enfants majeurs, même dans le cas où le père ou la mère sont remariés, est un hommage rendu au respect dont les enfants ne doivent jamais se départir.

Mais, quand il s'agit de la disposition des biens, la puissance paternelle est-elle suffisamment sauvegardée?

Que la quotité disponible reste ce qu'elle est, il n'y a pas nécessité de créer dans les familles une trop grande inégalité de fortune.

Mais, quand l'ascendant a fait sagement le partage de ses biens, quand la quotité disponible n'est pas dépassée, y a t-il lieu de quereller le jugement du père de famille, parce qu'il aura loti ses enfants les uns en immeubles, les autres en argent?

Faut-il forcément que chaque lot contienne des biens de même nature et valeur?

La division de la propriété a été, sans contredit, un moyen d'accroissement de la fortune publique; mais n'est-il pas une limite à laquelle cette division doive s'arrêter?

L'adoption, telle qu'elle est instituée par le Code civil, est une création du droit nouveau.

C'est venir en aide à l'esprit de famille, qui est un des plus puissants soutiens de l'ordre social, que de permettre à ceux qui sont privés de descendance légitime de se créer une paternité légale et de s'attacher, par des liens indissolubles, les enfants qu'ils ont élevés.

Cette précieuse faculté doit être étendue plutôt que restreinte.

Aussi la loi n'a tracé aucune limite au droit de l'adoptant; elle n'a pas fait des catégories pour classer ceux qui peuvent être adoptés.

Pourquoi, dès lors, les controverses sur le point de savoir si l'enfant naturel peut être adopté?

La jurisprudence a dissipé tous les doutes à cet égard.

Mais, une fois ce pas franchi, on s'arrête devant l'adoption de l'enfant adultérin.

L'adoption tend à effacer le vice de la naissance; y a-t-il utilité à laisser subsister dans la société des êtres que l'on punit d'une faute qu'ils n'ont pas commise, qui sont marqués d'une flétrissure qu'ils n'ont pas méritée ?

On pourrait se demander s'il n'y a pas plus de moralité à leur ouvrir les portes de l'adoption qu'à les repousser de crainte d'encourager l'adultère ?

La peine, infligée *dans ce cas* à l'enfant, pèche contre le caractère essentiel de toute pénalité.

Elle ne s'adresse pas au véritable coupable, elle n'est pas susceptible d'intimider ceux qui seraient tentés de le devenir.

Dira-t-on que c'est un moyen indirect d'accorder à l'enfant des droits plus étendus que ceux que la loi lui confère ? Mais la même raison existe pour les enfants naturels.

Le droit de tester est un des plus beaux privilèges conférés aux citoyens par le droit civil. La faculté de se survivre à soi-même, de dicter des lois, qui s'exécuteront après sa mort, est sans contredit une précieuse prérogative.

Mais que faut-il pour que ce droit puisse valablement s'exercer ?

La loi dit qu'il faut être *sain d'esprit.*

A combien de débats le vague de cette disposition ne donne-t-elle pas lieu ?

Une seule chose est à exiger dans le testateur, c'est la volonté.

Quiconque peut vouloir peut tester.

L'homme ignorant, illettré, dont l'esprit est inculte et borné, peut tester.

Pourquoi l'homme intelligent, mais dont la vie serait marquée par des irrégularités, des actes excentriques qui feraient dire de lui que son esprit est malade, ne pourrait-il pas tester, si sa volonté est formelle et nettement exprimée ?

Le plus respectable de tous les actes de dernière volonté est le testament olographe. Pourquoi faire dépendre sa validité de la régularité d'une date, alors que, dans aucun temps, le testateur n'a été frappé d'aucune incapacité ; alors que l'acte contenant ses dernières volontés est entièrement écrit de sa main et signé de lui ?

Faut-il que la volonté d'un mourant soit détruite par une irrégularité de forme sans portée ?

Sous l'ancienne législation, avant l'ordonnance de 1735, l'absence de date n'était pas dans les cas un motif de nullité, lorsqu'on n'alléguait aucune incapacité de la part du testateur à une époque quelconque de sa vie.

Toutes les choses qui sont susceptibles de se transmettre peuvent faire la matière d'un contrat.

La loi doit laisser le champ le plus vaste à la diversité des conventions; elles n'ont d'autres règles que la volonté de ceux qui contractent.

Mais les droits inhérents à la personne ne peuvent pas être l'objet d'une stipulation.

Les contractants ne peuvent ni directement ni indirectement leur porter atteinte.

La loi ne sanctionne pas les contrats pour lesquels un individu aliénerait sa liberté.

La conséquence de ce principe, c'est la suppression de la contrainte par corps, comme moyen d'exécution d'un contrat civil ou commercial.

Il ne doit être porté atteinte à la liberté individuelle que là où l'ordre public en exige le sacrifice. Hors le cas de répression d'un crime ou d'un délit, la privation de la liberté est contraire aux principes de notre droit public.

S'il importe de mettre les lois en harmonie avec les institutions politiques, dans un gouvernement basé sur des principes de liberté, la contrainte par corps, cette dernière rigueur du droit civil (ainsi que la qualifie M. Troplong), n'a plus de raison d'être.

L'inviolabilité de la personne, l'inviolabilité de la conscience, qui sont le corollaire de nos grands principes de liberté civile et religieuse, doivent être inscrites dans le frontispice de nos lois.

« La meilleure loi, dit Bacon, est celle qui laisse le moins à l'arbitraire du juge. »

Sans doute, la loi ne peut pas tout prévoir, signaler d'avance toutes les variations que peuvent subir les actions humaines, les objets divers sur lesquels elles peuvent porter, les formes qu'elles sont susceptibles de revêtir: c'est une tâche au-dessus de la puissance du législateur. Mais l'intention du législateur, clairement indiquée, est un guide assuré pour le juge dans tous les cas prévus et imprévus.

Le vice des lois dérive souvent de leur trop grande précision.

Lorsqu'une disposition législative énonce plusieurs cas auxquels elle s'applique, on demande si cette énonciation est purement démonstrative ou si elle est limitative ; le doute naît là où la pensée du législateur serait claire, s'il s'était borné à émettre un principe laissant au juge le soin d'en faire l'application.

Quelque claire et précise que soit une disposition législative, la diversité des cas qui peuvent se présenter appelle l'appréciation du juge. La loi est une lettre morte que le juge est appelé à vivifier.

On dit avec raison : *Summum jus, summa injuria.* Le droit prétorien chez les Romains, corrigeait la dureté de la loi écrite.

La jurisprudence est de nos jours ce qu'était le droit prétorien chez les Romains.

Ce qui importe, c'est de s'attacher à l'esprit de la loi sans s'astreindre servilement à ses termes.

On a dit avec raison : *Scire leges non est earum verba tenere, sed vim ac potestatem.*

C'est cette intention du législateur que la jurisprudence a pour mission de mettre en lumière.

Il n'est pas donné aux choses humaines d'atteindre à la perfection.

Les lois, quel que soit le soin qui préside à leur confection, présenteront toujours des imperfections et des lacunes.

C'est aux lumières de ceux qui sont chargés de les appliquer qu'il appartient d'y remédier.

Lorsqu'on considère le progrès incessant qui crée sous les pas du législateur un terrain toujours mobile, on conçoit combien est difficile la tâche qu'il doit accomplir.

La législation se divise en plusieurs branches : législation civile, législation commerciale, législation pénale, lois des procédures et d'instruction criminelle.

Chacune de ces législations répond à des principes différents; on ne peut les transporter de l'une à l'autre.

Les règles de la législation civile s'écartent de la législation commerciale : même pour les contrats de bonne foi, le droit civil a des dispositions dont le droit commercial ne s'accommoderait pas.

Les ventes commerciales se consomment d'une autre façon ; le consentement s'induit quelquefois du silence ; rien de pareil ne serait possible dans le droit civil.

Ne serait-il pas désirable que chaque législation se suffit à elle-même ? qu'on ne fût pas obligé de faire des emprunts de l'une à l'autre ? qu'il ne fût pas possible de dire : le droit civil est la règle, le droit commercial l'exception ?

Que le droit commercial soit une exception, si l'on veut; mais que son ensemble soit complet et ne laisse aucune lacune à combler au moyen du droit civil.

Formes plus sévères pour le droit civil, absence de formes pour les actes commerciaux, qui sont régis par le droit des gens: la loi commerciale étant la même chez tous les peuples, tandis que la loi civile porte le reflet des mœurs de chaque nation.

C'est dans la législation pénale surtout que ce cachet se retrouve.

L'histoire d'un peuple se révèle principalement dans ses lois pénales... Sauvegarder les principes du droit public, les prescriptions du droit civil ou du droit commercial, telle est la tâche que poursuit la loi pénale.

Etudier les impressions diverses dont chaque individu est susceptible, rechercher quelles sont les privations qui peuvent agir sur lui, c'est interroger essentiellement l'état de la civilisation, les mœurs publiques, le progrès du bien-être social.

N'établir que des peines nécessaires, c'est se conformer à ce grand principe d'utilité qui est la mesure et la règle d'une bonne législation.

La modération dans les peines est une conséquence du progrès de la civilisation.

Le droit criminel a plus besoin de précision que le droit civil.

Il faut que les actes criminels soient clairement définis, et que la pénalité ne puisse atteindre que les faits déclarés délictueux par la loi.

Civile, commerciale ou pénale, la législation n'est une science qu'à la condition de suivre les enseignements de l'histoire du peuple auquel elle s'applique.

Elle s'imprègne des nécessités du temps, elle suit les tendances nouvelles, les besoins nouveaux qui se manifestent.

Portalis, en présentant au Corps législatif le dernier titre du Code civil, énumérait les diverses phases que la législation avait parcourues en France avant d'arriver à cette unité qui fait la gloire du Code Napoléon.

Déjà, pour faire cesser la divergence qui existait entre le droit écrit et les coutumes, Lamoignon et Daguesseau avaient entrepris de donner à la France un Code uniforme.

Cette grande idée rencontrait des obstacles insurmontables dans l'attachement des populations à leurs coutumes, dans la résistance des cours souveraines.

Du reste, les esprits n'étaient pas encore suffisamment préparés à cette pensée que le droit est une science dominée par des principes, répondant à une suite d'idées qui se déduisent les unes des autres.

Montesquieu, dans l'*Esprit des lois*, ouvrit la voie dans laquelle il ne s'agissait plus que de marcher.

« Il remonta, dit Portalis, à la source de toute législation ; il approfondit les motifs de cha-
» que loi particulière ; il nous apprit à ne jamais séparer les détails de l'ensemble, à étudier
» les lois dans l'histoire, qui est comme la physique expérimentale de la science légis-
» lative. »

Caractériser ainsi la science des lois, c'est dire que la législation ne peut rester stationnaire.

Notre Code civil, monument immortel que tous les peuples nous ont envié, que plusieurs se sont littéralement approprié, n'a pas eu la prétention d'enchaîner l'avenir.

Chaque époque a ses besoins et ses tendances ; en procédant avec sagesse et lenteur, il convient de ne pas reculer devant les innovations que le développement des mœurs publiques commande.

Respecter une législation, ce n'est pas s'incliner aveuglément devant elle ; c'est lui donner une force nouvelle et de signaler les imperfections qui s'y rencontrent, les progrès qu'elle est appelée à réaliser.

Notre siècle comprend au plus haut degré cette noble mission du législateur ; également éloigné de l'ardeur de détruire et de la crainte d'innover, il sait que ce qui contribue le plus sûrement à l'éclat et à la prospérité d'une nation, c'est la sagesse de ses lois.

Heureusement la France est assez largement dotée. Les fondateurs de nos Codes ont rendu la tâche facile, et il n'est plus permis que de glaner là où ils ont si richement moissonné

DU PRÊT A INTÉRÊT

La société ne vit que d'un échange de services : *Do ut des, facio ut facias;* voilà la base de tous les contrats synallagmatiques.

La liberté des transactions étant donnée comme le corollaire de nos principes de droit public, il faut, pour apposer des restrictions à certains contrats, pouvoir invoquer des considérations de morale ou d'intérêt public assez puissantes pour légitimer une exception.

Existe-t-il rien de pareil pour le contrat de prêt? Ce contrat doit-il être rangé dans une catégorie spéciale ?

Avant de déterminer ce qu'il doit être, il importe de constater ce qu'il a été.

Il faut bien le reconnaître, le contrat de prêt a été dans les temps anciens rangé dans une classe à part.

On a placé sous l'influence des idées religieuses un contrat qui ne relevait que du droit civil, ou plutôt du droit commercial.

C'est en partant de cette base fausse, qu'on a été conduit à méconnaître le caractère d'un contrat qui ne diffère en rien des autres contrats commutatifs.

Le droit romain admet sans restriction la stipulation de l'intérêt d'un capital prêté.

Que l'on désigne l'intérêt stipulé sous le nom de *fœnus,* que l'on fait dériver de *fœtus, quod crediti nummi alios pariant* (1), ou qu'on emploie le mot usure, comme représentant le prix de l'usage *(usus)* du capital, le droit n'a rien de contraire à la stipulation d'un intérêt qui est le prix du service rendu, et l'équivalent des risques que court le prêteur de perdre le capital qui sort de ses mains pour passer dans celles de l'emprunteur.

Mais, si le droit romain n'a rien de contraire au prêt à intérêt, ce n'est pas dans l'organisation de la société romaine qu'il faudrait chercher des analogies avec l'époque actuelle, en vue de déterminer le taux que l'intérêt stipulé ne pourrait dépasser.

Lorsque Caton (qui pratiquait lui-même le prêt à intérêt sur une large échelle (2)), se demandant : *Quid est fœnerari?* répondait à cette question par celle-ci : *Quid est hominem occidere?* cela pouvait être vrai pour l'époque où vivait Caton; cela ne serait plus vrai pour la nôtre.

En droit romain, le débiteur qui ne pouvait payer devenait l'esclave de son créancier, son *nexus;* on partait de ce principe : *qui non potest luere in ære, luere debet in corpore.* Le maître avait sur l'esclave le droit de vie et de mort.

Caton avait raison. Les plébéiens à Rome, étrangers au commerce, ne vivant que du travail de leurs mains, étaient, pour la plupart, voués à la misère : le jour où ils empruntoient de l'argent aux patriciens, seuls possesseurs de la richesse, ils avaient la perspective à peu près assurée de devenir leurs esclaves. Ils n'avaient l'espoir de se libérer que dans les profits que leur offrirait quelque nouvelle conquête à laquelle ils seraient appelés à prendre part.

Le mal causé par l'usure était donc extrême.

Ce mal aurait-il été moindre si les patriciens avaient d'une manière absolue fermé leur bourse aux plébéiens ?

La misère aurait sûrement excité les mêmes séditions, que celles qui naissaient de la dureté des créanciers.

Il ne faut donc pas voir dans la révolte du peuple retiré sur le mont Aventin un des effets nécessaires de l'usure ; mais il faut constater que les malheurs auxquels donnait lieu la dureté

(1) Festus, v° *fœnus.*
(2) Plutarque, *Vie de Caton*

des créanciers naissaient d'une organisation sociale qui ne ressemble en rien aux sociétés modernes.

Ainsi, si par la loi des Douze Tables le taux de l'intérêt fut limité, ce qui n'apporta aucun changement aux maux qui naissaient de l'usure, il n'y a rien à conclure pour la fixation du taux de l'intérêt dans un état social où les richesses sont réparties dans toutes les classes, où les prêteurs sont nombreux, où des établissements de crédit de toute sorte viennent en aide aux emprunteurs, où ce n'est pas, en dernière analyse, le pauvre qui emprunte (vu que le pauvre ne présenterait pas une solvabilité suffisante), mais celui qui spécule, qui prend de l'argent pour le faire fructifier ou qui éprouve un moment de gêne née de ce que ses ressources actuelles sont paralysées : s'il ne trouve pas un prêteur, la gêne amène sa ruine; le prêt lui laisse la chance d'en sortir.

Il n'y a donc pas à se préoccuper des tableaux effrayants que les historiens ont faits des ravages de l'usure dans l'empire romain, pour ranger le contrat du prêt dans une classe à part.

Il faut chercher une autre cause à la réprobation dont le contrat du prêt a été l'objet après la chute de l'empire romain.

C'est ici qu'il faut signaler l'influence des idées religieuses

L'établissement du christianisme devait avoir pour résultat de régénérer le monde païen. Les enseignements de l'Évangile étaient bien faits pour inoculer dans la société païenne la pratique de toutes les vertus.

Mais est-ce bien dans les préceptes religieux qu'il fallait aller chercher des règles d'économie politique? N'y a-t-il pas une séparation profonde entre les choses spirituelles et les choses purement temporelles?

Il faut convenir qu'il y a eu, quant au prêt à intérêt, une confusion fâcheuse, et que cette confusion a duré longtemps.

On a considéré le précepte de l'Évangile : *Mutuum date, nihil indè sperantes,* comme réprouvant le contrat de prêt.

On n'a pas voulu voir qu'il n'y avait là qu'un conseil de charité et nullement l'intention de réglementer un contrat.

On a prêté à l'Évangile une autre pensée que celle contenue dans la Bible. On a signalé une différence entre ce précepte de Moïse : *Non fœnerabis a fratre tuo, fœnerabis ab alieno*, et le précepte de l'Évangile : *Mutuum date, nihil indè sperantes.*

La pensée est la même, c'est toujours d'une œuvre de charité qu'il s'agit : « Aimez vos » ennemis, dit J.-C., faites-leur du bien et prêtez sans en rien espérer (1). »

Seulement Moïse, à la fois législateur et homme inspiré de Dieu, donne aux juifs tout à la fois un *conseil de charité* et une règle de conduite dans leurs rapports commerciaux.

Tu ne prendras pas d'intérêt à ton frère, tu percevras un intérêt de l'étranger.

L'un empruntera parce qu'il est pauvre, parce qu'il dans le besoin ; l'autre empruntera pour faire le commerce. Au milieu d'un peuple essentiellement voué à l'agriculture, l'étranger seul était commerçant.

« Si un de vos frères tombe dans la pauvreté, est-il dit dans le *Deutéronome* (2), vous n'en- » durcirez point votre cœur, vous ne fermerez pas votre main, mais vous l'ouvrirez au pauvre et » vous lui prêterez ce dont il a besoin. Prenez garde de vous laisser aller à cette pensée impie » et de dire dans votre cœur : la septième année de la remise approche ; et de détourner vos yeux » de votre frère pauvre, en refusant de lui prêter ce qu'il vous demande, de peur qu'il ne crie » contre vous au Seigneur, et que cela ne vous soit imputé à faute. »

Ce n'est pas pour restreindre la charité dans le cercle des israëlites que Moïse distingue le

(1) Luc, XVI, 33.

(2) XV, 7.

frère de l'étranger ; il enseigne partout qu'il faut vis-à-vis de l'étranger le même droit, la même loi, la même justice, la même charité (1).

Mais Moïse fait cette sage distinction entre le prêt fait au pauvre, qui est, en dernière analyse, une aumône, et le prêt fait à celui qui doit tirer profit de cet argent.

Les préceptes de l'Évangile sont identiques : c'est au pauvre qu'il faut prêter, sans espoir même de recouvrer le capital.

Mais, en dehors de cet esprit de charité, J.-C. ne défend pas le prêt à intérêt ; l'Évangile rappelle l'exemple de ces deux serviteurs dont l'un rend à son maître l'argent qu'il lui a confié sans augmentation, tandis que l'autre lui rend l'argent grossi par les intérêts : *Mina tua fecit decem minas* (2).

Des deux serviteurs, celui-ci est le plus fidèle.

On a de la peine à comprendre comment de ces données si simples on a pu arriver à une prohibition absolue du prêt à intérêt.

C'est, cependant, ce qui a eu lieu.

Les Pères de l'Église, voulant élever la perfection chrétienne au-dessus du polythéisme, s'efforçaient de propager les principes de charité, qui devaient attirer à la religion nouvelle tous ceux qui souffraient.

On part de cette idée consignée dans l'Évangile, qu'il faut venir en aide au pauvre ; on arrive à flétrir le contrat de prêt.

Les Pères de l'Église d'Orient ne voient pas de différence entre le prêt à intérêt, les larcins, le brigandage et le parricide (3).

Saint Grégoire de Nazianze, saint Chrysostôme, ne se déchaînaient pas avec moins de violence contre le prêt à intérêt ; ils s'appropriaient l'argument d'Aristote pris de la stérilité de l'argent, oubliant que, si l'argent par lui-même est stérile, il devient, entre les mains de celui qui le possède, un instrument de travail et de production.

La rigueur déployée par les Pères de l'Église et les conciles est extrême.

Ce n'est pas seulement sur les paroles de l'Évangile qu'ils se fondent pour proscrire le prêt à intérêt, mais ils remontent jusqu'aux livres saints.

Usuras prohibemus, dit le concile de Northumberland, tenu en 787, *dicente Domino ad David dignum fore habitatorem tabernaculi sui qui pecuniam suam non dederit ad usuram.*

Ces paroles, adressées à David, servent de texte aux prohibitions contenues dans le concile de Nicée et dans tous ceux qui ont suivi.

L'usure s'entend de tout ce qui est perçu au delà du capital.

Si quodlibet, dit saint Augustin, *plus quam dedisti expectas accipere, fænerator es.*

Quelles que fussent, cependant les prohibitions réitérées des conciles, les premiers empereurs chrétiens n'entraient pas encore dans cette voie.

Dominés par les mœurs existantes, par les besoins de l'époque, ils s'étaient bornés à maintenir la fixation du taux de l'intérêt, sans prohiber le contrat de prêt.

Saint Chrysostôme se déchaîne à cet égard contre les lois civiles, qu'il déclare contraires aux préceptes de l'Évangile.

C'est avec cette réprobation que le prêt à intérêt se produit dans la société moderne.

Il était difficile que, pendant le cours du moyen âge, ce contrat pût échapper à la répulsion dont il était frappé par les enseignements religieux.

C'est surtout en cette matière que les canonistes ont exercé une grande influence sur la législation.

(1) *Ne repoussez pas l'étranger, aimez-le comme vous-m[illegible] car vous étiez étrangers dans le pays d'Egypte.* (*Lévitique*, ch. IX, vers. 33 et 34.)

(2) St Luc, XIX. 13.

(3) St Grégoire, évêque de Nysse. *In Ecclesian.* Homélie 2, t. Ier, p. 410 ; t. II, p. 228.

« Les canonistes, dit à ce sujet le judicieux Coquille, ont traité le fait des usures avec » une extrême rigueur et avec péril, si les cours layes suivaient leur doctrine, de gâter tout » le commerce (1). »

Aussi trouvons-nous une série de lois qui prohibent d'une manière absolue le prêt à intérêt.

Charlemagne prononce cette interdiction dans un de ses capitulaires (2).

Philippe III, en 1274, renouvelle la même prohibition ; il ordonne de chasser les usuriers, en leur fixant un délai de deux mois. Usurier s'entend de quiconque se livre au prêt à intérêt (3.)

Philippe le Bel, en 1311, punit de la peine *de corps et d'avoir* ceux qui commettent des usures ; il est, cependant, plus indulgent pour ceux qui n'auront pris qu'un denier par semaine ou quatre deniers par mois, ou quatre sols par livre dans l'année. Le motif est toujours la prohibition des lois religieuses (4).

Louis XII, en 1510, renouvelle la même défense.

Même disposition dans l'ordonnance d'Orléans de 1560.

En 1565, arrêt du Parlement qui sévit contre les usures *réprouvées par les lois de Dieu, constitutions des hommes, ordonnances des rois et arrêts des cours.*

Charles IX, en 1567, reproduit les anciennes ordonnances.

L'ordonnance de Blois, en 1579, défend *d'exercer aucune usure ou prêter denier en profit et intérêt.*

Des arrêts du Parlement interviennent dans le même sens en 1624, 1699, 1736, 1752, 1764.

Enfin, un arrêt de règlement du 10 janvier 1777 renouvelle les dispositions des anciennes ordonnances sur l'usure.

C'est ainsi que nous arrivons à l'époque de la Révolution.

Que s'était-il passé, cependant, dans ce long intervalle ?

Les mœurs avaient résisté aux lois. Le prêt à intérêt, dont aucune société ne peut se passer, s'était maintenu.

Pendant que les théologiens se livraient à des dissertations sans fin, que des décisions des conciles, des bulles des Papes, renouvelaient les prohibitions de l'Église ; les jurisconsultes protestaient, les Parlements des pays de droit écrit maintenaient la validité du contrat de prêt, et le clergé lui-même, que les nécessités du temps réduisaient à recourir à des emprunts, était forcé de se relâcher de l'ancienne rigueur doctrinale.

Le commerce obtenait des priviléges, les rois eux-mêmes étaient obligés d'accorder des franchises à certaines foires ; plusieurs ordonnances admettaient une exception pour les prêts faits à un taux modéré ; aussi l'édit de 1629, en prohibant toutes sortes d'usures, exceptait les prêts faits au denier 16 (art. 152).

Un autre édit de septembre 1629 porte l'intérêt au denier 18.

Un dernier édit du 25 juin 1766 le porte au denier 25.

Les constitutions de rente étaient fixées au denier 20.

(1) *Coutume du Nivernais*, tit. 21, art. 15.

(2) Art. 789. — *Item eodem consilio seu in decretis papæ Leonis, nec non in canonibus qui dicuntur apostolorum, sicut et in lege ipsâ Dominus præcepit omnino omnibus interdictum est ad usuram aliquid dare.*

(3) Toute usure, quelque modique qu'elle soit, est défendue par les ordonnances, avec cette seule différence qu'il n'y a que les usures énormes qui donnent lieu à la poursuite criminelle. (Pothier, *Contrat de prêt*, part. 2, sect. 1, art. 3.)

(4) *Pro reformatione publicâ regii nostri, usuras a Deo prohibitas et a sanctis Patribus nec non progenitoribus nostris damnatas, prohibemus.*

Cela ne modifiait en rien la réprobation dont le prêt à intérêt était frappé par les principes religieux, dont l'influence avait passé dans les lois.

En dernière analyse, il y avait désaccord entre les principes et les faits.

Lorsqu'on chassait les usuriers, les populations demandaient leur retour, ne pouvant se passer de prêteurs.

Tel est le tableau qu'offre l'histoire du moyen âge : les usures étaient prohibées, mais les rois et les seigneurs concédaient aux Lombards et aux juifs le privilége de prêter à gros intérêt, moyennant des redevances qui faisaient passer dans leurs mains la plus grosse part des bénéfices.

Malgré les exactions usuraires qui naissaient de cet ordre de choses, le peuple ne pouvait se passer de prêteurs d'argent. Ainsi, quand les juifs sont chassés de France à cause de leurs usures, le roi les rappelle, peu de temps après, cèdant *à la clameur publique*. On voit sous Charles VI, au concile de Bâle, les habitants de Verdun solliciter comme une grâce l'admission des juifs dans leur ville, afin de la vivifier et d'y amener l'aisance (1).

Il y a donc exagération dans le tableau des maux causés par l'usure.

On a mis en relief les ravages opérés par quelques usuriers, en mettant de côté les services que le prêt à intérêt pouvait rendre.

La Révolution, appelée à donner satisfaction aux besoins du peuple, proclamant des principes de liberté absolue, affranchissant le commerce et l'industrie de toutes les entraves qui s'opposaient à leur développement, pouvait-elle maintenir la prohibition du prêt à intérêt formulée par les lois canoniques ?

Déjà les économistes avaient élevé la voix ; ils avaient démontré qu'il était tout aussi raisonnable, tout aussi juste de tirer un profit du trafic de l'argent que de celui de toute autre denrée ou marchandise. Turgot avait épuisé la question.

Le 12 octobre 1789, une loi autorisait le prêt d'argent à intérêt; cette loi ajoutait, il est vrai, suivant le taux déterminé par la loi et sans rien innover aux usages du commerce.

Mais aucune loi n'intervint pour fixer ce taux, ce qui laissa le prêt à intérêt entièrement libre.

Le 5 thermidor an IV, le législateur, proclamant la liberté des transactions, dispose : « Chaque citoyen sera libre de contracter comme bon lui semblera. Les obligations qu'il aura contractées seront exécutées dans les termes et valeurs stipulées. »

Dans l'intervalle, il avait été rendu une loi qui déclarait l'argent marchandise.

Sous l'empire de cette législation, aucune limite n'était apposée à l'intérêt conventionnel.

La cour de cassation l'a ainsi jugé par plusieurs arrêts.

M. Troplong (2) n'approuve pas cette jurisprudence; cependant, il faut reconnaitre qu'en présence de la loi de 1789, de celle de thermidor an IV, et de l'absence de lois fixant un taux d'intérêt, il était impossible à la Cour de cassation de juger autrement.

C'est dans cet état de choses que le Code Napoléon fut promulgué.

L'article 1905 dispose qu'il est permis de stipuler des intérêts pour simple prêt, soit d'argent, soit de denrées ou autres choses mobilières.

Cette disposition générale faisait divorce avec toutes les considérations puisées dans le droit canonique.

Désormais le contrat de prêt ne devait relever que des règles du droit civil.

La religion était complétement désintéressée dans la question.

Il fallait distinguer l'intérêt légal de l'intérêt conventionnel.

L'art. 1907, en déclarant que le taux de l'intérêt légal sera fixé par une disposition législa-

(1) Vassebourg, *Antiquités de la Gaule*, t. VII, p. 480

(2) *Contrat de prêt*, n° 350.

tive, ajoute : l'intérêt conventionnel peut excéder celui de la loi toutes les fois que la loi ne le prohibe pas.

La rédaction de cet article laissait présumer que le taux de l'intérêt, même conventionnel, pourrait être déterminé par une loi ; ce qui était, en définitive, supprimer l'intérêt conventionnel. Qui dit convention, en effet, dit liberté des contractants.

Lors de la discussion de l'article 1907 au Conseil d'État, de graves débats s'élevèrent.

M. Regnaud de Saint-Jean-d'Angély soutenait que le législateur n'avait pas le droit d'intervenir dans le règlement des intérêts privés (1).

C'étaient là les vrais principes. MM. Treilhard et Béranger appuyaient cette opinion.

Cambacérès, Malleville, Tronchet, furent d'un avis contraire ; Tronchet ajouta cette précision, que le droit de prohiber un intérêt conventionnel plus fort que l'intérêt légal ne devait être exercé qu'autant que *les circonstances l'exigeaient*, et qu'en dehors de ces circonstances la convention des parties aurait le champ libre pour dépasser l'intérêt légal (2).

Cet avis fut adopté par le Conseil, et c'est là ce qui explique la rédaction de l'art. 1907, qui ne pose pas en principe la réglementation de l'intérêt conventionnel, mais qui subordonne ce droit de réglementer aux circonstances.

La loi de 1807 répond-elle à cette pensée? Évidemment non.

D'après cette loi, il n'y a plus qu'un seul taux d'intérêt, le taux légal.

La convention ne peut se mouvoir qu'en dessous, et, pour fixer ce taux, le législateur ne se préoccupe pas des circonstances, qui, selon l'expression de Tronchet, *changent* et *varient.*

On pourrait se demander ce que peut être une loi qui doit se modifier selon *les circonstances.*

Le prix de l'argent doit varier selon le temps, les lieux. Si nous consultons ce qui se passe actuellement, où l'on voit notre grand établissement de crédit élever ou abaisser plusieurs fois dans l'année le taux de l'intérêt, concevra-t-on la possibilité d'une loi qui devrait être modifiée plusieurs fois dans l'année?

Cette considération doit suffire pour apprécier la loi de 1807, qui ne répond pas à l'esprit qui a dicté l'art. 1907 du Code civil.

Quels étaient les motifs donnés par l'orateur du gouvernement lors de la présentation de cette loi?

M. Joubert reconnaissait que le taux de l'intérêt est variable de sa nature.

C'était reconnaître la nécessité de laisser la liberté aux conventions.

Cet orateur pensait que le temps était venu où la fixation du taux de l'intérêt était nécessaire.

Il est reconnu, disait-il, que le taux excessif de l'intérêt de l'argent attaque la propriété dans ses fondements ;

Qu'il mine l'agriculture ;

Qu'il empêche les propriétaires de faire des améliorations utiles ;

Qu'il corrompt les véritables sources de l'industrie ;

Que, par sa pernicieuse facilité de procurer des gains considérables, il détourne les citoyens des professions utiles et modestes ;

Enfin, qu'il tend à ruiner des familles entières et à y porter le désespoir.

Y a-t-il de nos jours un seul homme s'occupant d'économie politique qui puisse être touché d'une de ces raisons ?

Que le taux excessif de l'argent attaque la propriété dans ses fondements, cela se conçoit.

Mais quel est, aujourd'hui, le propriétaire solvable qui est réduit à emprunter à des taux excessifs ?

(1) Fenet, t. XXIV, p. 433 et suiv.

(2) Fenet, *loc. cit.*, p. 439.

Les établissements de crédit sont assez nombreux pour que le propriétaire solvable trouve à emprunter à un taux modéré.

Celui qui emprunte à des taux excessifs est, ou imprudent, ou tellement obéré, que déjà sa ruine est consommée.

Aucun des dangers signalés n'existe, si on laisse la liberté aux conventions.

L'agriculture, comme l'industrie et le commerce, a besoin de facilités pour se procurer de l'argent.

Dans certains moments, elle pourra le payer cher; dans d'autres, elle l'obtiendra à un taux modéré.

C'est grâce au prêt à intérêt que les propriétaires peuvent faire des améliorations utiles.

Aujourd'hui que l'industrie a créé ce grand nombre de valeurs qui offrent des chances de revenus supérieurs au taux légal, il n'est pas à craindre que le commerce du prêt d'argent n'attire à lui un trop grand nombre de capitaux.

Les considérations qui servent de texte à la loi de 1807 n'ont donc plus de raison d'être; et, si l'on doit rentrer dans l'esprit de l'art. 1907, qui ne veut la réglementation du taux de l'intérêt qu'autant que cette réglementation serait *nécessitée par les circonstances*, il n'y aurait rien aujourd'hui dans notre état social qui pût légitimer une fixation du taux de l'intérêt (si on reconnaissait au législateur le droit d'opérer cette fixation).

Inutile de se demander si la fixation du taux de l'intérêt peut tarir la source des exactions usuraires, si elle empêche la ruine des familles, l'accroissement scandaleux de certaines fortunes.

La loi de 1807 n'a remédié à rien.

Elle n'a servi qu'à créer un délit qui légalement ne peut se justifier.

Qu'est-ce, en effet, que le délit d'habitude d'usure ?

La perception isolée d'un intérêt usuraire n'est pas un fait délictueux.

Comment est-il possible que, si un fait isolé n'est pas un délit, ce fait, répété plusieurs fois, devienne un délit ?

Cela pèche contre toute logique.

Est-ce à dire qu'on doive donner son approbation à ceux qui, abusant de l'inexpérience de l'emprunteur ou exploitant son état de détresse, stipuleront des intérêts hors de toute proportion avec la valeur de l'argent ?

Là où la fraude interviendra, où le consentement aura été surpris, où des manœuvres coupables auront été employées, les moyens de répression ne manqueront pas.

Il appartiendra de besoin au législateur, en supprimant le taux de l'intérêt conventionnel, de caractériser les manœuvres qui seront de nature à provoquer l'annulation du contrat contenant la stipulation d'intérêts excessifs et qui constitueront le délit d'escroquerie.

Mais, cette satisfaction donnée aux craintes exagérées qui s'élèvent à ce sujet, la liberté des conventions loyales ne doit-elle pas être sauvegardée ?

D'ailleurs, en présence des faits qui se produisent, les poursuites pour délit d'usure seraient-elles admissibles ?

Quand la Banque est autorisée à percevoir un intérêt supérieur au taux légal, on poursuivrait correctionnellement un particulier qui aurait exigé 6 % au lieu de 5.

Cela n'est plus possible : la loi de 1807 ne peut plus se soutenir; le devoir du législateur est donc tracé.

La liberté des conventions est le corollaire forcé de nos institutions politiques.

Les considérations de morale, d'ordre public, que l'on a l'habitude de grouper autour de cette question de la fixation du taux de l'intérêt, ne sont plus de mise :

En 1836, on agita la question de savoir s'il y avait lieu d'abroger la loi de 1807.

M. Lherbette avait soumis à la Chambre une proposition tendant à supprimer cette loi.

« Les préventions, disait-il, qui subsistent encore contre les stipulations d'intérêt élevé, ont » régné pendant longtemps contre les stipulations de l'intérêt, même le plus minime, contre » tout louage d'argent. Elles étaient tellement accréditées, que l'expression même qui désigne » le loyer de cet instrument de travail est restée infamante.

» Mais, employée d'abord pour exprimer toute convention d'intérêts, même les plus faibles, » puis celle d'intérêts supérieurs au taux légal, elle est restreinte aujourd'hui aux actes de ces » fripons qui excitent le désordre des fils de famille, qui font souscrire aux emprunteurs des » conditions désastreuses, délit dont le remède est non pas dans les lois contre l'intérêt de » l'argent, mais dans les lois contre les manœuvres frauduleuses et l'escroquerie. »

M. Lherbette rappelait que, toutes les fois qu'on avait poursuivi des usuriers, c'étaient les emprunteurs qui s'étaient le plus intéressés à leur sort.

« Turgot, disait-il, écrit avoir été rapporteur d'un procès criminel pour usure, et n'avoir » jamais été autant sollicité qu'il le fut pour le malheureux accusé. »

« Je fus très-surpris, dit-il, de voir que ceux qui me sollicitaient avec tant d'instance étaient » ceux-là mêmes qui avaient essuyé les usures qui faisaient l'objet du procès. »

« Cela me parut singulier, ajoute-t-il, et me fit faire bien des réflexions. »

M. Lherbette, démontrant l'inutilité de la loi de 1807, faisait remarquer que, bien que les usuriers fussent nombreux, les poursuites pour usure avaient diminué d'une manière notable.

Ainsi, de 1825 à 1832, le nombre des accusés avait baissé de 510 à 40.

En somme, on pourrait être amené à reconnaître que, bien que la loi de 1807 soit notoirement éludée, les poursuites d'usure n'atteignent que ceux qui se sont rendus coupables de manœuvres frauduleuses ou d'escroquerie.

Malgré les raisons données par M. Lherbette, qui se prévalait en outre de ce que déjà, pour l'Algérie, il existait une loi qui dérogeait à la loi de 1807, la prise en considération de sa proposition fut rejetée.

En 1850, après la révolution de 1848, lorsque les idées de liberté semblaient devoir se propager et s'étendre, une proposition faite par M. de Saint-Priest à l'Assemblée nationale, dans un esprit absolument contraire à la proposition de M. Lherbette, amena un décret qui ajoutait de nouvelles rigueurs à celles prescrites par la loi de 1807.

Le délit d'usure était plus sévèrement réprimé par la loi du 19 décembre 1850 Il est vrai que l'Assemblée nationale n'était saisie que de l'examen de la question au point de vue de la criminalité ; elle n'avait pas à s'occuper de la question de la fixation du taux de l'intérêt au point de vue *philosophique et économique*, ainsi que le disait le rapporteur de la commission.

Depuis cette époque, les idées sont modifiées, des faits économiques se sont produits, devant lesquels les théories doivent s'effacer.

La suppression de la fixation du taux de l'intérêt est tombée dans le domaine des faits accomplis. La Banque de France élève ou abaisse le taux de son escompte sans se soumettre au taux légal : de là la nécessité absolue de réviser la loi de 1807.

Un projet depuis longtemps élaboré, soumis au Conseil d'État, a pour but de proposer l'abrogation de cette loi.

Il n'y a pas, à ce qu'il paraît, d'hésitation en ce qui concerne la suppression du taux de l'intérêt en matière commerciale; il en serait autrement pour le prêt civil.

Y a-t-il une distinction à faire entre ces deux sortes de prêts ?

Ne suffit-il pas de dire que le prêt civil emprunte presque toujours la forme commerciale pour qu'aucune distinction ne soit possible !

Où sera la ligne de démarcation ? A quoi bon, d'ailleurs, introduire dans la loi une disposition qui sera toujours éludée ?

La liberté des conventions doit être respectée aussi bien en matière civile qu'en matière commerciale.

Au moment où le prêt se contracte, l'emprunteur et le prêteur *agissent librement.*

On pourrait dire cependant qu'il n'en est plus ainsi à l'échéance.

L'argent prêté a disparu, l'emprunteur peut se trouver hors d'état de le rendre; les circonstances peuvent être telles que le prêteur, ayant besoin de son argent, exige son remboursement.

Nulle entrave ne peut être apportée à l'exercice de son droit.

Mais, si au lieu d'user de ce droit il force son débiteur à souscrire à des conditions ruineuses, ne serait-il pas possible d'introduire dans la loi une disposition qui, vu l'absence du consentement libre, ramènerait le contrat à ses termes primitifs, en ayant égard toutefois à la position respective du créancier et du débiteur, à la diminution des garanties offertes, à la plus-value de l'argent?

On comprendrait que, sur ce point, la sollicitude du législateur pût être éveillée; comme aussi que, là où des manœuvres frauduleuses auraient été employées, des poursuites pour escroquerie fussent possibles.

Mais on n'a pas besoin, pour atteindre ce but, de fixer un taux d'intérêt, afin de créer le délit d'usure.

Aux yeux des économistes, la question de la fixation du taux de l'intérêt n'en est plus une.

L'inutilité de la loi de 1807 est aujourd'hui démontrée.

Lorsqu'on proclame la liberté des conventions pour tous les contrats consensuels, pour la vente, pour l'échange et pour tous les autres contrats, il n'y a pas lieu de faire une exception pour le prêt à intérêt.

Ici, les mœurs ont devancé les lois.

Régler le taux de l'intérêt, c'est rétrograder de plusieurs siècles.

Laisser la liberté aux conventions, c'est se conformer à l'esprit de notre législation, au vœu de nos institutions politiques; c'est servir l'industrie, le commerce, l'agriculture elle-même, qui trouveront dans les institutions du crédit la sauvegarde contre les dangers des exactions ruineuses.

C'est servir le progrès en faisant disparaître de nos lois ce délit factice d'usure, qui ne peut être un délit qu'autant qu'il se mélange de fraude et d'escroquerie.

Si les lois ne sont bonnes qu'autant qu'elles peuvent être obéies, il n'est plus possible de maintenir une loi qui, aujourd'hui, n'est pas égale pour tous, et qui punit comme un délit, à l'égard des individus, des actes que des établissements publics, autorisés par l'État, peuvent impunément commettre.

DE LA RÉVISION DES CONDAMNATIONS CRIMINELLES

On ne peut mettre en doute la possibilité d'une erreur judiciaire : trop d'exemples constatent que, malgré toutes les précautions dont s'environne la justice, une condamnation peut frapper un innocent.

Ne serait-il pas désirable qu'il existât un moyen légal pour obtenir la révision d'une condamnation injuste?

Le Code d'instruction criminelle n'admet la révision que dans le cas où deux accusés auront été successivement condamnés comme auteurs du même crime ; d'où doit résulter l'innocence de l'un d'entre eux ;

Dans celui où il y a preuve de l'existence de la personne dont la mort supposée aura donné lieu à une condamnation;

Enfin, dans celui ou l'un ou plusieurs des témoins à charge auront été condamnés pour faux témoignage.

En dehors de ces trois cas, la condamnation d'un innocent subsiste sans qu'une demande en révision soit possible.

Il y a là sûrement une lacune qu'il importe au législateur de combler.

Sous l'ancienne législation, plusieurs édits avaient été rendus pour fournir à un condamné le moyen de demander réparation d'une erreur judiciaire.

Bien que le respect pour la chose jugée fût érigé en principe, on obtenait des lettres de grâce pour être admis à la proposition d'erreur.

C'était accomplir le vœu de la justice que de ne pas laisser un innocent gémir sous le poids d'une condamnation injuste; mais la facilité avec laquelle ces lettres de grâce étaient obtenues avait dégénéré en abus.

Philippe de Valois voulut y remédier. Une ordonnance de l'an 1340 porte que nul ne sera admis à proposer des erreurs qu'après avoir obtenu des lettres de grâce à cet effet et *fourni caution* (1).

Louis XI, en l'an 1479, avait renouvelé cet édit et réduit à deux ans le temps pendant lequel on serait admis à obtenir des lettres de grâce pour proposition d'erreur, annullant toutes les lettres qui auraient pu être obtenues par importunité après ce délai.

Les choses restèrent en cet état jusques à l'ordonnance criminelle du mois d'août 1670. Le titre de cette ordonnance détermine les cas dans lesquels il peut être octroyé des *lettres d'abolition, rémission, pardon, rappel de bans, commutation de peines, réhabilitation et révision de procès.*

Dans un temps où l'on disait : *Si veut le roi, si veut la loi*, on comprend que la royauté, se plaçant au-dessus du pouvoir judiciaire, pût faire usage de toute puissance pour accorder des lettres d'abolition de poursuites, ou rémission de crimes commis.

(1) *Quia sæpè per importunitatem potentium.... multas gratias concessimus de proponendo errore.... ex quo lites factæ sunt immortales.... hoc edicto perpetuo voluimus ut quicumque gratiam à nobis seu successoribus nostris proponendi errorem contra arrestum incuria nostra latum, impetraverit cavere idoneè teneatur, de refundendis expensis.* (*Recueil d'Isambert*, t. IV, p. 829.)

L'ordonnance de 1670 déterminait, il est vrai, les cas dans lesquels les lettres d'abolition pouvaient être accordées (1), et il était enjoint aux Cours de n'entériner ces lettres que lorsqu'elles ne sortiraient pas des prévisions de la loi.

Il y avait bien là un hommage rendu aux attributions de la magistrature ; mais il était loisible au pouvoir souverain de passer outre.

Quant à la révision des procès criminels, elle pouvait être demandée dans tous les cas où une erreur judiciaire était signalée: mais ce n'était qu'en grande connaissance de cause que les lettres étaient octroyées,

L'ordonnance de 1670 (art. 8 du titre 16) portait qu'il serait présenté une requête au Conseil, où les circonstances sur lesquelles était basée la demande seraient rappelées.

La requête devait être rapportée après avoir été renvoyée aux maîtres de requête de l'Hôtel, pour avoir leur avis.

Un arrêt du Conseil intervenait à suite duquel étaient délivrées les lettres de révision; le tout était adressé aux Cours qui avaient jugé le procès, afin de procéder à la révision.

Le règlement du mois de juin 1738, qui a servi de base à la procédure devant la Cour de cassation et le Conseil d'État, détermine d'une manière plus spéciale la marche à suivre pour l'obtention des lettres de révision.

Aucune restriction n'est apportée à la faculté d'obtenir des lettres de révision, il faut seulement que les faits sur lesquels la demande en révision se fonde soient de nature à démontrer la nécessité d'un nouvel examen.

Les annales judiciaires offrent de nombreux exemples de décisions judiciaires révisées, d'innocence reconnue après une condamnation, de réhabilitation accordée, soit à un condamné vivant, soit à la mémoire d'un condamné décédé (2).

Il fallait, cependant, pour que les lettres de révision fussent accordées, que les faits exposés fussent assez graves pour mériter un nouvel examen.

« Il faut, dit Rousseau de La Combe (3), de grands et puissants moyens, soit dans la forme,
» soit au fond : dans la forme, des nullités essentielles dans la procédure; au fond, une
» iniquité évidente dans la condamnation, par l'innocence du condamné sur le crime qui lui
» est imputé. »

Cet auteur signale comme motif dirimant de révision, par exemple, la déclaration faite par un condamné au moment d'être exécuté, par laquelle il se charge d'un crime pour lequel un autre aurait été condamné.

Les lettres de révision, étant une émanation du pouvoir absolu du souverain, n'étaient pas compatibles avec le régime nouveau inauguré par la Révolution.

Les limites apposées à l'autorité royale, la séparation des pouvoirs administratifs et judiciaires ne comportaient pas une atteinte portée à l'autorité de la chose jugée, en dehors des principes qui régissaient l'ordre des juridictions.

(1) Enjoignons à nos Cours (était-il dit, art. 1, tit. 26) de les entériner..... si elles sont conformes aux charges et informations. Pourront néanmoins, nos Cours, nous faire remontrances, et nos autres juges représenter à notre chancelier ce qu'ils jugeront à propos sur l'atrocité du crime.

(2) En 1409, la mémoire de Jean de Montaigu, qui avait eu la tête tranchée, fut rétablie en vertu de lettres de révision.

Il en fut de même, en 1575, pour la mémoire du maréchal de Biez et Jacques de Coucy, son gendre.

Un sieur Langlade ayant été condamné aux galères et son innocence ayant été reconnue après sa mort, sa mémoire fut réhabilitée par arrêt du 17 juin 1693.

L'amiral Chabot, condamné par arrêt, ayant obtenu des lettres de révision, fut absous par un nouvel arrêt rendu en présence de François Ier, le 29 mars 1541. (Merlin, *Répert. de révision de procès.* — Denisart, *eod. verb.*)

(3) *Matières criminelles,* 3e partie, chap. XV.

Ce n'était plus le Conseil d'Etat qui pouvait ordonner la révision d'un procès: la cassation d'un arrêt de condamnation ne pouvait appartenir qu'à la Cour suprême.

De là, la nécessité de déterminer les cas dans lesquels la cassation d'un arrêt pourrait être provoquée, soit par les parties intéressées, soit par le ministère public.

Néanmoins, comme il fallait statuer sur les procès en révision pendants devant le conseil du roi, un décret de l'Assemblée législative, du 18 août 1792, investit la Cour de cassation du droit de les juger.

Il y avait nécessité de créer une législation spéciale pour l'avenir; mais, comme on ne pouvait plus laisser l'appréciation des cas de révision à l'autorité souveraine, il fallait déterminer les circonstances dans lesquelles l'autorité judiciaire pourrait intervenir.

Un décret du mois de mai 1793 autorise la révision, dans le cas où deux condamnations prononcées contre deux individus différents pour le même fait seraient inconciliables.

Si les deux décisions avaient été rendues par le même Tribunal, il était compétent pour en ordonner la révision.

Si les décisions émanaient de deux Tribunaux différents, elles devraient être déférées à la Cour de cassation, qui cassait et investissait un autre Tribunal.

L'introduction du jury dans le jugement des affaires criminelles apporta un changement à cet état de choses.

La souveraineté des décisions du jury semblait élever une barrière contre les demandes en révision.

La loi du 16 septembre 1791 sur le jury rendait irrévocable le verdict des jurés.

L'article 27 du titre VII portait : La décision des jurés ne pourra jamais être soumise à l'appel.

Cependant, une restriction nécessaire était apportée à cette souveraineté; si le Tribunal était convaincu que le jury s'était trompé, il pouvait adjoindre trois jurés aux douze qui avaient siégé, pour donner une nouvelle déclaration aux quatre cinquièmes des voix.

C'était, jusqu'à un certain point, ouvrir la porte à la révision de la décision du jury.

Le Code d'instruction criminelle a étendu cette faculté. D'après l'art. 352, lorsque la Cour est unanimement convaincue que le jury s'est trompé, elle peut renvoyer l'affaire à une autre session, en ne tenant aucun compte de l'opinion émise par le jury.

Ce renvoi doit être ordonné immédiatement après que la condamnation aura été prononcée publiquement.

On comprend que la Cour ne puisse plus annuler la décision du jury lorsqu'elle l'a sanctionnée par son arrêt; mais cette faculté accordée par la loi indique que l'autorité de la décision des jurés n'est pas telle qu'il faille respecter, dans tous les cas, l'erreur qui aurait été la base d'une condamnation.

Il faut donc tenir pour certain que l'institution du jury n'est pas un obstacle absolu à la révision des procès criminels.

C'est par d'autres motifs qu'il faut chercher à expliquer la disposition législative qui a restreint la possibilité de la révision à trois cas spéciaux, fermant ainsi dans tous les autres toute voie de recours à l'innocent qui aurait été victime d'une erreur judiciaire.

Le législateur a dû être arrêté par ce motif que, avant de procéder à la révision, il fallait faire prononcer la cassation de l'arrêt de condamnation.

Cet arrêt ne pouvant être entrepris par la requête civile, il fallait ouvrir une autre voie.

Il n'y en avait pas d'autre que le pourvoi en cassation basé sur une erreur reconnue.

La Cour suprême n'étant pas juge du fait, il fallait qu'on pût arriver devant elle avec la constatation de l'erreur.

Il n'y avait plus alors qu'à annuler la décision, qui usurpe les caractères d'une décision judiciaire.

La chose jugée, devant essentiellement être admise comme la vérité, ne peut plus conserver son caractère là où l'erreur est manifeste.

Telle est l'économie des articles 443 et suivants du Code d'instruction criminelle.

Mais, en dehors des trois cas signalés par la loi, il en existe d'autres où la démonstration de l'erreur est possible.

Si l'erreur n'est pas matériellement constatée, est-il logique de rendre impossible la révision, quand les faits sont de telle nature que l'erreur puisse être considérée comme certaine, lorsque les preuves de cette erreur peuvent être facilement acquises?

N'y a-t-il pas là une lacune à laquelle il importait de remédier?

Cependant, bien qu'à diverses reprises l'attention du législateur ait été éveillée sur ce point, aucun remède n'a été apporté à ce vice reconnu dans la loi.

Sous le premier Empire, la difficulté avait été soulevée; mais, au lieu de la trancher par une loi, ce fut par une illégalité que l'on donna satisfaction à un innocent injustement condamné.

Un sieur Ellemberg avait été condamné pour vol.

Une seconde accusation ayant été portée contre lui, il fut reconnu que, non-seulement il n'était pas coupable de ce second crime, mais encore qu'il avait été injustement condamné pour le premier.

Une pétition fut adressée à l'Empreur. Une instruction eut lieu devant le Conseil privé.

Le 14 mars 1813, le grand juge fit connaître son avis au Conseil.

« Comme les lettres d'abolition, disait-il, ne sont pas un acte autorisé dans nos institutions,
» il faudrait trouver un moyen pour faire annuler le premier jugement rendu contre Ellemberg
» et le faire juger de nouveau.

» On pourrait intituler: lettres de révision gracieuse, l'acte qui renverrait ces sortes d'affaires
» devant la Cour de cassation. »

Cette opinion émise par le grand juge soulevait de graves objections.

On invoquait le respect pour l'ordre des juridictions, l'autorité de la chose jugée.

On demandait que l'affaire fût renvoyée au Conseil d'État pour proposer une mesure législative.

L'Empereur trancha la question; les droits d'un innocent injustement condamné lui parurent supérieurs à toute autre considération.

Il ordonna qu'il serait rédigé des lettres de révision gracieuse, contenant renvoi à la Cour de cassation, en l'investissant du droit de casser le jugement qui condamnait Ellemberg; de déclarer ledit Ellemberg absous, d'ordonner sa mise en liberté, et au besoin de le renvoyer pour être jugé devant une Cour d'assises (1).

1) Voici les termes du décret du 20 décembre 1813. Après l'exposé des faits sur lesquels se fonde la demande en révision, le décret ajoute:

« Les moyens indiqués par le Code étant évidemment inapplicables, et l'état actuel de la législation laissant sans recours l'innocent condamné dans le cas dont il s'agit, nous avons jugé nécessaire de suppléer à cette insuffisance de la loi par une disposition rapprochée de ce qu'elle a déterminé pour des cas analogues.

» A ces causes, nous voulons et ordonnons que l'arrêt rendu, le 18 juillet 1806, par la Cour de justice criminelle du département de la Dyle contre Sébastien Ellemberg, soit, ainsi que la procédure qui y a donné lieu, soumis à votre examen, en sections réunies sous la présidence de notre grand juge ministre de la justice, afin que, entrant dans l'examen des faits, indépendamment de la régularité et des vices de forme, et sans avoir égard à l'arrêt de confirmation précédemment rendu par vous, ledit arrêt de la cour de Dyle soit cassé et annulé s'il y a lieu, dans l'intérêt de Ellemberg, et que ledit individu soit absous et mis en liberté: comme aussi, dans le cas où l'innocence dudit Ellemberg ne paraîtrait pas suffisamment résulter de la procédure, nous vous autorisons à le renvoyer devant la Cour d'assises, pour le faire juger de nouveau sur les faits qui ont donné lieu à sa condamnation.

» Mandons et ordonnons que les présentes lettres de révision gracieuse vous soient présentées en audience publique par notre procureur général, et transcrites de suite sur vos registres à sa réquisition. »

Ces lettres furent transcrites et enregistrées en audience solennelle par la Cour de cassation, le 8 janvier 1814. En conséquence, le sieur Ellemberg fut déclaré absous et mis en liberté.

Il y avait là un empiétement manifeste sur l'ordre des juridictions; il n'appartenait pas au chef de l'État d'investir la Cour de cassation d'un pouvoir que les lois de son organisation ne lui conféraient pas. C'était, sous une autre forme, rétablir les lettres de révision admises sous l'ancienne législation émanant du pouvoir souverain.

Les annales judiciaires n'offrent pas d'autre exemple d'une révision de condamnation en dehors des cas prévus par les articles 443 et suivants du Code d'instruction criminelle.

Vainement, en 1815, une pétition fut présentée aux Chambres pour réclamer une loi qui admît la révision dans tous les cas.

Cette tentative fut sans succès.

Sous le gouvernement de 1830, la question se reproduisit.

On demandait la révision de la condamnation du maréchal Ney.

Le 16 février 1832, M. Barthe, alors garde des sceaux, fit un rapport au roi, où il analysait la législation.

Il signalait, notamment, l'acte relatif à Ellemberg comme une violation de l'ordre des juridictions.

Il concluait que la loi n'offrait aucun moyen de réviser les condamnations prononcées, alors même que l'innocence du condamné était reconnue.

« La révision gracieuse, disait le garde des sceaux, sous quelqu'honorables motifs qu'elle » s'introduise, constituerait une double usurpation : l'une sur le pouvoir législatif, qui seul » peut prévoir les cas de révision ; l'autre sur le pouvoir judiciaire, qui seul a le droit de » réviser. »

Analysant ensuite le décret du 20 novembre 1813, il ajoutait :

« Qu'il n'était pas possible que le gouvernement pût conférer un droit de cassation qui ne lui » appartient pas à lui-même, et que la Cour de cassation ne pouvait être investie du droit de » casser par une autre autorité que celle de la loi. »

Ces considérations ne permirent pas de donner suite à la demande en révision de la condamnation prononcée contre le maréchal Ney.

Les nombreuses demandes suscitées par le procès Lesurques ont appelé, à diverses reprises, l'attention du gouvernement : l'impossibilité de tout recours a constamment élevé une barrière contre toute révision régulière.

En dernier lieu, de sérieux débats se sont produits au Corps législatif sur cette grave question.

Le législateur est-il frappé sur ce point d'une incapacité absolue?

On ne le pense pas.

Qu'on ne rétablisse pas les lettres de révision telles qu'elles existaient sous l'ancienne législation, cela se conçoit.

Mais qu'il n'existe aucun moyen de concilier les droits d'un innocent injustement condamné, avec le respect pour l'autorité de la chose jugée, c'est là ce qu'il n'est pas possible d'admettre.

Il est certain que le premier pas à faire dans cette voie, c'est de déférer à la Cour de cassation l'arrêt qui a prononcé une condamnation inique.

Mais la loi ne peut-elle pas ouvrir à cet égard une voie nouvelle?

Le garde des sceaux est investi du droit de déférer d'office à la Cour de cassation un arrêt qui viole la loi, et de demander la cassation dans l'intérêt de la loi violée; pourquoi ne pas étendre ce droit au cas où une condamnation inique a été prononcée, où l'innocence du condamné s'est manifestée après l'arrêt?

Dirait-on que le respect pour la décision du jury s'y oppose?

Mais la loi permet à la Cour d'annuler la décision du jury, si elle est convaincue qu'il s'est trompé.

Cette faculté que la Cour peut exercer immédiatement après que la décision du jury a été prononcée publiquement, n'existe-t-elle plus après l'arrêt qui sanctionne la décision des jurés?

Que cette faculté n'existe plus pour la Cour, qui est dénantie, cela se conçoit; mais que la justice ait les mains liées par cela que l'erreur du jury n'a pas été reconnue à l'instant même!

L'erreur reconnue quelques jours plus tard a-t-elle moins de force que celle qui est reconnue au moment où la décision du jury se produit? Infecte-t-elle moins l'œuvre de la justice? Ne commande-t-elle pas réparation au même degré?

En toute matière, la loi a ouvert une voie pour réparer l'erreur commise; n'en existerait-il point pour les matières criminelles?

Au civil, les décisions de la justice peuvent être entreprises par la requête civile nonobstant l'autorité de la chose jugée; pourquoi, en matière criminelle, n'existerait-il pas un moyen équivalent?

Il n'y a aucune bonne raison à donner pour qu'il en soit ainsi.

Il n'y a aucun danger à investir le ministre de la justice du droit de demander la cassation d'un arrêt contenant une condamnation injuste.

Reste à déterminer la marche à suivre pour arriver à la réparation de l'erreur.

On comprend que la révision ne peut se produire que là où l'innocence du condamné est devenue certaine.

Cette appréciation doit être abandonnée aux investigations du chef de la justice, aidé des chefs du parquet dans le ressort duquel la condamnation est intervenue.

La loi offre aux chefs du parquet tous les moyens d'investigation désirables.

Lorsqu'une information régulière et légale aura eu lieu, et que les preuves de l'innocence seront devenues palpables, la Cour de cassation, qui n'a pas à intervenir dans l'examen des faits, n'aura plus qu'à prononcer la nullité de l'arrêt sur la réquisition du chef de la justice.

Sans doute, il y aura là une déviation des principes qui régissent la juridiction de la Cour suprême.

Appelée à se renfermer dans les cas où la loi a été violée, n'appréciant que les règles du droit, la Cour de cassation ne peut pas se livrer à des appréciations de faits qui résultent d'une information; mais, dans les cas prévus par le Code d'instruction criminelle, ce sont bien des faits que la Cour apprécie pour arriver à la constatation de l'erreur.

Ainsi, la Cour de cassation est nantie quand il y a des indices suffisants de l'existence de la personne dont la mort supposée aura donné lieu à une condamnation. La Cour suprême peut commettre provisoirement une autre Cour pour procéder à la constatation de l'identité.

Si la Cour de cassation peut être nantie dans ce cas, pourquoi ne le serait-elle-pas lorsqu'il résultera des informations faites que l'individu condamné n'est pas l'auteur du crime qu'on lui impute?

Si les preuves produites sont suffisantes pour asseoir sa conviction, la Cour suprême sera investie, dans ce cas, du droit de casser l'arrêt de condamnation, comme elle a le droit de le faire dans les cas prévus par les articles 443, 444 et 445.

C'est le même ordre d idées qui amène la compétence de la Cour suprême; seulement, dans les cas prévus, l'innocence du condamné résulte du fait lui-même, tandis que, dans les autres cas, la preuve de l'innocence ne peut être acquise que par des moyens humains, qui ne donnent pas une certitude complète.

Mais il n'en est pas moins vrai que, lorsque la preuve de l'innocence est acquise par les moyens ordinaires auxquels la justice peut avoir recours, il y a injustice à laisser un innocent sous le poids d'une condamnation imméritée.

La révision est un devoir sacré, devant lequel la législation ne peut pas reculer. Si la compétence de la Cour de cassation ne se prête pas à cette extension, n'y a-t-il pas lieu d'élargir sa juridiction? de lui donner le droit de casser lorsque la preuve de l'innocence du condamné sera acquise?

Sans devenir un troisième degré de juridiction, la Cour de cassation ne peut-elle pas, dans l'intérêt des droits de la justice et de ceux de l'humanité, casser un arrêt inique? faire disparaître un monument judiciaire dont la justice est la première à gémir?

N'y a-t-il pas là une de ces nécessités qui font violence aux règles ordinaires? En procédant ainsi, la Cour de cassation agira bien plus comme Cour régulatrice que comme troisième degré de juridiction.

Du reste, d'après l'économie des articles 443 et suivants du Code d'instruction criminelle, la Cour de cassation est appelée à casser des condamnations qui, prises isolément, n'ont violé aucun texte de loi.

Elle puise son droit dans cette circonstance exceptionnelle que la condamnation a frappé un innocent.

Pourquoi n'en serait-il pas de même lorsque la preuve de l'innocence est acquise par des moyens autres que ceux qui sont signalés dans les articles cités.

Lorsque, par les informations auxquelles il se sera livré, le ministre de la justice aura acquis la certitude de l'innocence du condamné, y aura-t-il danger à investir la Cour suprême du droit d'apprécier?

Y a-t-il à craindre que des demandes trop nombreuses de révision ne se produisent?

Il est bien évident que celles qui n'auront aucun fondement ne dépasseront pas les limites du parquet de la Cour où la condamnation a été prononcée.

Il n'y aurait donc aucun inconvénient à élargir le cercle tracé par le Code d'instruction criminelle, et à admettre que, dans le cas où l'innocence du condamné aura été reconnue, le ministre de la justice peut déférer à la Cour suprême l'arrêt de condamnation et en demander l'annulation.

La Cour de cassation n'en conserverait pas moins toute son indépendance, et pourrait, au besoin, se livrer à telles investigations qu'elle jugerait utile, soit par elle-même, soit par des commissions rogatoires.

Si le condamné était vivant, il devrait être soumis à un nouveau jugement.

Dans le cas où il serait décédé, la réhabilitation de sa mémoire pourrait être prononcée.

Les parties intéressées, sur le vu de l'arrêt de cassation, pourraient provoquer la réhabilitation du décédé.

Il y aurait à modifier sur ce point les règles tracées pour la réhabilitation dans le Code d'instruction criminelle, et à les rendre applicables au cas où il s'agirait de réhabiliter la mémoire d'un individu décédé.

En résumé, la lacune qui existe dans notre législation doit disparaître; il n'est pas possible d'admettre que ce que commande la justice, ce qui était usité sous l'ancienne législation, soit devenu impraticable sous la législation actuelle.

Ce serait nier le progrès que de vouloir qu'il n'existe aucun moyen de concilier, avec nos formes judiciaires actuelles, les droits impérissables de celui qui a subi une injuste condamnation.

L'ordre social est intéressé à ce que la victime d'une erreur judiciaire puisse faire entendre ses plaintes et obtenir réparation.

C'est là le complément nécessaire d'une législation pénale qui, destinée à infliger au criminel une légitime répression, doit justice et réparation à l'innocent faussement accusé.

DES MARCHÉS A LIVRER OU DES JEUX DE BOURSE

Si le principe d'une bonne législation est l'utilité qui doit résulter de son application, l'étude des faits est indispensable pour connaître dans quelle mesure la loi sera plus ou moins observée. Le législateur ne peut donc pas se préoccuper uniquement de principes abstraits, quelque louables qu'ils soient, quelque incontestés qu'ils puissent être; il faut avant tout tenir compte de ces nécessités sociales qui élèvent une barrière contre des réformes radicales et qui imposent des concessions.

La pire des choses, c'est de créer des lois qui ne puissent pas être exécutées. Il y a dans le mépris des lois une source de démoralisation et de désordres autrement graves qu'une atteinte à la morale, qu'il n'est pas au pouvoir du législateur d'empêcher.

C'est en ne perdant pas de vue ces considérations, qu'il faut se demander quel est le pouvoir du législateur pour réprimer certaines passions, et notamment la passion du jeu.

Les opérations de Bourse ont pris de nos jours un tel développement, leur existence est tellement liée au sort de la fortune publique, l'impossibilité d'y mettre un frein est d'ailleurs tellement patente, qu'il importe de se demander si le moment n'est pas venu où le législateur doit faire un choix entre l'impunité accordée au joueur qui dénie ses engagements et qui s'abrite derrière les dispositions des lois prohibitives, et le maintien d'une obligation qui, bien que répugnant à une morale sévère, engage néanmoins dans le for intérieur.

N'y a-t-il pas plus de moralité, plus d'utilité dans le maintien d'une obligation librement consentie, que dans le mépris de l'engagement contracté, autorisé par la loi qui dépouille de toute action une opération de jeu?

Tel est le problème qui se pose depuis longtemps à raison des marchés à livrer. Cette étude ne mérite-t-elle pas de fixer l'attention?

Si le but que l'on veut atteindre est la répression de la passion du jeu, est-il bien sûr que la sanction légale accordée aux opérations de Bourse ne fût pas de nature à en diminuer le nombre? Si la facilité d'éluder leurs engagements n'existait pas, verrait-on un si grand nombre de ces joueurs audacieux qui affrontent les périls de ces opérations aventureuses, ayant fait d'avance le sacrifice de leur honneur?

Si la nécessité des opérations de Bourse est reconnue, n'y a-t-il pas utilité à ce qu'elles ne puissent intervenir qu'entre des spéculateurs sérieux, sachant bien qu'ils ne pourront reculer devant l'exécution de leur engagement?

Pour connaître la tâche que le législateur doit remplir, il importe d'étudier les effets produits par les dispositions qui, de tous les temps, ont eu pour but de réprimer le jeu.

§ Ier

Que le législateur proclame que la passion du jeu dégrade ceux qui en sont imbus, qu'elle encourage la paresse et l'oisiveté, qu'elle est une source de désastres, qu'elle conduit à la ruine, à l'ignominie et quelquefois même au crime, c'est là un devoir qu'il ne lui est pas permis de déserter.

Mais, lorsqu'il s'agit de sauvegarder ces principes par des prescriptions légales, quelle est la sphère dans laquelle le pouvoir du législateur peut se mouvoir?

La loi peut proscrire les maisons de jeu, frapper d'une peine ceux qui, tenant de pareils établissements, offrent un aliment à une passion funeste.

Mais, en dehors de ces prescriptions qui rentrent dans la catégorie des mesures de police, quelle est l'action que les lois peuvent avoir sur les individus?

Peut-on considérer le jeu comme un délit, le frapper d'une répression? On l'a essayé, mais en vain.

A partir de Charlemagne (1) jusqu'en 1789, nous trouvons une série de lois répressives.

L'impuissance dont ces lois ont été frappées est le résultat de ce que le législateur s'était préoccupé d'une théorie, au lieu de tenir compte de l'influence irrésistible des mœurs.

Dans l'impossibilité d'atteindre le mal dans sa source, le législateur ne pouvait agir que d'une manière indirecte.

C'est ainsi que, dans l'impossibilité de sévir contre les joueurs, la loi s'est bornée à dénier toute action pour une dette de jeu.

Mais les mœurs n'ont pas ratifié cette prescription de la loi.

Les dettes de jeu, dépourvues de l'action légale, ont été placées sous la sauvegarde de l'honneur.

Comprend-on qu'un acte qui, aux yeux de la loi, serait immoral, soit protégé par l'honneur, c'est-à-dire par le sentiment de dignité le plus élevé dont un homme puisse se parer?

Il y a donc une idée fausse dans la manière dont le jeu est envisagé, au point de vue légal.

La passion du jeu sera toujours une passion funeste; on devra flétrir de toute l'autorité de la raison, de toute la puissance de la morale, ces entraînements qui portent des hommes imprudents à aventurer sur une carte leur fortune et leur honneur, le repos de leur famille.

Mais s'il y a là de profonds désordres sur lesquels il faut gémir, que doit-il en être des contrats qui interviennent entre deux majeurs, d'une spéculation qui, dans la forme, a toutes les apparences d'une spéculation ordinaire, bien qu'elle recèle une opération de jeu? Lorsque l'opération de jeu se règle par un engagement valable dans la forme, la loi ne devrait-elle pas le sanctionner?

Si la loi, qui interdit toute action pour dettes de jeu, déclare que ce qui est payé volontairement n'est pas sujet à répétition, n'y a-t-il pas là la constatation de l'existence d'un lien dans le for intérieur?

Pour se faire une juste idée du caractère qu'il faut assigner au point de vue légal au contrat de jeu, il importe d'examiner quels étaient à cet égard les principes consacrés par l'ancienne législation, quels sont ceux qui ont été maintenus par les lois nouvelles.

§ II

Dans les temps anciens, c'est en partant des idées religieuses que le jeu était prohibé.

On disait que c'était une profanation du sort, à qui les théologiens attribuaient un caractère divin; on ajoutait que le jeu était contraire à la charité.

Quant au premier chef, les jurisconsultes en ont fait justice; restait le second.

« Le jeu est immoral, disait-on, parce que chacun des joueurs spécule sur la ruine de » celui avec qui il joue. »

(1) Charlemagne, dans ses Capitulaires, défend les jeux de hasard sous peine d'être privé de la communion des fidèles.

Le jeu était considéré comme un acte contraire à la religion.

Mais quel est le contrat commercial où l'un des contractants n'espère pas gagner là où celui avec qui il contracte devra perdre?

Quand un commerçant achète des blés à un prix déterminé pour lui être livrés dans un mois, n'espère-t-il pas que le prix aura augmenté à cette époque, et que le vendeur éprouvera une perte en lui livrant les blés à un prix inférieur au cours?

Le vendeur, à son tour, n'espère-t-il pas que le prix du blé fléchira et qu'il réalisera un bénéfice au détriment de l'acheteur?

Si c'est là pécher contre la charité, il n'est aucun contrat commercial qui ne soit infecté de ce vice.

Aussi Pothier n'hésite-t-il pas à dire que cette règle, qui ne permet pas de s'enrichir aux dépens d'autrui, ne peut pas être opposée dans le cas où celui qui s'enrichit aux dépens d'un autre lui a payé en quelque manière le prix de la chose dont il s'est enrichi à ses dépens.

« Lorsque je vous ai gagné une forte somme au jeu, ajoute-t-il, je vous ai payé le prix » de ce que je vous ai gagné par le risque que j'ai couru de vous en donner autant si le » sort vous eût été favorable. »

Pothier continue, et, après avoir résumé les opinions pour et contre, il termine en disant :

« J'incline à penser que ceux qui ont perdu, en jouant sur leur parole à des jeux dé- » fendus, des sommes considérables, sont obligés dans le fond de leur conscience de les » payer, et que celui qui a gagné n'est pas tenu de les restituer. »

Si la dette du jeu engendre une obligation naturelle, pourquoi l'obligation contractée pour le payement d'une dette de jeu ne serait-elle pas valable?

Une obligation naturelle n'est-elle pas une cause suffisante d'obligation?

On se retranche sur cette idée que le jeu est un acte illicite, contraire aux bonnes mœurs.

Cela pouvait être bon sous l'empire des lois qui prohibaient le jeu, qui frappaient le joueur d'une peine.

Mais dans notre législation, où aucune peine n'est édictée contre les joueurs, sur quoi se fonde-t-on pour soutenir que la cause est illicite?

On comprend que, sous une législation qui fixe le taux de l'intérêt, l'obligation contractée pour déguiser l'usure soit frappée de nullité : la loi y a pourvu; elle autorise la répétition des intérêts usuraires même payés.

Pour le jeu, c'est tout le contraire : il n'y a pas de répétition pour les sommes payées.

Il résulte de là qu'il y a beaucoup d'exagération dans la manière dont le jeu est envisagé comme contrat, au point de vue légal.

Il ne faut pas, dès lors, interpréter d'une manière trop large la disposition de l'art. 1965, qui prohibe toute action pour les dettes de jeu.

On comprend très-bien que la loi dise à celui qui réclame le payement d'une dette de jeu : l'obligation que vous invoquez ne puise pas sa source dans un contrat; elle n'est ni commerciale ni civile; vous ne pouvez la ranger dans aucune des classifications définies par la loi; donc, pas d'action à intenter.

Là où les parties ont dû n'envisager qu'un délassement, il n'est pas permis de voir un contrat donnant naissance à une action judiciaire.

Cela est bien pour le jeu proprement dit; mais, quand il s'agit d'aller rechercher le jeu dans un contrat commercial, par exemple, ayant les formes, le caractère d'un contrat admis par la loi, la position n'est plus la même. Il faut trouver dans la loi quelque chose de plus que l'article 410 du Code pénal et l'article 1965 du Code Napoléon.

On conçoit que, sous l'ancienne législation, l'obligation contractée pour dette de jeu fût annulée : le jeu était formellement prohibé par la loi et une peine était édictée contre le joueur.

Ainsi l'ordonnance de 1629, après avoir déclaré *infâmes, intestables* et incapables de tenir jamais office royaux, ceux qui tiendraient dans leurs maisons des académies de jeu et ceux qui seraient convaincus d'avoir été *trois fois* à ces académies, portait, article 138 :

« Déclarons toutes dettes contractées pour le jeu nulles et toutes obligations et pro-
» messes faites pour le jeu, quoique déguisées, nulles et de nul effet et déchargées de
» toutes obligations civiles et naturelles.... »

Cette disposition est-elle reproduite par le Code Napoléon?

Assurément non.

L'article 1965 ne dit pas que l'obligation contractée est nulle; il refuse toute action à la dette de jeu qui se présente nue, abstraction faite de tout contrat défini et caractérisé par la loi.

C'est l'action en justice que la loi dénie; « mais les obligations pour dettes de jeu ne sont pas, comme autrefois, déclarées nulles et sans effet... » (1).

Il reste aux yeux de la loi un principe d'obligation fondé sur les devoirs de la conscience, sur la délicatesse et l'honneur.

M. Troplong, sur l'article 1965, n° 57, s'exprime en ces termes :

«Quant aux jeux qui ne sont pas propres à entretenir les forces corporelles et intellectuelles,
» *la loi, sans les défendre,* ne les reconnait pas en justice. Ces jeux sont les jeux de hasard,
» de cartes, etc.

» Ce n'est pas, ajoute-t-il n° 58, que, en eux-mêmes, ces jeux soient entachés *d'un carac-*
» *tère d'immoralité;* non, sans doute....

» Mais, s'ils restent à l'état de simple distraction, ils ne sont pas du ressort des lois; les
» amusements ne doivent pas être une source d'obligations juridiques et de causes de
» procès.

» Que si, au contraire, on s'en fait un moyen de spéculation, ils deviennent indignes de
» la protection du législateur.

» Tandis que les autres contrats rapprochent les parties dans une réciprocité de services
» et dans un but utile, le jeu les *met en présence pour se diviser, se souhaiter malheur et se*
» *maudire...* »

Retenons que M. Troplong n'admet pas que le jeu soit par lui-même entaché d'un caractère d'immoralité ; seulement, il en signale les effets dangereux.

Le jeu n'est pas le seul contrat où les parties soient amenées à se *souhaiter malheur* et à se *maudire* : le contrat de rente viagère, par exemple, produit les mêmes résultats.

Ce contrat n'est pas, cependant, interdit par la loi.

Si la loi refuse une action pour les dettes de jeu, c'est que ces dettes, dépourvues d'un instrument sur lequel la réclamation puisse s'appuyer, ne se présentent pas avec le caractère d'un contrat.

Le jeu (celui des cartes et des dés s'entend) étant dans son principe un divertissement, un moyen de distraction, la loi a dû lui refuser le caractère d'un contrat donnant naissance à une action en justice.

Mais s'ensuit-il que l'obligation contractée pour dettes de jeu ne soit pas valable?

Si le jeu n'est pas entaché d'immoralité, ce n'est plus une obligation ayant une cause illicite ; c'est, au contraire, un engagement contracté pour l'acquit d'une dette d'honneur, et c'est là une cause valable d'obligation.

La cause est illicite quand elle est prohibée par la loi ou qu'elle est contraire aux bonnes mœurs ou à l'ordre public.

(1) *Répertoire du Journal du Palais*, v° *Jeu*, n° 9; — Toullier, t. VI, n° 382.

Le jeu n'est pas prohibé par la loi ; il n'est pas par lui-même entaché d'immoralité ; l'ordre public n'est pas atteint parce qu'un individu se ruinera en se laissant entraîner par la passion du jeu.

Que reste-t-il pour annuler une obligation pour dette de jeu ?

La jurisprudence admet que les Tribunaux ont un pouvoir souverain d'appréciation, quand il s'agit de déterminer ce qui constitue une atteinte aux bonnes mœurs.

On conçoit très-bien que la jurisprudence se montre sévère dans le but de mettre un frein à une passion funeste ; mais il n'en est pas moins vrai que la loi n'a pas prohibé le jeu, n'en a pas fait un délit et n'a pas prononcé la nullité des obligations contractées pour dettes de jeu.

Après avoir défini le caractère du jeu, après en avoir signalé les dangers, M. Troplong ajoute :

« De là, plusieurs conséquences : la première, c'est que les obligations souscrites pour » cause de jeu ne sauraient être revêtues de la sanction de la justice.... »

Cette conséquence n'est pas logique.

Le jeu n'est pas *défendu* par la loi, il n'est pas *entaché d'un caractère d'immoralité*, puisqu'il est admis et pratiqué sur la plus large échelle, dans les plus hautes régions, par des hommes qui se feraient un scrupule de commettre un acte déshonnête ; dès lors, d'où pourrait dériver la nullité de l'obligation contractée pour dettes de jeu ?

M. Troplong est obligé de citer l'article 138 de l'ordonnance de 1629. . . . .

Il faut bien le reconnaître, cette disposition législative est la seule qui prononce la nullité de toute obligation contractée pour dettes de jeu, et qui décharge le perdant de *toute obligation civile ou naturelle.*

Mais cette disposition est-elle encore en vigueur ? n'a-t-elle pas été abrogée par le Code ?

D'une part, l'article 1965 refuse toute action pour dettes de jeu, mais ne s'explique pas sur la nullité d'une obligation contractée pour l'acquit d'une pareille dette ; d'autre part, l'article 1967 du Code Napoléon prohibe toute répétition de sommes volontairement payées, ce qui prouve qu'aux yeux de la loi, s'il n'y a pas d'action en justice, il y a tout au moins obligation naturelle.

Le Code abroge donc l'ordonnance de 1629 ; c'est là ce que constate Toullier (t. VI, n° 381).

« Le Code, dit-il, n'a pas reproduit les dispositions des anciennes ordonnances, lesquelles » déclarent nulles et de nul effet les obligations contractées pour dettes de jeu.... Il se borne » à ne pas accorder d'action pour dette de jeu. »

Ainsi la dette de jeu, dépourvue d'une action légale, n'en constitue pas moins une obligation naturelle.

Il fallait les termes absolus de l'ordonnance de 1629 pour supprimer l'obligation naturelle en même temps que l'obligation civile.

Si l'obligation naturelle n'existait pas, il serait difficile d'expliquer l'article 1967 du Code Napoléon.

Sur ce point, M. Troplong constate (N° 182 et suivants) les contradictions qui se produisent dans les motifs donnés par les orateurs du gouvernement, MM. Portalis, Siméon, Hauteville, sur l'article 1967.

Portalis repousse l'action en répétition, parce que la loi ne saurait écouter les majeurs, quand ils l'invoquent pour le fait même dans lequel ils l'ont méconnue, parce que le repentir de celui qui a payé une dette de jeu n'est pas favorable pour éveiller l'attention de la justice.

Ce raisonnement repose sur une supposition erronée, c'est-à-dire l'existence d'une loi qui défende au joueur de se livrer à la passion du jeu.

Il n'y en a pas d'autre que l'ordonnance de 1629, qui n'est plus en vigueur.

Quant à l'immoralité intrinsèque, M. Troplong s'en est expliqué.

M. Siméon, à son tour, déclare que le jeu n'est pas une cause licite d'obligation, parce qu'il n'est pas utile et qu'il est extrêmement dangereux.

S'il n'y avait de cause d'obligation que ce qui est utile et ce qui n'est pas dangereux, il y aurait bien des contrats qui pourraient être querellés.

La raison n'est pas sérieuse ; aussi M. Siméon ajoute-t-il que, si le joueur s'est tenu pour obligé et qu'il ait payé, il ne doit pas être admis à user de répétition.

C'est, en dernière analyse, admettre l'obligation naturelle.

M. Troplong cherche à justifier cette opinion par l'application des principes admis par le droit romain, au sujet de la répétition *ob turpem causam :* pour que la répétition n'eût pas lieu, il fallait que la somme eût été payée pour commettre une action immorale ou criminelle.

Le caractère d'immoralité étant enlevé au jeu, il n'y a pas de raison pour invoquer les principes du droit romain *de condictione ob turpem causam.*

Quant à M. Hauteville, après plusieurs détours, il finit par reproduire l'opinion de Pothier.

« Le joueur, dit-il, en payant, n'a-t-il pas obéi à sa conscience, à une certaine déli-
» catesse qu'on ne peut guère condamner, à l'équité naturelle qui toujours impose une
» exacte réciprocité ? »

Voilà la véritable doctrine, celle qui est passée dans l'article 1967.

Ainsi les auteurs du Code ne repoussent pas l'obligation naturelle ; ils s'éloignent donc de l'ordonnance de 1629.

Cette ordonnance frappait les joueurs d'une peine, et faisait ainsi du jeu un véritable délit.

Elle annulait formellement les obligations contractées pour dettes de jeu ; elle déchargeait même de l'obligation naturelle.

Elle admettait la preuve du fait du jeu, nonobstant la prohibition de la loi, c'est-à-dire contre et outre le contenu aux actes.

Tout cela était logique, toutes ces dispositions s'enchaînaient.

Y a-t-il rien de pareil dans la nouvelle législation ?

Évidemment, non.

D'ailleurs, serait-il sérieux d'aller aujourd'hui chercher des règles dans l'ordonnance de 1629 ?

Les principes sur lesquels repose cette ordonnance seraient-ils admissibles ?

Le progrès des idées en législation n'en a-t-il pas fait justice ?

L'ordonnance de 1629 ne se bornait pas à faire des règlements généraux de police ; elle réglementait la vie privée.

Elle contient des dispositions contre le luxe des habits ; elle interdit les broderies, les dentelles, etc., pour hommes et pour femmes, en quelque sorte et manière que ce puisse être (art. 133).

Elle défend à toutes personnes, de quelque qualité et condition que ce soit, d'user au service de leurs tables, et même aux festins de noces, de plus de trois services ; elle règle le nombre de plats (134).

Les festins donnés à des amis par des personnes pourvues d'office ne pourront excéder 40 ou 50 livres (135).

Les traiteurs ne pourront recevoir un plus grand prix qu'un écu par tête (136).

C'est à suite de ces dispositions que l'ordonnance de 1629 édicte une peine contre le joueur et annulle les obligations pour dettes de jeu.

Les principes sur lesquels cette législation s'appuie ne sont plus en harmonie avec l'état de nos mœurs.

Bien que le luxe produise des résultats scandaleux, on ne songe pas à faire des lois somptuaires.

On a reconnu l'inanité de ces règlements qui attaquent les individus dans leur vie privée, dans l'administration de leur fortune.

Le législateur est sans moyens pour mettre un frein aux passions qui portent les individus vers leur ruine.

On n'en a pas trouvé d'autres pour les majeurs qui ont la libre disposition de leurs biens, que l'interdiction ou la nomination d'un conseil judiciaire.

C'est en face d'une législation ainsi comprise qu'il faut se placer pour apprécier le caractère des obligations contractées en matière de jeu.

Là où il n'y a ni dol, ni surprise, ni absence de volonté résultant de manœuvres coupables employées pour oblitérer la raison, la loi doit-elle intervenir pour décharger le joueur de l'obligation qu'il a volontairement contractée ?

Est-il logique de vouloir que, si le joueur a acquitté volontairement la dette du jeu, il ne puisse exercer de répétition, et que si, au lieu d'avoir remis de l'argent, il souscrit une lettre de change sur son banquier, il puisse demander la nullité de ce titre, qui n'est, en dernière analyse, qu'une monnaie qui peut circuler, passser d'une main à l'autre, et être acceptée comme argent ?

On a sans doute reconnu que les tiers porteurs auraient le droit de se faire payer ; mais le souscripteur pourra se délier vis-à-vis du bénéficiaire.

Que décidera-t-on si ce joueur remet des chèques au lieu de numéraire ?

Y aura-t-il lieu à répétition ? N'y a-t-il pas à réviser l'article 1967, à définir ce qu'on devra entendre par payement effectué, et ne serait-on pas amené à décider que, lorsqu'on n'alléguera ni dol ni fraude, il ne sera pas permis de se soustraire à une obligation volontairement contractée, en soutenant qu'elle déguise une dette de jeu ?

La morale n'est-elle pas mieux sauvegardée par l'exécution d'un engagement contracté que par la violation de cet engagement et par une sorte de prime accordée à la mauvaise foi ?

§ III

Après avoir ainsi apprécié d'une manière générale le caractère des obligations contractées pour dettes de jeu, voyons ce qu'il en est des opérations qui se produisent sous une forme commerciale et qui ont pu être assimilées aux jeux et aux paris.

Les prohibitions portées par l'ordonnance de 1629 ont été successivement reproduites jusqu'à la déclaration du 1er mars 1781, qui remet en vigueur tous les anciens édits, ordonnances, arrêts de règlements contre les jeux de hasard et autres jeux prohibés.

Pendant que cette législation sur le jeu, sans cesse éludée et toujours renouvelée, se poursuivait, des faits d'une autre nature se produisaient et appelaient l'attention du législateur.

Ce n'étaient plus les académies de jeux, le brelan et autres jeux prohibés, c'étaien des actes d'une autre espèce, des spéculations, en un mot, qui, revêtant la forme commerciale, appelaient toute la sollicitude de la loi.

Indépendamment des marchandises et denrées sur lesquelles portaient les opérations commerciales, il existait une autre source de spéculation : c'était celle qui était relative à la négociation des effets publics. On comprenait sous cette dénomination, d'abord les effets royaux qui devaient être acquittés par le roi ou le trésor (1); en second lieu, les obligations créées par d'autres que l'Etat (2).

Les négociations de ces diverses valeurs devaient se faire à la Bourse, dont la création remonte au XIVe siècle, mais dont l'organisation ne date réellement que de l'édit de 1723 et de l'arrêt du Conseil de 1724.

A cette époque, des abus graves étaient signalés à raison de la perception des finances. Des déprédations énormes étaient commises par les fermiers généraux et les traitants. Un édit du mois de mars 1716 a pour objet de remédier à ces abus, en créant une Chambre de justice devant laquelle devaient être poursuivis ceux qui avaient dilapidé les deniers de l'Etat, et ceux qui avaient exercé des usures énormes en faisant un commerce continuel des assignats, billets et inscriptions des trésoreries.

A cette époque, l'Ecossais Law obtenait l'autorisation de fonder une Banque à Paris et d'émettre des billets de banque négociables, destinés à subvenir aux besoins du commerce. Law avait devancé son siècle ; et, si sa création ne produisit que des désastres, c'est moins à l'institution qu'il avait créée qu'il faut s'en prendre qu'à l'abus que les mœurs du temps devaient en faire.

Le nom de Law rappelle le souvenir d'une immensité de désastres et de ruines. Les scandales de la rue Quincampoix dépassent les catastrophes qui se produisent de nos jours à la Bourse.

C'était une sage mesure, nécessitée par les circonstances, que celle qui inspira l'édit de 1723 et l'arrêt du Conseil de 1724.

Cet arrêt exigeait que toutes les opérations de Bourse fussent faites par le ministère des agents de change.

Il portait (art. 18) que, pour détruire les ventes simulées qui avaient causé « le discrédit » des effets publics, elles seraient déclarées nulles en cas de contestation, si elles avaient » été faites sans le ministère des agents de change. »

Ce qu'il importe de remarquer, c'est que le mot de jeu n'est pas prononcé dans cet édit; il s'agit seulement de ventes simulées d'effets publics. Mais la présence de l'agent de change suffit pour donner au marché un caractère sérieux, et alors la nullité ne peut être prononcée.

Il ne faut donc pas ranger cet arrêt du Conseil parmi les lois qui ont pour objet de réprimer le jeu.

Il s'agit principalement de mettre obstacle au discrédit des effets publics.

En 1774, un nouvel édit renouvelle la disposition de l'arrêt de 1724, quant à la négociation des effets publics : la variation dans les cours doit être publiée.

Jusque-là, rien encore qui annonce, de la part du législateur, la pensée de réprimer le jeu. Nous arrivons ainsi à 1785.

A cette époque, le mauvais état des finances appelle la sollicitude du gouvernement. « Le roi est informé (est-il dit dans le préambule de l'arrêt du Conseil) que, depuis *quel-* » *que temps*, il s'est introduit dans la capitale un genre de marché ou de compromis aussi » dangereux pour les vendeurs que pour les acheteurs, par lesquels l'un s'engage à fournir » à des temps éloignés des effets qu'il n'a pas, et l'autre se soumet à les payer sans en » avoir les fonds, ***avec réserve de pouvoir exiger la livraison avant l'échéance, moyennant***

(1) On appelait effets royaux tous les titres relatifs aux emprunts ouverts par le roi, tels que contrat de rente, billets de loterie, bulletins de chance donnant droit à des primes, quittances ou simples bordereaux délivrés au trésor royal. (Nouveau Denisart, v° *Effets royaux, Effets publics.*)

(2) Tels que les contrats de rente sur le clergé, les actions de la Caisse d'escompte, de la nouvelle Compagnie des Indes et de toutes autres Compagnies autorisées à emprunter publiquement.

» *l'escompte.* » Cette sorte de marché signalée par l'arrêt du Conseil diffère essentiellement des marchés à livrer qui se produisent de nos jours.

Il est remarquable que, au lieu de se réserver d'annuler les marchés par le payement de la différence, il est question, au contraire, *de la réserve d'exiger la livraison avant l'échéance, moyennant l'escompte.* C'est donc la réalité du marché que les contractants ont en vue; mais, comme ils traitent sur des quantités qu'ils n'ont pas, l'arrêt du Conseil voit là un traité, dépourvu de cause.

A ce point de vue, il annule, à moins que l'agent de change ne s'assure de la réalité de l'opération par la livraison des effets ou le dépôt réel d'iceux.

Cet arrêt dépassait le but : il réduisait à néant les marchés à termes, qu'aucun texte de loi ne prohibe.

Le premier arrêt était du 7 août. Le 2 octobre, c'est-à-dire deux mois après, le roi est obligé de renouveler sa précédente prohibition, qui a pour but de réprimer un abus qui s'était produit, est-il dit, seulement depuis *quelque temps,* au 7 août 1785. Cette fois le nouvel arrêt du Conseil précise :

Qu'on vend *ce qu'on n'a pas, ce qu'on ne peut pas livrer, ce qui même n'existe pas.....;*

Que ces ventes sont intolérables lorsqu'elles portent sur les effets publics, lorsque sur leurs bases fictives *s'accumulent une foule d'engagements et de billets illusoires qui grossissent le volume apparent des papiers commerciables, altérant leur circulation par un mélange suspect et tendant à détruire toute confiance.* « Il importe peu, ajoute l'arrêt, qu'on puisse » les *faire envisager comme un pari ;* quand il serait permis de supposer que la vigilance du » souverain, qui *s'étend jusque sur la conservation des fortunes de ses sujets,* pût fermer les » yeux sur toute espèce de jeux et de paris, pourrait-elle souffrir que leur licence, se » déguisant sous un faux titre et prenant *le caractère d'une vente,* en dénaturât les conditions » et portât le trouble et la confusion dans la négociation des effets publics? »

Il ne faut pas perdre de vue la pensée de l'arrêt : c'est la sauvegarde du crédit public qui inspire les mesures qui sont édictées.

Si l'arrêt énonce que le roi a pour mission d'étendre sa sollicitude sur les fortunes privées, ce qui pouvait être bon sous l'empire de l'édit de 1629, ce n'est pas là le motif déterminant de l'arrêt; il s'agit d'empêcher la vente de plus d'effets royaux qu'il n'en existe, l'accumulation des valeurs fictives qui grossissent le volume apparent des papiers commerciables et amènent le discrédit du trésor public.

Est-ce là des motifs que l'on puisse invoquer aujourd'hui ? Le crédit public est fondé sur des bases telles qu'il n'est pas d'agiotage, quelque effréné qu'il soit, qui puisse l'ébranler.

Il ne faut donc pas se méprendre sur le but et la portée de ces arrêts du Conseil, reflet des besoins d'un autre temps, inspirés par des motifs qui n'existent plus, prescrivant des mesures inadmissibles, que la jurisprudence a été forcée de repousser.

Il n'y a donc rien à conclure des monuments législatifs existant avant 1789 pour proscrire les marchés à livrer, même ceux qui dégénéreraient en véritables paris sur la hausse et la baisse.

Voyons maintenant ce qui se passe après la Révolution.

La seule chose qui préoccupe aujourd'hui les esprits, ce sont les dangers qu'offrent les opérations de Bourse pour le maintien des fortunes privées ; c'est l'immoralité de ces sortes d'opérations que l'on met en relief.

Y a-t-il rien de pareil dans les lois de la Révolution ?

Quel est le but du législateur dans les mesures prises pour frapper l'agiotage ?

Ce but n'est autre que de maintenir la valeur de la monnaie alors en circulation, c'est-à-dire des assignats (1).

(1) Voir l'*Histoire de la Révolution,* par Thiers, tom. V, pag. 159.

On se plaignait du renchérissement des deniers provenant du discrédit du papier-monnaie, ce qui avait amené la loi du *maximum*.

« Et on se déchaînait beaucoup aussi, dit M. Thiers, contre les agioteurs, qui faisaient, » disait-on, augmenter les marchandises en spéculant sur les assignats, l'or, l'argent et les » papiers étrangers. »

Quelle induction peut-on tirer du décret du 13 fructidor an III, dirigé contre les agioteurs ?

De celui du 28 vendemaire an IV, qui frappe l'agioteur qui met *son intérêt en compromis avec son devoir, en faisant des opérations d'une nature telle qu'elles ne peuvent lui rapporter quelques bénéfices qu'au détriment de la chose publique ?*

Le décret du 20 ventôse an IV et le règlement du 2 ventôse an V n'ont pas d'autre but que de venir en aide au trésor public.

Il n'y a pas là l'ombre d'une pensée tendant à moraliser des opérations sur les effets publics et à empêcher le jeu de Bourse dans un intérêt privé.

Toutes ces lois constituent des mesures politiques, des décrets de circonstance ; il n'y a rien à en conclure pour établir des principes généraux.

C'est donc à la législation moderne qu'il faut s'en tenir, sans aller emprunter aux époques antérieures des raisons de décider.

Lors de l'émission de nos Codes, quelle était la pensée des hommes politiques au sujet des jeux de Bourse ?

L'opinion émise par le comte Mollien, sur les questions qui lui étaient soumises par le Premier Consul, est de nature à nous édifier à ce sujet (1).

Le Premier Consul, ayant fait mander le comte Mollien à la Malmaison, s'entretint avec lui des mesures à prendre pour réprimer les jeux de Bourse.

Dans l'esprit du Premier Consul, spéculer à la Bourse était un acte d'hostilité contre le gouvernement.

Le comte Mollien n'eut pas de peine à combattre cette idée.

Il remontra au Premier Consul qu'il n'appartenait pas à l'autorité d'intervenir dans des transactions entièrement libres, qui avaient besoin de rester telles, et qui le seraient toujours, quoi que l'on tentât pour les dominer ; que vainement on avait interdit les marchés à terme par l'arrêt du Conseil de 1785 ; qu'on ne les avait point empêchés, et qu'on ne les empêcherait jamais.

Il exposa comment le vendeur à la baisse devient malgré lui preneur à la hausse, quand arrive le moment de livrer et qu'il faut qu'il achète.

Quant aux marchés à terme qui se font à la Bourse, c'est à tort qu'on les repousse au nom de la législation et de la morale.

Si des abus se sont introduits à raison des transactions de Bourse, qui reposent sur des marchés à terme, on doit surtout en accuser la jurisprudence, qui les place hors du domaine de la loi.

S'ils violent la foi publique, c'est un motif de plus pour que les Tribunaux ne se refusent pas à en prendre connaissance, car leur devoir est de châtier et de punir cette violation.

Quand un homme libre a pris des engagements téméraires, c'est dans l'exécution de ces engagements qu'il doit trouver une peine de son imprudenceee ou de sa mauvaise foi ; l'efficacité de la peine est dans l'exemple qu'elle laisse, et certes ce n'était pas un bel exemple donné par la jurisprudence de 1785, que l'annulation du corps de délit au profit du plus coupable.

(1) Voir un article de M. Eug. Forcade sur les Institutions de crédit en France (*Revue des Deux-Mondes*, 1er juin 1856, n° 608), — et une notice sur le comte Mollien, par Michel Chevalier (*Ibid.*).

Le Premier Consul, convaincu par les raisons données par le comte Mollien, convint qu'il ne fallait pas avoir la prétention de défendre ce qu'on ne pouvait empêcher ; que *l'autorité publique se compromettait beaucoup moins en modifiant une loi vicieuse qu'en en tolérant l'infraction.*

Il faut reconnaître que l'activité qui règne aujourd'hui dans le commerce des valeurs et la multiplicité croissante des opérations de Bourse sont la conséquence naturelle, régulière, nécessaire, d'une situation créée par le développement du crédit public et du crédit commanditaire.

Il faut donc se garder, si l'on veut apprécier sainement les opérations de Bourse, de la réprobation instinctive qu'elles inspiraient autrefois au sentiment populaire (1).

Dans sa conversation avec le comte Mollien, le Premier Consul se préoccupait du discrédit qui pouvait résulter pour les effets publics des opérations de Bourse.

Mais il ne songeait pas le moins du monde à réprimer le jeu dans le but de sauvegarder la fortune des familles, chose qu'il savait être hors du pouvoir du législateur.

Ainsi, dans le Code pénal de 1810, au lieu de la peine édictée contre le joueur par l'édit de 1629, nous trouvons seulement un article qui proscrit les maisons de jeu et frappe d'une pénalité ceux qui tiennent de pareils établissements. C'est là une sage mesure de police.

L'article 421 prononce, il est vrai, une répression contre ceux qui auront fait des paris sur la hausse ou la baisse des effets publics.

Mais, pour apprécier la portée de cette disposition, il faut remarquer qu'elle est placée sous cette rubrique : *Violation des règlements relatifs aux manufactures, au commerce et aux arts.*

C'est donc la violation d'un règlement relatif au commerce de la Bourse que le législateur veut réprimer.

Mais son embarras est grand quand il s'agit de définir en quoi consistent les paris dont parle l'article 421.

L'article 422 le fait d'une manière telle que l'application de la pénalité devient impossible. « Sera réputé pari de ce genre, dit cet article, toute convention de vendre ou livrer » des effets publics qui ne seront pas prouvés par le vendeur avoir existé à sa disposition » au temps de la convention, ou avoir dû s'y trouver au temps de la livraison... »

Les effets publics pouvant être achetés à toute heure, si le vendeur ne les a pas matériellement au moment du contrat, ne lui est-il pas toujours possible de prouver qu'au moment de la livraison il était en mesure, par ses ressources ou par son crédit, de réaliser le marché ?

L'application de la pénalité portée par l'article 421 devenait donc impossible.

Aussi il n'y a pas d'exemple d'une condamnation prononcée par les Tribunaux à l'occasion d'un fait de ce genre, et cependant cinquante-quatre ans se sont écoulés depuis.

Si l'on reconnaît que l'article 421 du Code pénal n'est pas susceptible d'exécution, à quoi bon le maintenir ?

Du reste, ce n'est pas d'une manière générale le jeu ou le pari que la loi entend réprimer.

S'il en eût été ainsi, elle aurait placé la prohibition immédiatement après l'article 410, qui interdisait les maisons de jeu.

C'est donc à une autre pensée que le législateur de 1810 obéissait, et cette pensée c'était la crainte du discrédit des effets publics.

Il est bien reconnu aujourd'hui que cette crainte est chimérique.

Il ne faut donc pas confondre deux choses essentiellement distinctes.

(1) Eugène Forcade, *des Institutions de crédit* (*loc. cit.*)

D'une part, le désir de sauvegarder l'honneur, la fortune, la sécurité des familles ; d'autre part, le besoin d'empêcher toute atteinte au crédit public.

C'est en confondant ces deux ordres d'idées, qu'on arrive à mettre en question la validité des marchés à terme.

Sans contredit, tout le monde est d'accord sur ces grands principes de morale qui sont le fondement de l'ordre social ; tout le monde gémit sur ces fortunes audacieusement acquises, sur les scandales qui se produisent dans les jeux de Bourse, et les magnifiques paroles prononcées au Sénat par M. Delangle (1) trouveront leur écho dans tous les cœurs.

Mais, en législation, ne faut-il pas envisager les choses sous un autre aspect ?

Les faits signalés ne répondent-ils pas aux besoins résultant de l'état de nos mœurs ?

Est-il au pouvoir du législateur d'apporter remède aux abus qui se produisent?

Ne court-on pas le risque de détruire des opérations reconnues indispensables ?

Où est la ligne de démarcation qui sépare les marchés sérieux de ceux qu'on appelle fictifs ?

A quel signe certain est-il possible de les reconnaître ?

On répond, c'est une question d'appréciation abandonnée aux Tribunaux.

Quelles que soient les garanties qu'offre la sagesse des Tribunaux, cette faculté indéfinie d'apprécier l'intention des parties contractantes touche de près à l'arbitraire : c'est là le danger qu'il importe de conjurer.

Il n'y a pas de loi qui frappe les joueurs d'une pénalité.

Donc, le jeu en lui-même n'est pas illicite.

En disant dans l'article 1965 qu'il n'accorde pas d'action pour les dettes de jeu, le législateur n'annule pas le contrat de jeu ; il ne renouvelle pas les dispositions de l'ordonnance de 1629, et, lorsque le jeu se produit sous la forme d'un contrat commercial régulier, l'article 1965 est inapplicable.

L'ordonnance de 1629 autorisait la preuve de l'opération du jeu, même à l'encontre d'un contrat ; rien de pareil n'existe dans notre législation.

D'après les principes du droit commun, pour que la preuve soit admissible pour prouver la simulation d'un acte, il faut que la cause qui a donné lieu au contrat soit illicite.

Or le contrat de jeu en lui-même ne l'est pas ; il l'est si peu, que ce qui a été payé n'est pas sujet à répétition.

La jurisprudence, qui autorise la preuve et permet la recherche du jeu ou du pari dans un contrat régulier, dans un contrat commercial, ne peut se justifier qu'en supposant l'ordonnance de 1629 encore en vigueur.

On dirait vainement que, le marché étant purement fictif, il s'agit d'une fraude à la loi qui autorise l'admission de la preuve testimoniale, et, par suite, des présomptions.

On distingue, quant à la fraude à la loi, celle qui s'applique à une loi d'intérêt public et celle qui ne concerne que l'intérêt privé.

La loi qui refuse une action pour dette de jeu ne prohibe pas le jeu, n'en fait pas un délit.

Cette disposition se rattache donc à un intérêt purement privé

Il est loisible au perdant de renoncer à la disposition introduite en sa faveur. Cela est si vrai que, lorsqu'il a payé, il ne peut pas user de répétition.

Il ne serait donc pas exact de considérer la disposition de l'article 1965 comme étant purement d'ordre public.

Bien qu'elle ait en vue la protection des bonnes mœurs, elle se mélange d'une considération d'intérêt privé. On peut donc élever des doutes sérieux sur le point de savoir si l'on

(1) Session de 1864, à propos d'une pétition demandant la révision des lois relatives aux opérations de Bourse.

peut, à l'aide présomptions, aller à la recherche du jeu dans un contrat présentant la forme et les caractères d'une spéculation commerciale.

D'autre part, existe-t-il un moyen sûr de découvrir dans quel cas le marché est sérieux, dans quel cas il est purement fictif?

Ce n'est pas une vente, dit-on, parce que, pour constituer une vente, il faut une chose vendue. Or, dans les marchés qui doivent se résoudre par le payement d'une différence, il n'y a pas d'objet vendu.

C'est là une erreur. En droit commercial, la vente est valable, quoiqu'elle porte sur un objet que le vendeur ne possède pas; il suffit que l'objet vendu existe ou puisse exister.

Or, quand on vend des rentes, par exemple, l'objet vendu, s'il n'est pas en la possession du vendeur, est un objet existant, que le vendeur peut se procurer au moment de la livraison. Donc le caractère de la vente est incontestable.

Ce contrat ne peut donc pas être critiqué dans sa forme; il reste à savoir si, dans l'opération incriminée, le jeu est le seul élément.

Sur ce point, aucune preuve n'est possible, aucune certitude ne peut être acquise. N'y eût-il que l'impossibilité matérielle d'établir qu'un marché à terme sur les effets publics constitue essentiellement et nécessairement une opération de jeu, il y aurait nécessité de réviser la législation.

Dans la séance du Sénat où s'est produit le remarquable discours de M. Delangle, de graves raisons ont été apportées en faveur d'une révision de la législation.

M. Delangle lui-même n'a pas repoussé une étude de ces questions, eu égard aux nécessités présentes.

« Le ministre, a-t-il dit, peut soumettre à des jurisconsultes, à des publicistes, à des » commerçants, à des gens enfin qui s'occupent plus spécialement de ces matières, l'étude » des problèmes; rien de mieux que cela... »

De plus, l'éminent jurisconsulte, qui, tout en proclamant les grands principes de morale, auxquels nul ne voudrait porter atteinte, sait reconnaître ce qu'exige le progrès de la législation, a fait lui-même un appel à l'expérience de l'un des hommes les plus sérieux et les plus compétents, M. d'Audiffret.

Cet appel a été entendu, et M. d'Audiffret, apportant dans la discussion le poids de son autorité, n'a pas hésité à dire qu'il y avait plus de moralité à valider les marchés à terme, quels qu'ils fussent, qu'à encourager la mauvaise foi en autorisant la violation des engagements contractés.

« Je comprends très-bien, a-t-il dit, la sévérité de la loi, lorsque le crédit n'était pas » développé; mais les marchés à terme sont en ce moment le fonds principal des opérations » de la Bourse..... »

« Ce serait, a-t-il ajouté, porter une atteinte profonde au crédit de l'Etat, que de ne pas » donner une sanction sérieuse aux engagements pris devant des officiers publics, devant ceux » qui sont les notaires de la Bourse.

» Pourquoi celui qui fait un marché à découvert, qui est un homme sans foi, n'encourt-il » que la perte de son honneur?

» C'est peu pour lui que d'être stigmatisé par les Tribunaux; il faut qu'il puisse être pour» suivi dans ses biens et dans sa personne.

» L'intérêt de la morale est donc dans la punition de la mauvaise foi... C'est là ce qui » constitue la sanction sérieuse, la sanction morale de la loi. Or cette sanction n'existe pas » aujourd'hui.

» *Je suis persuadé que l'agiotage serait moins actif s'il en était autrement.* »

Ces paroles, auxquelles on pourrait joindre de nombreuses autorités non moins imposantes, méritent d'être méditées ; elles appellent toute la sollicitude du législateur.

La plus grande plaie qui puisse subsister pour le commerce, c'est l'encouragement donné à la mauvaise foi ; le plus grand service que l'on puisse rendre à l'ordre social, c'est le respect pour les conventions, le maintien des lois de la délicatesse et de l'honneur.

Sans doute, il faut exalter l'amour du travail, n'accorder son estime qu'aux fortunes péniblement et honorablement acquises ; mais, si des hommes audacieux, imprudents ou de mauvaise foi, se livrent à des opérations pleines de péril, qu'ils sachent qu'ils mettent en jeu, non-seulement leur honneur, mais leurs personnes, leurs fortunes et l'avenir de leurs familles.

Il y aura là un frein plus puissant pour arrêter la passion du jeu, que l'impunité accordée aux joueurs qui violent audacieusement des engagements contractés sous la foi publique.

DE L'ORGANISATION JUDICIAIRE

L'organisation judiciaire a parcouru de nombreuses phases avant d'atteindre le degré de perfectionnement qu'elle offre de nos jours.

Dans les temps anciens, il serait difficile de reconnaître une organisation répondant à une idée préconçue.

Des juridictions d'espèces diverses, créées pour le besoin du moment, pour chaque nature d'affaires, n'offraient aux justiciables aucune des garanties qui naissent de la fixité de nos institutions.

Les Parlements se dressaient, il est vrai, de toute leur hauteur au-dessus des nombreuses juridictions qui se partageaient l'administration de la justice ; mais il manquait aux institutions anciennes une hiérarchie fortement constituée.

L'organisation judiciaire créée par la révolution de 89 a rempli cette lacune ; ce n'est pas sans avoir tenté beaucoup d'essais que l'on est arrivé à poser les bases de l'organisation actuelle.

Mais il y a dans la marche de la civilisation et le progrès des peuples des époques de troubles où l'on semble oublier le passé pour se livrer à l'ardeur des innovations.

De la révolution de 1789 était sortie cette organisation puissante qui répond à tous les besoins des justiciables et que tous les peuples nous envient.

Les immenses services rendus par la magistrature attestent la grandeur de cette institution; cependant il a été un moment où les principes sur lesquels elle repose étaient sérieusement mis en question.

La révolution de 1848 fit naître des idées de réforme radicale.

En vue de démocratiser la justice, on proposait de confier à l'élection le choix des magistrats et d'introduire le jury dans le jugement des affaires civiles.

Ces idées, déjà jugées dans un autre temps, trouvèrent heureusement une énergique résistance. Il n'est plus à craindre que de pareilles tentatives se renouvellent; mais il n'est peut-être pas sans quelque utilité de se demander comment la justice, ce premier besoin des peuples, a été administrée avant d'arriver aux institutions qui nous régissent. Jeter un coup d'œil rétrospectif sur notre histoire judiciaire, c'est mettre en relief l'organisation actuelle, fruit des réformes successives suggérées par l'expérience de plusieurs siècles.

§ I

Les temps anciens ne nous offrent rien d'analogue à notre organisation judiciaire. Si les lois romaines ont eu le privilége d'être acceptées par tous les peuples civilisés comme raison écrite, on y chercherait en vain une organisation de tribunaux donnant aux justiciables une complète garantie.

Dans la république romaine, c'était le peuple assemblé qui était chargé de rendre la justice. Mais tous les citoyens n'étaient pas appelés à concourir à cette œuvre. Les lois romaines distinguaient les citoyens *optimo jure* de ceux *non optimo jure*. Les premiers seuls avaient part aux charges publiques (1). C'étaient eux qui formaient les curies, dans le sein desquelles

(1) Savigny, t. I, p. 20.

étaient pris les juges appelés à vider les différends sous la direction du préteur à Rome, des magistrats municipaux dans les provinces.

La justice, dans ces premiers temps, présente un exemple qui donne quelque idée des jugements par jurés ; c'est ce qu'on appelait *ordo judiciorum privatorum* (1). Le préteur ou le magistrat municipal instruisait le procès ; il examinait le point de droit et rendait une décision conditionnelle subordonnée à l'appréciation du fait (2).

Il désignait en même temps un juge choisi parmi les citoyens, qui avait mission de porter une décision sur le fait (3).

C'était le jury renversé; la décision commençait par le point de droit et se terminait par l'appréciation du fait.

Cette facilité, pour les magistrats institués, de s'adjoindre des juges à volonté, leur fournissait le moyen d'expédier promptement les procès. Ainsi, à Rome, deux préteurs suffisaient pour l'administration de la justice (4).

Dans les provinces, les magistrats municipaux (*magistratus minores*) remplissaient les fonctions de préteur.

Les mêmes formes étaient suivies; ils nommaient aussi un juge pour prononcer la décision. Plus tard, l'autorité judiciaire prit une forme qui se rapproche de nos tribunaux actuels.

Les empereurs appelés à juger eurent des assesseurs (*consistorium*, *auditorium*). Mais ces assesseurs n'avaient que voix consultative ; l'empereur seul décidait.

Cet usage, adopté par les empereurs, passa aux préteurs, aux lieutenants dans les provinces, qui prenaient à leur gré, dans les curies, les citoyens qui devaient les assister.

Nous voyons ainsi, pendant toute cette période, les citoyens mêlés à l'administration de la justice. Mais quelle garantie pouvait offrir une justice administrée par des juges pris au hasard et choisis arbitrairement par le préteur?

Plus tard, sous les empereurs, les différends furent vidés par les réponses des jurisconsultes, qui suppléaient à l'imperfection de l'organisation judiciaire. Auguste avait fait des jurisconsultes des fonctionnaires de l'ordre le plus élevé ; ils avaient mission d'interpréter les lois et de rendre des décisions auxquelles les plaideurs devaient se soumettre.

Après la chute de l'empire romain, si nous suivons les institutions judiciaires dans les États modernes, quel est le spectacle qui s'offre à nos regards? Les procès sont vidés par les hommes libres réunis en plaids, présidés par le roi quand il s'agit de l'assemblée générale de la nation, par le comte quand il s'agit des réunions du comté (5).

De là, la distinction de plaids de la nation et plaids du comté.

Les comtés sont subdivisés en centainies et en décanies; les mêmes formes se reproduisent pour le jugement des affaires qui leur sont dévolues.

Les hommes libres ainsi assemblés ne procédaient pas comme jurés : ils jugeaient le fait et le droit.

Le comte n'était appelé qu'à recevoir leur décision et lui donner force. Il remplissait des fonctions analogues à celles du directeur du jury; il exposait le procès, dirigeait les débats,

(1) Savigny, t. I, p. 72.

(2) On trouve dans Cicéron la formule usitée en pareil cas par le préteur :

« Lucius Octavius, soyez juge : s'il apparaît que le fonds de Capene, dont il s'agit, appartienne, d'après le » droit quiritain, à A. Agenius, et qu'il ne lui soit pas restitué, juge, appréciez la valeur et condamnez » M. Nagedius à une pareille somme d'argent ; s'il n'en est pas ainsi, absolvez-le. »

(3) Savigny, *Histoire du Droit romain*, t. I, p. 72.

(4) *Idem*, p. 74.

A part les procès où le préteur nommait un *judex*, il y en avait qu'il devait juger directement (*extraordinariæ cognitiones*) ; mais c'était le plus petit nombre.

(5) Meyer, t. II, p. 127.

veillait à ce que chacun fût jugé selon sa loi, mais il n'intervenait en rien dans la délibération et le jugement.

Le comte devait connaître la loi, ou plutôt les lois suivies par chacun des habitants de son comté. Le première question qu'il devait adresser aux parties était celle-ci : *Quâ lege vivis* (1) ?

Cette connaissance des lois, il ne l'employait que pour diriger l'instruction ; il est dit dans les *Établissements de saint Louis* (liv. 1, ch. 105, et liv. II. ch. 15) : *le juge ne doit pas faire le jugement* (2).

« *Sui li home,* dit Beaumnoir (*Coutume de Beauvoisis*), *doivent juger l'un l'autre et les » querelles du commun peuple.* »

C'était là la véritable justice démocratique, ou plutôt un simulacre de justice, c'est-à-dire le hasard et l'arbitraire substitués à l'examen approfondi du droit et à la saine application des lois.

Avant la création des tribunaux réguliers, il était admis dans le royaume des Francs que nul ne pouvait être dépouillé d'un droit quelconque, si ce n'est par le jugement de ses pairs (3).

Le chiffre douze se trouve bien indiqué dans quelques documents pour déterminer le nombre des juges, mais il ne paraît pas que ce fût là une règle absolue ; la plupart des décisions rendues par les plaids ne contiennent aucune énonciation du nombre des juges. On y voit seulement *quàm plurimis* (4).

Cette absence de règles pour déterminer le nombre de juges donnait lieu à de graves abus, qui s'étaient déjà manifestés dans les provinces romaines.

Les membres de la curie qui étaient appelés à juger devaient se rendre au jour indiqué, ou payer une amende. Les magistrats qui les désignaient y puisèrent un moyen d'exaction; les citoyens ainsi appelés, placés entre la nécessité d'abandonner leurs affaires ou de payer l'amende, se résignaient à subir la peine. Ce ne fut pas là une des moindres raisons qui portaient les citoyens à faire tous leurs efforts pour sortir de la curie (5).

Il en fut de même pour les hommes libres. Revendiquant, dans le principe, comme une précieuse prérogative le droit de juger, ils n'y virent bientôt plus qu'une charge rigoureuse, et il fallut la menace d'une amende pour les contraindre à remplir leur devoir.

Cette amende, abusivement renouvelée, devint bientôt une des principales ressources des comtes ou de leurs lieutenants.

L'invasion de la féodalité vint mettre un terme à ce mode d'administrer la justice.

Lorsque le droit de juger était exercé par les hommes libres, jugeant, soit en vertu de leur droit de souveraineté dans les plaids de la nation, soit en leur qualité de pairs, l'appel était absolument inconnu.

C'était la négation d'une justice régulière; ce n'est pas là qu'il faudrait aller chercher des principes d'organisation judiciaire.

§ II

La féodalité, ayant donné aux seigneurs un empire absolu sur leurs vassaux, les investit

(1) On trouve dans l'appendice du 3e capitulaire, art. 3 :
Ut comites et vicarii eorum leges sciant, ut antè eos injustè neminem quis judicare possit, aut legem mutare.

(2) Montesquieu, *Esprit des lois*, liv. XXVIII, chap. 42.

(3) Meyer, t. II, p. 129.
Quod nullus de regno Francorum potuit ab aliquo jure suo spoliari, nisi per judicium duodecim parium suorum.

(4) Savigny. t. I, p. 20.

(5) Montesquieu, *Esprit des lois* t. XXVIII, ch. 27.

du droit de juger. Cependant un reste de l'ancien usage d'être jugé par ses pairs se maintint pendant longtemps.

La féodalité introduisit plusieurs degrés de juridiction ; le jugement rendu par le seigneur put être attaqué par appel devant son suzerain, et, après ce second degré, il y en avait encore un troisième : c'était l'appel au roi, de qui relevaient les hauts barons.

On se ferait une fausse idée de ce qu'était l'appel, dans cette période du moyen âge, si on le comparait à ce qu'il est aujourd'hui. C'est contre le juge qui avait rendu la sentence que l'appel était dirigé. Les parties pouvaient accuser le juge de faux jugement et le provoquer en duel (1). Saint Louis abolit le combat judiciaire et permit de fausser le jugement sans combattre. La voie de l'appel s'ouvrit alors, non pas pour faire déclarer que le jugement avait été faussement et méchamment rendu, mais pour le faire amender pour le préjudice qu'il causait. Toutefois, par un reste du vieil usage, l'appel semblait s'adresser d'une manière si directe au juge, que c'était lui qui payait l'amende si le jugement était réformé (2). L'appel devait être formé à l'instant même où le jugement était rendu : « *Se il se part de cour sans appeler*, dit Beaumanoir (ch. 43, p. 327), *il perd son appel et tient le jugement pour bon.* » Nos mœurs ne comporteraient pas un appel ainsi relevé à la face du juge.

Bien que les vassaux eussent encore, dans les premiers temps de la féodalité, une part dans l'administration de la justice, il y avait cette différence qu'auparavant c'était de simples citoyens qu'émanait le jugement auquel le comte ou le roi ne faisait qu'apposer son nom, tandis que sous la féodalité c'est du seigneur ou du roi qu'émanait la justice.

Le seigneur appelait pour former sa cour ceux de ses vassaux qu'il croyait propres à l'assister de leurs avis (3). Il fallait que sa cour fût, selon le langage du temps, *suffisamment garnie de pairs*. Mais était-ce bien là un jugement rendu par des pairs? Que pouvait valoir l'avis des vassaux en présence de la volonté de leur seigneur ?

Dans les provinces où le roi était seigneur suzerain, la justice était administrée par des délégués, désignés sous le nom de *missi dominici* en France, de *justitiarii itinerantes* en Angleterre (4).

A des époques déterminées, les envoyés du roi faisaient une tournée et prenaient connaissance des causes qui étaient portées devant eux.

Sous Charlemagne, les *missi dominici* devaient juger concurremment avec les comtes.

Plus tard, il leur fut enjoint de ne tenir aucune assemblée dans les lieux où ils trouveraient la justice bien administrée.

On sentit bientôt les inconvénients que présentait l'institution de ces juges voyageurs, et l'on en vint à la création des tribunaux permanents ; de là l'institution des baillages et sénéchaussées. C'est là le véritable commencement de l'organisation judiciaire (5).

On institua d'abord quatre grands baillages, appelés à juger tous les différends dans lesquels le domaine du roi était intéressé, à veiller, en outre, à la sûreté publique.

Cette institution ne portait aucune atteinte aux justices seigneuriales.

La justice seigneuriale se divisait en haute et basse justice.

Les seigneurs hauts justiciers avaient seuls le droit de connaître des grands méfaits dont on pouvait *perdre vie ou membre*.

(1) Montesquieu, *Esprit des lois*.

(2) On lit dans le Code Henri III, liv. V, p. 17, art. XI, un article ainsi conçu :
« Enjoignons à nos juges d'être diligents à juger procès, et où il se trouverait qu'ils aient erré en fait ou » en droit, voulons iceux être mulités et punis d'amende arbitraire, à la discrétion de nos cours »

(3) Meyer, *Histoire des institutions judiciaires*, t, II, p. 395.

(4) Meyer, t. II, p. 130.

(5) Meyer, t. II, p. 427.

La basse justice ne comprenait que les affaires d'une moindre importance.

La même division existait dans les anciens plaids.

Les débats entre commerçants ou sur la propriété des immeubles étaient portés aux plaids généraux présidés par les comtes.

Les contestations de moindre importance étaient portées aux plaids présidés par le centenier.

Au-dessus de ces catégories planait une distinction plus importante, celle des cas royaux et des cas seigneuriaux ; c'est là que s'ouvrait la plus large porte à l'arbitraire.

L'institution des baillages eut cependant pour effet de régulariser une sorte de hiérarchie judiciaire et de faire remonter, en définitive, la justice dans les mains du roi, ayant le pouvoir d'évoquer les procès dans les grands baillages.

Les justices seigneuriales virent ainsi diminuer le nombre des causes dont il leur était permis de connaître.

De même que les juridictions ecclésiastiques s'étaient emparées de la connaissance de la plupart des procès relatifs à l'exécution des contrats, sous prétexte du serment qui devait être prêté par les parties contractantes et que les notaires avaient le soin d'insérer dans leurs actes (1);

De même, sous le prétexte des lettres de rescision, des ratifications ou autres, qu'on devait prendre dans les chancelleries, on considéra comme cas royaux la plupart des procès, qui tombaient ainsi sous la juridiction des juges royaux.

Les grands baillages ne pouvant plus suffire à l'expédition des affaires, un édit de 1551 institua les présidiaux. Dans chaque grand baillage, il y eut un présidial.

Ces juridictions connaissaient par appel des décisions des juges inférieurs; elles statuaient en dernier ressort sur certaines matières, et relevaient des Parlements.

Cette organisation se rapprochait de l'organisation actuelle, sans en offrir toutes les garanties.

Il ne faudrait pas croire que, pendant toute la période du moyen âge que nous avons parcourue, la justice fût administrée par des hommes versés dans la science du droit. Pour se faire une idée de ce qu'était la procédure dans le moyen âge, il faut consulter la législation relative aux avocats et aux procureurs.

C'était un principe admis que *nul, en France, ne plaide par procureur, sinon par grâce.*

On trouve aux *Etablissements de saint Louis* un chapitre intitulé : *Comment un homme malade peut constituer un procureur.*

La comparution personnelle étant obligatoire, il fallait une autorisation du juge pour en dispenser la partie.

Quant aux avocats, on trouve bien, en 861, un édit de Charles le Chauve qui les concerne.

Il en est question aussi dans les *Etablissements de saint Louis* (liv. II, art. 12) : « *Li avocat,* » (y est-il dit) *et li avant parlier doit mettre avant et proposer en jugement ses défenses et ses* » *barres.* »

Leur rôle devait être bien modeste. Il leur était interdit de prendre plus de trente livres pour honoraires dans les grandes causes. (Edit de juillet 1315.)

La procédure ne prend un caractère régulier que dans l'ordonnance de Charles VII du mois d'avril 1453, qu'on doit regarder, d'après *Henrion* de Pansey, comme notre premier Code de procédure, tant au civil qu'au criminel.

La création des tribunaux permanents fut un grand acheminement vers un meilleur ordre de choses.

On voit bien, dans les *Etablissements de saint Louis,* la preuve testimoniale substituée au

(1) Pothier, *Traité des Obligations,* t. I.

combat judiciaire; mais l'usage du combat judiciaire se maintint en France beaucoup plus tard.

L'organisation judiciaire reçut sous Philippe le Bel des améliorations importantes.

Jusqu'au règne de ce prince, la dénomination de Parlement était attachée à la Cour tenue par le roi après avoir convoqué les grands vassaux de la couronne; cette Cour exerçait à la fois le pouvoir législatif et le pouvoir judiciaire.

A dater de Philippe le Bel, les Parlements devinrent exclusivement des corps de magistrature.

Ils furent déclarés permanents, et, comme les hauts barons qui les composaient ne voulaient pas s'astreindre à se fixer au lieu où siégeait le Parlement, ils durent abandonner la place à des clercs, qui se vouèrent exclusivement à l'administration de la justice (1).

Bien que cette nouvelle organisation amenât dans les Parlements des hommes d'étude, il n'en était pas moins d'usage d'appeler les anciens avocats au conseil, dans les affaires douteuses; un édit de 1407 le prescrivait ainsi.

La nouvelle forme donnée aux Parlements par Philippe le Bel fut l'occasion d'une réforme autrement importante.

La justice ecclésiastique faisait depuis longtemps concurrence aux juges laïques; or l'appel des jugements rendus par les Tribunaux ecclésiastiques devait être porté en cour de Rome.

Les luttes de Philippe le Bel avec Boniface VIII déterminèrent l'attribution aux Parlements de l'appel des jugements rendus par les Tribunaux ecclésiastiques; c'est là ce qui amena l'institution des appels comme d'abus, destinés à sauvegarder les libertés de l'Église gallicane.

Les Parlements devinrent juges d'appel des jugements rendus par les justices inférieures, de quelque ordre qu'elles fussent. Ils étaient investis en outre d'un pouvoir d'évocation qui étendait leur juridiction souveraine sur toutes matières. Nous ne parlerons pas du pouvoir exercé par les Parlements quant aux arrêts de règlement et à l'enregistrement des lois. Ces pouvoirs appartenaient plus à l'ordre politique qu'à l'ordre judiciaire. Du reste, les services rendus à l'État par ces grands corps judiciaires sont incontestables. C'était le contrepoids nécessaire du pouvoir absolu, et, lorsque les libertés publiques n'avaient plus le moyen de se faire entendre dans les États généraux, elles trouvaient un appui dans les Parlements.

Ce n'est pas, cependant, sous Philippe le Bel, où les charges étaient au plus annales, où les officiers qui composaient ce Parlement pouvaient être destitués au gré du prince qui les nommait, que ces grands corps judiciaires pouvaient déployer une entière indépendance.

Le Parlement fut d'abord distingué de la Cour des pairs, appelée à juger les grands feudataires.

La Cour des pairs, composée de hauts barons étrangers à la connaissance du droit, appelait à elle le Parlement dans les occasions difficiles.

Plus tard, ces deux corps se confondirent, et il y eut dans le Parlement des charges attribuées à la naissance ou à la faveur, d'autres aux gens d'étude.

On attribue à Louis XI le principe de l'inamovibilité des juges; mais c'est à une autre cause qu'il faut en reporter l'origine. La création de la vénalité des charges (2) rendait l'ina-

(1) Meyer, t. II, p. 473.

(2) Au temps de saint Louis, on affermait les places de juge. (*Ordon*. 1256, art 19 et 20; *Recueil des Ordon.*, t. I. p. 80). Louis XII généralisa l'usage de les vendre. (Id., t. XIV, préface, p. 24.)

Meyer, t. II, p. 603.

La vénalité des charges de judicature a subi un grand nombre de vicissitudes. Proscrite par divers édits de Charles VI, Charles VIII, Louis XII et Henri III, elle se reproduisit lorsque ces rois, pressés par le mauvais état des finances, voulurent s'en faire une ressource. (Merlin, *Rép.*, v° *Charges*.)

movibilité nécessaire, et l'on a regret de dire que c'est à ce mode peu honorable de recruter la magistrature que l'on doit la consécration d'un principe auquel elle doit son principal lustre.

Cependant, ce n'était pas tout que d'avoir rendu les magistrats inamovibles : il fallait encore s'assurer qu'ils possédaient les connaissances nécessaires pour la bonne administration de la justice.

A cet égard, les anciens édits exigeaient des officiers de justice des conditions de capacité qui méritent d'être rappelées.

Les candidats devaient être désignés par une délibération de la Cour, toutes les chambres assemblées (1).

Nul ne devait être reçu membre des Cours et Parlements qu'après avoir subi un examen qui attestât sa capacité.

Il ne s'agissait de rien moins que d'expliquer une loi selon la fortuite ouverture du livre, et cela en trois endroits (2).

Ceux devant qui cet examen devait être subi devaient s'abstenir de toutes sollicitations et se purger par serment de toute suspicion.

Le récipiendaire, à son tour, devait jurer qu'il *n'avait baillé ni fait bailler par lui ou par autres,* directement ou indirectement, à personne quelconque, or ni argent, ni autre chose équivalente pour avoir lesdits offices (3).

Les juges devaient être âgés de vingt-six ans et avoir fréquenté le barreau pendant quatre ans au moins.

Les présidents devaient avoir quarante ans et avoir été juges en Cour souveraine ou avocats ayant exercé si longuement et si honorablement qu'ils fussent jugés dignes (4).

(1) « Quand il vaquera aucun office en notre Cour, voulons que nos avocats et procureur général avertissent notre dite Cour des bons et notables personnages de notre royaume, capables et suffisants pour être pourvus en iceux offices.

» Ordonnons qu'incontinent soit procédé, toutes les Chambres assemblées, à la nomination de vive voix d'une, ou deux, ou trois personnes de l'âge, qualité et capacité requises, versée en la jurisprudence et expérience des jugements, de ceux que nos dites Cours verront être plus idoines et suffisants à exercer l'office vacant.

» Avant lesquelles nominations, tous ceux qui y assisteront prêteront serment de pure et sincère élection, et jureront que sur leur honneur et conscience ils éliront celui qu'ils sauront et reconnaîtront être le plus instruit et expérimenté et plus utile et profitable pour ledit office exercer au bien de justice et chose publique. » (*Code Henri III*, liv. II. tit. II.) Le roi ajoute : « Déclarons que nous ne pourvoirons auxdits officiers à la requête, faveur et recommandation de qui que ce soit. » (*Code Henri III*, liv. II, tit. III.)

(2) « Voulons que les officiers qui seront examinés en notre dite Cour soient, trois jours après la loi à eux baillée, sans plus long délai, examinés tant sur icelle loi et pratique que sur la fortuite ouverture de chacun des livres de droit qui se fera en trois endroits, sans que, au cas qu'ils ne soient trouvés suffisants par leurs dits examens, leur soit baillé délai d'étudier ou loi à rapporter. » (*Code Henri III*, liv. III, tit. III, p. 139.)

(3) « Ils jureront et feront le serment en notre conseil, sur la damnation de leurs âmes, de n'avoir baillé, promis ni fait bailler ou promettre, aucuns deniers ni autres choses équivalentes à nous ni autres, pour la composition et provision desdits offices. »

(4) « D'autant que les offices des présidents des Cours et compagnies souveraines de notre royaume sont de ceux auxquels, par la grandeur de la charge à laquelle ils sont appelés, il est très-nécessaire de pourvoir de personnes de grand savoir et longue expérience, afin que par leur doctrine, vertu et âge, ils puissent être respectés et donner loi et exemple de bien faire à ceux auxquels ils président, ordonnons que nul ne sera pourvu desdits états de président, tant de Parlement que des enquêtes, grand conseil et Cours des aides, qu'il n'ait atteint l'âge de quarante ans pour le moins, et qu'au préalable il n'ait été conseiller en Cour souveraine l'espace de dix ans, ou tenu état de lieutenant général en nos bailliages et sénéchaussées pour pareils espace de temps, ou fréquenté le barreau des Cours souveraines et exercé la charge d'avocat si longuement et avec telle réputation et renommée, qu'il soit estimé digne et capable des dits états. » (*Code Henri III*, liv. II, t. IV, art 2.)

Est-ce à dire que, malgré ces sages précautions, il ne se commît pas d'abus sous l'ancienne législation ? Assurément, non.

Quelle que soit la sagesse des règles, il est toujours possible de les enfreindre. Il faut cependant reconnaître que, si l'organisation judiciaire était incomplète, la magistrature ancienne ne le cédait en rien à celle qui lui a succédé.

Si ces hautes fonctions étaient données quelquefois à la naissance ou à la faveur, les magistrats qui composaient les Cours souveraines étaient en général des hommes d'un grand savoir, des esprits éminents, des jurisconsultes laborieux.

Combien ne citerait-on pas, parmi nos anciens auteurs, de magistrats qui ont consacré leurs veilles au progrès de la science du droit, et dont les écrits sont encore la règle des jurisconsultes modernes ?

C'était par son profond savoir, autant que par la noblesse de son caractère, que se distinguait la magistrature ancienne.

La magistrature nouvelle n'a eu qu'à recueillir et à conserver l'héritage de ces vieilles traditions.

Bien que les degrés de juridiction ne fussent pas aussi bien définis, que la hiérarchie judiciaire ne fût pas aussi bien organisée, l'administration de la justice offrait dans les anciens Parlements de grandes garanties pour les justiciables.

Les Parlements étaient divisés en plusieurs chambres, qui avaient chacune leur attribution spéciale :

La *grand'chambre,* où se jugeaient les affaires importantes, se composait des magistrats les plus anciens ; il n'y avait pas de roulement.

La *tournelle,* qui était appelée à juger les affaires criminelles, prenait son nom du roulement qui présidait à sa composition.

« Le roulement avait lieu, disait Ferrière, afin que l'habitude de condamner et de faire » mourir les hommes n'altérât la douceur naturelle du juge et ne le rendît inhumain. »

Une chambre spéciale portait le nom de *chambre des enquêtes.* Elle statuait sur les procès qui lui étaient renvoyés par la grand'chambre et qui devaient se juger après enquêtes ou autres moyens d'instruction.

Il y avait, en outre, la *chambre des requêtes du palais,* qui vidait les instances introduites par simple requête ;

La *chambre neutre,* appelée à statuer sur les conflits entre la Cour des comptes et le Parlement ; elle était composée de membres pris moitié dans le Parlement, moitié dans la Cour des comptes (1).

La *chambre de la table de marbre,* ayant juridiction sur les matières d'eaux et forêts.

Au Parlement de Paris, il y avait une chambre appelée *chambre de la marée,* où se portaient les débats relatifs au commerce du poisson.

Lors de l'édit de pacification, il fut créé une chambre mi-partie, composée partie de conseillers catholiques, partie de protestants; cette chambre n'eut pas le temps de fonctionner, l'édit étant resté sans exécution.

Les procès les plus importants se jugeaient à la grand'chambre.

Il était ordinairement nommé un rapporteur ; les juges ne recevaient pas de traitement, mais on leur attribuait des épices.

La moitié était dévolue au rapporteur ; l'autre moitié se répartissait parmi les juges.

Les audiences avaient lieu deux fois par jour.

Le matin, à six heures, en été ; à sept heures en hiver, jusqu'à dix heures.

A midi, il y avait une audience de relevée jusqu'à quatre heures.

(1) Le Tribunal des conflits, créé en 1848, reproduisait la même pensée.

Mais les procès les plus graves (1) se jugeaient à l'audience du matin.

Deux audiences par jour devaient rendre pénibles les fonctions de magistrat ; aussi le Parlement prenait-il dans l'année plusieurs vacances.

A Pâques, la Cour vaquait du dimanche des Rameaux au lundi de *Quasimodo ;* à la Pentecôte, pendant huit jours. Les grandes vacances commençaient au 15 août et finissaient au 11 novembre, à la Saint-Martin.

Si le rôle des Parlements s'était borné à l'administration de la justice, peut-être eût-on hésité à renverser ces grands corps judiciaires, où les justiciables trouvaient de puissantes garanties dans l'intégrité et la science des juges ; mais l'organisation des Parlements était telle, leur pouvoir était si étendu, que leur existence ne pouvait se concilier avec les idées nouvelles et les institutions auxquelles la révolution de 1789 allait donner naissance.

§ IV

La révolution de 1789 fit naître une ère nouvelle pour l'organisation judiciaire.

L'institution des Tribunaux doit répondre à une pensée, présenter un ensemble qui se coordonne, dont chaque partie soit dirigée vers un but unique : la justice la meilleure, la plus prompte, la plus accessible à tous.

Rien de pareil dans l'institution des Tribunaux avant 1789.

C'est le besoin du moment qui donne naissance à une juridiction : on crée un juge spécial pour chaque nature d'affaire ; la diversité des coutumes entraîne la diversité de jurisprudence. Chaque juridiction défend ses privilèges ; des conflits surgissent à chaque pas, et le droit d'évocation, planant sur toutes les juridictions, enlève les justiciables à leurs juges naturels pour les forcer à aller au loin chercher la justice.

On comprend tout ce qu'il y avait à faire en présence d'un tel état de choses ; l'organisation nouvelle créée en face de tous les inconvénients, de tous les abus, de toutes les défectuosités connues et signalées, satisfait à tous les besoins des justiciables.

La magistrature en France, avant 1789, avait parcouru toutes les phases : démocratique dans son principe, puis féodale, puis grandissant sous le régime monarchique ; il ne restait plus qu'à prendre ce qu'il y avait de bon dans chacune de ces organisations, et à y ajouter ce que l'expérience et le temps avaient fait reconnaître d'utile.

Ce ne fut pas seulement sur les institutions en vigueur en France que les législateurs d'alors arrêtèrent leurs regards.

Ils se préoccupèrent aussi de ce que les pays étrangers leur offraient de bon à imiter.

Ainsi, après avoir institué les Tribunaux des divers degrés, deux institutions inconnues en France frappèrent leur esprit : les justices de paix et le jury.

La création de la Cour de cassation, qui n'a rien d'analogue dans les temps qui ont précédé, vint mettre le sceau à ce grand œuvre en ramenant tous les Tribunaux à une jurisprudence uniforme.

Les juges de paix, primitivement gardiens de la paix (*custodes pacis*), ont leur origine dans les lois saxonnes.

Leur institution eut d'abord pour objet de maintenir la paix publique, ainsi que l'indique leur dénomination (2).

(1) Bien qu'il régnât dans ces audiences la plus grande solennité, il était difficile que dans un personnel nombreux il ne se commît pas quelque distraction.

On connaît le mot du président de Harlay, interrompant un avocat et disant aux membres de la Cour : « Si messieurs qui causent ne faisaient pas plus de bruit que messieurs qui dorment, cela incommoderait » moins messieurs qui écoutent. »

(2) Meyer, t. II, p. 113.

Leur nombre n'était pas limité ; ils tenaient leurs charges ou de la naissance, ou de l'élection ; on choisissait les hommes les plus probes et les plus puissants du comté (1).

Les gardiens de la paix étaient le complément de la garantie mutuelle (2).

L'organisation des associations connues originairement sous la dénomination de ***Fribourg***, et devenues plus tard, en France et en Angleterre, l'agglomération communale, assurait aux citoyens le maintien de la paix. Le magistrat préposé à ce maintien garantissait, en outre, à chacun, le droit d'être jugé selon sa loi.

C'est la même pensée qui préside et caractérise encore aujourd'hui l'institution des juges de paix en Angleterre : des commissions sont délivrées à plusieurs personnes dans le même comté ; ce sont plutôt des fonctionnaires de l'ordre administratif que de l'ordre judiciaire.

Si la France a pris dans les lois anglaises la dénomination des juges de paix, elle a apporté à cette institution de notables modifications.

La révolution de 1789, fidèle à son principe, voulant réaliser, autant que les imperfections humaines peuvent le permettre, cette idée de fraternité qu'elle inscrivait en tête de ses lois, se préoccupa surtout des moyens d'éteindre les procès.

Ainsi elle voulut que deux plaideurs ne pussent paraître devant les Tribunaux qu'après essai de conciliation.

C'était une grande et noble pensée, que celle qui consistait à placer entre deux plaideurs poussés l'un contre l'autre par la haine, la cupidité, le caprice, un homme calme et désintéressé, influant par son caractère, par sa position, appelé à ramener l'esprit de conciliation au milieu des apprêts d'une lutte.

Cette institution devait réaliser de grands bienfaits, bien que ce fût se bercer d'illusions que de croire à la possibilité de tarir par ce moyen la source des contestations judiciaires.

Le but de l'institution des juges de paix ne fut donc pas de créer un Tribunal destiné à juger des procès, mais d'établir des fonctionnaires tenant le milieu entre l'ordre administratif et l'ordre judiciaire.

Si le pouvoir de juger leur fut conféré dans une certaine limite, c'était en quelque sorte administrer, que de décider des différends roulant sur des intérêts minimes ou appelant une décision d'urgence.

Aussi était-ce moins les notions de droit qu'on devait rechercher, dans ceux qu'on investissait de ces fonctions, que la position, la probité, l'influence.

On comprend dans ce système l'élection appliquée aux juges de paix, on ne la comprendrait pas en les considérant comme juges.

La création des juges de paix eut donc un autre but, une autre portée que celle qu'on veut lui donner aujourd'hui.

En étendant la juridiction des juges de paix, en absorbant en quelque sorte leur caractère administratif dans leur pouvoir judiciaire, on fausse l'institution et l'on substitue des Tribunaux au petit pied, exposés à toutes les erreurs, à tous les abus d'un juge unique, à une magistrature simple et paternelle, appelée à rendre d'immenses services.

L'institution des juges de paix, telle qu'on l'entendait en 1790, l'élection de ces fonc-

(1) *Ex probioribus et potentioribus ipsius comitatis. (Ibid.)*

(2) Meyer, t. II, p. 76.

C'est un principe admis dans la législation anglaise, que tous les citoyens demeurent garants, les uns envers les autres, des dommages qu'ils peuvent souffrir par des actes qui troublent la paix publique. De là l'institution des magistrats connus sous le nom de gardiens de la paix. La loi de vendémiaire, sur la responsabilité des communes, n'est que l'application de cette garantie mutuelle.

tionnaires d'un ordre nouveau, répondait à l'esprit démocratique qui présidait alors à la confection des lois.

Qu'en est-il de l'institution du jury, empruntée, comme les justices de paix, à la législation anglaise ?

On se laisse trop aisément séduire par cette idée que, être jugé par les jurés, c'est être jugé par ses pairs ; que, dès lors, l'institution est éminemment démocratique.

En remontant à l'origine du jury, il est aisé de reconnaître qu'il n'en est pas ainsi.

Il ne faut pas confondre, en effet, le jugement par jurés avec les décisions rendues dans les anciens plaids.

Dans les plaids, soit de la nation, soit des comtés, les hommes libres jugeaient leurs pairs; il n'était pas permis d'appeler de leur décision.

La qualité de citoyen suffisait pour constituer le juge : il n'y avait pas de récusation ; le nombre d'hommes libres composant le Tribunal n'était pas déterminé ; le minimum était fixé, mais tous les hommes du comté pouvaient prendre siége.

Il n'existe aucune analogie entre ce mode de jugement et l'institution du jury.

Il n'en existe pas davantage avec les jugements rendus par les seigneurs après avoir pris l'avis de leurs vassaux.

Les vassaux pouvaient bien être appelés à donner leur avis, mais c'était le seigneur seul qui jugeait souverainement.

Il ne serait pas vrai non plus de voir l'institution du jury dans les douze pairs dont il est question dans les Capitulaires de Charlemagne.

Mathieu Pâris rapporte bien qu'à la mort de Louis VIII les barons réclamèrent le privilége d'être jugés par leurs pairs ; mais il n'existe aucune loi qui ait organisé un pareil mode de jugement, et nous ne voyons pas que, depuis Charlemagne, le jugement par pairs ait été pratiqué, si ce n'est à titre de privilége et pour la décision des contestations qui intéressaient les hauts barons.

L'institution du jury fut donc une création nouvelle empruntée à la loi anglaise.

Le jury était inconnu en Angleterre avant la conquête des Normands.

La Grande Charte n'en fait pas mention. Ce n'est que sous Henri III que l'on voit mettre en pratique ce mode de jugement.

Déjà une charte d'Henri II avait tenté d'abolir le combat judiciaire ; ce roi, pour ménager la vie de ses sujets et ne pas les exposer aux chances d'un duel, leur avait permis d'invoquer la reconnaissance du droit par l'assise (1).

Le shérif appelait devant lui quatre chevaliers du comté, lesquels désignaient douze chevaliers du voisinage, qui prononçaient leurs jugements après avoir été épurés par les récusations qu'il était loisible aux parties d'exercer.

C'est là évidemment l'origine de l'institution du jury, origine qui n'a rien de démocratique. Ce ne sont pas les hommes libres pris indistinctement, ce sont douze chevaliers, choisis par quatre chevaliers, c'est-à-dire les hommes les plus considérables du pays.

Les assises n'avaient d'abord pour but que d'appeler douze témoins devant éclairer le juge sur les points du débat qui étaient censés être à leur connaissance (c'était principalement les voisins qu'on appelait) ; mais le juge devait se conformer à leur opinion unanime : c'était un moyen de connaître la vérité bien plus sûr que les épreuves de l'ordalie.

Plus tard, on investit les jurés du pouvoir de juger, et la décision du jury est si bien considérée en Angleterre comme un jugement émané de véritables magistrats, qu'il est permis dans plusieurs cas d'en appeler.

Ainsi la décision du jury anglais peut être attaquée devant une Cour supérieure, soit en

(1) Meyer, t. II, p. 176.

accusant les jurés d'avoir mal jugé et les poursuivant criminellement, soit en soutenant que le verdict n'est pas concluant et qu'une autre question de fait doit être examinée, soit en obtenant un nouvel examen devant un autre jury, pour des causes déterminées (1).

Il n'est pas sans exemple qu'on ait accordé un troisième examen.

Il est bien certain, d'après cela, qu'on ne saurait voir dans l'institution du jury l'application d'une justice démocratique, car la décision serait souveraine, et il n'appartiendrait pas à de simples citoyens de réviser une décision rendue par leurs pairs.

D'autre part, ce n'est pas indistinctement que les jurés sont appelés à juger ; ils sont pris sur une liste des habitants les plus recommandables ; autrefois douze chevaliers, aujourd'hui douze citoyens choisis.

Il n'y a évidemment là rien de démocratique, et, loin de rapporter l'origine du jury au droit appartenant à chaque citoyen de juger ses pairs, il faut y voir seulement un mode de constater la vérité substitué au duel ou aux épreuves judiciaires, dont on avait reconnu l'abus ; c'est ce qu'exprime énergiquement le mot *verdict* appliqué à la décision du jury.

On ne cherche pas à faire juger l'accusé par ses pairs, mais on craint l'arbitraire, l'erreur ou les préventions des magistrats institués, et l'on veut donner à l'accusé la garantie d'un examen fait par des hommes pris au hasard, étrangers à toutes les préoccupations qui peuvent naître de l'habitude de juger.

L'Assemblée nationale fit pour le jury ce qu'elle avait fait pour les juges de paix.

En s'appropriant cette institution, elle lui donna un autre caractère.

La composition du jury se rapprocha beaucoup plus des idées démocratiques.

Sa décision eut une autorité souveraine.

Mais on lui maintint sa destination primitive, en ne l'appliquant qu'aux matières criminelles.

Le but de l'institution du jury ne fut donc pas d'appeler tous les citoyens à l'administration de la justice et de faire juger les accusés par leurs pairs; mais, afin de donner une garantie de plus à la liberté individuelle, on voulut soustraire les accusés aux juges ordinaires, plus enclins à une appréciation rigoureuse, pour remettre leur sort entre les mains de simples citoyens appelés à apprécier le fait incriminé, avant que le juge appliquât la peine.

L'ancienne procédure criminelle appelait des réformes : à l'instruction secrète on sentait le besoin de substituer une instruction publique ; le régime des prisons était amélioré; le sort des accusés préoccupait fortement les esprits ; les droits de l'humanité étaient mis en lumière ; proclamés par la constitution, ils devaient être efficacement protégés.

L'institution du jury fut regardée comme un palladium de la liberté individuelle.

C'est à cet aspect que le jury fut admis en France par l'Assemblée nationale, qui repoussa son extension aux matières civiles et ne l'appliqua qu'au grand criminel.

La première composition du jury dut répondre aux idées alors en vigueur. Cependant tous ceux que la loi inscrivait sur la liste du jury n'étaient pas nécessairement appelés à juger.

Tous les citoyens électeurs étaient inscrits sans doute; ils devaient même se faire inscrire à peine de perdre le droit de suffrage ; mais, tous les trois mois, le procureur général syndic choisissait sur la liste générale deux cents noms qui devaient composer le jury de jugement (2).

Pour le jury d'accusation, le procureur général syndic devait former une liste de trente membres.

Ce choix se faisait d'après les connaissances personnelles de l'agent national ; les rensei-

(1) Meyer, t. II, p. 156.

(2) Loi du 16 septembre 1791, article 6, titre 2.

gnements pris, il devait n'appeler aux fonctions de jurés que ceux qu'il jugeait propres à les remplir (1).

Lorsqu'il s'agissait tous les mois de former la liste sur laquelle devait être formé le jury de jugement, le président du Tribunal criminel, en présence de deux officiers municipaux qui devaient prêter serment de garder le secret, avait la faculté d'en exclure un sur dix, sans donner de motifs.

La loi du 6 germinal an VIII établissait encore diverses catégories de choix ; le juge de paix devait désigner dans son canton les dix-huit citoyens qui étaient les plus propres à remplir ces fonctions (art. II).

Ce choix avait assurément pour effet d'éloigner le plus grand nombre d'électeurs, incapables d'exercer les fonctions de jurés; le Code de 1808 ne fit donc que sanctionner ce qui existait de fait, en restreignant les fonctions de jurés à certaines classes de la société.

Procéder ainsi, c'était évidemment s'éloigner de cette idée de justice démocratique, de jugement par pairs.

Qu'importait, en effet, que le droit d'être inscrit sur la liste des jurés appartînt à tous, si, en fait, on ne devait appeler que ceux qui étaient réellement capables d'exercer ces fonctions ?

Les jurés appelés à juger tiennent donc leur droit, non pas de leur qualité de citoyen ou d'électeur, mais de leur aptitude à être juré et du choix qui de la liste générale les fait passer sur la liste spéciale qui doit servir à former le jury.

C'est donc à tort qu'on a voulu considérer l'institution du jury comme une conséquence de la forme républicaine, une application des principes démocratiques.

Lorsque les idées démocratiques étaient portées en France à leur plus haute expression, ce n'était pas le jury que l'on faisait intervenir dans les contestations judiciaires ; mais on avait supprimé toute espèce de Tribunaux, et, à leur place, des juges de paix élus, des arbitres publics élus, étaient appelés à juger tous les différends sur simples mémoires, sans le secours des avocats ou des procureurs.

C'était là assurément la mise en pratique de ces idées de fraternité qui étaient l'objet d'un culte spécial. Mais était-ce bien connaître l'humanité que d'espérer qu'à l'aide de pareils moyens on parviendrait à éteindre les procès?

Ces essais malheureux ne firent que démontrer combien il y a loin des théories sociales, qui tendent à régénérer l'espèce humaine, à la réalité des choses et aux imperfections de la nature humaine, qui permettent de déplacer les abus et non de les faire entièrement disparaître.

Malgré les expériences faites lors de la première révolution, et l'abandon de toutes les théories aventureuses auxquelles l'esprit d'innovation avait donné naissance, la magistrature ne put échapper en 1848 à de nouvelles épreuves.

§ V

La révolution de 1848 devait se produire avec le cortège de tous les essais qui avaient été tentés lors de la première révolution (2).

(1) Loi 2 nivôse an II, article 6.

(2) La première révolution nous a offert un exemple de tous les essais qu'on a tenté de renouveler en 1848 : les juges élus, la durée de leurs fonctions limitée; plus tard, leur nomination à vie, subordonnée à leur maintien sur la liste des éligibles, qui était formée tous les trois ans.

Le sénatus-consulte de l'an X institua des collèges électoraux nommés à vie ; mais, par un sénatus-consulte du 12 septembre 1807, les fonctions à vie n'étaient conférées aux magistrats qu'après cinq ans d'exercice et lorsqu'ils en avaient été jugés dignes.

Heureusement, ce que l'entraînement des idées mettait au jour ne supportait pas toujours l'épreuve de l'examen.

Le système d'élection appliqué à la magistrature, l'introduction du jury dans les affaires civiles, figuraient en première ligne parmi les réformes radicales qu'on proposait en vue, disait-on, de démocratiser l'administration de la justice.

L'égalité devant la loi, c'est le symbole de la justice; elle ne se démocratise qu'en se rendant accessible à tous.

Ce n'est donc ni par l'élection des magistrats, ni par l'introduction du jury dans les matières civiles, qu'on pouvait changer le caractère de la justice.

A part ces projets de réformes radicales, on proposait de remanier complétement l'organisation des Tribunaux.

On voulait réduire le nombre des Tribunaux de première instance, et par suite celui des Cours d'appel. On voulait même que certains Tribunaux fussent juges d'appel à l'égard de certains autres.

Réduire le nombre des Tribunaux, celui des Cours d'appel, c'était porter le trouble dans l'existence de la magistrature sans qu'il pût en résulter un grand avantage.

Ce n'est pas que l'on pût craindre, comme on l'a dit, que, si l'on réduisait le nombre des Cours, celles qui resteraient deviendraient de véritables Parlements.

Il n'y a rien de commun entre nos Cours actuelles et les anciens Parlements.

C'était moins par le nombre des magistrats qui le composaient, que les Parlements exerçaient une puissance si grande, que par l'étendue de leur pouvoir (1).

Si, par des raisons d'économie, on pouvait être amené à supprimer certaines Cours, des raisons d'un autre ordre s'opposeraient à cette réforme.

Il faut mettre le juge à la portée des justiciables.

Que, si certaines Cours ont moins de procès à juger que certaines autres, ce serait une question d'étendue du ressort à étudier.

La Cour suprême étant instituée pour maintenir l'uniformité de jurisprudence, on ne saurait avoir intérêt à se trouver justiciable d'une Cour ou d'une autre; on n'a qu'un intérêt, celui d'être jugé par le juge le plus rapproché.

C'est là la consécration des principes d'égalité, qui exigent (autant que la chose est possible) qu'il n'en coûte pas plus à un plaideur qu'à un autre de trouver un juge.

Peut-être serait-on amené par là à supprimer la division des Cours en plusieurs classes.

Les Cours ayant une égale autorité, est-il logique d'établir des différences entre elles? Ne vaudrait-il pas mieux qu'elles fussent toutes composées d'un même nombre de juges et qu'on leur assignât une égale étendue de ressort, sauf Paris, pour qui on pourrait maintenir une exception?

S'il en était ainsi, on ferait disparaître cette tendance de la part des magistrats à passer d'une Cour inférieure à une autre d'une classe plus élevée.

Le magistrat, une fois nommé, resterait dans le même siége, et l'on ne serait pas exposé à cette variation de jurisprudence qu'entraînent sur certaines questions les changements du personnel.

Il est bon qu'un juge soit à portée de connaître les mœurs du pays où il est appelé à exercer sa mission.

Lorsque, en 1848, on demandait la réduction du nombre des juges, l'esprit d'économie faisait peut-être oublier ce qu'exige une bonne administration de la justice.

(1) Dans l'origine, le personnel des Parlements était restreint. Ainsi, sauf le Parlement de Paris, qui avait 120 membres sans comprendre les gens du roi, le Parlement du Dauphiné avait 18 membres; ceux d'Aix, de Rouen et de Bordeaux, 27; celui de Rennes, 36; celui de Toulouse, 38. (*Code Henri III*, tit. II, liv. I; — *Etats de Blois*, art. 213, 220.) Plus tard, ce nombre déterminé par les anciens édits fut accru.

Sans contredit, il n'y a pas nécessité à ce qu'un procès soit jugé par un grand nombre de juges, plutôt que par trois ou cinq.

Cependant, il faut reconnaître que le nombre de juges est une garantie contre l'erreur; si cela est contestable quand il s'agit d'un point de droit (vu que la science ne peut être toujours également répartie), on ne saurait le mettre en doute quand il s'agit d'un point de fait, et, comme tous les procès sont mêlés de fait et de droit, que le plus grand nombre même se réduit à un point de fait, il ne serait pas sage de diminuer le nombre des juges, surtout de ceux qui sont appelés à réviser les jugements rendus en premier ressort.

Il faut que les jugements rendus en premier ressort ne puissent être réformés que par un nombre de juges supérieur; ainsi l'on conçoit qu'un jugement rendu par trois juges soit réformé par une Cour composée de sept juges.

Si la Cour jugeait seulement à cinq membres, il pourrait arriver qu'un jugement rendu par trois juges unanimes fût réformé par la majorité de la Cour, c'est-à-dire par trois juges sur cinq.

Où serait alors la garantie que les premiers se sont trompés?

Parmi les innovations que la révolution de 1848 avait mises en lumière, l'institution d'un Tribunal des conflits était une amélioration réclamée depuis longtemps par l'expérience.

Dans les luttes fréquentes entre l'autorité administrative et l'autorité judiciaire, on ne saurait admettre que l'autorité administrative reste juge du conflit.

L'une de ces deux autorités ne doit pas être subordonnée à l'autre, chacune est également souveraine dans sa sphère; dès lors, il est naturel que le soin de vider le conflit soit confié à une autorité à part.

Il est à regretter que cette sage réforme n'ait pas été maintenue.

L'existence du Tribunal des conflits a pu être considérée comme peu en harmonie avec le principe d'autorité qui fait la base du gouvernement actuel; on a cru devoir maintenir à l'autorité administrative une sorte de prépondérance; on a eu confiance, d'ailleurs, dans la haute capacité qui distingue les membres du Conseil d'État; mais n'y avait-il pas pour les citoyens, dans l'existence du Tribunal des conflits, une garantie dont la suppression est regrettable?

Une autre innovation proposée consistait à séparer, dans la décision judiciaire, le fait et le droit.

Cette séparation, si elle était admissible, conduirait à l'application dans tous les cas du droit rigoureux, et l'on a dit avec raison : *Summum jus, summa injuria.*

Il faut au juge une certaine latitude, dans laquelle les principes d'équité puissent se mouvoir. Lorsque ce pouvoir est exercé avec une certaine réserve, la justice n'a pas à en souffrir.

La division du fait et du droit ne pourrait être utile que pour fixer les limites de la juridiction de la Cour de cassation.

Il arrive trop fréquemment que les Cours jugent en fait, pour ne pas se prononcer sur le point de droit.

Qu'en théorie la Cour de cassation ne constitue pas un troisième degré de juridiction, cela est vrai; mais c'est bien à un troisième degré de juridiction que les parties entendent recourir; c'est à elles que la cassation profite, et on ne peut pas vouloir que le recours que la loi leur a ménagé leur soit enlevé parce que le juge aura éludé, par une décision en fait, la solution d'un point de droit.

Bien que les Cours d'assises ne soient pas appelées à réviser la décision du jury, cependant elles peuvent l'annuler, si elles reconnaissent unanimement que le jury s'est trompé.

Ne pourrait-on pas raisonner ainsi par analogie pour la Cour suprême, et lui donner le droit de casser une décision où le point de droit est éludé au moyen d'une appréciation du fait évidemmeent erronné ?

On objectera que la Cour de cassation devrait alors apprécier le point de fait. Mais le débat devant la Cour suprême fait-il abstraction du fait ? Expose-t-on un procès sans en faire connaître les circonstances de fait ? L'arrêt attaqué ne les énonce-t-il pas ?

Il est évident que le débat resterait ce qu'il est aujourd'hui.

La Cour de cassation ne tend-elle pas à entrer dans cette voie lorsqu'elle casse un arrêt pour fausse interprétation et qualification d'un acte ?

Pourquoi ne pas poser en principe, ce qui est livré aux hésitations de la jurisprudence ?

La nécessité de rendre une prompte justice, les exigences de la statistique, ont créé un grave danger pour les justiciables.

Juger bien et juger vite sont des choses difficiles à concilier.

Qui tôt juge et point n'entend, a dit le vieux Loisel, *rend souvent fol jugement.*

Les anciens édits prescrivaient que, lorsque le tiers des juges trouverait qu'il y avait difficulté dans un procès, il fut renvoyé au Conseil pour être jugé sur le vu des pièces (1).

C'était peut-être une sage mesure que celle qui exigeait qu'il n'y eût arrêt que lorsque la majorité était de deux voix au moins, faute de quoi il y avait partage. Ce partage devait être vidé par une autre chambre (2).

Cette idée de faire départir les procès en une autre chambre mériterait d'être méditée. Pourquoi obliger les parties à plaider de nouveau devant les mêmes magistrats qui ont fait connaître leur opinion ?

Ne devrait-on pas éviter aux juges l'alternative de se raidir dans une opinion déjà émise, ou d'avouer qu'ils se sont trompés ? Exiger une majorité de deux voix, ce serait sans doute créer des inconvénients (3) et augmenter le nombre des partages ; mais il serait désirable qu'un arrêt ne passât pas à la majorité d'une voix, surtout devant la Cour de cassation.

Qu'est-ce, en dernière analyse, que la jurisprudence de la Cour régulatrice, lorsque sa doctrine peut changer par le déplacement d'une voix ?

La Cour suprême constituant une magistrature à part, peut-être y aurait-il lieu de créer pour elle un mode spécial de délibération, alors surtout qu'après deux cassations successives le dernier arrêt a la force d'une loi, à laquelle la Cour de renvoi doit se soumettre.

A cet égard il y aurait beaucoup à dire sur la disposition législative qui veut que l'arrêt de cassation rendu sur un second pourvoi devienne la loi pour la Cour de renvoi ; c'est faire empiéter la Cour de cassation sur les attributions du pouvoir législatif ; c'est réduire les Cours à un rôle purement passif qui doit blesser leur dignité.

Si l'on réfléchit qu'une question appréciée dans un sens par la Cour de cassation peut être plus tard décidée dans un autre, selon que la chambre sera composée de tels ou tels magistrats, on demeurera convaincu qu'il n'est pas sage d'astreindre les Cours à sanctionner comme une loi une doctrine que la Cour régulatrice elle-même peut déserter le lendemain.

(1) Enjoignons aux présidents que, diligemment, ils entendent aux plaidoyers qui se feront devant eux, afin que les causes plaidées soient promptement vidées et expédiées, si faire se peut ; et celles qui se trouveront en difficulté, et que le tiers des conseillers assistants estimera être subjectes à délibérer plus amplement, seront apportées au Conseil, ou ordonné qu'il en sera délibéré sur le registre ou sur les pièces qui seront mises par-devant nos susdites Cours. (*Code Henri III,* liv. II, titre XII, art. 10.)

(2) *Code Henri III,* p. 88, liv. II, titre XV, art. 11.

S'il advient que nos présidents et conseillers se trouvent en diversité d'opinion, les jugements ne seront censés et réputés conclus et arrêtés, sinon qu'ils passent de deux voix et opinions pour le moins, autrement, demeureront les procès partis, et se départiront en une autre chambre de nos Cours, pour lequel départiment sera nécessaire que semblablement il passe de deux voix.

(3) Il pourrait y avoir un nouveau partage dans la chambre de renvoi. Dans ce cas, les anciens édits voulaient que la sentence dont était appel fût confirmée.

L'ancien système, qui obligeait de recourir à l'interprétation, valait mieux ; il respectait le principe *ejus est interpretari cujus est condere.*

Cette observation serait de nature à faire sentir combien il est dangereux d'apporter des modifications à des institutions longuement élaborées, éprouvées par les services rendus.

Si l'on pouvait élever des doutes sur la bonté de ces institutions, il suffirait de considérer qu'au milieu des agitations qui, en divers temps, ont profondément labouré le sol de la France, la magistrature seule a pu suffire pour le maintien de l'ordre.

Son action, partout respectée, a sauvegardé les droits des citoyens, et, bien que dans les changements successifs de gouvernements qui se sont opérés en France, elle ait été administrée bien souvent par des hommes que le régime nouveau pouvait regarder comme lui étant hostiles, la justice a été la digue la plus sûre opposée au torrent dévastateur des passions.

L'esprit de réforme doit donc s'arrêter devant une organisation aussi fortement constituée.

Voyons cependant les innovations que la marche du temps a fait surgir.

§ V

Depuis 1848, certaines modifications se sont produites dans l'organisation judiciaire.

Ont-elles toutes obtenu la sanction des hommes pratiques?

Ainsi on a étendu la juridiction des juges de paix ;

On a réduit le personnel de certains tribunaux ;

On supprimé la Chambre du conseil et étendu le pouvoir des juges d'instruction ;

On a créé les bureaux d'assistance judiciaire ;

Et (ce qui est plus important) on a fixé une limite d'âge pour la retraite forcée des magistrats.

Il y aurait beaucoup à dire sur l'extension de la juridiction des juges de paix.

En entrant dans le véritable esprit de l'institution des juges de paix, peut-être faudrait-il reconnaître que, loin qu'il y ait lieu d'étendre leur juridiction, ce serait plutôt le cas de la restreindre.

Ne faudrait-il pas laisser les juges de paix ce qu'ils sont avant tout, ce qu'indique leur dénomination : juges de conciliation.

On ne peut étendre le cercle de leur juridiction sans changer leur nature.

Conciliateurs, il faut des hommes recommandables par leur caractère, par leur position.

Magistrats appelés à juger, si l'on sort du cercle de ces affaires minimes où l'équité seule peut servir de guide, où juger, c'est en quelque sorte administrer, il faut des hommes de capacité, ayant fait des études spéciales. Or comment trouver un de ces hommes pour chacun des nombreux cantons qui composent la France ?

Et, cet homme l'eût-on trouvé, on est encore placé en face des inconvénients d'un juge, unique.

Les indigents ont toujours appelé la sollicitude du législateur. En 1848, on avait demandé la création d'un avocat des pauvres.

En France, les pauvres n'ont jamais manqué de défenseurs ; le barreau s'est toujours fait un devoir de prêter à l'indigence les secours de son ministère.

La création d'un avocat officiel chargé de cet emploi aurait donné naissance à des abus sans apporter aucune amélioration au sort de la classe indigente.

Si l'on n'a pas cru devoir créer un avocat des pauvres, la loi a institué le bureau d'assistance judiciaire.

Quels sont les avantages produits par cette institution ?

Il serait assez difficile de les apprécier; les idées généreuses, qui séduisent au premier abord, ne produisent pas toujours les bons effets qu'on est en droit d'en attendre.

Quant à la suppression de la Chambre du conseil et l'extension des pouvoirs des juges d'instruction, cette innovation soulève des objections sérieuses.

Il est douteux que les avantages que l'on a cru trouver soient en rapport avec les inconvénients que présente le pouvoir trop étendu accordé aux juges d'instruction.

Ce fardeau paraît beaucoup trop lourd à ceux qui acceptent avec regret l'immense responsabilité qui s'attache à l'exercice d'un pouvoir qui dispose de la liberté des citoyens.

Le contrôle de la Chambre du conseil leur paraîtrait préférable.

En résumé, sans parcourir une à une les modifications plus ou moins importantes qui ont été apportées dans certaines branches de l'administration de la justice, on peut dire que, sauf quelques points de détail, sur lesquels l'expérience n'a pas encore dit son dernier mot, l'organisation judiciaire est heureusement restée ce qu'elle était.

Si la magistrature n'est pas aujourd'hui, comme autrefois, l'apanage d'une classe privilégiée chez qui se conservent des traditions héréditaires, elle n'en a pas moins conservé tout l'éclat qui s'attache à l'exercice des fonctions judiciaires.

Le respect dont elle est si légitimement entourée en fait un des plus fermes soutiens de l'État.

Toute atteinte portée à son institution présente le danger de diminuer son prestige.

Si nos lois ont besoin de fixité, il en est ainsi surtout de celles qui organisent l'administration de la justice.

Est-il bien vrai, cependant, que de nos jours le respect pour cette grande institution ait été scrupuleusement sauvegardé ?

§ VI

La limite d'âge établie par la loi du 27 mars 1852 peut-elle se concilier avec le grand principe d'inamovibilité, que la magistrature considère à juste titre comme la base de son institution, comme la sauvegarde de son indépendance ?

A quelque époque que l'on veuille remonter, quel que soit le peuple dont on consulte l'histoire, ce sont les vieillards qui sont appelés dans le conseil; leur autorité est d'autant plus grande que leur expérience s'est accrue par le nombre des années.

« Personne », a dit un éminent professeur de physiologie, qui, plus que nonogénaire, conserve la plénitude de sa remarquable intelligence (1), « ne s'est avisé d'assigner une époque » de la vie où un citoyen, un magistrat, un prêtre, un évêque, un roi, un pape, deviendraient, » naturellement et infailliblement, impropres à l'exercice des fonctions intellectuelles atta- » chées à leur titre. »

Ce savant physiologiste, qui a fait une étude approfondie des diverses phases que parcourt la vie de l'homme, après avoir distingué les forces physiques de la force intellectuelle, n'hésite pas à affirmer qu'il n'est pas permis d'assigner une époque de la vieillesse où l'entendement soit nécessairement soumis à une décadence.

« Le sens intime, dit-il, n'éprouve pas de décroissance après la culmination de la force » vitale. »

Le savant professeur va plus loin ; non-seulement l'intelligence ne décroît pas, mais elle acquiert plus de force par l'âge.

Cette observation a été tenue pour certaine de tous les temps.

(1) M. Lordat, professeur de la Faculté de médecine de Montpellier : *de l'Insénescence du sens intime de l'homme.*

Aristote, dans ses problèmes (sect. XXX, prov. V), pose cette question :

Cur seniores ampliùs mente valemus, juniores citiùs discimus? Il ne met pas en doute le fait, il en cherche seulement la raison.

La force de l'intelligence est indépendante de la décadence du corps non point que la maladie et les infirmités ne puissent paralyser l'exercice des facultés de l'esprit ; mais, dans l'état normal, l'esprit ne faiblit pas par la seule influence de l'âge.

Si ces principes sont certains, à quel point de vue peut-on justifier une limite d'âge imposée à l'exercice des fonctions judiciaires ?

Déjà le législateur avait prévu le cas où le magistrat, atteint de maladie ou d'infirmités, serait hors d'état de remplir ses fonctions. Que cette loi ait été plus ou moins bien exécutée, que des abus aient pu être signalés, n'était-il pas possible d'y remédier ?

Au lieu d'aller à la recherche du remède, on a cru plus logique de déterminer un âge où la retraite du magistrat serait forcée.

« On remplit mal, dit M. le Garde des sceaux dans son rapport sur la loi du 1er mars 1852, » des fonctions dont on ne peut plus supporter le fardeau.

» L'on compromet les droits des justiciables, lorsque l'âge et la lassitude ont énervé, sinon » détruit l'amour du devoir et les notions du juste et de l'injuste. »

En jetant les yeux sur la magistrature, tant ancienne que moderne, on se demande quels sont ceux, parmi les magistrats qui ont atteint la plus extrême vieillesse, chez qui l'âge et la lassitude aient énervé l'amour du devoir et détruit les notions du juste et de l'injuste.

Que d'exemples ne citerait-on pas de magistrats parlementaires et de magistrats des temps modernes, qui, sous les glaces de l'âge, se sont fait remarquer et par la lucidité de l'esprit, et par l'accomplissement rigoureux du devoir, et par l'intégrité du jugement, et par le courage civil dans des temps de trouble !

Y en a-t-il quelqu'un qui ait failli, succombant sous le fardeau, par la seule influence de l'âge et de la lassitude ?

La vieillesse, d'une manière absolue, est-elle fatalement condamnée à la caducité ?

« Rien de plus commun, dit le savant physiologiste (1) que nous avons cité, que de voir » des vieillards conserver leurs facultés intellectuelles jusqu'au terme d'une vie très- » avancée, quoique le temps ait fait dans leur corps tous les ravages qu'il a coutume » d'exercer.

« Les faits d'insénescence du sens intime, ajoute-il, sont si communs, que je n'ai que » l'embarras du choix. »

M. Lordat cite, chez les anciens, Platon écrivant à quatre-vingt-un ans, Sophocle conservant l'intégrité de son génie jusqu'à la plus extrême vieillesse.

Caton, à quatre-vingt-quatre ans, portait dans les affaires publiques toute la lucidité de son esprit.

Venio in senatum frequens, dit-il; *affero res multùm et diù cogitatas, easque tueor animi, non corporis, viribus.*

Cicéron disait de lui :

S'il avait vécu jusqu'à cent ans, il ne se serait fait remarquer ni en courant, ni en sautant, ni en se servant de la lance ou de l'épée ; mais par le conseil, par la raison, par le poids de son opinion, toutes choses qui, si elles n'existaient pas chez les vieillards, n'auraient pas fait donner le nom de *Sénat* au Conseil souverain (2) de l'État.

(1) *De l'Insénescence du sens intime.*

(2) *Si ad centesimum annum vixisset, nec enim excursione, nec saltu, nec eminùs hastis aut cominùs gladiis uteretur, sed consilio, ratione, sententiâ, quæ, nisi essent in senibus, non summum consilium majores nostri appellassent Senatum.* (Cicéron, *de Senectute.*)

L'esprit, dit Cicéron, reste intact chez les vieillards, pourvu que l'étude soit continuelle.

Inutile d'ajouter aux exemples cités ceux que fourniraient un si grand nombre de noms modernes.

Fontenelle, faisant des vers à cent ans (1).

Le cardinal Fleury, ministre de soixante-dix à quatre-vingt-dix ans.

Le maréchal de Richelieu à quatre-vingt-treize ans.

Voltaire faisant représenter ses tragédies à quatre-vingt-quatre ans.

Plus près de nous, Siméon et Portalis conservant la plénitude de leur jugement, l'un à quatre-vingt-quinze ans, l'autre à quatre-vingt-dix ans.

Combien d'autres noms ne pourrait-on pas ajouter à cette liste !

Au Sénat, les vieillards qui ont dépassé soixante-quinze ans sont en grand nombre ; on ne leur conteste ni l'amour du devoir, ni la notion du juste et de l'injuste.

Des sénateurs octogénaires délibèrent sur les plus graves intérêts de l'État ; comment admettre qu'ils ne seraient pas aptes à prononcer un jugement sur des intérêts privés ?

Au Conseil d'État, ceux qui rendent le plus de services sont assurément ceux qui ont acquis par l'âge cette expérience des hommes et des choses qui vient en aide au véritable savoir.

Nous avons vu nos Assemblées ayant à leur tête des présidents d'âge plus qu'octogénaires, et on n'a pas remarqué chez eux de signe de décadence.

On a fait naguère le relevé de l'âge des divers membres de l'Académie ; des octogénaires s'y rencontrent, et ce ne sont ni les moins laborieux, ni les moins intelligents.

L'intégrité de l'esprit chez les vieillards est donc la règle ; la caducité, l'exception.

L'accroissement des forces intellectuelles par l'âge est un fait qu'on ne saurait nier.

« Pour que le sens intime participât à la vieillesse de la force vitale, dit le savant pro- » fesseur que nous avons cité (2), il faudrait qu'après l'apogée de la vie les facultés intellec- » tuelles s'affaiblissent, et que les ouvrages d'esprit postérieurs à cette époque redevinssent » de jour en jour moins solides et moins profonds. »

Or, c'est le contraire qui se produit. L'éminent professeur cite une foule de faits qui attestent la force croissante de l'intelligence, malgré la décadence de la force vitale. Il en conclut « que l'intelligence n'est jamais si riche, si puissante, si vigoureuse, qu'après la » culmination de la force vitale (3). »

On a signalé dans les vieillards un affaiblissement de la mémoire ; mais cet affaiblissement n'entache pas la valeur de l'entendement.

« On ne peut assigner, dit M. Lordat (page 92), une décadence intellectuelle que lorsqu'il

(1) On cite de Fontenelle une remarquable pièce de vers au sujet de son âge ; il avait alors quatre-vingt-douze ans :

« Il fallait n'être vieux qu'à Sparte,
» Disent les anciens écrits.
» O dieux ! combien je m'en écarte,
» Moi qui suis si vieux dans Paris.... »

(2) Page 93.

(3) M. Lordat cite le père Sirmon, connu par sa vaste science, qui conseillait aux savants de n'écrire qu'après cinquante ans, et qui a écrit lui-même jusqu'à quatre-vingt-treize ans.

Ce n'est pas seulement parmi les savants que M. Lordat trouve la preuve de l'insénescence de l'esprit : des peintres, des musiciens ont composé des ouvrages jusqu'à la plus extrême vieillesse.

Vien a peint jusqu'à quatre-vingt-dix ans.

Cherubini a composé jusqu'aux dernières années de sa vie : il est mort à quatre-vingt-deux ans.

La peinture et la musique exigent pourtant à la fois la pensée et l'action.

Bossuet, abandonnant la chaire à soixante ans, ainsi que l'annonce la péroraison de son admirable oraison sur la mort du prince de Condé, a fait ses plus savants écrits après cette époque.

Étienne Pasquier, auteur des *Recherches sur la France*, se démit à soixante-quatorze ans de ses fonctions d'avocat du roi, et écrivit jusqu'à sa mort, arrivée à quatre-vingt-six ans.

» y a affaiblissement du jugement commun, de la raison, de l'appréciation des choses » ordinaires.

» Quand ces facultés sont dans leur état habituel, il n'y a point vieillesse mentale. »

On a parlé aussi de la somnolence chez lez vieillards ; selon M. Lordat, c'est le contraire qui se produit dans l'état normal (1).

Ce que l'on appelle imbécillité sénile, selon le savant professeur, est le résultat d'un accident, et ne doit pas être considéré comme un des effets de la vieillesse.

Ce n'est donc pas l'affaiblissement des facultés intellectuelles qui peut légitimer une limite d'âge pour la retraite.

Qu'un âge de retraite puisse exister pour les fonctions qui exigent l'activité du corps, cela se conçoit; mais, pour celles qui ne demandent que les forces de l'esprit, la vieillesse accroît l'aptitude au lieu de la diminuer.

On n'a pas pu se faire complétement illusion sur ce point; aussi a-t-on considéré les fonctions de magistrat comme exigeant à la fois l'intégrité de l'intelligence et la vigueur du corps.

Ainsi on a remarqué qu'il y avait, pour les membres des Tribunaux et des Cours, des devoirs dont l'accomplissement était trop lourd pour ceux qui avaient dépassé l'âge de soixante-dix ans.

Le rapport du garde des sceaux signale :

La présidence des Chambres ;

La présidence des assises ;

La coopération aux affaires correctionnelles;

L'examen approfondi des pièces dans les affaires civiles ;

L'étude scrupuleuse des mémoires de frais;

Les taxes vigilantes et rigides.

Quand il distingue les magistrats des Cours et Tribunaux de ceux qui composent la Cour suprême, M. le Garde des sceaux fait remarquer que ceux-ci n'ont à juger que des questions de droit; qu'ils n'ont pas à instruire des procédures par des enquêtes et des descentes sur les lieux ; qu'ils n'ont pas à s'armer d'une surveillance incessante pour prévenir les vexations contre les plaideurs et réprimer l'exploitation des parties ;

Qu'ils voient de plus loin *l'agitation des hommes et les luttes des intérêts locaux, qui usent les forces et rendent la lassitude précoce.*

On a regret de dire qu'il n'y a pas un seul de ces motifs qui ne trouve une facile réfutation.

Quel est le magistrat qui, à moins de maladie ou d'infirmité, ait été empêché par l'âge de présider un Tribunal ou une Cour (2) ?

Combien ne citerait-on pas de premiers présidents remplissant scrupuleusement leur devoir jusqu'à l'extrême vieillesse, prononçant des arrêts avec toute la lucidité, toute la vigueur d'esprit de l'âge mûr ?

A tout prendre, quatre heures d'audience causent peut-être plus de fatigue aux jeunes magistrats qu'aux vieillards, qui ont besoin du repos du corps pour conserver l'activité de l'esprit.

Pour tout ce qui est examen de pièces, action de juger, les forces de l'intelligence sont seules nécessaires.

En quoi le magistrat âgé de plus de soixante-dix ans pourrait-il n'être plus apte à lire des pièces, à examiner scrupuleusement des mémoires de frais? L'amour de la justice est-il

(1) M. Lordat cite le proverbe : *Jeunesse qui veille, vieillesse qui dort, sont voisins de la mort.*

(2) On a pu voir, à la tête de la Cour de Montpellier, le premier président de Trinquelague, plus que nonogénaire, prononcer des arrêts avec la plus remarquable lucidité et la plus grande vigueur d'esprit.

moins puissant chez le magistrat qui a vieilli dans l'accomplissement de ses devoirs que chez celui qui est entré après lui dans la carrière ?

Si la présidence des assises exige plus d'activité du corps, n'est-ce pas le lot des jeunes magistrats ? N'en a-t-on pas de tous les temps dispensé les vieux ? A-t-on éprouvé des difficultés pour les remplacer ?

Quant à la réception des enquêtes, est-il indispensable que tous les magistrats d'une Cour soient appelés à les recevoir ?

Il y avait dans les anciens Parlements une chambre des enquêtes, des conseillers enquêteurs.

N'a-t-on pas de nos jours désigné un magistrat pour présider aux ordres ?

Y a-t-il nécessité à ce que tous les magistrats individuellement soient appelés à remplir toutes les charges qu'entraîne l'administration de la justice ? N'y a-t-il pas des commissaires nommés pour telle ou telle procédure ? Le choix de ces commissaires doit-il nécessairement tomber sur les magistrats les plus avancés en âge ? N'est-ce pas, au contraire, un devoir pour les chefs de confier aux jeunes les missions les plus pénibles et d'en dispenser les anciens ? Ceux-ci ne sont-ils pas appelés plus tard à émettre leur avis et à accomplir l'œuvre de la justice ?

Dans quel cas y a-t-il nécessité pour une Cour à opérer en masse une descente sur les lieux ?

Si la limite d'âge ne se justifie que par ces travaux du corps qui rendent la charge trop lourde au magistrat qui a dépassé soixante-dix ans, il n'y a rien dans les fonctions judiciaires qui légitime cette limite inflexible qui frappe le magistrat valide comme celui à qui la maladie ou les infirmités commandent la retraite.

La distinction surtout entre le magistrat des Cours impériales et ceux de la Cour de cassation ne se justifie pas.

Pour les uns et les autres, mêmes obligations à remplir, même intégrité d'intelligence, même ardeur pour l'accomplissement du devoir, même esprit de justice, même dévouement au culte de la loi, même assiduité.

Là où les obligations sont les mêmes, on ne saurait comprendre une différence dans la limite d'âge.

Résoudre une difficulté de droit en théorie exige autant de recherches, autant de tension d'esprit, que d'étudier des pièces et de dénouer des difficultés de fait.

L'activité du corps n'est pas plus nécessaire dans un cas que dans l'autre.

Ne suffirait-il pas, d'ailleurs, de remarquer que la limite d'âge n'existe pas pour les membres du parquet, qui sont appelés à remplir des devoirs tout aussi pénibles, et pour qui l'activité du corps est bien plus nécessaire que pour la magistrature assise ?

Il faut donc assigner des motifs d'un autre ordre à la retraite forcée des magistrats.

C'est pour se soustraire aux inconvénients qui pourraient résulter, dans certains cas, de l'inamovibilité, que l'on a cru devoir recourir à la retraite forcée.

Si ce remède peut être utile lorsque le magistrat est devenu incapable d'exercer ses fonctions, pourquoi étendre ainsi à tous l'incapacité, qui ne peut être qu'un fait accidentel chez quelques-uns ?

N'est-ce pas porter atteinte au principe d'inamovibilité, qui est la plus précieuse prérogative de la magistrature, celle à laquelle elle doit son indépendance et son lustre ?

D'ailleurs, y a-t-il utilité à ce que les magistrats qui composent les Cours et les Tribunaux se renouvellent souvent ? à ce que de jeunes magistrats prennent la place des anciens ?

Sans contredit, les jeunes magistrats sont imbus du même amour de la justice, du même respect pour les traditions ; mais l'âge, qui les conduit vers la retraite, peut seul leur imprimer le cachet définitif de l'expérience et du savoir.

En les séparant de ceux qui ont vieilli dans la carrière, ne les prive-t-on pas de leurs conseils et de leurs exemples?

Tous les magistrats sont capables sans doute de formuler leur opinion et de la soutenir ; mais combien les jeunes magistrats ne se sentent-ils pas plus forts, lorsqu'ils peuvent s'appuyer sur l'autorité de ceux de leurs collègues qui ont sur eux l'avantage de leur vieille expérience?

La loi sur la limite d'âge n'aurait-elle pour effet que de faire trop souvent le vide dans les rangs de la magistrature, il y aurait danger à la maintenir.

Ces vacances trop multipliées ne tendent-elles pas à entretenir cette ardeur de parvenir qui fait qu'on a à peine mis le pied sur le premier échelon qu'on est impatient d'arriver au faîte?

Que si, de ces considérations puissantes, on porte ses regards sur les magistrats parvenus à la limite d'âge, n'y en a-t-il pas dans le nombre qui, après avoir consacré leur vie à l'exercice de fonctions trop modestement rétribuées, sont frappés dans leur existence, dans celle de leur famille, à une époque où il ne leur est plus permis de s'ouvrir une autre carrière?

N'éprouve-t-on pas un sentiment pénible en voyant ainsi descendre de son siége, avant l'heure, le magistrat qu'aucune infirmité ne condamne au repos?

Ce magistrat, privé prématurément de son siége, peut devenir maire de sa commune, membre du conseil général, de la Chambre des députés; s'il se fait inscrire sur le tableau des avocats, il peut être appelé à compléter le Tribunal et à remplacer un juge. Mais il ne peut plus être juge titulaire, bien qu'il soit parfaitement apte à remplir ces fonctions.

N'y a-t-il pas là une anomalie qu'il serait désirable de voir disparaître?

Est-ce, d'ailleurs, chose si facile que de juger selon la justice et le droit (1)? Chez les hommes les plus heureusement doués, le travail d'une vie entière peut à peine suffire pour former cette sûreté de jugement qui dénoue les difficultés du fait et applique les principes du droit. Quand un magistrat a acquis cette aptitude par de longues et pénibles études, faut-il que, au moment où il pourrait rendre le plus de services, une loi inflexible force la compagnie à laquelle il appartient à se priver de ses lumières?

Il n'y a ni logique, ni justice, à poser des règles invariables sur des matières qui échappent à toute réglementation.

Si l'inamovibilité du magistrat offre quelques inconvénients, elle les compense par d'immenses avantages.

C'est grâce à cette inamovibilité que la magistrature en France s'est placée si haut qu'elle est devenue un sujet d'envie pour toutes les nations civilisées.

La loi sur la limite d'âge n'est-elle pas de nature à affaiblir une institution qui se recommande par tant de titres à toute la sollicitude du législateur?

Si on examine l'utilité d'une mesure qui met ainsi la magistrature en quelque sorte en coupe réglée, si on se demande quel bien il en résulte pour la bonne administration de la justice, on ne peut s'empêcher de voir avec regret s'éloigner du prétoire des magistrats qui avaient vieilli dans l'exercice de leurs fonctions, qui apportaient dans les délibérations ces connaissances pratiques que l'expérience seule peut faire acquérir.

A part le découragement qui vient saisir le magistrat au moment où il approche du

(1) Lord Brougham remarquait que, lorsqu'un juge meurt en Angleterre, on éprouve beaucoup de difficulté à le remplacer; il s'étonnait qu'en France, où les juges sont en plus grand nombre, on eût toujours à choisir entre plusieurs candidats.

terme fatal, la retraite forcée de ces têtes blanchies, qui avaient fait vénérer la justice dans leur personne. est un légitime sujet de deuil.

Faut-il ajouter que la magistrature est privée d'un élément puissant, qui aidait à la fortifier? De tous les temps, la magistrature se recrutait dans le barreau : elle ouvrait ses rangs aux anciens avocats qui, par leur savoir, la dignité de leur caractère, avaient marqué leur place sur les hauts siéges.

Ainsi se cimentait cette vieille alliance de la magistrature et du barreau qui fait l'honneur de deux corps vivant de la même vie, accomplissant une tâche commune, liés par les mêmes devoirs, guidés par les mêmes sentiments de délicatesse et d'honneur.

Aujourd'hui, l'accès de la magistrature est fermé à ceux qui ont vieilli au barreau ; la loi de 1852 leur montre la limite d'âge au moment où, leurs forces épuisées ne leur permettant plus les luttes de l'audience, ils pourraient porter au sein d'une Cour les lumières acquises dans l'exercice d'une profession où les rangs ne s'ouvrent que devant le mérite et le savoir.

Ces inconvénients sont graves. Quand une loi porte dans une institution aussi respectable que celle de la magistrature une perturbation profonde, il ne faut pas désespérer de la voir réformée quand le temps aura permis d'en apprécier froidement les conséquences.

Ne suffirait-il pas, pour appeler cette révision, de remarquer que la retraite forcée modifie essentiellement le principe de l'inamovibilité, qui est à la fois une sauvegarde pour l'indépendance du magistrat et une barrière opposée au renouvellement trop fréquent des membres qui composent les Tribunaux.

Lors de l'installation de la Cour de cassation, le 1er floréal an VIII, le ministre de la justice s'exprimait en ces termes :

« Des renouvellements trop multipliés, trop rapprochés, font perdre de vue l'esprit qui a » dicté les premières décisions. Les opinions individuelles se succèdent, l'arbitraire tient » lieu de jurisprudence, et bientôt il n'y a plus rien de certain et de constant. *Vous » échapperez à cet inconvénient par la perpétuité de vos fonctions.* On retrouvera toujours » dans vos décisions le même esprit, la même sagesse, parce que vous serez toujours » vous-mêmes, et que les motifs qui vous auront guidés vous seront toujours présents.

» Je ne parlerai pas du découragement qui se faisait sentir quand le moment des muta- » tions approchait. Je ne parlerai pas de l'effet que pouvaient produire sur des fonctionnaires » amovibles la prédominance des partis, la crainte ou l'espérance. Rassurés désormais » sur leur sort, les organes des lois, se livrant à des études, à des méditations qu'ils ne » craindront point d'avoir entreprises vainement, pourront ajouter chaque jour des connais- » sances nouvelles aux trésors amassés par une longue expérience. »

En rapprochant ces paroles, par lesquelles le ministre de la justice inaugurait la première magistrature de l'Empire, de la loi qui condamne à la retraite le magistrat qui a atteint la limite d'âge, on ne peut s'empêcher de se demander si l'institution judiciaire n'est pas gravement atteinte dans son principe fondamental.

Nous vivons dans un siècle où les lois ne deviennent stables que lorsque leur degré d'utilité a été constaté par l'expérience. C'est ainsi que se distingue ce qui est un véritable progrès de ce qui est une innovation dangereuse.

La loi en France est toujours respectée ; mais les esprits réfléchis, tout en s'inclinant devant elle, n'abandonnent pas aisément des convictions acquises ; ce que l'expérience avait consacré pendant des siècles ne peut en un jour être mis en oubli.

Sous un gouvernement qui ne ferme la porte à aucune idée de progrès, mais qui ne cherche dans les institutions que ce qui peut être bon et utile, le temps est le souverain juge.

Notre organisation judiciaire est heureusement restée debout, malgré toutes les tentatives de réforme qui se sont présentées. Espérons que cette sage organisation, dont à bon droit nous devons être fiers, sera réintégrée dans la plénitude de ce grand principe d'inamovibilité qui doit couvrir le magistrat jusqu'à la dernière heure, et qui est la condition indispensable d'une bonne administration de la justice.

DE LA CONTRAINTE PAR CORPS

La suppression de la contrainte par corps occupe aujourd'hui les esprits. Un projet de loi est soumis aux méditations du Corps législatif, qui en a fait l'objet d'une laborieuse étude.

Si cette question devait être envisagée uniquement au point de vue philosophique, il serait impossible de justifier la privation de la liberté pour assurer l'exécution d'une convention.

S'il répugne à la raison qu'un homme puisse aliéner sa liberté par un contrat, il n'est pas logique de vouloir que, pour l'exécution d'un engagement, la loi puisse en autoriser la privation.

Le Code dispose, d'une manière générale, que tous les biens d'un débiteur sont le gage de ses créanciers.

La loi parle de biens mobiliers et immobiliers; elle n'atteint pas la personne, qui ne peut être comprise dans les biens qu'il est permis d'aliéner et de saisir.

Sur quels principes reposerait donc la mainmise sur la personne ?

Pour se faire des idées justes à cet égard, il importe de consulter les phases diverses qu'a subies la législation sur la contrainte par corps, dans les divers temps et chez les peuples tant anciens que modernes.

I. — Les lois, en général, ne sont pas l'œuvre arbitraire du législateur; elles sont essentiellement basées sur les mœurs, et les mœurs elles-mêmes ne sont que l'expression des sentiments inspirés par la nature, s'imprégnant de la physionomie particulière de chaque peuple.

Ainsi la pensée de contraindre celui qui a contracté une obligation à l'exécuter a dû exister de tous les temps et chez toutes les nations.

Les moyens de coercition ont dû varier selon l'état de civilisation de chacune d'elles.

On s'étonne de la rigueur des lois anciennes, du pouvoir exorbitant dont les créanciers étaient armés à l'égard de leur débiteur; l'on s'étonnerait moins si l'on examinait de près le principe qui a dominé le législateur.

Dans les siècles de barbarie, là où le droit de propriété était réduit à sa plus simple expression, là surtout où les richesses étaient peu répandues, rien n'est plus naturel que de donner à un créancier le droit de se saisir de la personne de son débiteur.

Si l'on ajoute à cela l'existence de l'esclavage, c'est-à-dire de cet état social dans lequel l'homme pouvait aliéner sa liberté, où le fruit de son travail appartenait au maître dont il était l'esclave, rien n'est plus logique que la mainmise du créancier sur la personne de son débiteur. La personne, dans cet état de civilisation, était un bien qui devait servir de gage au payement de la dette.

C'est ce qu'exprime énergiquement ce vieil adage :

Qui non potest luere in œre luere debet in corpore.

Mais ce principe ne signifie pas que le débiteur qui ne satisfait pas à un engagement contracté sera puni dans sa personne.

Son véritable sens est celui-ci :

« Si le débiteur ne possède rien, il donnera à son créancier le fruit de son travail. »

Cela a pu être ainsi chez les nations qui admettaient l'esclavage, c'est-à-dire chez la plupart des peuples de l'antiquité.

Chez les Hébreux, il n'en était pas de même.

L'esclavage absolu n'est pas admis par le mosaïsme.

L'Hébreu ne pouvait engager ses services que pour sept ans (1).

Aussi le droit du créancier à l'égard de son débiteur était-il fort restreint.

L'exercice de ce droit était empreint d'un sentiment d'humanité qu'on ne retrouverait pas dans les législations modernes.

Le créancier qui a sujet de craindre de n'être pas payé de son débiteur a le droit d'exiger un gage, mais il ne peut pas entrer dans la maison de son débiteur pour le réclamer; il doit attendre à la porte, afin que le gage lui soit remis.

Il ne peut prendre pour gage la meule qui sert à moudre le blé, vu qu'il prendrait, en quelque sorte, la vie de son débiteur (2).

Une pareille législation n'était pas compatible avec l'emprisonnement du débiteur.

En Grèce et à Rome il n'en était pas ainsi.

D'une manière absolue, le débiteur pouvait engager sa personne; il pouvait se mettre en esclavage pour travailler au profit de son créancier jusqu'à ce qu'il eût payé sa dette (3).

Le jugement de condamnation produisait les mêmes effets que la convention ; il investissait le créancier de la possession de son débiteur.

Une fois l'idée de l'esclavage admise, quelle était la limite des droits du maître sur l'esclave ? (3)

(1) *Si tibi venditus fuerit frater tuus hebrœus aut hebrœa, et sex annis servierit tibi, in septimo anno dimittes eum liberum, et quem libertate donaveris nequaquàm abire vacuum patieris, sed dabis viaticum de gregibus et de areâ.* (Deutéronome, XV-12 ; Lévitique, XXV-39.)

(2) *Cum repetes à proximo tuo rem aliquam quam debet tibi, non ingredieris in domum ejus, ut ei pignus auferas*, sed stabis foris, *et i le tibi proferet quod habuerit.* (Deutéronome, XXIV-10, 11, 6; Salvador, *Institutions de Moïse*, t. I, p. 410, notes 122-123.)

M. Troplong pense que la contrainte par corps existait chez les Hébreux ; il cite une parabole de saint Mathieu (XVIII-23).

L'autorité de cette citation peut-elle prévaloir sur le texte de la Bible?

Dans la parabole du roi qui fait rendre compte à ses serviteurs, saint Mathieu parle d'un débiteur qui ne peut payer; son maître ordonne de le vendre, lui, sa femme et ses enfants.

Mais, touché de ses lamentations, il lui fait ensuite remise de la dette.

Ce serviteur, ainsi libéré, rencontre un de ses débiteurs, qu'il prend à la gorge pour le forcer à payer.

Le maître, averti, retire la remise qu'il avait faite de la dette, et livre ce serviteur peu charitable aux sergents.

M. Troplong voit là la contrainte par corps avec tout son cortége de rigueur.

Le récit de saint Mathieu ne se concilierait pas avec les lois mosaïques.

Du reste, saint Mathieu était Galiléen ; la Galilée formait une province séparée de Jérusalem ; du temps de saint Mathieu, la Galilée était sous la domination romaine. C'étaient les lois du vainqueur qu'on y suivait, tandis que Jérusalem avait conservé ses lois. Il n'y aurait donc rien à conclure de la parabole citée, qui a eu pour but d'enseigner un précepte de morale et non de reproduire un point de législation.

(3) *Licebat eum torquere, malè mulctare, pecunias exigere et quodcumque deniquè ei mali voluerint, indictâ causâ, facere, atque etiam vel occidere. (Ibid.)*

Il faut reconnaître qu'il n'en existait point; le pouvoir du maître était porté jusqu'à l'abus.

Il ne faut donc pas être surpris si, à côté du droit de faire travailler son débiteur pour acquitter sa dette, le créancier usait de son pouvoir pour le tourmenter, lui infliger des châtiments et même le mettre à mort.

Ce sont là les excès exercés de tous les temps par les maîtres sur leurs esclaves, faisant violence à tous les sentiments d'humanité et de justice.

En Égypte, malgré une loi de Boccharis, qui avait voulu enlever aux créanciers le droit de réduire en esclavage leur débiteur, l'usage avait été plus puissant que la loi.

Non-seulement l'esclavage était admis en Égypte, comme chez les autres peuples d'Orient, mais, si un débiteur mourait insolvable, un jugement déclarait infâme sa mémoire et le privait des honneurs de la sépulture.

Il fallait que les parents, guidés par un motif religieux, vinssent réhabiliter la mémoire du mort en payant ses dettes.

II. — C'est à Rome surtout que la contrainte par corps se produit dans toute son exagération. On distinguait le *nexus* et l'*addictus*. On pouvait engager sa liberté pour le payement d'une dette et se constituer *nexus*.

On devenait esclave par condamnation : c'était l'*addictus*. Le débiteur était adjugé à son créancier, qui pouvait le faire travailler à son profit et en disposer.

On s'étonne du pouvoir absolu qu'exerçaient les créanciers sur leurs débiteurs *nexi* ou *addicti;* mais, une fois l'état d'esclavage admis, les rapports qui existaient n'étaient plus ceux des créanciers aux débiteurs : c'étaient ceux du maître à l'esclave. Or dans quel siècle et dans quel pays les maîtres n'ont-ils pas abusé de leur pouvoir sur leurs esclaves ?

Même de nos jours dans les États-Unis, où l'esclavage était en vigueur, les maîtres ne regardaient-ils pas leurs esclaves comme une chose, et ne se croyaient-ils pas autorisés à commettre envers eux toutes sortes d'excès ?

L'état de servitude des débiteurs a été longtemps la plaie de Rome.

Vainement Servius avait-il voulu s'élever contre cet abus en prohibant aux citoyens romains d'aliéner leur liberté ; la misère n'en déterminait pas moins les débiteurs à se soumettre à toutes les exactions de leurs créanciers.

Ce qu'il faut ne pas perdre de vue, c'est que la contrainte par corps n'avait pas alors le sens qui lui appartient aujourd'hui: ce n'était pas seulement un genre de coercition exercé contre le débiteur, c'était le moyen de tirer profit de son travail (1).

La personne du débiteur était une chose dont le créancier avait le droit de se saisir, comme de tous ses autres biens.

Cette idée une fois admise, la disposition de la *loi des Douze Tables* n'en est qu'une logique application.

Le débiteur est adjugé à ses créanciers; il lui est accordé soixante jours pour se libérer ou pour que quelqu'un des siens vienne à son aide.

Ce délai expiré, la *loi des Douze Tables* s'exprime en ces termes : DE CAPITE SUMITO.... IN PARTES SECANTO

En prenant à la lettre les termes de cette loi, on y a vu le droit accordé au créancier de mettre à mort son débiteur et de le couper en morceaux, afin de partager son corps entre ses divers créanciers.

Le bon sens résiste à une pareille interprétation.

Quel que soit le degré de barbarie auquel un peuple soit parvenu, le droit de couper un

(1) *In servitutem se dabant creditoribus debitores, ad operas corpore præstandas.* Saumaise, cité par M. Troplong, préface du *Traité de la contrainte par corps*, p. 9.

débiteur par morceaux, pour que chaque créancier puisse prendre sa part, serait une chose si monstrueuse, qu'il n'est pas permis de donner à la *loi des Douze Tables* une pareille interprétation, quelque répandue qu'elle soit et quelque imposantes que soient les autorités qui l'ont admise.

Un fait certain est celui-ci : tous les auteurs sont unanimes sur ce point qu'il n'y a pas eu, sous l'empire de la *loi des Douze Tables*, un seul exemple d'un débiteur coupé en morceaux.

S'il en est ainsi, il faut rechercher si les termes de la *loi des Douze Tables* ne comportent pas une autre signification que celle qu'on a voulu leur donner.

Or, en suivant la procédure du *manus injectio*, de la mainmise du créancier sur la personne de son débiteur, on distingue plusieurs périodes.

Le débiteur a d'abord trente jours pour se libérer ; c'est ce qu'on nomme *dies justi.*

Ce délai expiré, le créancier l'amène devant le juge (*in jus vocat*). Là le créancier lui adresse ces paroles sacramentelles :

Quod mihi damnatus es quæ dolo malo non solvisti..., ob eam rem tibi manus injicio.

A dater de ce moment, il est traité comme esclave de fait. Cet esclavage peut cesser par le payement.

Si le débiteur ne trouve pas de répondant (*vindex*), il est adjugé au créancier.

Dans cet état d'*addictio*, qui n'a pas encore consommé le *capitis diminutio* et qui ne lui a pas enlevé la possession de ses biens, il est amené devant le magistrat par trois jours de marché consécutifs, de neuvaine en neuvaine, afin que ses parents ou ses amis puissent payer pour lui. Après ces soixante jours, le changement d'état est complet.

Le *capitis diminutio* est consommé ; le maître a alors la plénitude de pouvoir sur l'esclave, il peut le vendre à l'étranger au delà du Tibre.

A dater de ce moment, ses enfants et ses biens passent dans le domaine de son créancier (1).

Ces faits connus, le sens de la *loi des Douze Tables* se présente naturellement.

Pœnas de capite sumito.... Ce n'est pas de la mise à mort qu'il s'agit (2) ; c'est évidemment de ce *capitis diminutio*, qui est la plus forte peine qu'un citoyen romain pût subir par les conséquences qu'elle entraînait.

Ce *capitis diminutio* faisant passer tous les biens du débiteur dans les mains des créanciers, il est naturel de vouloir que ces biens soient répartis entre eux *in partes secanto* (3).

La *loi des Douze Tables* ordonne donc le partage des biens et non du corps du débiteur.

Dans ce partage, il est juste que la division s'opère sans fraude et qu'un créancier ne s'adjuge pas plus qu'un autre. *Si plus minusve secuerint sine fraude esto.*

(1) Ortolan, *Explication historique des Institutes de Justinien*, t. II, p. 440 et suiv.

(2) *Quoties formula hujus modi apud Latinos occurrit, semper de quibus causis, de quibus hominibus sermo sit videndum, et quibus ex legibus causa agatur, iisque quæ pœnæ propositæ fuerint, nam ità demùm* CAPITIS *quæ sit vis intelligi potest, est verò ubi etiam pro soldà existimatione et famà hominum sumitur caput.* (*Clavis Ciceronia*, p. 196, vº *Caput.*)

(3) *Secanto in partes* ne signifie pas couper un homme en morceaux : cette expression s'appliquait à la division des biens.

Iidem erant sectores bonorum et collorum. — *Ciceron. pro Rosc.* 29 : *Homines secari dicebantur quorum bona distrahebantur.* (*Augusti-Ernesti Clavis Ciceronia, Ciceronis opera*, t. VIII, p. 390. vº Sector ; édit. de Londres, 1819.)

Sector redemptor bonorum, secare sequi; undè et sectator bonorum sectores dicti sunt. (*Ibid.*)

Les *sectores* étaient chargés de vendre par parcelles les biens des condamnés *proscripti damnative.* Les biens de *l'addictus*, de celui qui avait subi *pœnas*, les peines (*capitis-capitis diminutio*), devaient être livrés aux *sectores* (*secanto*).

C'est là le sens que des auteurs recommandables ont donné à la *loi des Douze Tables*, et cette interprétation est conforme à ce qu'enseigne la raison, à ce qu'atteste surtout ce fait incontesté, qu'il n'y a jamais eu à Rome un débiteur coupé en morceaux.

M. Troplong ne s'arrête pas à cette manière d'expliquer la *loi des Douze Tables*; selon lui, les expressions brutales de la loi doivent être prises au pied de la lettre.

Le savant magistrat a peut-être beaucoup trop donné au droit romain un cachet de barbarie, pour faire ressortir l'influence du christianisme sur la législation. Sans méconnaître cette influence sur la société payenne, il convient de se prémunir contre le danger de l'exagération.

M. Troplong, réfutant les auteurs assez nombreux qui ont refusé de donner à la *loi des Douze Tables* ce caractère d'atrocité (1), croit pouvoir s'attacher aux termes de la loi. « Le texte de la *loi des Douze Tables*, dit-il (p. 74), ne comporte aucune espèce de doute, » tant il est explicite et précis: *pœnas de capite sumito :... in partes secanto*. Que veut-on de plus » clair? Mais, ajoute-t-il, ce ne sont pas seulement les mots qui sont d'une justesse désespé- » rante pour l'équivoque, c'est encore l'enchaînement des idées, qui, par leur progression » logique, frappent d'évidence et repoussent l'incrédulité. D'abord adjudication du débiteur; » puis torture corporelle dans la maison du créancier; enfin la mort et la section du » cadavre: l'aggravation marche sans pitié; elle est aussi bien observée que dans les tragédies » les plus conformes aux règles classiques. »

Plein de sa conviction, M. Troplong repousse avec dédain toutes les interprétations contraires. Il appelle ceux qui ne se prêtent pas à admettre cette monstruosité sans nom, attribuée à la *loi des Douze Tables, des inventeurs d'amendement qui donnent de la sensibilité à la* loi des Douze Tables *et des vertus chrétiennes aux décemvirs.*

Malgré tout le respect que mérite l'autorité si grave de M. Troplong, il est permis de rechercher si la *loi des Douze Tables* a prescrit cette section d'un homme *par morceaux*, sans examiner, comme l'ont fait certains interprètes cités par M. Troplong, si la section devait s'opérer sur l'homme vivant ou sur le cadavre (p. 77).

Reprenons les termes de la loi et l'enchaînement des idées, en consultant toutefois le sens grammatical des expressions employées et les lois auxquelles ces expressions se rapportent.

Pœnas de capite sumito signifierait, dans le sens grammatical: *faites-lui subir la peine capitale.*

Mais, en s'attachant au sens grammatical, pourquoi *pœnas* au pluriel? S'il s'agissait de la peine de mort, la loi n'aurait-elle pas employé le mot *pœnam* au singulier?

Si l'on traduit la loi littéralement, qu'il subisse les peines, *pœnas de capite*, le sens littéral devient clair.

Le mot *capite*, dans le laconisme de la *loi des Douze Tables*, s'appliquait évidemment au *capitis diminutio (2)*.

Les peines du *capitis diminutio* étaient la perte de la qualité de citoyen,

La perte des biens,

La privation des droits de la famille,

(1) Bynkerskoeck, *Commentaire de la loi des Douze Tables*.

Anne Robert, *Recueil judiciaire*, livre II, chapitre 6.

Heraldus, *de Rei judicat.*, auct. XI-25, parag. VI, et *Anim. verbum in Salmas. observationes*, livre VI, chapitre 4.

Heinneccius, *Antiq. Rom.*, livre 3, chapitre XXX, *acta erud.* Lipsiæ, 1710, p. 73.

(2) *Causæ capitis*, disent les interprètes, *porro capitales in quibus caput hominis agitur, sunt cum aliquis in judicium vocatus est publicum, quo condemnatus, locum in senatu aut alia sui ordinis commoda civitatem* LIBERTATEMVE AMITTIT. *(Clavis Ciceronia, loco citato.)*

La perte des enfants, qui passaient au pouvoir du maître.

Il y avait là des choses qui étaient susceptibles d'être partagées entre les créanciers.

In partes secanto. Pourquoi préférer à une idée juste et conforme aux mœurs établies un sens impossible, qui fait reculer d'horreur, dont aucun législateur n'avait pu concevoir la pensée?

C'est faire peser sur les décemvirs une bien odieuse accusation que de supposer qu'ils ont pu inscrire dans leur loi un acte impossible.

III. — L'interprétation que l'on a donnée à la *loi des Douze Tables* ne doit-elle pas s'écrouler devant ce fait, qu'il n'y a jamais eu d'exemple d'un acte de cruauté tel que celui qu'on suppose autorisé par la loi (1).

Comment se ferait-il que les jurisconsultes romains ne se fussent pas soulevés d'indignation contre une pareille loi?

Cicéron, qui parle fréquemment de la *loi des Douze Tables*, n'aurait-il pas signalé cette affreuse barbarie?

Salluste, mettant dans la bouche de Catilina le tableau des misères auxquelles sont voués les débiteurs, parle-t-il de la peine de mort infligée, du cadavre coupé en plusieurs morceaux? Il ne signale que l'état de servitude et les maux qui sont la suite de l'esclavage (2).

M. Troplong cite Quintilien, Tertullien et Aulu-Gele.

Que ces trois auteurs, qui écrivaient dans les derniers siècles de Rome (3), aient reproduit l'acte barbare attribué à la loi *des Douze Tables*, sans plus sérieux examen, il ne faut pas en conclure que ce soit le véritable sens de cette loi. Ce qu'il faut prendre dans ces trois écrivains, c'est qu'ils reconnaissent qu'il n'y a jamais eu d'exemple de pareille atrocité.

En présence de ce fait capital, décisif, n'est-ce pas le cas de se demander si les termes de la loi ne comportent pas une interprétation plus raisonnable?

Montesquieu n'a pas hésité à réduire à sa juste valeur l'erreur historique qui s'attache à la *loi des Douze Tables (4)*.

M. Orlolan (5) interprète la *loi des Douze Tables* dans le même sens; le *pœnas de capite sumito* n'est pas traduit par la *peine capitale*, mais c'est du *capitis diminutio* qu'il s'agit.

« Faute de payement après les soixante jours, la conclusion, dit-il, est *une diminution* » *de tête* définitive, qui termine sa vie de citoyen et d'homme libre. »

(1) « Il est vrai, dit M Troplong, avant et depuis la *loi des Douze Tables*, l'histoire ne trouve aucun » vestige de cette cruelle section du cadavre, ni même de la mise à mort des obérés.

» Jamais, dans les plaintes ardentes et réitérées du parti populaire contre les patriciens, on ne reproche » à ces créanciers avides aucun de ces trois abus de la puissance dominicale. On signale à la haine » publique leurs coups de fouet, leurs tortures, leurs abominables prisons.

» Mais nulle part on n'a avancé qu'un patricien ait poussé jusqu'à la mort, ou même jusqu'à la vente, » ce droit du créancier sur l'adjugé (p. 84). »

(2) *Miseri œgentes violentiâ atque crudelitate fœneratorum plerique patriâ, sed omnes famâ et fortunis expertes sumus, neque cuiquam licuit amisso patrimonio liberum corpus habere tanta sævitia fœneratorum atque prœtoris fuit.* (Bell. Cat., I. 33.)

(3) Quintilien ajoute : *quam mos publicus repudiavit.* Ni lui, ni Aulu-Gelle ne s'attachent à rechercher s'il n'existerait pas un autre sens. Tertulien n'avait pas à défendre le paganisme.

(4) « Cecilius, dans Aulu-Gelle, dit qu'il n'a jamais vu ni su que cette peine eût été infligée; *mais il y* » *a apparence qu'elle n'a jamais été établie.* L'opinion de quelques jurisconsultes, que la *loi des Douze* » *Tables* ne parlait que *de la division du prix du débiteur vendu, est* TRÈS-VRAISEMBLABLE. » (Livre 29, ch. II » n° 2.) »

Montesquieu aurait pu ajouter que les mots : *in partes secanto* s'appliquaient à la division des biens, dont le débiteur était dépouillé par le *capitis diminutio*.

(5) *Explication historique des Institutes*, t. II, 441.

Les rapports du créancier au débiteur ne sont plus dès lors que ceux du maître à l'esclave, et ces rapports allaient jusqu'au pouvoir de mettre à mort l'esclave livré au caprice du maître.

Ce qu'il importe de démontrer, c'est que le prétendu droit de couper un homme par morceaux n'est pas inscrit dans la *loi des Douze Tables*, et que cette supposition, généralement répandue, repose sur une fausse interprétation de la loi.

M. Troplong signale le raffinement avec lequel le législateur exige qu'il ne soit pas commis de fraude dans le partage égal.

Cette circonstance seule aurait dû démontrer qu'il ne pouvait pas s'agir de la section d'un corps humain, à moins qu'on ne veuille supposer que les décemvirs eussent env ue de préparer un repas de cannibales.

C'est évidemment du partage des biens qu'il est question, et non de couper un corps humain en morceaux.

Dans le droit romain, les biens étaient essentiellement attachés à la personne.

On ne pouvait s'emparer juridiquement des biens d'un citoyen sans devenir maître de sa personne.

C'est là ce que réalisait le *manus injectio* suivi du *capitis diminutio.*

Plus tard, en vertu d'un édit du prêteur, il fut permis aux créanciers, moyennant l'accomplissement de certaines formalités, de se mettre en possession de l'universalité des biens de leur débiteur.

C'est dans ce but que fut portée la loi *Rubria*, qui autorisa la prise de possession désignée sous le nom de *proscriptio bonorum*.

Sous l'empire de la *loi des Douze Tables*, on ne pouvait dépouiller un débiteur que par le *capitis diminutio.*

Le *capite minutus* ne pouvant plus posséder, ses biens devaient être répartis entre ses créanciers.

Cette opération se faisait par le *sector.* De là la recommandation d'opérer le partage sans fraude et de ne pas faire une part plus forte que l'autre.

Tout cela s'enchaîne et s'explique naturellement.

La *loi des Douze Tables* conserve un sens qui ne répugne pas à la raison et qui n'est que la reproduction des mœurs de l'époque.

Cela ne fait pas que la position des débiteurs, à Rome, ne fût pas digne de pitié, et que les créanciers ne fussent pas armés de droits rigoureux, devant lesquels la liberté des citoyens était sacrifiée.

On avait cependant, dans les derniers temps, adouci le sort des débiteurs, en admettant à la cession des biens ceux qui étaient réputés malheureux et de bonne foi.

Le débiteur, en tant qu'esclave, était soumis à tous les tourments que le maître voulait lui infliger (1).

La cession des biens avait pour but de l'en affranchir (2).

Mais ceux qui étaient admis à la cession des biens étaient notés d'infamie ; ils ne recouvraient la liberté que par la perte de leur honneur.

Ce n'en était pas moins un puissant correctif de la rigueur de la contrainte pas corps.

IV. — Si de Rome nous passons aux Etats modernes, nous trouvons partout le créancier armé du droit de s'emparer de la personne de son débiteur.

M. Troplong cite, d'après Grimm, une coutume de Norwége qui permettait au créan-

(1) *Olim debitores tamquàm servi ibant in nervum. (Cujus ad. tit. Cod. de priv. eâ re int.)*

(2) *Omni corporali cruciatu remoto quasi dùm corporis supplicium remittitur. (Leg. 8. Cod. qui bon. cess. nov.* 135, *c.* 1, *tit.* 1. *Cod. Theod., qui bon. ced. poss.)*

cier, lorsqu'il ne pouvait rien retirer de son débiteur qu'il retenait en prison, *de couper haut et bas sur son corps ce qui lui plaisait* (1).

M. Troplong y voit la reproduction de la *loi des Douze Tables.*

Quel rapport y a-t-il entre quelques expressions exagérées, insérées dans un passage plus ou moins authentique, d'une coutume d'un peuple à l'état de barbarie, et les formalités nombreuses et raisonnées de la *loi des Douze Tables?*

M. Troplong remarque de plus que, lorsqu'un accusé admis à la composition ne payait pas la somme fixée, on pouvait le mettre à mort.

Mais cela est parfaitement logique, vu que, si un accusé de meurtre échappait à la peine de mort au moyen de la composition, il ne pouvait pas invoquer le bénéfice de la loi s'il ne payait pas.

Si l'on ne trouve pas, dans le cours du moyen âge, le droit accordé aux créanciers de mettre à mort leurs débiteurs, il faut reconnaître que les traitements qu'ils subissaient, alors qu'ils étaient retenus dans des prisons privées, avaient un caractère de rigueur que l'état de notre civilisation ne saurait admettre.

L'esclavage, malgré les enseignements de l'Evangile, s'était maintenu chez les nations chrétiennes.

Sous Charlemagne, il était permis à un débiteur de s'*obnoxier*, de se vendre à son créancier, lui et sa famille. On trouve la formule usitée en pareil cas dans le Recueil de Marculphe (2).

En partant de cette idée que les débiteurs pouvaient se libérer en devenant esclaves et travaillant au profit de leurs créanciers, il était logique d'admettre que le créancier pouvait, par jugement, réduire son débiteur en esclavage pour jouir du fruit de son travail.

C'est le *nexus* et l'*addictus* du droit romain, reproduits dans la législation moderne (3).

Ce qu'on peut induire de là, c'est que la contrainte par corps, envisagée dans son principe, n'était pas une peine infligée au débiteur: c'était un moyen offert à un créancier pour obtenir le payement de sa créance, non pas en infligeant un mal au débiteur, en le retenant en prison, mais en tirant profit de son travail.

C'est une application de l'état de servage établi par la féodalité.

Mais, lorsque l'affranchissement des serfs devint une des conditions de la civilisation, on substitua à l'esclavage l'emprisonnement, au travail profitable au créancier la détention stérile pour lui.

L'emprisonnement pour dettes devint alors une véritable peine. Ce fut un moyen d'intimidation, une véritable répression à subir.

C'est là ce que la législation nouvelle a trouvé établi.

Le droit de se saisir de la personne du débiteur pour s'attribuer le fruit de son travail a été détourné de son origine ; il a disparu avec la suppression de l'esclavage.

Converti en un emprisonnement, ce droit n'a plus eu de base légale.

Sous l'empire de la féodalité, la faculté d'emprisonner ses débiteurs s'était produite avec un cortége d'abus.

Il y avait des prisons publiques et des prisons privées.

Le créancier pouvait saisir son débiteur et le retenir en charte privée.

(1) Préface, p. CXXIV.

(2) Après avoir confessé la dette, le débiteur ajoutait : *Propterea obnoxiationem de caput ingenuitatis meæ in te fieri et affirmare rogavi, ut quidquid de mancipia vestra originalia facitis, tùm vendendi cùm mutandi et disciplinam imponendi ita et de me hodierno die liberam et firmissimam in omnibus faciendi potestatem habeas. (Formules de Marculphe,* 11-28. *Ducange,* v° *Obnoxiatio.)*

(3) Voir les Assises de Jérusalem.

Les rois de France voulurent remédier à cet abus.

Une ordonnance de Philippe le Bel défend d'arrêter un débiteur condamné par un jugement, à moins qu'il n'y ait quelque convention contraire (1).

Cette ordonnance supprimait la contrainte par corps judiciaire, et ne l'admettait qu'en vertu d'une convention.

Il s'ensuivit que la condition de se soumettre à la contrainte par corps (2) devint une clause de stile.

Cependant, pour certains engagements, la contrainte par corps était de droit.

Il en était ainsi pour les engagements contractés dans les foires.

L'ordonnance de 1560 déclarait sujets à la contrainte par corps les engagements entre marchands.

Cette disposition est confirmée par l'ordonnance de 1667.

L'ordonnance de Moulins de 1566 avait attaché la contrainte par corps à tout jugement de condamnation; mais cette disposition fut abolie par l'ordonnance de 1667, qui distingua les affaires civiles et les affaires commerciales.

Le débiteur incarcéré pouvait recouvrer sa liberté en se faisant admettre à la cession de biens.

Pour cela, il fallait prouver qu'il était malheureux et de bonne foi.

L'admission à la cession de biens était soumise à des conditions humiliantes.

Une des principales était le bonnet vert que devait porter le débiteur admis à la cession de biens.

Lorsque l'incarcération du débiteur avait lieu dans des prisons privées, il n'y avait pas à s'occuper des aliments; il fallait bien que le créancier incarcérateur ne laissât pas mourir de faim son prisonnier.

Quand les prisons privées furent supprimées et que l'emprisonnement dut avoir lieu dans les lieux de détention, le créancier fut soumis à consigner des aliments.

Un édit du mois d'août 1670 et une déclaration du mois de février 1680 défendaient aux huissiers de procéder à une incarcération sans qu'au préalable le créancier eût consigné les aliments, qui devaient être fixés par un règlement spécial (3).

Ces aliments fournis par le créancier laissaient à l'emprisonnement un reflet de son caractère primitif.

C'était toujours la mainmise du créancier sur son débiteur, mais une mainmise stérile, qui ne laissait pas au débiteur l'espoir d'acquitter sa dette par le fruit de son travail.

V. — La révolution de 1789, en donnant l'essor à toutes les idées de liberté, ne pouvait pas laisser subsister la législation sur la contrainte par corps sans s'en préoccuper.

Le 9 mars 1793, la contrainte par corps fut abolie en principe, sauf les exceptions qui seraient établies par la loi.

La loi de germinal an VI précisa les cas où la contrainte par corps serait admise, en distinguant les affaires civiles et les affaires commerciales.

Enfin le Code civil a posé de nouvelles règles sur l'exercice de la contrainte par corps.

Plus tard, la loi de 1832 a apporté une grande amélioration, en restreignant les cas dans lesquels la contrainte pourrait être exercée et la durée de cette contrainte, en réglant surtout les aliments à fournir par les créanciers.

(1) Ordonnance de 1303, article 12.

(2) P. CLXI.

(3) Le Parlement de Toulouse les avait fixés à 5 sols par jour. (Rodier, *Questions sur la procédure civile.*)

C'est en cet état de choses que le gouvernement, se préoccupant surtout du respect qui est dû à la liberté des citoyens, a soumis au Corps législatif la question du maintien ou de la suppression de la contrainte personnelle.

On ne saurait se dissimuler la gravité de la question. Cependant, en l'examinant de près, sa solution est bien loin d'offrir tous les dangers que l'on signale.

Le Code civil a porté diverses restirctions à l'exercice de la contrainte.

En premier lieu, on ne peut se soumettre à la contrainte par convention.

Une exception est faite à l'égard de la caution d'un contraignable :

A l'égard du fermier, pour le payement du prix du bail.

D'autre part, la contrainte par corps est attachée à des faits qui se rapprochent du caractère du délit, ou à des actes commerciaux dominés par l'intérêt public.

Ainsi deux motifs principaux dirigent le législateur :

Mauvaise foi du débiteur, ayant en quelque sorte le caractère de délit ;

Intérêt public qui s'attache à la prospérité du commerce et à la sécurité des transactions commerciales.

Le Code de procédure ajoute aux cas prévus par le Code civil la condamnation à des dommages.

En 1828, une proposition fut faite par M. Jacquinot Pampelune, dans le but de la suppression de la contrainte par corps ; cette tentative n'obtint aucun succès.

En 1832, on s'est occupé non pas de supprimer, mais de restreindre l'exercice de la contrainte.

La loi de 1832 a conservé la distinction établie par le Code.

Seulement, au cas de condamnation au délaissement d'un héritage, elle a exigé un second jugement qui prononçât la contrainte par corps.

Elle a maintenu la stipulation de la contrainte de la part des fermiers, *derniers débris* (dit M. Troplong) *de la contrainte conventionnelle.*

M. Troplong motive cette stipulation sur ce que dans le bail il y a essentiellement un dépôt.

Mais la loi a satisfait à cette considération en accordant la contrainte de plein droit par la restitution des objets donnés en fonds de table

La stipulation de la contrainte pour le payement du prix du bail est donc difficile à justifier en principe.

La loi de 1832 déclare, en outre, que la contrainte n'aura pas lieu contre les mineurs, les septuagénaires, les femmes et les filles, sauf les exceptions pour ce qui a trait au commerce.

La loi fixe la durée de la contrainte selon l'importance de la somme.

En matière de commerce, la durée s'échelonne depuis un an jusqu'à cinq ans ; en matière civile, de un an à dix ans.

D'une manière générale, la contrainte a lieu contre les comptables et contre les étrangers, à moins qu'il ne s'agisse d'une somme inférieure à 150 fr.

La loi autorise même l'arrestation provisoire de l'étranger, à charge de poursuivre la condamnation dans la huitaine.

Enfin, la loi de 1832 augmente le chiffre des aliments, qui doivent être consignés d'avance pour trente jours.

La législation de 1832, mue par un sentiment d'humanité, a apporté sans doute un adoucissement à l'exercice de la contrainte ; mais ce moyen rigoureux d'exécution, maintenu en principe, est resté à peu près ce qu'il était auparavant.

VI. — Aujourd'hui, d'autres idées ont pris une sérieuse consistance.

On s'est surtout préoccupé du droit en lui-même, et le chef de l'Etat, s'exprimant devant la Chambre, a clairement énoncé que le respect pour la liberté du citoyen exigeait que la personne d'un débiteur ne pût pas être engagée pour le payement d'une dette.

Une protestation venue de si haut indique la voie dans laquelle le législateur doit marcher.

Dans un siècle de civilisation et de progrès, le respect pour la liberté des citoyens s'accorde essentiellement avec les mœurs que les lois ont mission de sauvegarder.

Mais ce ne serait pas là pour le législateur une raison suffisante.

La contrainte par corps peut-elle être supprimée sans danger, sans porter une perturbation dans les relations commerciales ?

L'intérêt public commande-t-il qu'on impose au débiteur le sacrifice de la liberté de sa personne?

Telle est la seule question que le législateur doit se poser.

La nécessité, en législation, autorise suffisamment à faire violence aux principes les plus sages.

Le philosophe peut se tenir dans les abstractions, le législateur doit s'attacher aux faits et se laisser guider par l'intérêt général.

C'est à ce point de vue que la contrainte par corps doit être appréciée.

Dans les États où la mainmise du créancier sur la personne de son débiteur est exercée dans le but de se saisir du fruit de son travail, la contrainte par corps est logique et a sa raison d'être.

En est-il ainsi lorsque ce n'est plus qu'un moyen d'intimidation et une rigueur exercée contre le débiteur qui ne paye pas ?

Envisagée sous ce rapport, la contrainte par corps prend le caractère d'une peine.

Or c'est précisément là la qualité qu'on lui refuse.

La confusion à cet égard est telle que, lorsqu'on prohibe toute convention stipulant la contrainte par corps, on attache ce moyen de coercition à la violation de certains engagements, et cela parce qu'il y a fraude, mauvaise foi ou infidélité.

Mais tout cela touche de près à un acte délictueux.

VII. — On conçoit que la personne du délinquant doive répondre du fait délictueux; mais alors il faut entrer franchement dans le droit commun.

Celui qui vendra un immeuble dont il sait n'être pas propriétaire commet une action qui se rapproche beaucoup de l'escroquerie.

Que cet acte soit plus ou moins environné de manœuvres criminelles, l'action de s'emparer du bien d'autrui n'en existe pas moins.

Il serait plus logique de ranger un acte pareil dans la classe des délits et de le poursuivre correctionnellement, que d'attacher la contrainte par corps aux condamnations prononcées pour un fait de ce genre.

Si l'emprisonnement est susceptible d'intimider le débiteur, la crainte d'une action correctionnelle le sera beaucoup plus.

Si la famille ou les amis peuvent être disposés à venir en aide au condamné pour lui éviter l'emprisonnement, leur sollicitude ne sera pas moins éveillée par la crainte d'une action correctionnelle.

Seulement, pour les délits de ce genre, il faudrait poser en principe que la poursuite n'aura lieu que sur la plainte de la partie intéressée.

Du moment qu'il est admis en principe que la contrainte par corps ne peut être stipulée pour l'exécution d'un contrat, les Tribunaux ne peuvent être autorisés, en ordonnant l'exécution d'une convention, à ajouter à la condamnation la voie de la contrainte.

C'est toujours, d'une manière indirecte, vouloir que la personne réponde d'un engagement contracté ; c'est s'écarter de cette disposition de la loi qui porte que les biens *tant mobiliers qu'immobiliers* répondent de l'exécution des engagements, ce qui laisse à l'écart la personne du débiteur.

Les divers cas dans lesquels la loi admet la contrainte par corps en matière civile rentreraient tous dans une catégorie de délits.

Ainsi la contrainte pour restitution des dépôts se motive par la violation du dépôt (fait délictueux).

Il en est de même pour la répétition de sommes consignées dont il y a eu détournement, contre les officiers publics pour les forcer à représenter leurs minutes (ce refus constitue un fait disciplinaire), contre les notaires, avoués, huissiers, pour restitution de pièces déposées ; ce qui rentre toujours dans la violation de dépôt ou l'abus de confiance.

On ne trouverait pas, il est vrai, la même raison pour la caution judiciaire ou les cautions des contraignables par corps. Le motif puisé dans le fait délictueux ne peut aller jusque-là ; aussi, lors de la discussion du Code civil au Conseil d'Etat, cette soumission de la caution à la contrainte avait-elle soulevé des difficultés.

Le consul Cambacérès voulait que la disposition ne s'appliquât qu'à celui qui était associé du comptable et non à la caution.

Quant à la stipulation de la contrainte pour le payement des fermages des biens ruraux, cette exception à la règle qui repousse la contrainte conventionnelle ne se justifie pas.

On fait valoir l'intérêt de l'agriculture.

Ce n'est pas par une atteinte portée à la liberté que l'agriculture doit être sauvegardée.

Le fermier incarcéré payera beaucoup moins que celui qui, après le bail expiré, pourra exercer fructueusement son industrie.

C'est tarir la source du travail que de frapper un homme jeune et valide dans sa personne, lorsqu'il n'est coupable d'aucun délit.

C'est sacrifier l'intérêt général à l'intérêt particulier du créancier.

C'est à celui qui contracte à s'assurer de la solvabilité de celui avec qui il traite, en prenant en considération sa fortune, son activité, sa moralité, non sa personne.

Quand on saura que la personne n'est pas, ne peut pas être engagée, on sera plus prudent.

En matière civile, ces considérations sont déterminantes.

La suppression de la contrainte en matière civile devrait ne pas souffrir de difficulté, sauf à attacher une pénalité à certains faits que la loi pourrait classer parmi les actes délictueux.

La peine qui les atteindrait servirait à la fois d'intimidation et de répression.

L'application de cette peine serait plus équitable que l'exercice de la contrainte.

Ainsi, d'après la loi, un débiteur peut, dans certains cas, être privé de sa liberté pendant dix ans.

Si, au lieu de ne pas payer sa dette, il avait volé une somme équivalente, il serait passible d'une condamnation correctionnelle qui le priverait de sa liberté pendant cinq ans au plus.

A ce point de vue, il n'y pas justice dans l'application de la contrainte par corps ; c'est un reflet des rigueurs du moyen âge contre le débiteur insolvable.

Le créancier n'a plus, sans doute, le droit de s'emparer de la personne de son débiteur pour s'approprier le fruit de son travail ; il ne peut plus le tenir en charte privée ; mais c'est l'État qui lui fournit un lieu de détention, à la charge par lui de pourvoir aux aliments du détenu.

L'emprisonnement pour dettes n'est pas une peine, puisque l'incarcération n'a pas lieu à la réquisition du ministère public ; elle n'est pas pour le créancier un moyen de faire tourner à son profit le travail de son débiteur; de sorte qu'il ne se justifie ni par les principes du droit pénal, ni par ceux du droit civil.

C'est uniquement un mal infligé au débiteur sans profit pour le créancier.

Ainsi, vu de près, l'emprisonnement est aussi nuisible au créancier qu'au débiteur, qui est mis hors d'état de se procurer des ressources par son travail et son industrie.

VIII. — Il est vrai qu'à l'aide de ce moyen rigoureux, on espère que les parents ou les amis viendront au secours du débiteur; voilà le but de la contrainte, la seule efficacité possible.

N'y a-t-il pas là un véritable abus des sentiments généreux? Est-il moral de vouloir contraindre indirectement les amis ou les parents d'un débiteur insolvable à payer ce qu'ils ne doivent pas, à devenir responsables d'une faute qu'ils n'ont pas commise?

Il est bien, sans doute, de fortifier les sentiments de famille; mais est-ce un moyen de propager l'expansion que de mettre une famille honorable dans cette situation, qu'elle devra opter entre un sacrifice d'argent qui lui sera onéreux et une atteinte à l'honneur de l'un de ses membres?

Que cette alternative se présente quelquefois, et que les sentiments honorables prévaillent, c'est un acte qu'il faut environner d'estime et de respect; mais que l'exploitation de pareils sentiments puisse entrer dans le calcul du législateur, qu'un moyen de correction soit créé tout exprès pour qu'un parent ou un ami vienne en aide au parent ou à l'ami qui sera frappé d'insolvabilité, il y a là quelque chose qui répugne à une morale sévère.

Il faudrait, pour légitimer la contrainte, qu'on signalât un effet utile à l'encontre du débiteur lui-même.

Or l'exercice de la contrainte paralyse les ressources du débiteur au lieu de les accroître.

Il est vrai que le débiteur incarcéré peut se soustraire à l'emprisonnement au moyen de la cession des biens.

Mais ce moyen offert au débiteur malheureux et de bonne foi ôte à la contrainte par corps la majeure partie de son efficacité.

Le débiteur qui se laisse emprisonner est essentiellement insolvable; l'exercice de la contrainte ne lui fera pas trouver des ressources qu'il n'a pas.

On a vu, au surplus, des débiteurs très-solvables subir l'emprisonnement avec l'espoir d'être libérés lorsque le temps prescrit serait écoulé.

La partie utile de la contrainte se réduit donc à peu de chose.

Il ne faut pas admettre que le maintien de la contrainte soit commandé par les véritables intérêts du crédit.

D'après M. Troplong, les hommes pratiques ne demanderaient pas l'abolition absolue de la contrainte par corps: ils n'en voudraient la suppression que pour le cas où il n'y a pas de la part du débiteur *réticence, contumace, fraude ou faute lourde équivalent au dol* (1).

C'est donc à titre de peine que la contrainte serait maintenue; mais c'est là une disposition à ajouter au Code pénal.

Qne l'on convertisse en délit le fait, de la part du débiteur, d'avoir tromp é son créancier, d'avoir abusé de sa confiance, alors une peine pourra, à bon droit, être appliquée.

« Il n'y a pas une grande différence, disait au Parlement anglais M. Buring, président » du conseil de commerce, entre celui qui a contracté une dette sachant qu'il ne pouvait » l'acquitter, et celui qui est convaincu d'un léger larcin. »

Tant que la loi pénale n'aura pas édicté une pénalité, il n'y a plus qu'à savoir si la

(1) Préface du Traité de la contrainte par corps, *in fine*.

liberté du débiteur peut être engagée pour l'exécution d'un contrat, et sur ce point l'hésitation n'est pas possible.

En matière civile, la contrainte par corps ne peut pas être soutenue ; qu'en est-il en matière commerciale ?

IX. — C'est là que se concentrent tous les efforts de ceux qui réclament le maintien dece moyen d'exécution.

« D'après eux, la suppression de la contrainte doit nuire essentiellement au crédit.

» Les affaires commerciales se traitent en général avec précipitation ; on n'a pas le temps » de se connaître ; on traite sur des points éloignés ; on est réduit à se fier à des renseignements puisés à des sources plus ou moins sûres. »

Qu'y a-t-il de fondé dans ces divers motifs ?

Pour apprécier l'efficacité de la contrainte par corps, il faut se demander si l'exercice de ce moyen d'exécution a lieu fréquemment en matière commerciale.

On peut sans hésiter répondre que rien n'est plus rare entre commerçants que la mise à exécution de la contrainte.

Le commerçant qui ne peut pas payer dépose son bilan.

La menace de la contrainte ne fait que hâter la déclaration de faillite.

Ainsi, si quelque chose donne sécurité aux transactions commerciales, ce n'est pas la contrainte par corps, c'est le danger d'encourir une déclaration de faillite ; cruelle extrémité devant laquelle les négociants honnêtes reculent.

Là, la famille, les amis interviendront pour éviter cette flétrissure à leurs parents ou plurs amis.

A quoi bon alors la contrainte par corps ?

Il ne faut pas se méprendre, quand on demande le maintien de la contrainte par corps : ce n'est pas du véritable commerce qu'il s'agit, c'est uniquement du sort des lettres de change souscrites par des non-commerçants.

Dans la discussion qui eut lieu aux Chambres en 1828, sur la proposition M. Jaquinot Pampelune, qui demandait la suppression de la contrainte par corps, on signalait avec raison que ce n'étaient pas des commerçants que l'on trouvait à Ste-Pelagie, mais *des propriétaires, des rentiers, d'anciens militaires, des étudiants, des hommes de lettre, des ouvriers,* incarcérés pour le payement de lettres de change déclarées par la loi actes de commerce.

S'il en est ainsi, y a-t-il utilité à maintenir la contrainte par corps en matière commerciale ?

N'est-ce pas, en dernière analyse, appliquer les principes du droit commercial à des individus qui ne sont pas commerçants ?

La création d'une lettre de change, qu'est-ce autre chose qu'un moyen de crédit couvrant la stipulation de la contrainte ?

Cette soumission à la contrainte par corps, qu'on ne pourrait consentir directement, on la stipule d'une manière indirecte.

Si par la même cause entre les mêmes individus, la reconnaissance de la dette se produit sous la forme d'une lettre de change, on devient contraignable par corps.

La forme emporte le fonds.

Il y a là un abus évident, que la loi doit faire disparaître.

On dit, il est vrai, que la lettre de change une fois créée est une monnaie qui circule, à laquelle doivent être appliqués rigoureusement les principes commerciaux.

Mais, s'il en est ainsi, il faudrait pousser la logique jusqu'au bout.

Si le souscripteur d'une lettre de change devient commerçant, appliquez-lui la loi commerciale :

S'il ne paye pas, qu'il puisse être déclaré en faillite.

La crainte de la faillite sera aussi efficace que l'exercice de la contrainte.

Est-il bien sûr, d'ailleurs, que la souscription des lettres de change par des non-négociants compte pour beaucoup dans le mouvement des affaires commerciales?

Qu'ont de commun les opérations intervenues entre des capitalistes et des particuliers qui empruntent leur argent, avec la prospérité et le développement du commerce?

Est-ce dans la contrainte par corps qu'il faut chercher les éléments du crédit?

X. — Aujourd'hui que le monde est sillonné de vastes entreprises où des travaux immenses sont exécutés, où des centaines de millions sont confiés à des gérants, n'est-ce pas l'activité, la capacité, la moralité qui sont les bases essentielles du crédit?

A quoi bon y ajouter la contrainte par corps, la mainmise sur la personne, faible ressource, bonne à exploiter dans des siècles moins civilisés?

Mais, de nos jours, la personne s'efface; c'est l'intelligence créatrice qui est le capital sur lequel se base le crédit, et cette intelligence ne s'emprisonne pas: elle a besoin de liberté pour prendre tout son essor.

Le souverain éminemment intelligent qui préside aux destinées de la France a donc émis une idée en harmonie avec les besoins de notre temps, lorsqu'il a présenté l'abolition de la contrainte par corps comme une réforme que le législateur devrait réaliser.

La suppression de la contrainte produira sûrement moins d'inconvénients qu'on n'en suppose.

La mise à exécution de ce moyen rigoureux inscrit dans les lois devient chaque jour plus rare.

Sauf quelques débiteurs insolvables que l'on classe à tort parmi les commerçants, quels sont ceux contre qui la contrainte par corps est exercée?

Les statistiques des prisons pour dettes constateraient que ce moyen rigoureux, qui, dans l'état de nos mœurs, répugne au créancier, n'est pratiqué que dans les cas exceptionnels et à la dernière extrémité.

Pourquoi alors laisser subsister dans la loi une voie de rigueur qui blesse les principes constitutifs de notre droit public, en rangeant la liberté de la personne parmi les choses qu'il est permis d'aliéner et de saisir?

XI. — Ce n'est pas d'aujourd'hui, et en France seulement, que des voix se sont élevées en faveur de la suppression de la contrainte par corps.

Dans la plupart des États, la question a été agitée, et de notables modifications ont été apportées à l'exercice de cette voie de rigueur.

Dans certains États, ce n'est pas par l'emprisonnement du débiteur que la contrainte s'exerce; c'est en le condamnant à travailler au profit de son créancier (1).

Dans la discussion qui eut lieu devant la Chambre en 1828, M. Laffite, repoussant la contrainte par corps, même en matière commerciale, s'exprimait ainsi :

« Les États-Unis et l'Angleterre sont au sommet de l'échelle commerciale. Eh bien! les » États-Unis ont aboli l'incarcération pour dettes, et les voix les plus éloquentes s'élèvent » de toutes parts en Angleterre pour que cet exemple soit imité. »

Aux États-Unis, il suffisait, pour échapper à la contrainte, de prêter le serment d'insolvabilité (2).

(1) Code prussien, part. I, tit. 24, art. 42.
Il en est ainsi dans le Danemark, la Norwége, la Suède, la Russie. (Angelot, *Sommaire des législations des États du Nord*, p. 47.)

(2) Gordon, *Digest of the laws of the United-States.*

Partout les esprits tendent à faire passer dans les lois les idées d'humanité qui sont dans les mœurs. Les actes de rigueur qui s'attachent à la personne inspirent un sentiment de répulsion, et, sans s'élever à des théories abstraites sur la dignité de l'homme, la liberté individuelle ne doit être atteinte que lorsque l'intérêt public en exige le sacrifice.

XII. — La suppression absolue de la contrainte serait donc la conséquence logique de la saine application des principes ; mais, quand il s'agit de changer un état de choses qui subsistedepuis longtemps, le législateur peut-il opérer ces changements sans transition ?

N'existe-t-il pas des intérêts engagés qui commandent des ménagements ? Ne faut il pas laisser aux esprits le temps de s'habituer à une modification de la législation ?

A ce point de vue, on conçoit les hésitations qui se manifestent dans les pouvoirs législatifs.

Le projet de loi soumis à la Chambre et élaboré par le Conseil d'Etat ne paraît pas devoir admettre la suppression absolue de la contrainte ; il a été l'objet d'amendements qui ont motivé un nouveau renvoi au Conseil d'État.

La suppression absolue soulève des résistances, qui prennent leur source dans la crainte exagérée peut-être de porter une perturbation dans les éléments du crédit.

Si l'on croit devoir maintenir la contrainte par corps dans certains cas, ne serait-il pas sage de laisser aux Tribunaux la faculté de l'accorder ou de la refuser ?

On arriverait ainsi graduellement à la suppression absolue.

Au surplus, la lenteur avec laquelle procèdent les législateurs ne saurait être critiquée ; ce qui importe, c'est que le principe lui-même soit mis en question, qu'il soit démontré que l'application de la contrainte n'est plus en harmonie avec l'état actuel de la civilisation. Le moment viendra de lui-même où l'on pourra, sans danger comme sans regret, voir disparaître de la législation une voie de rigueur que la saine raison et la morale repoussent.

DE LA PROPRIÉTÉ LITTÉRAIRE

La discussion du projet de loi sur la propriété littéraire a donné lieu à de remarquables discours. De part et d'autre, les théories philosophiques les plus élevées ont été présentées avec toutes les merveilles du style et de la pensée; mais la mission du législateur est bien moins de se complaire dans de brillantes théories que de descendre dans l'application.

La première question que l'on doit se poser dans la confection des lois est celle de savoir comment elles seront appliquées.

La loi n'est pas une lettre morte; il ne s'agit pas de poser un principe abstrait: il faut en apprécier les conséquences et en examiner l'utilité pratique.

C'est là le côté de la question qui s'est peut-être un peu effacé au milieu des théories qui ont été émises.

Que la création d'une œuvre intellectuelle constitue une propriété, c'est là ce qui n'est contesté par personne.

Mais de quelle nature est cette propriété ? Voilà ce qu'il importe au législateur de définir.

Ainsi qu'on l'a dit avec justesse, la propriété est le prix du travail; son origine est ce qu'il y a de plus respectable.

La propriété créée par le travail intellectuel est évidemment au-dessus de toutes les autres.

Sa création prend sa source dans ce souffle divin qui a élevé l'homme au-dessus de toutes les créatures.

Comment contester à l'homme de génie la propriété de l'œuvre qu'a enfantée sa pensée, qui est une partie intime de son être, dans laquelle il a fait passer une portion de son intelligence ?

Si quelque chose s'identifie avec l'homme, c'est évidemment l'œuvre intellectuelle, qui s'identifie avec l'auteur.

Mais c'est précisément parce que ce produit de l'intelligence s'élève au-dessus de toutes les créations matérielles qu'on est forcé de lui assigner une classe à part.

Un des caractères constitutifs de la propriété, c'est la possession.

Il ne suffit pas de la création, il faut encore l'occupation.

Comment appliquer l'occupation à un produit intellectuel ?

Possideri possunt, disent les lois romaines (1), *quæ sunt corporalia.*

Il faut un objet matériel pour qu'on puisse lui appliquer la possession.

« Posséder une chose, dit Pothier (2), c'est la tenir par nous-même, ou par d'autres qui » la tiennent en notre nom : *rei insistere, incubare.* Il est évident que cela ne peut convenir » qu'aux choses corporelles. »

Quant aux choses incorporelles, celles *quæ in jure consistunt,* elles ne sont pas susceptibles d'une véritable possession, mais d'une quasi-possession.

Jura (dit Pothier) *non possidentur, sed quasi possidentur.*

Cette quasi-possession se révèle par la jouissance du droit.

(1) *Leg.* 3, *H. de acquer. poss.*

(2) *Traité de la Possession.*

On a la quasi-possession d'une redevance ou de tout autre droit incorporel.

Mais cette quasi-possession se rattache à un titre nominal, qui indique sur la tête de qui repose le droit, quels sont ceux qui sont obligés de le subir ?

On peut être propriétaire d'une chose corporelle.

On peut être investi d'un droit incorporel.

On peut bien appliquer à ces deux choses la qualification de *propriété.*

Le droit de propriété étant le droit de disposer de sa chose, d'en user ou d'en abuser sans toutefois nuire à autrui, il est évident qu'on est tout aussi bien propriétaire d'une chose corporelle que d'un droit incorporel ; on ne peut pas plus être dépouillé de l'un que de l'autre.

Mais si ces deux droits peuvent remonter à la même source, s'ils sont aussi respectables l'un que l'autre, ils diffèrent essentiellement dans leur application et leur exercice.

Un droit incorporel suppose un créancier et un débiteur, ou bien un propriétaire du droit et un objet matériel sur lequel le droit soit assis.

Ainsi le droit de servitude pourra être perpétuel, mais ce sera toujours le même fonds ayant un droit sur un autre ; le maître de la servitude pourra changer, le fonds restera le même.

Le droit à une rente perpétuelle pourra se transmettre de génération en génération ; mais il y aura toujours un créancier et un débiteur désignés.

Plaçons ces principes en regard de la propriété littéraire.

Dans quel ordre d'idées peut être placée cette propriété ?

Est-ce la propriété d'un objet matériel ?

L'œuvre transcrite, le manuscrit est bien un objet matériel.

Là, pas de contestation possible : le manuscrit est susceptible de possession, le propriétaire le détient; si un tiers s'en emparait, il commettrait un vol; on exigerait la restitution de l'objet soustrait.

Mais, si le manuscrit est un objet matériel susceptible de possession, on ne saurait lui assigner le caractère d'un objet mobilier assimilable à tous les autres.

Il est de la nature d'un objet mobilier non-seulement d'être aliénable, mais encore d'être saisissable.

La jurisprudence a décidé qu'un manuscrit n'était pas saisissable (1) « tant que l'œuvre » littéraire est tenue secrète : c'est une propriété toute personnelle ; l'auteur peut y faire » des changements et même la détruire. Cette œuvre est encore à l'état de pensée, et » elle doit être inviolable, soit que l'auteur existe encore ou qu'il n'existe plus (2). »

Nous voilà bien au moment de la création de l'œuvre littéraire. Cette propriété créée, fruit du travail de l'homme de génie, alors qu'elle est en la possession de son auteur, n'est pas comprise, par la loi, parmi les biens saisissables. C'est une propriété attachée à la personne de son auteur, dont lui seul peut disposer.

La propriété de l'œuvre littéraire est tellement attachée à la personne de son auteur, qu'il n'y a pas d'incapacité légale qui puisse s'opposer à sa possession.

La femme mariée, le mineur, l'interdit, deviennent propriétaires de l'œuvre qu'ils ont créée (3).

Il en est de même du failli. Le même principe s'appliquait à celui qui était frappé de mort civile.

L'incapable, propriétaire de l'œuvre, peut la détruire ; mais, quand il s'agit de la livrer

(1) Arrêt de la Cour de Paris, du 11 janvier 1828.

(2) *Journal du Palais*, v° *Propriété littéraire*, n° 187. Gastambide, n° 122. Renouard, t. II, v° 207.

(3) Rep. du *Journal du Palais*, v. *Propriété littéraire*, n° 77 et suivants.

à la publicité il ne peut traiter valablement qu'en se conformant aux règles du droit.

Le domaine utile de l'œuvre littéraire ne commence donc qu'à partir de la publication.

Jusqu'à ce moment, la pensée consignée dans le manuscrit appartenait en propre à son auteur; il en était le maître dans l'acception la plus étendue de cette expression, il en disposait seul de la façon la plus absolue; il pouvait ou la tenir cachée ou la répandre au dehors. Il exerçait sans restriction le pouvoir du maître sur la chose, le *jus utendi et abutendi.*

Mais est-ce là le droit que revendiquent les partisans de la propriété perpétuelle?

Assurément non.

Ce droit de propriété sur le manuscrit, droit que l'on pourrait appeler matériel (si ce mot n'était pas une profanation lorsqu'il est appliqué aux conceptions de l'esprit), n'est ni contesté ni contestable.

Mais c'est à partir de la publication, c'est-à-dire au moment où l'auteur de l'œuvre littéraire tire parti de sa création, que le droit de propriété perpétuelle est revendiqué.

Que se passe-t-il par l'effet de cette publication?

L'œuvre est-elle transformée ?

Non, assurément.

La création subsiste telle qu'elle a été primitivement conçue, mais la pensée n'est plus secrète, elle s'est divulguée; le *fac simile* sera répandu sur tous les points du globe.

Si nous remontons aux caractères du droit de propriété, où les trouverons-nous?

La propriété est inséparable de la possession.

Une fois l'œuvre imprimée et livrée à la publicité, sur quoi portera la possession?

Est-ce sur le manuscrit primitif?

Retenir le manuscrit quand l'impression l'a reproduit à des milliers d'exemplaires, ce serait une chose vaine.

Le droit de l'auteur s'étend plus loin.

L'œuvre imprimée et publiée ne cesse pas d'être sienne; il n'est pas permis de l'en dépouiller.

Que les pensées qui constituent l'œuvre littéraire soient puisées dans le fonds commun, qu'on puisse aller jusqu'à dire qu'il y a *rien de nouveau sous le soleil*, cela importe peu.

L'œuvre créée portera le cachet de son auteur; il aura construit un édifice qui lui sera propre, quels que soient les matériaux qu'il y aura employés.

Je prends mon bien où je le trouve, disait Lafontaine; et ce bien, pris n'importe où, devenait si bien sa chose, que nul n'a pu l'imiter.

L'œuvre publiée, cette création du génie, qui est destinée à faire vivre éternellement le nom de son auteur, conservera bien sa nature primitive; mais comment lui donner un corps susceptible de possession?

Ici, le droit commun ne suffit plus.

L'auteur ne possède pas l'œuvre littéraire comme on peut posséder un champ ou une maison; il ne la possède même pas comme on peut posséder un droit incorporel; il faut que la loi consacre un droit d'une nature spéciale pour protéger sa création.

Le droit incorporel repose sur un titre qui détermine le créancier et le débiteur, ou l'objet matériel sur lequel le droit repose.

Ici, le droit de l'auteur ne repose pas sur chacun des exemplaires imprimés; c'est un droit intellectuel qui embrasse, non le livre imprimé, mais la pensée consignée dans le livre, mais la forme dans laquelle cette pensée s'est produite.

Mais ce droit sur une chose que la pensée conçoit sans qu'on puisse la matérialiser n'est pas une application de droit commun; il a fallu demander à la loi de le créer.

Que parle-t-on alors de droit de propriété perpétuelle?

Est-ce que le droit de propriété n'est pas défini par la loi? Est-ce que ses caractères peuvent être l'objet d'un doute?

Est-ce que le propriétaire d'un champ a besoin de dire au législateur : « Donnez-moi le moyen de garder mon champ, de le préserver des usurpations des voisins» ?

Le droit commun y a pourvu.

Le propriétaire d'un champ n'est pas en peine pour le clore, pour le préserver de toute atteinte, pour se faire réintégrer dans sa possession, s'il en a été évincé ; pour le transmettre à qui bon lui semble, le faire passer à ses héritiers.

L'auteur de l'œuvre publiée n'est pas dans ce cas.

Son œuvre, une fois jetée dans le public, serait perdue matériellement pour lui, si la loi ne lui fournissait pas un moyen spécial de la sauvegarder.

Ce moyen, la loi le crée en consacrant la propriété littéraire.

Elle ne crée pas sans doute la propriété de l'œuvre ; cette propriété subsiste en dehors de toute consécration légale.

Mais ce droit de propriété, qui ne ressemble à aucun autre, serait illusoire si la loi ne fournissait pas à l'auteur un moyen de l'exercer.

Ce moyen ne peut être direct.

La loi ne peut pas contraindre celui qui aurait soustrait à son auteur une œuvre littéraire à la lui rendre, comme elle contraindrait l'usurpateur d'un champ à déguerpir; mais elle consacre le droit de propriété en punissant le plagiat.

Eh bien ! lorsqu'on en est là, qu'on est forcé de convenir que, sans l'intervention de la loi, le droit de propriété de l'auteur sur l'œuvre publiée ne pourrait pas être utilement exercé ; lorsqu'il est certain que l'exercice de ce droit ne peut avoir lieu que d'une manière indirecte, qui ne ressemble pas à l'exercice du droit de propriété ordinaire, on veut assigner à la propriété littéraire le caractère d'une propriété perpétuelle, et on demande qu'il en soit ainsi par application du droit commun, parce que qui dit propriété dit perpétuité.....

Cela serait bon s'il s'agissait d'une propriété ordinaire; mais il s'agit d'un droit *sui generis*, d'une propriété d'une espèce à part, non plus de la propriété de l'œuvre retenue par son auteur, consignée dans un manuscrit qu'il peut posséder et garder, mais de la propriété de l'œuvre livrée au public.

Si l'on voulait se renfermer dans le domaine des abstractions, on pourrait dire que les œuvres de l'esprit ne sont créées que pour être divulguées.

Si j'avais les mains pleines de vérités, disait un philosophe, je me hâterais de les ouvrir.

Quel est le mobile qui inspire les hommes de génie? N'est-ce pas un plus haut degré de noble dévouement qui s'attache au progrès des sciences, à la propagation des idées religieuses et morales, à tout ce qui peut contribuer à la perfectibilité humaine? N'est-ce pas l'ambition d'arracher son nom à l'oubli, de pouvoir dire avec le poete latin : *exegi monumentumœre perennius?*

Ce serait mal juger les hommes de génie que de supposer qu'il y a dans leur cœur autre chose que le désir de transmettre leur nom à la postérité. Cependant, comme il faut bien rentrer dans la réalité des choses, il n'est pas permis de faire abstraction de l'intérêt matériel qui s'attache à la publication d'une œuvre littéraire.

Que le travail appelle une rémunération, que les travaux de l'esprit surtout soient hautement appréciés, que l'auteur doive vivre de son œuvre, cela est incontestable.

Aussi, là où l'exercice du droit de propriété n'était plus possible, la loi est-elle venue au secours de l'auteur.

Elle lui confère un droit privatif sur l'œuvre publiée.

Anciennement, l'impression ne pouvait avoir lieu qu'en obtenant un privilége.

Ce privilége était conféré à perpétuité lorsque l'auteur devait vendre lui-même son livre.

Quant aux libraires, le privilége accordé ne pouvait être moindre de dix ans, et ne dépassait pas la vie de l'auteur (1).

Sous l'empire de cette législation, il ne pouvait être question de propriété littéraire, en ce sens que l'auteur pût disposer à son gré de son œuvre.

Ce n'était que par privilége qu'il était autorisé à vendre son livre et à transmettre ce droit à perpétuité à ses héritiers.

Mais, s'il cédait le droit de vendre à un libraire, le privilége de perpétuel s'éteignait, la cession ne valait que pendant la vie de l'auteur.

Il n'y avait là rien qui ressemblât à un droit de propriété.

Diderot avait beau dire: *L'auteur est maître de son ouvrage, ou personne n'est maître de son bien.*

Cela était très-vrai pour l'œuvre manuscrite, mais ce ne l'était plus pour l'œuvre publiée.

La Révolution de 1789 a changé cet état de choses.

La nécessité du privilége a disparu; la liberté de la presse permet à l'auteur de livrer au public son œuvre, sans autres conditions que le dépôt préalable.

Mais ce changement survenu a-t-il donné à la propriété littéraire un caractère qu'elle n'avait pas ? — Évidemment, non.

L'œuvre littéraire est restée ce qu'elle était : propriété exclusive de son auteur tant qu'elle est manuscrite, dégénérant en simple droit déterminé par la loi lorsqu'elle est livrée au public.

Serait-il possible de convertir ce droit en une propriété perpétuelle ?

On pourrait dire que, du moment où l'œuvre a été livrée au public, la propriété exclusive de l'auteur a disparu.

On trouverait une analogie dans les lois sur les brevets d'invention.

Quoique la propriété d'une découverte soit assurée à son auteur par un brevet d'invention, le jour où l'inventeur a livré au public son secret, il est déchu de tout droit de propriété.

On ne saurait cependant placer sur la même ligne l'auteur d'une découverte et l'auteur d'une œuvre littéraire.

Le brevet d'invention suppose le secret gardé par l'auteur: rien de pareil pour l'auteur qui publie son œuvre.

Il est bien certain qu'une fois l'œuvre publiée, chacun pourrait s'emparer des idées qui y sont contenues.

Mais c'est précisément parce que les idées contenues dans un livre deviennent accessibles à tous, que, si le mot de propriété peut être prononcé, ce ne doit être qu'une propriété d'une espèce particulière.

« Le mot de propriété, disait M. Dupin, ne peut s'appliquer d'une manière plus juste qu'au » droit acquis par l'intelligence..... »

Mais, avec l'élévation d'esprit qui caractérisait cet éminent jurisconsulte, M. Dupin reconnaissait que c'était une propriété d'une espèce à part.

(1) On lit dans l'édit de 1777: « S. M. a reconnu que le privilége en librairie est une grâce fondée en justice, et qui a pour objet, si elle est accordée à l'auteur, de récompenser son travail; si elle est accordée au libraire, de lui assurer le remboursement de ses avances et l'indemniser de ses frais.

L'édit ajoute que le règlement qui fixera la durée du privilége sera favorable aux gens de lettres, qui peuvent, après un temps donné, faire des notes et des commentaires sur un auteur sans que personne puisse leur contester le droit de faire imprimer le texte.

Cependant, l'article 5 dispose que tout auteur qui obtiendra en son nom le privilége aura le droit de vendre son livre chez lui, et jouira du privilége pour lui et ses hoirs à perpétuité, pourvu qu'il ne le rétrocède à aucun libraire, auquel cas la durée sera réduite à la vie de l'auteur. »

« Il y a une propriété littéraire, il faut la réglementer. »

S'il en est ainsi, si cette propriété littéraire a besoin d'être réglementée, c'est-à-dire d'être définie et sauvegardée par une loi spéciale, comment pourrait-on lui appliquer cette définition, éminemment juste, du droit de propriété :

« La propriété est un droit antérieur et supérieur aux lois (1). »

Il est bien évident que la propriété littéraire, qui a besoin d'être réglementée par la loi, ne peut pas être un droit supérieur aux lois.

C'est donc un droit spécial, *sui generis*, que la loi confère à l'auteur d'une œuvre littéraire.

Pour définir ce droit, la loi s'est trouvée en présence de deux puissantes considérations.

D'une part, l'intérêt légitime de l'auteur ;

D'autre part, l'intérêt public.

Dans l'intérêt de l'auteur, la loi devait mettre obstacle à la reproduction de l'œuvre, qui, jetée dans le domaine de tous, pouvait être aisément soustraite à son auteur.

Dans l'intérêt public, la loi devait laisser le champ le plus vaste à la diffusion des idées consignées dans l'œuvre littéraire.

En servant ainsi l'intérêt public, la loi satisfaisait aussi en quelque sorte à la légitime ambition de l'auteur, qui, maître de son œuvre, pouvait la garder et renoncer à la gloire qui devait s'attacher à son nom, mais qui l'a livrée au public en vue de transmettre son nom à la postérité.

Ainsi, pour l'auteur, deux buts essentiels dans la création de son œuvre :

D'une part, désir de contribuer aux progrès des sciences ou des lettres ;

D'autre part, le désir bien légitime de tirer profit de son œuvre.

Pour le public, nécessité de pouvoir disposer de toutes les richesses que l'auteur a jetées dans son domaine :

Utilité de reproduire l'œuvre littéraire à l'infini, de répandre des idées nouvelles, de dégager de toute entrave les conceptions qui doivent contribuer au progrès humanitaire.

En présence de ces deux intrêts, la loi ne pouvait sanctionner le droit absolu de l'auteur, pas plus qu'elle ne pouvait reconnaître le droit absolu du public, de disposer des œuvres littéraires jetées dans son domaine.

De là, la nécessité de la restriction apportée à l'exercice du droit de l'auteur.

Le droit conféré par la loi puise sans doute sa source dans le droit de propriété, mais ce n'est pas, ce ne peut être un droit de propriété absolue, jouissant de tous les attributs de la propriété.

Du moment que la loi ne pouvait pas reconnaître un droit absolu de propriété, il y avait lieu de réglementer les droits de l'auteur pendant sa vie et après son décès.

C'est là ce que la loi a fait, en apportant les modifications nécessaires aux principes qui régissent les successions en général.

De là, la distinctions des droits de la veuve de ceux des enfants, de ceux des héritiers testamentaires.

Dans l'esprit de la loi, la veuve s'est présentée en première ligne.

Il s'agissait d'une création attachée en quelque sorte à la personne de l'auteur, s'identifiant avec lui.

La loi n'a pas pu séparer l'épouse de l'époux; elle a pensé que, dans la création des œuvres de l'esprit, l'auteur avait dû trouver un puissant secours dans les soins affectueux de celle qui fut sa compagne. Si cette tendre sollicitude qui fait le charme du foyer domestique est un élément puissant de prospérité, cet appui est plus précieux encore pour ceux qui sont

(1) Discours de M. Maire.

voués aux travaux de l'intelligence. C'est rendre hommage aux sentiments naturels que d'accorder une part à la femme dans les succès littéraires de son mari.

La loi est donc juste lorsqu'elle place en première ligne le droit de la veuve.

Ce sont moins les principes généraux sur le droit de succéder qu'il faut consulter que la position de la femme mise en regard des œuvres littéraires créées par son mari.

La loi de 1810 avait donné à ces sentiments naturels une légitime satisfaction.

Y a-t-il nécessité de changer l'économie de cette loi et d'y substituer la consécration d'une propriété perpétuelle, soumise aux règles ordinaires des successions ?

Au point de vue légal, le droit de l'auteur ne peut être confondu avec la propriété d'un objet mobilier ou immobilier.

Le propriétaire peut transformer la chose qui lui appartient.

L'héritier qui lui succède a le même droit; il peut apporter au champ qu'il a reçu de ses auteurs tels changement qu'il lui plait : ce n'en est pas moins le champ auquel il a succédé.

L'héritier d'une œuvre littéraire pourrait-il y apporter un changement quelconque ?

Evidemment non ; car, si l'œuvre était transformée par l'héritier, ce ne serait plus l'œuvre de son auteur, mais la sienne.

L'œuvre littéraire se personnifie dans son auteur.

Quand l'auteur n'est plus, son œuvre vit encore telle qu'il l'a conçue.

L'héritier ne recueillerait donc pas une propriété qui lui fût propre.

Si l'œuvre est attachée à la personne de l'auteur, elle ne peut être confondue avec une propriété que l'héritier possède au même titre que son auteur, et qu'il peut dénaturer comme son auteur aurait pu le faire lui-même.

L'assimilation entre une œuvre littéraire et une propriété ordinaire n'est donc pas possible.

Comment pourrait-on appliquer à un droit de ce genre les principes qui régissent le droit de propriété ?

Si c'était un droit perpétuel, il faudrait à chaque mutation payer au fisc un droit de succession.

Sur quelle base ce droit pourrait-il être perçu ?

Dans un partage de succession, le droit de propriété littéraire serait essentiellement indivisible.

Il faudrait en poursuivre la licitation.

De là, la possibilité de faire tomber l'œuvre littéraire dans des mains hostiles, intéressées à la détruire au lieu de la propager.

L'intérêt public serait sacrifié à l'intérêt privé.

Si l'auteur était déclaré en faillite, l'œuvre littéraire tomberait dans l'actif du failli.

De là, nécessité de la vendre aux enchères, comme on vend toutes les valeurs qui composent l'actif.

La propriété littéraire pourrait-elle être acquise par prescription ? pourrait-elle être éteinte par le non-usage ?

Si l'œuvre littéraire devenait une vraie propriété, les créanciers de l'auteur auraient le droit de la saisir.

Faudrait-il appliquer les principes qui régissent la saisie des meubles ou celle des droits incorporels ?

Quand un droit incorporel passe entre les mains d'un héritier, celui qui est grevé du droit a le moyen de connaître le nom de celui qui est porteur du titre.

Quel moyen aurait un créancier pour savoir sur la tête de qui repose la propriété d'un livre publié ?

L'ouvrage n'indiquera jamais que le nom de l'auteur.

Celui qui aurait un droit quelconque à exercer sur cette propriété serait sans moyens pour découvrir quels sont les héritiers sur la tête de qui cette propriété réside.

Il faudrait créer un registre de mutations qu'il fût possible de consulter.

Qu'on se figure l'embarras des recherches, lorsqu'un siècle se serait écoulé.

Ce serait à la longue la confusion et le désordre dans le domaine des sciences. Ce serait la négation du progrès (1).

Il importe que les œuvres utiles se reproduisent, que la connaissance des vérités qu'elles sont destinées à répandre soit mise à la portée de tous.

Lorsqu'une œuvre est dans le domaine public, sa reproduction est facile ; si, au contraire, un éditeur voulait reproduire l'ouvrage d'un auteur décédé depuis un siècle, comment s'y prendrait-il ? où irait-il chercher les héritiers directs ou indirects de Montesquieu, de Bossuet et de tous nos grands écrivains ?

Comment s'assurerait-il qu'il traite avec le véritable ayant droit ? qu'il ne s'expose pas à des procès ?

Il est impossible de se faire illusion sur les difficultés sans fin auxquelles donnerait lieu la consécration d'une propriété perpétuelle.

Il ne suffit pas de dire qu'on peut clore cette propriété comme on peut clore un champ ; que la loi qui peut la clore pour cinquante ans pourrait la clore pour toujours : cela n'est pas logique.

Si la durée des droits de l'auteur, fixée à cinquante ans après son décès, peut susciter quelques embarras, elle ne présentera jamais des difficultés aussi insolubles que la propriété perpétuelle.

D'autre part, si la loi consacrait la propriété perpétuelle, que deviendraient les droits des auteurs décédés ?

Faudrait-il les faire revivre ? Les droits de ces auteurs sont éteints depuis longtemps, mais serait-il possible de les dépouiller, dans l'avenir, d'un droit de propriété reconnu par la loi ?

On comprend que, dans le projet de loi présenté au Corps législatif, on ait dû inscrire une disposition portant que les auteurs dont les droits ne sont pas éteints lors de la promulgation de la loi profitent de l'extension que cette loi consacre.

Mais, s'il s'agissait de la propriété perpétuelle, faudrait-il dire que les droits éteints devront revivre, donner à la loi un effet rétroactif ?

Quel sujet de perturbation dans le commerce de la librairie !

Le libraire qui voudrait éditer les classiques français, par exemple, serait obligé d'aller à la recherche des héritiers de Malherbe et de Clément Marot : comment s'y prendrait-il ?

(1) Voici comment l'Empereur Napoléon Ier s'exprimait en 1808 :

« La perpétuité de la propriété littéraire dans les familles aurait des inconvénients. Une propriété » littéraire est une propriété incorporelle, qui, se trouvant dans la suite des temps et par le cours des » successions divisée entre une multitude d'individus, finirait en quelque sorte par ne plus exister pour » personne ; car comment un grand nombre de propriétaires souvent éloignés les uns des autres et qui, » après quelques générations, se connaissent à peine, pourraient-ils s'entendre et contribuer pour réimprimer l'ouvrage de leurs auteurs communs ?

» Cependant, s'ils n'y parvenaient pas et qu'eux seuls aient le droit de publier, les meilleurs livres disparaîtraient insensiblement de la circulation.

» Il y aurait un autre inconvénient non moins grave : le progrès des sciences serait arrêté, puisqu'il ne » serait plus permis de commenter ni d'annoter les ouvrages ; les gloses, les notes, les commentaires ne » pouvant être séparés du texte qu'on n'aurait pas la liberté d'imprimer.

» D'ailleurs, un ouvrage a produit à l'auteur et à ses héritiers tout le bénéfice qu'ils peuvent en attendre » naturellement lorsque le premier a eu le droit exclusif de le vendre pendant toute sa vie, et les autres » pendant les dix ans qui suivent sa mort.

» Si l'on veut favoriser davantage, qu'on le porte à vingt ans. »

Il se dresse donc devant ce système de propriété perpétuelle des difficultés d'une nature telle, que, si les principes du droit ne repoussaient pas cette théorie, les impossibilités de fait obligeraient à y renoncer.

Au fond, d'ailleurs, dans l'intérêt de qui cette propriété perpétuelle est-elle réclamée?

Parmi les innombrables écrits qui voient le jour, combien en est-il qui surnagent et résistent à l'action du temps?

Si l'on ne voit que le côté matériel, l'œuvre qui n'est pas devenue productive pendant la vie de l'auteur et cinquante ans après son décès, le deviendrait-elle après ce laps de temps?

Sans contredit, il est des ouvrages immortels qui porteront le nom de leurs auteurs à la postérité la plus reculée. Est-ce bien les auteurs de ces ouvrages qui réclameraient, dans un but purement matériel, la propriété perpétuelle de leur œuvre?

Quant aux écrits qui sont destinés à disparaître dans cette immense mer de l'oubli, que leur vaudrait la propriété perpétuelle?

Les écrits qui n'ont pas été productifs pour les auteurs vivants le deviendront-ils après leur mort, après un laps de temps considérable?

S'il en est ainsi pour quelques-uns, ce ne peut être qu'une exception; or les lois ne sont pas faites pour les cas exceptionnels.

Pour ceux, au contraire, qui sont assez privilégiés ou marqués assez haut du cachet du génie pour arriver à la fortune au moyen de l'impression de leurs écrits, ceux-là préfèrent assurément laisser à leurs descendants un nom immortel qu'une valeur d'argent plus ou moins éventuelle.

Or cette immortalité ne se cimente que par la publicité, par la profusion d'un écrit, par sa publication sous tous les formats, opérations qui ne sont accessibles pour un éditeur qu'autant qu'il trouve l'œuvre dans le domaine public, affranchi de toute charge à l'égard de l'auteur ou de ses représentants.

Ainsi le débat n'a pas un intérêt aussi grand qu'il peut le paraître. Qu'on ne crie pas à la spoliation; il y a pour les auteurs de ces œuvres de génie, qui immortalisent leur nom, des compensations préférables à la propriété perpétuelle de l'œuvre.

Quel est le pays où plus qu'en France les hommes qui ont contribué au progrès des sciences et des lettres soient environnés d'honneur?

Des statues élevées par les populations reconnaissantes, les portes du Sénat ouvertes à nos grands noms littéraires: quelle est la propriété à laquelle soient attachés de si grands avantages?

Pour ne s'occuper que du côté matériel, aux descendants de ceux qui se sont illustrés dans la science et les lettres la munificence du souverain a-t-elle fait défaut?

On a repoussé avec dédain cette rémunération, qu'on a qualifiée d'aumône.

La rémunération par l'État des services rendus au pays n'a rien de ce qui ressemble à une aumône: c'est une dette que l'État acquitte. Celui qui en est l'objet peut l'accepter sans scrupule.

Ainsi la propriété perpétuelle n'est pas admissible en droit.

En fait, l'existence de cette propriété n'est pas praticable; elle serait la source d'inextricables embarras; elle nuirait essentiellement à la propagation des lumières.

Elle serait sans valeur pour ceux dont les œuvres sont destinées à ne vivre qu'un jour.

Ceux dont le nom doit traverser les siècles préféreront la gloire à un intérêt d'argent plus ou moins éventuel, réalisable dans un avenir lointain.

Du reste, à ceux-là il est donné satisfaction suffisante. En portant à cinquante ans après le décès le droit exclusif de l'auteur, la loi a suffisamment sauvegardé les intérêts de l'auteur et de sa famille.

Ce n'est pas, ce ne peut pas être une première étape pour arriver plus tard à la perpétuité.

La loi ne se méprend pas : c'est un droit qu'elle proroge à cinquante ans, et non un droit de propriété qu'elle restreint dans cette étroite limite.

L'article 1er du projet de loi est ainsi conçu :

« La durée des droits accordés par les lois antérieures aux héritiers successeurs irréguliers, » donataires ou légataires des auteurs, compositeurs ou artistes, est portée à cinquante ans » du décès de l'auteur.

» Pendant cette période de cinquante ans, le conjoint survivant, quel que soit le régime » matrimonial et indépendamment des droits qui peuvent résu[illegible] en faveur de ce conjoint » du régime de la communauté, a de préférence à tous les héritiers les jouissances de droits » dont l'auteur prédécédé n'a pas disposé par acte entre-vifs ou par testament.

» Les droits des héritiers et autres successeurs, pendant cette période de cinquante ans, » seront réglés conformément à la loi. »

Lorsque la succession est dévolue à l'État, le droit exclusif s'éteint, sauf la durée des cessions pendant cinquante ans.

Des difficultés sérieuses ont été soulevées à l'occasion de cet article.

On s'est demandé de quelle nature était le droit conféré à la veuve.

Quelle était l'étendue du droit de disposer ; si la réserve légale devait être respectée.

C'est à suite de ces observations que le renvoi à la commission a été prononcé.

Il faut reconnaître que l'article, tel qu'il est conçu, prête matière à discussion.

S'agit-il d'un droit personnel à l'auteur, que la loi transfère de la personne de l'auteur à la personne de sa veuve d'abord, puis aux héritiers dans l'ordre réglé par la loi, à défaut par l'auteur d'avoir désigné celui à qui il voulait confier la disposition de son œuvre ?

Si l'on se renferme dans l'esprit de la loi, qui reconnaît, non pas un droit de propriété, mais un droit personnel qui s'éteindrait avec la personne de l'auteur, il est évident qu'elle peut prolonger l'existence de ce droit à cinquante ans, et en investir qui elle veut, sans s'astreindre aux règles de la réserve légale, qui s'appliquent à la consistance de la succession, mais non pas à un droit personnel qui ne doit pas entrer dans cette consistance.

A ce point de vue, la préférence accordée à la veuve est logique.

Ce n'est pas une disposition nouvelle ajoutée au titre de succession.

On a signalé à cet égard, avec juste raison, une lacune dans notre législation; mais ce n'est pas à l'aspect des règles du droit commun que la question doit être ici envisagée.

La loi qui fait survivre le droit personnel au décès de l'auteur peut le faire passer à telle personne que le défunt aura désignée dans un acte de donation ou de testament.

Ce droit personnel, qui lui appartient, l'auteur ne peut-il pas avoir intérêt à le confier à un ami, qui pourra supprimer son œuvre, où la publier ou y faire des additions et des corrections selon ses désirs? Il y a donc nécessité de sortir des règles des successions.

La loi appelle sans doute les héritiers, mais ce n'en sera pas moins un droit personnel au défunt, qu'ils recueilleront par la volonté de la loi qui en aura déterminé la durée.

C'est un droit spécial que la loi confère aux héritiers pendant cinquante ans seulement, et au cas où l'usufruit accordé à la veuve aurait cessé dans cet intervalle.

Il est bien clair que, s'il était question d'appliquer les règles des successions, le droit de la veuve blesserait les principes de la réserve légale.

Mais l'article est fort clair et ne laisse pas de prise au doute.

La veuve a la jouissance pendant cinquante ans, de préférence à tous les héritiers.

La veuve qui, d'après le droit commun, ne pourrait avoir au plus que la moitié en usufruit, jouira de la totalité. Les principes de la réserve légale sont donc mis de côté.

La loi crée le droit, et lui donne une durée de cinquante ans.

Elle investit la veuve de la jouissance.

Elle n'appelle les héritiers qu'à défaut d'un successeur testamentaire.

Il est évident que, dans l'esprit du projet, il ne s'agit pas d'appliquer les règles des successions, mais de créer une hiérarchie spéciale de successeurs à un droit personnel au défunt, dont cependant la loi proroge l'existence à cinquante ans après son décès.

Le débat qui s'est élevé sur cet article n'a pu naître que parce que les esprits ne sont pas fixés sur le véritable caractère de la propriété littéraire.

Les auteurs du projet n'y voient, avec raison, qu'un droit personnel à l'auteur réglementé par la loi.

Les autres y voient une véritable propriété, avec tous ses attributs, et n'acceptent la durée de cinquante ans que comme une étape.

Si le premier système est admis, l'article du projet en est la conséquence logique.

De la même manière que la loi désigne la femme à l'exclusion de tous les autres héritiers, de même elle peut conférer à l'auteur le pouvoir de faire passer son droit à la personne qu'il aura choisie, à l'exclusion de tous ses héritiers, sans se préoccuper en aucune façon de la réserve légale.

Dire que le droit du testateur sera limité par la réserve légale, c'est dénaturer le droit personnel, le convertir en une propriété qui tombe dans la succession du défunt; et alors il n'y a pas plus de raison pour maintenir la préférence accordée à la veuve que pour maintenir celle accordée au successeur testamentaire.

C'est donc le système de la loi qui est mis en question par le renvoi de l'article 1er à la commission.

La loi de 1810 était beaucoup plus simple.

L'article 39 de cette loi portait :

« Le droit de propriété est garanti à l'auteur et à sa veuve pendant leur vie, et aux » enfants pendant vingt ans. »

Ce droit assuré aux enfants n'aurait pu leur être enlevé par une disposition testamentaire.

La loi de 1793 portait, au contraire, que les auteurs jouiraient du *droit exclusif* de vendre leurs ouvrages et d'en céder la propriété en tout ou en partie;

Que leurs *héritiers* ou cessionnaires jouiraient du même droit pendant dix ans.

La loi ne distinguait pas entre les héritiers naturels et les héritiers testamentaires; le droit de disposer accordé à l'auteur était absolu.

Le projet actuel appelle la veuve d'abord, les donataires ou héritiers testamentaires ensuite, les héritiers naturels en dernière ligne.

Admettre l'existence d'une réserve légale, c'est s'éloigner à la fois et de la loi de 1793 et de la loi de 1810.

Dans une matière aussi délicate, où l'on paraît s'attacher beaucoup plus à des abstractions qu'à des réalités, où les principes du droit commun sont mis en question, il serait utile que la loi définît clairement la nature du droit qu'elle se propose de réglementer.

La clarté dans les lois est la première condition de leur durée.

Si l'idée d'une propriété perpétuelle est une illusion, il faut que le législateur ait le courage de le dire nettement.

Quand le droit sera clairement défini, les conséquences logiques se produiront d'elles-mêmes.

A Dieu ne plaise qu'on veuille déprécier la propriété littéraire; il faut que les produits de l'intelligence soient sauvegardés, que l'auteur ne puisse pas être dépouillé du fruit de son œuvre; mais la loi ne peut reconnaître un droit de propriété perpétuelle, repoussé par les principes du droit, et qui, d'ailleurs, serait aussi nuisible à l'intérêt public que peu profitable aux auteurs eux-mêmes.

DE LA TRANSMISSION DES BIENS PAR SUCCESSION ET DE LA LIBERTÉ TESTAMENTAIRE.

Dans la remarquable discussion qui a eu lieu devant la Chambre à raison de la propriété littéraire, de graves questions ont été soulevées. On s'est préoccupé de la liberté testamentaire, du droit des veuves sur la succession de leur époux décédé, et à cet égard, jetant un coup d'œil sur la législation qui nous régit, un des plus brillants orateurs a signalé la lacune qui existe dans nos lois.

« La femme, a-t-il dit (1), ne peut être reléguée à la suite de tous les héritiers et placée » dans une sorte de mitoyenneté humiliante avec le fisc. »

Ces paroles ont trouvé de l'écho dans la Chambre, et, si une révision des lois sur les successions était proposée, il est certain qu'il leur serait donné satisfaction.

Serait-ce un progrès, ou bien un retour vers des idées admises dans le droit ancien? La science du droit, essentiellement basée sur l'équité, sur l'application des principes inspirés par la raison, bien qu'elle soit essentiellement progressive, ne peut pas prétendre à s'ouvrir toujours des routes nouvelles. La raison humaine a été de tous les temps, il ne s'agit que de lui donner l'essor, dans ce qu'exigent les besoins de la civilisation.

En présence des aspirations qui se produisent, il y a opportunité à étudier les lois qui régissent la transmission des biens par succession ou testament.

L'homme, de son vivant, peut disposer de ses biens de la manière la plus absolue ; mais il est des droits qui s'ouvrent après son décés, et qui appellent la sollicitude de la loi.

Ces droits sont ceux de la famille.

De là l'ordre des successions.

De là la limite opposée au pouvoir de tester et la nécessité de restreindre l'exercice du droit de propriété.

§ Ier

Lorsque les interprètes du droit ont étudié les lois sur les successions, leur première pensée a été de remonter à l'origine du droit de propriété.

On s'est demandé si ce droit appartenait au droit naturel ou s'il ne dérivait que du droit civil.

Les plus graves questions se réduisent souvent à une dispute de mots : que le droit de propriété soit basé sur un sentiment naturel commun à tous les hommes, il ne serait pas permis de le nier ; mais ce droit peut-il se concevoir en dehors du droit civil? Évidemment, non.

Le droit romain distinguait le droit naturel et le droit des gens.

Le droit naturel était restreint à ce que la nature enseigne à tous les êtres animés, *quod natura omnia animalia docuit.*

Le droit des gens est celui que la raison naturelle a établi chez tous les hommes : *Quod naturalis ratio* (disent les Institutes) *inter omnes homines constituit.* C'est à ce dernier que les jurisconsultes appliquent la qualification de droit naturel ; c'est là le véritable *criterium* des lois civiles ; c'est là la source d'ou dérivent presque tous les contrats (2).

Mais si les lois doivent s'inspirer des principes du droit des gens, si elles ne doivent con-

(1) Discours de M. Jules Favre.

(2) *Ex hoc jure gentium omnes penè contractus introducti sunt, ut emptio, venditio, locatio, conductio mutuum et alii innumerabiles.* (Savigny, *le Droit des obligations*, t. I, p. 36.)

sacrer que ce qui est juste, que ce qui est conforme à la raison, il ne s'ensuit pas que les droits qui en découlent appartiennent au droit naturel.

C'est le droit civil seul qui les édicte et les protége, et, bien qu'on puisse trouver leur principe dans le droit naturel, ils n'en appartiennent pas moins au droit civil. *Licet*, dit Vinnius (1), *ex legislatore civili nihil habeant præter approbationem.*

Le droit civil appose son empreinte aux contrats qu'il définit, toutes les fois qu'il ajoute ou enlève quelque chose aux principes qui reposent sur le droit naturel (2).

A ce point de vue, le droit de propriété est évidemment un attribut du droit civil.

Le droit civil ne crée pas sans doute d'une manière abstraite la propriété ; mais il en définit le droit, il en protége la possession, il en détermine le caractère, il règle les diverses manières d'en disposer.

Il est très-vrai que, même chez les sauvages, le droit de propriété se manifeste ; mais il se cantonne aux choses que l'individu peut appréhender et retenir par l'emploi de ses propres forces.

Le sauvage possède sans doute à titre de propriété son arc et ses flèches; mais est ce bien là ce droit de propriété garanti par le droit civil, non plus sur les choses mobilières qui se transportent avec l'individu, *quæ ossibus hærent*, mais sur les choses immobilières que l'on posséde symboliquement en vertu d'un contrat ?

N'est-ce pas là une création de la société organisée ?

Suffit-il de dire, pour le rattacher au droit des gens, que le droit de propriété repose sur l'assentiment unanime de tous les peuples ? Combien n'existe-t-il pas de nations où le droit de propriété est méconnu ou modifié ? Ce droit est-il chez les peuples d'Orient aussi absolu, aussi respecté que chez les nations européennes ? Et, s'il ne faut qualifier de droit naturel que ce qui est basé sur le consentement unanime de tous les peuples, qu'en serait-il du droit de propriété ?

Ce n'est donc pas à ce point de vue que le droit de propriété doit être considéré.

Que ce soit un droit providentiel (ainsi que le dit M. Demolombe), en ce sens qu'il se lie intimement à l'existence des individus ; qu'il soit conforme à la raison que l'homme possède ; qu'il fasse sienne la chose qu'il a appréhendée, qu'il cultive de ses mains, qui fait en quelque sorte partie de son existence ; que la raison naturelle commande que cette chose soit sauvegardée ; que celui qui l'a créée par son travail, qui l'a transformée, puisse la transmettre à autrui ; qu'il puisse en disposer même pour les temps où il n'existera plus, et la faire passer ainsi à ses héritiers naturels ou choisis, tout cela est incontestable : mais reporter toutes ces choses au droit naturel, c'est évidemment se méprendre et sur l'étendue du droit naturel et sur le caractère du droit civil. Le droit de propriété est le plus sûr fondement de l'ordre social ; mais qui dit ordre social dit société organisée, où tous les droits sont réglés par la loi.

On ne comprendrait pas assurément une société où le droit de propriété fût méconnu ; mais ce sera le droit civil qui proclamera le droit de propriété et le fera respecter.

M. Thiers, défendant le droit de propriété contre ceux qui l'attaquaient, émet cette proposition, que *c'est par le droit de propriété que Dieu a conduit l'homme à la civilisation.*

C'est là une idée vraie, mais elle n'explique pas l'origine du droit de propriété.

Le droit de propriété a été bien plutôt un des résultats de la civilisation que l'une de ses causes.

(1) *Institut.*, livre I, tit. 2, § I.

(2) *Cum scilicet* (dit Vinnius) *jure communi lex civilis aliquid addit, aut detrahit, aut quod illo jure determinatum est determinat.*

Il faut reconnaître sans doute que l'exercice du droit de propriété est la véritable source du progrès. C'est pour accroître leurs richesses que les hommes se livrent au culte des arts, à l'ndustrie ; qu'ils ouvrent de nouvelles carrières à leur activité : mais ce sont là les résultats du droit de propriété, et non l'explication de son origine.

Cicéron définit la loi: *ratio summa insista in naturâ*. Le droit naturel est donc essentiellement absorbé par le droit civil, ou plutôt il n'existe pas en dehors du droit civil qui le consacre (1).

Tout ce qu'on peut dire sur le droit de propriété, c'est que ce n'est pas une institution arbitraire, que cette institution est basée sur la raison ; mais, quoique conforme au droit des gens, elle appartient essentiellement au droit civil.

Rattacher le droit de propriété au droit civil, ce n'est pas dire que, si le droit civil consacre le droit de propriété, il pourrait le méconnaître : il y a pour le législateur quelque chose de plus puissant que sa volonté, c'est la raison générale, qui trace la voie qu'il doit suivre.

« Dans l'art difficile de faire goûter les lois, disait Cambacérès (2), il ne faut compter » que sur les effets de cette raison publique, à laquelle rien ne résiste.»

§ II

M. Troplong, partant de cette doctrine que le droit de propriété appartient au droit naturel, arrive à cette conséquence que la donation et le testament appartiennent au même droit.

Parmi les auteurs qui ont soutenu cette opinion, M. Troplong cite Vinnius.

Le passage cité de Vinnius (3) est loin de se prêter à cette interprétation.

D'après Vinnius, les contrats qui puisent leur source dans le droit des gens n'en appartiennent pas moins au droit civil : *Licet à legislatore civili nihil habeant præter approbationem*.

Vinnius place dans cette catégorie la vente, l'échange, etc.

Quant à la donation, il distingue. S'agit-il de la transmission d'un objet modique, qui n'exige aucune formalité qui s'opère *de manu in manum*, cette transmission appartient au droit naturel ou plutôt au droit des gens (4).

S'agit-il, au contraire, de la donation qui ne vaut que par l'accomplissement de certaines formalités, là où la seule volonté et la tradition ne suffisent pas, Vinnius n'hésite pas à dire que c'est un moyen d'acquérir appartenant au droit civil. Il ajoute, il est vrai, que ce n'est pas du pur droit civil, mais du droit mixte (5) ; on pourrait en dire autant de tous les contrats de bonne foi.

Quant aux testaments, est-ce au droit naturel ou au droit civil que ce moyen d'acquérir doit être rattaché ?

Il est incontestable que le droit de propriété ne serait pas entier s'il n'était perpétuel.

Mais d'où dérive la perpétuité du droit de propriété? Est-ce de la loi ou de la nature ?

Il est bien évident que la loi seule a pu l'établir.

Réduite aux termes du droit naturel, la possession finit avec celui qui possède.

(1) *Lex humana non differt à lege naturæ nisi prout differt pars a toto, rivus à fonte, genitum à generante, fondamentum à fundato* (*Scaceia*, § Ier, *tit.* 7, *n.* 14.)

(2) *Rapport sur le projet du Code civil, à la Convention nationale.* (Séance du 21 août 1793.)

(3) *Donations et Testaments*, t. I, n° 2. (Vinnius, liv. II, tit. 7.)

(4) *Juris merè naturalis sive gentium manent.* (Vinnius, lib. III, tit. 7.)

(5) *Non merè juris civilis habeatur, sed mixti, et maximam adhùc partem naturalis.*

« L'homme vivant qui quitte sa possession quitte en même temps sa propriété, dit Puffen- » dorf (1), si l'on veut dégager la question de tout mélange de droit civil. »

« Le pouvoir de disposer de nos biens après notre mort, disait l'avocat général Gilbert » des Voisins, ne nous appartient pas naturellement. C'est donc proprement la loi qui » imprime le caractère et l'autorité aux volontés du défunt. »

Cette opinion est celle de Montesquieu et d'un grand nombre d'éminents jurisconsultes (2). Les juristes allemands, et en tête Leibnitz, embarrassés pour expliquer comment d'après le droit naturel, abstraction faite du droit civil, la possession pouvait se continuer après la mort, n'ont trouvé rien de mieux que de faire dériver cette possession de l'immortalité de l'âme.

Il y a là sans doute une thèse philosophique très-respectable et très-consolante, mais ce ne peut être une raison de droit.

M. Troplong, qui embrasse cette dernière opinion, l'appuie, il est vrai, sur d'autres motifs.

Le savant jurisconsulte interroge le cœur humain et signale avec raison quelles sont les aspirations du père de famille.

Se survivre à lui-même, transmettre après lui son nom, ses biens, ce sont des sentiments et des espérances qui règnent chez tous les hommes, par un de ces consentements unanimes qui sont la plus respectable des lois (3).

Que le droit de tester soit conforme aux enseignements de la raison, cela est incontestable ; mais n'est-ce pas la loi civile qui a créé ce droit, en donnant satisfaction à des aspirations naturelles ?

Les raisonnements auxquels se livre M. Troplong justifient le droit de tester, ce qui n'est contesté aujourd'hui par personne et n'a pu l'être que dans des temps de trouble où tous les problèmes sociaux étaient agités, où les abstractions prenaient la place de la réalité des choses.

C'était assurément aller trop loin et pousser le radicalisme jusqu'à ses dernières limites que de dénier le droit de tester ; mais il n'est pas nécessaire de remonter jusqu'au droit naturel pour rendre ce droit éminemment respectable.

« La loi immuable de la nature, disait Tronchet à l'Assemblée constituante, qui a créé » l'homme mortel, borne son droit de propriété, sinon à un simple usage, au moins dans » les limites de son existence ; le droit de transmettre après lui n'est donc qu'une exception » à la loi naturelle primitive ; c'est une concession *nécessaire* que la loi civile a faite à » l'homme, moins pour son avantage personnel que pour l'intérêt commun de la société. »

C'est tout à la fois pour l'avantage personnel des individus et pour l'intérêt général de la société que le droit de tester a été consacré par le droit civil.

Il faut reconnaître, en effet, avec M. Troplong et l'unanimité des jurisconsultes, que l'homme ne vit pas pour lui seul ; qu'il crée autour de lui une famille ; que ce serait nier l'existence de cette famille que de vouloir que tout s'éteignît avec le chef qui l'a fondée, que de dénier à ce chef le droit d'assurer l'avenir de ses enfants. A ce point de vue, la thèse soutenue par le savant magistrat est essentiellement vraie ; mais, en dernière analyse, n'est-ce pas à une dispute de mots que ce débat se réduit ?

Existe-il un droit naturel en dehors du droit civil ? Qui dit droit énonce une faculté garantie par la loi, dont l'exercice est protégé par une action judiciaire qui puise sa

(1) Liv. 4, ch. IV, § 4.

(2) Merlin, *Rép.*, v° *Testament;* Toullier, t. V, n° 343; Proudhon, *Usufruit*, t. II, n° 802; Grenier, *Discours préliminaire, Traité des donations et testaments*, etc.

(3) *Omni in re consensus omnium gentium lex naturæ putanda est* (Cicéron, *Tuscul* 13).

force, non pas dans le droit des gens d'où elle dérive, mais dans le droit civil qui la consacre.

Le droit de propriété, le droit de disposer par donation ou par testament appartiennent évidemment au droit positif, quelle que soit la source à laquelle on puisse les faire remonter.

Le droit de tester surtout est l'œuvre de la loi; c'est une des plus précieuses prérogatives consacrées par le droit civil.

§ III.

L'ordre des successions appartient au même titre au droit civil; sans contredit, la famille, prise d'une manière abstraite, a sa base dans les sentiments naturels qui inspirent l'amour des pères pour les enfants, le respect des enfants pour les pères. *Amor descendit* (disent les lois romaines): *si non habeat quò descendat, ascendit; si non habeat quò descendat aut quò ascendat, utrinquè divergitur.*

C'est sur cette base qu'a dû être réglé l'ordre des successions.

Les biens sortis des mains du défunt ont dû passer à sa famille dans l'ordre des affections présumées de celui qui n'est plus.

Mais, du moment qu'il est posé en principe que l'homme a le droit de disposer de ses biens pour le temps où il n'existera plus, la loi ne pouvait intervenir qu'à défaut de la volonté de l'homme.

Le droit romain, partant de cette idée, avait placé le titre des testaments avant celui des successions.

L'esprit des lois romaines était essentiellement favorable aux testaments; on regardait comme une honte de mourir *intestat*.

Le Code a procédé autrement. Ce qui domine dans l'ordre des successions, c'est la régle *le mort saisit le vif;* les héritiers naturels, continuant la personne de leur auteur, sont investis de leur succession jusqu'à ce qu'ils soient dépossédés par la volonté du défunt.

Il était donc nécessaire de déterminer quels étaient ceux qui étaient saisis et à qui l'héritier testamentaire devrait demander la délivrance.

M. Troplong, dans un de ses savants traités (1), rapporte à Justinien les changements opérés dans l'ordre des successions, et l'émission de ce principe que le droit de succéder devait être basé sur le degré d'affection présumée de la part du défunt.

Il est très-vrai que, dans le droit romain, le droit de succéder était basé, non sur les liens du sang, mais sur le lien civil de la puissance paternelle.

Mais, en attribuant à Justinien la consécration des vrais pincipes sur lesquels se base le droit de succéder, il ne faut pas oublier que ces principes ont leur source plus loin.

La loi mosaïque avait pris pour régle dans l'ordre des successions le degré d'affection présumée du défunt (2).

C'étaient les plus proches qui étaient appelés à succéder. Si les filles ne venaient qu'après leurs frères, ce n'était pas en vue de les placer dans un rang d'infériorité, mais pour que les biens pussent rester dans la même famille, appartenir à la même tribu, afin de ne pas déranger le partage jubilaire qui se faisait tous les cinquante ans.

(1) *De l'Influence du christianisme sur le droit romain.*

(2) *Ponitur lex Dei de successione ut primo filius, filia secundo in loco succedat : tertio frater, quarto patris frater; quinto vero gradu certum aliquem non designat, sed quisquis illi propinquus ex omni familiâ fuerit.*

Origene, *Homelia XXII ad Numeros.*

Selden, *de Successionibus Judeorum prefac.*

L'exclusion des femmes s'est maintenue chez beaucoup de nations modernes.

Si l'ordre des successions doit être essentiellement basé sur l'affection présumée du défunt, la loi a dû mesurer cette affection sur le degré de proximité de l'héritier.

C'est d'après cette base, et en consultant surtout le lien du sang, que la loi a déterminé la parenté en ligne directe et en ligne collatérale.

Ce n'est qu'à défaut de parents qu'elle s'est occupée de l'époux survivant.

Est-il bien vrai qu'en consultant l'affection présumée du défunt, l'époux survivant doive être ainsi placé en dernière ligne?

Il existait dans l'ancien droit une disposition qui assurait au conjoint survivant une part dans la succession de son conjoint.

Si le droit de succéder repose sur la volonté présumée du défunt, peut-on ne pas tenir compte du degré d'affection qui unit les époux?

La loi a restreint les libéralités entre époux *ne mutuo amore se invicem spolient*, pour les empêcher de se dépouiller par un mutuel amour.

Comment se fait-il alors qu'en réglant l'ordre des successions d'après l'affection présumée du défunt, la loi n'ait appelé l'époux survivant qu'après les collatéraux au douzième degré?

La loi mosaïque d'abord, la loi romaine ensuite, étaient plus sages.

Dans le droit mosaïque, le mari succédait à sa femme : il est vrai que la femme ne succédait pas au mari.

La raison de la différence était puisée dans des considérations politiques.

C'était le mari qui dotait sa femme et qui reprenait ainsi, à la dissolution du mariage, les biens qu'il avait donnés.

De plus, il était de principe qu'il ne fallait pas que les biens pussent passer d'une tribu dans une autre; la veuve pouvant se remarier, il était logique de ne pas lui attribuer les biens de son mari.

Mais la loi avait pourvu aux besoins de la veuve ; elle devait être nourrie sur les biens de la succession jusqu'à ce qu'elle eût reçu sa dot.

C'était, en dernière analyse, lui assurer des aliments, vu que l'époux devait en se mariant constituer à sa femme une dot suffisante (1).

La loi romaine s'était aussi préoccupée des droits des époux après la dissolution du mariage ; elle assurait une part de la succession du mari opulent à la veuve qui n'avait pas les moyens de subsister honorablement (2).

L'authentique *prœterea* attribuait à la veuve pauvre le quart des biens de son mari, s'il n'y avait que trois héritiers, et une part afférente s'il y en avait un plus grand nombre. S'il y avait des enfants, la veuve n'avait qu'un usufruit.

Cette disposition du droit romain n'était pas observée dans les pays coutumiers; la femme trouvait un émolument suffisant dans le partage de la communauté.

Il en était autrement en pays de droit écrit (3).

« Conviendrait-il, disait au Parlement de Provence l'avocat général Guéidan (4), que » celle qui a porté avec dignité le nom et la qualité d'épouse durant la vie de son mari » tombât tout d'un coup dans une honteuse pauvreté, parce qu'elle n'aurait apporté dans » la communauté des biens que des vertus et des mérites? Si les bienséances sont choquées » par cette indigne dégradation, la justice ne l'est pas moins; que ceux qu'un nœud si saint » a unis, et d'une union si parfaite qu'ils n'ont plus qu'un même nom, n'aient aussi qu'un » même état et qu'une même fortune.

(1) Salvador, *Institutions de Moïse*, t. II, p. 402 et suiv.

(2) *Novelles* 53, ch. 6, 74, ch. 5, 117, ch. 5. *Authentique prœterea, cap. unde vir et uxor.*

(3) Merlin, *Rép.*, v° *Quarte du conjoint pauvre.*

(4) Arrêt du 17 juin 1737; Merlin, *loc. cit.*

» Si pendant sa vie le mari rompt cette harmonie en refusant à la femme son entretien, » tous les Tribunaux s'élèvent pour l'y contraindre : la mort du mari sera donc la seule » raison qui réduira cette femme au comble de la misère. Parce que le Ciel lui aura ravi » celui qui faisait son appui et son bonheur, faudra-t-il que les hommes la dépouillent de » tous les autres biens, et ajoutent à une condition malheureuse l'extrême pauvreté, plus » dure et plus odieuse que la mort; à cet égard plus à plaindre qu'une mercenaire, qui trouve » au moins dans son épargne une ressource après la mort de ses maîtres ?.... »

Le Parlement de Toulouse, comme celui de Provence, faisait l'application de l'authentique *prœterea*. On discutait bien sur le point de savoir ce qu'il fallait entendre par la *femme pauvre*, mais on tenait que, dotée ou non, la veuve avait droit à une situation proportionnée à l'état qu'elle avait du vivant de son mari.

On admettait même la réciprocité, et, bien que les termes de la loi ne fissent mention que de la femme, la jurisprudence accordait le même droit au mari (1).

Lors de la rédaction du Code civil, on se préoccupa au Conseil d'État du point de savoir s'il n'y avait pas lieu de maintenir ces principes. Voici comment s'exprime à ce sujet M. de Malleville (2) :

« La jurisprudence relative à l'authentique *prœterea* fut aussi rappelée dans la discussion de » notre article. On n'en contesta pas la justice. On dit seulement qu'il y avait été pourvu » par un autre article du Code, *mais cet article ne se trouve nulle part* ; en sorte que, si le » conjoint survivant n'a pas d'enfants de l'époux prédécédé auxquels, suivant l'article 205, » il puisse demander des aliments, il se trouvera réduit à la misère en face d'héritiers » opulents. »

M. Malleville estime que, malgré le silence du Code, l'équité et l'honneur du mariage autorisent suffisamment les Tribunaux à se conformer à l'ancienne jurisprudence.

Cette opinion de M. Malleville est très-respectable; mais les Tribunaux se garderaient bien de créer un droit qui n'est pas sanctionné par la loi.

L'article 205 détermine quels sont ceux qui doivent des aliments; ce ne sont pas les biens du défunt qui sont grevés de la dette, mais seulement ceux qui, en ligne directe, sont la continuation de sa personne.

Dans le projet de Code civil présenté par Cambacérès à la Convention, on trouvait un article ainsi conçu (3) :

« L'époux survivant nécessiteux a droit à des secours sur les biens de l'époux décédé.

» La quotité de ces secours est réglée dans un conseil de famille, dans la proportion des » besoins de l'époux et de ceux des enfants.

» Les secours cessent avec les besoins. »

On doit regretter que les auteurs du Code n'aient pas cru devoir reproduire une législation aussi équitable, aussi morale.

L'intérêt qui s'attache à la veuve est si puissant, qu'on a vu des Tribunaux prendre une voie détournée pour corriger le vice de la loi.

Ainsi la loi accorde à la veuve des habits de deuil et l'année de viduité ; on a vu des arrêts porter les habits de deuil à des sommes exagérées, afin de ménager une ressource à la veuve.

Mieux vaudrait rétablir dans leur intégrité les droits que l'ancienne jurisprudence consacrait, ou tout au moins conférer à l'époux survivant un droit à des aliments sur la succession de l'époux décédé.

(1) Boucher d'Argis, *Traité des gains nuptiaux*, ch. 13, n° 4.
(2) Sur l'article 767 Code Napoléon.
(3) *Moniteur*, 21 août 1793.

Sans doute, il arrive rarement qu'une disposition testamentaire n'assure pas l'existence de l'époux survivant; mais pourquoi livrer à l'incertitude des volontés des mourants, ou à l'obsession exercée sur un époux au lit de mort, la consécration d'un droit qui repose sur la dignité du mariage et les obligations qui en découlent?

Plusieurs auteurs (1) ont émis le vœu que cette lacune disparût de notre législation. La question est digne d'éveiller la sollicitude du législateur.

C'est, en effet, compléter la pensée de la loi que d'accorder à l'époux survivant une place dans les sentiments d'affection de l'époux décédé.

§ IV.

Après avoir réglé l'ordre des successions *ab intestat*, la loi a dû s'occuper de la succession testamentaire.

Le droit de tester, incontestable dans son principe, doit-il être absolu, et la loi ne peut-elle pas, ne doit-elle pas lui assigner une limite?

En ne prenant pour règle que le degré d'affection que doivent les pères à leurs enfants, on arrive nécessairement au partage égal et aux principes de la loi de nivôse an II.

Ce n'est pas là cependant ce qu'en bonne législation il est possible d'admettre, et le Code, en se préoccupant des sentiments d'affection qui doivent guider le chef de famille, a dû donner satisfaction à des considérations d'un autre ordre.

La fixation d'une quotité disponible répond aux exigences sociales et à la légitime latitude qui doit être donnée à la puissance paternelle.

On a agité dans ces derniers temps la question de savoir s'il n'y avait pas lieu d'augmenter cette quotité.

On est allé plus loin, et l'on a voulu poser en principe la liberté testamentaire.

On comprend que des esprits radicaux, poussant la logique jusqu'à ses dernières limites, puissent dire que le droit de propriété n'est pas complet si la loi oppose des entraves au droit de disposer.

La législation ne s'accommode pas de raisonnements aussi absolus.

Il n'y a pas, il ne peut pas y avoir de liberté illimitée.

Le droit des individus pris isolément est forcément limité par le droit de tous.

L'état social n'est, en dernière analyse, que le sacrifice d'une portion du droit individuel dans l'intérêt général.

En réglant le droit de disposer, la loi a dû déterminer la capacité de recevoir. Dominée par des considérations d'intérêt public, elle a pu interdire les libéralités faites à une certaine classe de personnes ou sous certaines conditions.

I. — Dans l'intérêt général, la loi a dû apporter des restrictions au droit de recevoir, en ce qui concerne les établissements de mainmorte.

La possession de propriétés immobilières par des établissements de ce genre nuit essentiellement à la circulation et à l'accroissement des richesses.

Lors de la loi de 1825, qui soumet la capacité de recevoir quant aux établissements religieux à des restrictions nécessaires, on avait proposé de contraindre ces établissements à ne posséder que temporairement, et à vendre leurs biens immeubles après un temps déterminé (2).

Cette proposition fut à bon droit rejetée. En soumettant l'acceptation des dons et legs à l'autorisation préalable, le gouvernement s'est réservé le moyen de parer aux abus qui

(1) Antoine de Saint-Joseph, *Concordance des Codes français avec les Codes étrangers*. — Introduction, p. 23; Benech, *De la portion disponible entre époux*, p. 199 et suiv.

(2) Duvergier, *Coll. des lois*, *sur la loi de* 1825.

pourraient naître de la possession de biens trop considérables et dont l'immobilité nuirait à la chose pnblique.

L'État a voulu de plus que la famille du disposant ne fût pas dépouillée au profit de corporations religieuses, dont l'influence est d'autant plus grande qu'elle s'adresse à la conscience et met en jeu les sentiments les plus respectables.

La loi ne s'oppose pas à ce que les aspirations religieuses reçoivent une légitime satisfaction; mais, en réservant au gouvernement le droit d'autoriser l'acceptation des libéralités faites aux corporations religieuses, le législateur s'est ménagé le moyen de concilier l'intérêt que peuvent inspirer ces établissements avec ce qu'exige l'intérêt général, avec le respect qui est dû aux droits de la famille.

Dans le projet du Code civil présenté à la Convention, Cambacérès, poussant jusqu'à l'exagération les idées d'égalité qu'on s'efforçait d'introduire dans les lois, demandait qu'il fût fixé un *maximum* au delà duquel il serait interdit de recevoir par donation, par la raison, disait-il, que, la donation étant un acte de bienfaisance, on *ne devait pas donner à un riche.*

Une considération de ce genre ne saurait trouver place dans la loi. Ce n'est pas sur une raison aussi frivole qu'on peut restreindre le droit de disposer.

Les motifs qui ont éveillé la sollicitude du législateur, relativement aux biens de mainmorte, ont dû le porter à supprimer les substitutions.

Quelle que soit l'étendue du droit de propriété et de la faculté d'en disposer, ce droit doit se concilier avec les institutions sur lesquelles le gouvernement du pays repose.

Les idées démocratiques, qui sont la base de nos institutions, ne comportent pas l'immobilité des biens dans les mêmes mains, et leur transmission forcée d'une génératio- à l'autre.

Lorsque tous les degrés de l'échelle sont accessibles à tous, que chacun peut par son travail ou son mérite arriver au faîte, il n'est pas permis de créer des privilèges et de frapper une certaine nature de biens d'inaliénabilité, afin qu'ils puissent passer dans plusieurs générations successives.

La loi a cependant permis, dans un cercle restreint, la substitution au premier degré applicable seulement à la quotité disponible.

En réalité, cette faculté accordée au père de famille n'a pas le caractère d'une substitution.

Elle n'a été conçue que pour venir en aide à la puissance paternelle et pouvoir donner au père le moyen de soustraire à un fils dissipateur une portion de sa fortune.

Le législateur a voulu que la quotité disponible dont le père aurait pu gratifier un étranger pût être donnée au fils, à la charge de la faire passer à ses enfants en premier degré.

La libéralité s'adresse bien ainsi aux enfants à naître ; mais, la loi ne s'opposant pas à la constitution d'un usufruit qui cesse à la mort de l'usufruitier, cette disposition permise au père ne présente aucun des inconvénients des substitutions.

A part les restrictions que doit subir le droit de disposer, dans l'intérêt général, les droits de la famille commandaient au législateur de ne pas laisser au testateur une liberté illimitée.

II. — Si l'on est forcé d'admettre que l'homme ne possède pas seulement pour lui, mais qu'il possède pour les siens, et surtout pour ceux à qui de son vivant il doit des aliments, on arrive à cette conséquence que le droit de disposer de ses biens pour le temps où il n'existera plus doit subir des restrictions dans l'intérêt de sa famille.

De tous les temps on a senti le besoin de limiter le droit de disposer.

La loi romaine disait bien: *Dicat testator, et erit lex;* mais on ne tarda pas à reconnaître qu'il existait des droits que le testateur ne pouvait pas froisser.

L'enfant *prœterit* pouvait attaquer le testament du père pour inofficiosité, c'est-à-dire pour avoir manqué à son devoir ; et, comme le respect pour la volonté des mourants était poussée jusqu'à l'exagération, la plainte d'inofficiosité était basée sur cette idée que le testateur n'était pas sain d'esprit quand il avait fait un testament inofficieux : *Quare testator non fuerit sanœ mentis quum testamentum condidit inofficiosum* (1).

La plainte d'inofficiosité n'avait lieu qu'au cas de prétérition ; mais le père pouvait déshériter ses enfants en termes exprès.

Dans le principe, l'exhérédation n'avait pas besoin d'être motivée ; c'était la consécration de la puissance paternelle poussée jusqu'à l'abus.

Plus tard, le père qui déshéritait son fils dut en expliquer les motifs.

Les causes d'exhérédation étaient nombreuses (2). A part les injures, les violences du fils contre son père, l'accusation criminelle, l'attentat contre la vie, on admettait comme causes d'exhérédation l'association avec des malfaiteurs, le refus du fils de cautionner son père prisonnier, l'empêchement de tester, des habitudes de mauvaise vie ou de débauche.

Le champ était très-vaste; mais le fils déshérité pouvait discuter la réalité de la cause, et l'héritier était tenu d'en prouver l'existence (3).

L'exhérédation permise par l'ancien droit devait nécessairement dégénérer en abus.

Quel scandale, d'ailleurs, que celui qui devait résulter d'un débat où le fils mettait en question le jugement de son père, où il discutait les motifs de son exhérédation, où la justice était obligée de prononcer sur la réalité et la gravité des causes qui avaient porté le père à déshériter son fils!

Nos mœurs ne comporteraient pas des débats de cette nature.

Ce qu'il importe de constater, c'est que, même sous les anciens principes, le pouvoir du père n'était pas absolu et sans contrôle. S'il en est ainsi, où serait aujourd'hui l'utilité de la liberté testamentaire ?

Si l'ordre des successions repose essentiellement sur les droits de la famille, le devoir du législateur n'est-il pas de les sauvegarder ?

Si les lois doivent être basées sur les mœurs, est-il dans les mœurs que les pères déshéritent leurs enfants ?

Pourquoi alors leur accorder cette liberté ?

Peut-être conviendrait-il de laisser au père le pouvoir de convertir la réserve dévolue à l'un de ses enfants en une pension viagère.

Il est pénible, pour un père de famille placé en face d'un fils qui a dissipé sa fortune, d'être forcé de lui laisser une part de succession qui doit passer entre les mains de ses créanciers.

Si le principe de la réserve est basé sur la dette alimentaire, ne serait-ce pas rentrer dans l'esprit de la loi que d'accorder au père la faculté de convertir cette réserve en une pension viagère équivalente ?

Dans le projet du Code, on avait introduit, au titre de la ***Puissance paternelle***, un chapitre intitulé : *de la Disposition officieuse*.

On accordait au père le pouvoir de ne laisser à un fils dissipateur que l'usufruit de sa portion héréditaire.

Ce projet, admis d'abord, fut abandonné par la crainte de voir un père flétrir son fils par une pareille disposition, et le marquer ainsi d'un signe de réprobation qui lui fermerait la porte de toutes les carrières.

(1) Furgole, *Testaments*, t. II. p. 612 et suiv.
(2 et 3) Furgole, *ibid.*

Cette crainte n'était-elle pas exagérée, et ne pouvait-on pas laisser à la tendresse paternelle le soin de n'user de cette faculté que dans les cas extrêmes ?

Peut-être serait-il sage de laisser entre les mains du père de famille une arme dont il ne se servirait que rarement, et qui pourrait être un épouvantail quelquefois nécessaire. Cette mesure prise par le père ne vaudrait-elle pas mieux d'ailleurs que la nomination d'un conseil judiciaire ?

On a remarqué que, bien que la loi eût établi une quotité disponible, dans le nord de la France le partage égal est la règle, le don par préciput l'exception.

On ajoute, il est vrai, que dans le Midi l'usage est tout autre : le préciput est la règle, le partage égal l'exception.

Mais qu'arriverait-il si l'on admettait la liberté testamentaire ?

Dans le Nord, peut-être l'on n'en userait pas plus que de la quotité disponible actuelle; dans le Midi on en abuserait.

Trop de considérations s'opposent à ce qu'un essai de ce genre puisse être tenté.

Il faut non-seulement prémunir les pères contre une injustice possible, mais encore les prémunir envers un excès de rigueur contre un fils qui aurait failli.

La liberté testamentaire n'offrirait donc que des dangers, sans qu'il pût en résulter d'autres conséquences qu'une latitude accordée à tous les caprices, à toutes les versatilités des testateurs.

Mais, si la liberté testamentaire ne peut être admise, la quotité disponible telle qu'elle existe aujourd'hui devrait-elle être étendue ?

La nécessité de cette extension est loin d'être démontrée.

L'extension de la quotité disponible serait une véritable réaction contre les principes que la révolution de 1789 a consacrés.

Dans les gouvernements purement monarchiques, une aristocratie puissante est un corrollaire forcé des principes qui régissent l'État.

A côté d'un souverain absolu, on conçoit qu'il doive exister un chef de famille absolu: la puissance paternelle ne doit pas avoir plus de limites que la puissance souveraine; le gouvernement de la famille se modèle essentiellement sur le gouvernement de l'État.

Aussi voyons-nous, dans les temps anciens, le droit d'aînesse établi dans la plupart des États, les autres enfants réduits à une simple légitime.

Ce qu'engendrait un tel état de choses d'inégalités sociales, de misères impatiemment supportées, de plaintes sourdes mais légitimes, se formulant à leur heure par de désastreuses révolutions, l'histoire est là pour l'attester.

Cet ordre de choses est bien loin de nous. Dans un gouvernement sagement modéré, la puissance paternelle doit avoir de sages limites, aussi bien que la puissance souveraine.

La quotité disponible, telle qu'elle est réglée par le Code, suffit pour obvier aux inconvénients qu'offrait l'égalité absolue mise en pratique par la loi de nivôse, et pour permettre au chef de famille d'user, dans une sage mesure, de la puissance paternelle, soit pour récompenser un de ses enfants qui a consacré son travail à la prospérité de la famille, soit pour lui transmettre le manoir auquel il a attaché son nom.

Mais, en respectant cette quotité, les principes qui régissent les partages d'ascendants n'appellent-ils pas une réforme ?

§ V

On a remarqué, non sans raison, que la puissance paternelle s'était considérablement affaiblie.

On ne peut pas dire que le respect des enfants pour leurs pères ne soit plus aujourd'hui ce qu'il était autrefois; ce serait mal apprécier son siècle que de le juger sur des exceptions.

Les idées morales n'ont rien perdu de leur valeur; mais, lorsque tant et de si vastes champs sont ouverts à l'activité humaine, plus que jamais la sollicitude paternelle doit être éveillée, et, si les conseils de la prudence ne sont pas toujours religieusement écoutés, il est bon que la puissance paternelle ne soit pas désarmée.

A ce point de vue, quels sont les droits sur lesquels la puissance paternelle repose? Ces droits sont de deux sortes: ceux qui touchent à la personne, ceux qui s'étendent sur les biens.

A la différence de la loi mosaïque, qui ne permettait au père de sévir contre son fils, qu'en le déférant au grand Conseil, sous la loi romaine, le père disposait de ses enfants comme de ses esclaves; il avait le droit de vie et de mort. Mais ce droit qui fait violence aux sentiments naturels, était-il appliqué? Il est permis d'en douter.

Si l'histoire relate des sentences de mort prononcées par un père contre son fils, ce père agissait en vertu d'une fonction publique, et le sentiment naturel s'effaçait devant le devoir.

Ainsi ce fut en qualité de consul que Brutus condamna son fils.

Cassius ne prononça une semblable condamnation contre son fils, pour crime d'État, qu'après avoir pris l'avis de ses proches et de ses amis.

Manlius Torquatus prononça un jugement de condamnation contre son fils par délégation du Sénat (1).

Les empereurs romains, loin de tolérer l'abus de la puissance paternelle, infligeaient des punitions aux pères qui maltraitaient leurs fils sans raison légitime.

L'empereur Trajan contraignit un père d'émanciper son fils qu'il maltraitait déraisonnablement.

L'empereur Adrien condamna à la déportation un père qui avait tué son fils, bien qu'il l'accusât d'une injure grave.

L'empereur Alexandre voulut que le père, avant de sévir contre son fils, fût obligé de s'adresser au juge.

La puissance paternelle, que l'on présente comme si absolue sous l'empire du droit romain, était donc soumise à de justes restrictions.

Les lois nouvelles ont sagement renfermé l'autorité paternelle dans de plus étroites limites.

Le droit de correction accordé par la loi est le seul acte de rigueur qu'il soit permis au père d'exercer.

Dans le projet du Code civil présenté par Cambacérès à la Convention, cet exercice de la puissance paternelle avait été supprimé.

« C'est tromper la nature, disait Cambacérès, que d'établir ses droits par la contrainte.

» Surveillance et protection, voilà les droits des parents; nourrir, élever et établir leurs » enfants, voilà leurs devoirs. »

Les rédacteurs du Code n'ont pas voulu désarmer entièrement la puissance paternelle; le droit de correction, sagement défini par la loi, n'est-il pas le corollaire de *surveillance?*

En fait, l'exercice de ce droit est bien rare; nos mœurs ne s'y prêteraient qu'à regret. Le législateur a cru avec raison qu'il ne pouvait avoir de meilleure garantie contre l'abus qu'on pourrait en faire que l'amour des pères pour leurs enfants.

(1) Valère Maxime, lib. V, ch. 8. *Patria potestas in pietate debet, non in atrocitate consistere*, Leg. 5, § *de Leg. pom. de parricidiis.* — Ferrière, traité des Tutelles, p. 45.

Toutefois, c'est une chose bien grave que de requérir le dépôt d'un enfant dans une maison de détention pour le ramener au devoir.

N'est-il pas à craindre qu'une détention qui peut mettre un enfant en contact avec des détenus d'un autre sorte produise un effet contraire (1)?

Heureusement l'autorité paternelle n'a pas besoin, en général, d'avoir recours à ces moyens extrêmes.

Il est bon que le droit de correction soit inscrit dans la loi, sauf à ce qu'il en soit fait une rare application.

Si la puissance paternelle ne doit pas se produire par des actes de rigueur sur la personne des enfants, il convient de laisser au père de famille un large pouvoir d'appréciation dans la distribution de ses biens.

§ VI

Les partages d'ascendants sont la plus précieuse consécration de l'autorité paternelle.

Quand la loi a déterminé une quotité disponible qui ne peut pas être dépassée, elle a assez fait dans l'intérêt des enfants à qui la succession paternelle est dévolue; mais, pourvu que le père de famille se maintienne dans les limites de cette quotité, y a-t-il lieu de soumettre les partages d'ascendants à toutes les règles qui régissent les partages?

Et d'abord, quant aux partages en général, les dispositions du Code ne sont-elles pas empreintes d'une certaine exagération, dictée par la pensée de maintenir l'égalité entre les copartageants?

Pour que les cohéritiers soient également bien traités, est-il indispensable qu'ils soient lotis en même nature de biens?

Si l'on réfléchit que, quelles que soient les précautions que l'on prenne, il est difficile d'arriver à une égalité absolue dans la formation des lots; si l'on considère que, quelle que soit la capacité des experts, leur appréciation peut être entachée d'erreurs; si, pour parer à toutes les éventualités qui peuvent surgir, pour arriver à cette égalité entre les copartageants, qui est le but que la loi se propose, on n'a d'autre moyen que le tirage des lots au sort (ce qui se réduit à soumettre les copartageants aux chances du hasard), ne vaudrait-il pas mieux laisser aux Tribunaux le pouvoir d'opérer le partage par attribution?

L'appréciation de magistrats désintéressés, qui peuvent, dans tous les cas, s'aider des lumières des experts, ne vaudrait-elle pas mieux que le hasard du tirage des lots?

En dernière analyse, n'est-ce pas soumettre le résultat du partage à une sorte de jugement de Dieu?

Les Tribunaux ne seraient-ils pas meilleurs appréciateurs du lot qui convient à chacun des copartageants? Pourquoi vouloir qu'un des cohéritiers soit forcé d'accepter le lot qui lui sera à charge lorsque le sort le lui aura attribué, tandis qu'il verra le lot qui lui conviendrait passer aux mains d'un cohéritier à qui la possession de ce lot est indifférente?

La jurisprudence a admis que, dans certains cas, le partage peut être fait par attribution. N'y aurait-il pas lieu, si on n'admettait pas le partage par attribution en principe, de préciser les cas dans lesquels ce mode de partage pourrait être suivi, et de s'en rapporter à l'appréciation des Tribunaux, qui auraient toujours la faculté de prescrire le tirage des lots au sort?

Sous les anciens principes, le tirage des lots au sort n'était pas de règle absolue.

« Le commissaire du partage, dit Pothier, *Traité des successions*, ch. IV, art. 4., doit

(1) Il y a pour les filles des maisons de refuge où ce danger n'est pas à craindre.

» observer de morceler le moins qu'il le peut les héritages de la succession, et de composer » les lots d'héritage de proche en proche.

» Il *assigne à chacun le lot qui lui est le plus convenable; souvent* on les fait tirer au » sort. »

Ce mode de procéder sauvegardait bien mieux les véritables intérêts des copartageants que le *tirage des lots au sort* et l'obligation absolue de lotir chaque copartageant en même nature de biens.

On a remarqué avec raison que l'application rigoureuse des principes qui régissent le partage des successions conduisait au morcellement indéfini des propriétés immobilières, et l'on s'est demandé si ce morcellement était utile ou nuisible.

Les économistes ont beaucoup disserté sur cette question.

On ne peut pas nier que la division des terres soit plutôt utile que nuisible à l'État.

La division des propriétés augmente la somme des produits, elle attache au sol un plus grand nombre d'individus. Il y a là une base de stabilité ; ceux qui possèdent sont toujours portés à conserver.

D'un autre côté, il est très-vrai que ce sont les grandes exploitations qui contribuent au progrès de l'agriculture ; que là seulement peuvent se faire les essais de procédés nouveaux susceptibles d'accroître la richesse des produits.

Mais les avantages que peuvent offrir les grandes exploitations ne peuvent faire oublier ceux qui naissent de la division des propriétés.

Il y a utilité à favoriser la division, sans exclure la possibilité de créer de grandes exploitations.

Or c'est là le but que les partages d'ascendants peuvent atteindre.

En laissant au père de famille la faculté de lotir l'un de ses enfants en immeubles, les autres en argent, pourvu que la quotité disponible ne soit pas dépassée, on sauvegarde à la fois le légitime exercice de l'autorité paternelle, l'intérêt bien entendu des enfants et l'intérêt de l'État, qui peut vouloir la division des propriétés immobilières, mais non leur morcellement à l'infini.

N'est-ce pas d'ailleurs retirer d'une main, au père de famille, ce qu'on lui donne de l'autre, que de l'astreindre, en faisant le partage de ses biens entre ses enfants, à suivre toutes les prescriptions qui régissent les partages ?

La première réflexion qui frappe est celle-ci :

La condition essentielle du partage, c'est le tirage des lots au sort. C'est par là que le législateur a voulu consacrer l'égalité entre les copartageants.

Il a bien fallu, en accordant au père de famille le droit d'opérer lui-même le partage, le dispenser de ce tirage des lots au sort.

Pouquoi donc ériger en principe que toutes les dispositions qui régissent les partages s'appliquent au partage d'ascendant ? Pourquoi vouloir que la disposition qui veut que chaque cohéritier soit loti en même nature de biens soit plus applicable que celle qui prescrit le tirage des lots au sort ?

Le législateur, en dispensant le père de famille de s'astreindre à une de ces conditions, lui a-t-il formellement imposé l'autre ?

La loi, d'ailleurs, n'impose le lotissement en même nature de biens *qu'autant que faire se pourra*.

Le père de famille n'est-il pas le meilleur juge de la possibilité de ce lotissement et de sa convenance ?

Le droit romain, qui avait sans doute poussé la puissance paternelle jusqu'à l'exagération, laissait la plus grande latitude à l'ascendant qui faisait le partage de ses biens entre ses enfants. *Arbitrium patris*, disait la *loi des Douze Tables*, *summum judicium esto.*

Le jugement du père devait être souverain ; il n'était pas permis de l'attaquer, pour inégalité de lots ou pour défaut de lotissement en nature, pourvu que chacun des enfants eût sa légitime intacte.

Il n'était pas même nécessaire que cette légitime fût départie en corps héréditaire (1).

Cette doctrine, admise par les interprètes du droit romain, avait passé dans certaines coutumes, qui accordaient expressément au père le droit de lotir quelques-uns de ses enfants en argent, les autres en corps héréditaires; *et hoc plurimum*, disent les auteurs, *necesse est fieri propter difficultatem divisionum corporum hereditariorum* (2).

Il faut convenir cependant que, sous l'ancienne jurisprudence, on admettait plus généralement que la légitime devait être délivrée en corps héréditaire, et cela même dans les partages d'ascendants.

Les auteurs du Code ont été peu explicites sur l'étendue des droits accordés au père de famille quant au partage anticipé.

Une seule chose résulte de l'exposé des motifs, soit au Corps législatif, soit au Tribunat : c'est que ce mode de partage est éminemment favorable.

« Les père et mère, disait au Corps législatif M. Bigot-Préameneu (3), en faisant le » partage de leurs biens entre leurs enfants, remplissent une magistrature de famille. » On ne pourrait avec plus d'assurance confier la répartition des biens entre leurs » enfants qu'à des père et mère qui, mieux que tous les autres, en connaissent la valeur, » les avantages et les inconvénients. »

« C'est, ajoute-t-il, dans l'acte de partage que les père et mère pourront le mieux » combiner et en même temps réaliser la répartition la plus équitable et la plus propre » à rendre heureux chacun de leurs enfants. »

M. Joubert, au Tribunat, disait :

« La loi présume toujours bien du jugement du père de famille. »

S'il en est ainsi, pourquoi lier la volonté de l'ascendant par des règles absolues ?

Pourvu que la quotité disponible ne soit pas dépassée, où est la nécessité de délivrer la légitime en corps héréditaire ?

De nos jours, où tout tend à se mobiliser, quel avantage y a-t-il pour un des cohéritiers à recueillir une portion d'un champ ou d'une vigne, plutôt qu'une somme d'argent équivalente ?

Sauf quelques cas fort rares, où un objet immobilier aura une valeur d'affection, le lotissement en argent ou en immeubles sera une chose indifférente.

Pourquoi alors réduire en quelque sorte à néant la prérogative accordée au père de famille ?

« Si l'on admet la nécessité des lots en nature, le partage d'ascendants pourra avoir » rarement de l'utilité ; le père ne pourra, en prenant en considération la position parti- » culière de ses enfants, exercer cette magistrature de famille qu'on a entendu lui » conférer (4).

Les considérations les plus puissantes militent en faveur de l'extension du pouvoir de l'ascendant.

« Il peut être affligeant pour un père, dit M. Merlin (5), de ne pouvoir se procurer la

(1) *Inst. de Inoff., Test.*, § 6, liv. VIII, § 6 ; tit. *de Inoff. Test.*, Nov. 115.

(2) Auroux des Pomiers, sur l'art. 216 de la *Coutume de Bourbonnais*. — Merlin, *Rép.*, v° *Partage d'ascendants*, n° 12.

(3) Finet, t. XII, p. 410.

(4) *Rép.* du *Journal du Palais*, supplém., v° *Partage d'ascendants*, n° 116, — M. Arntz, professeur de droit à Bruxelles. (*Journal du Palais*, t. I, 1853, p. 19).

(5) *Rép.* v° *Partage d'ascendants*, n° 12.

» certitude de laisser dans sa famille un bien précieux, dont la composition aura été le » fruit de ses travaux et de son industrie; qui, selon les circonstances, comme s'il s'agis- » sait d'une usine importante, pourrait, d'après les moyens particuliers d'industrie de » celui qui en conserverait la possession, devenir la source d'une fortune considérable; » cependant cette certitude disparaîtrait, s'il était impossible d'éviter une licitation judi- » ciaire, à laquelle les étrangers pourraient être admis. »

Ces raisons sont graves. Aussi la jurisprudence, qui, d'une manière absolue, annulait les partages d'ascendants où l'un des enfants était loti en immeubles et les autres en argent, a-t-elle fléchi pour le cas où les immeubles étaient impartageables.

La Cour de cassation semble même, dans quelques-uns de ses derniers arrêts, vouloir tenir compte de la déclaration faite par l'ascendant que ses immeubles ne pouvaient se partager sans dépréciation. Cette constatation faite par le père a paru suffisante pour valider le partage (1).

Ces moyens termes, admis par la jurisprudence, ne peuvent pas pallier le vice de la loi.

La loi permet la licitation lorsque les immeubles ne peuvent pas être commodément partagés sans dépréciation.

Quel est le meilleur juge de cette dépréciation, si ce n'est le père de famille?

Si le partage était validé par cela seul que l'ascendant aurait déclaré que les immeubles étaient impartageables, cette déclaration deviendrait une clause de style.

Cette déclaration, d'ailleurs, pourrait-elle prévaloir contre l'évidence du fait?

La question doit être envisagée de plus haut.

Est-il sage, est-il utile que l'ascendant puisse faire la répartition de ses biens, en consultant l'intérêt de ses enfants, sans être astreint à des règles absolues, pourvu qu'il ne dépasse pas la quotité disponible?

L'affirmative est incontestable.

Il y a dans l'extension du pouvoir des ascendants un hommage rendu à l'autorité paternelle, qui a besoin plus que jamais d'être sauvegardée.

Il y a de plus une satisfaction donnée à ce sentiment naturel qui porte les chefs de famille à transmettre à leurs enfants, dans leur intégrité, le domaine qu'ils ont créé, le manoir qui a abrité la famille.

Il y a enfin une barrière opposée à ce morcellement indéfini qui, utile et favorable en principe, dégénère en ruine lorsqu'il est poussé trop loin.

Il y a toujours respect pour la quotité disponible, qui telle qu'elle est n'a pas besoin d'être étendue, et donne une satisfaction suffisante à l'esprit conservateur du père de famille et à son désir de rémunérer celui de ses enfants qui l'aura aidé de son travail, sans méconnaître les droits de ses autres enfants réduits à une réserve légale sagement calculée.

Plus les partages d'ascendants seront respectés, plus les pères s'attacheront à les rendre dignes de respect.

L'incertitude qu'offre le sort des partages anticipés, porte bien souvent le chef de famille à prendre des voies indirectes pour éluder la loi.

Les partages de succession sont la source la plus féconde des procès (2).

On a dit non sans raison : *Rara concordia fratrum*.

Les partages d'ascendants qui sont dictés en général par le désir manifesté par le père d'éviter des discussions judiciaires deviennent, au contraire, une cause fréquente de procès.

(1) Arrêt du 9 juin 1857. Sirey, 57, 1. 685. — *Id.* 7, janvier 1863, lis. 63—1—121.

(2) Les comptes rendus de l'administration de la justice constatent que les procès relatifs aux successions sont les plus nombreux.

Lorsque le chef de la famille a disparu, des intérêts divers surgissent et se croisent : le respect pour le jugement paternel devrait l'emporter sur les inspirations de l'amour-propre ou de la cupidité ; mais en est-il toujours ainsi ?

Pourquoi ne pas ôter un aliment à ces sources de discorde, qui trop souvent troublent le repos des familles ?

On comprend que les Tribunaux puissent être appelés à réviser le jugement du père lorsqu'il a excédé la quotité disponible ; mais on comprend peu que, lorsque la réserve légale est respectée, qu'elle parvient intacte à chacun des enfants, la répartition sage que l'ascendant a pu faire de ses biens, en consultant les convenances et l'intérêt réel de la famille, puisse à elle seule suffire pour renverser le travail réfléchi du père, et lui substituer une opération d'expert qui, pour se conformer aux prescriptions de la loi, changera la forme, en attribuant en nature à chacun des enfants ce que le père leur avait donné d'une manière équivalente.

Il y a là un intérêt majeur, qui doit éveiller la sollicitude du législateur.

Il importe que des questions qui touchent de si près au repos des familles, et par suite à l'intérêt public, ne soient pas livrées à la fluctuation de la jurisprudence. Une loi qui déterminerait d'une manière spéciale le caractère des partages d'ascendants, la latitude dans laquelle l'autorité paternelle peut se mouvoir, ferait taire ces critiques qui s'élèvent de nos jours sur la fixation de la quotité disponible, ces aspirations vers un accroissement de cette quotité, en vue d'éviter le morcellement indéfini dont on exagère peut-être les inconvénients.

Il y a dans la sage entente de nos lois un remède suffisant contre les dangers que l'on signale.

Il s'agit bien moins de créer une législation nouvelle sur les partages d'ascendants, que de remonter à la pensée qui a dicté ce mode de partage.

L'accroissement apporté à l'autorité du père de famille ne dérangera en rien cette sage égalité que la loi a voulu établir dans les partages.

Il ne s'agit ni d'apporter le trouble dans l'ordre des successions, en consacrant la liberté testamentaire, ni de réduire comme autrefois le droit des enfants à une mince légitime.

Il y a dans le système établi par le Code, sur la distribution des biens par succession, une sage entente des besoins de notre époque et une légitime conservation des principes qui sont la base de nos institutions politiques. Il s'agit bien moins d'y apporter des changements que de combler les lacunes qui peuvent exister et de développer ce qui s'y trouve en germe.

C'est en marchant dans cette voie qu'il est possible d'accomplir un progrès durable. Notre Code est un monument de trop grande sagesse pour qu'il soit permis d'en changer les assises. Améliorer et non détruire, telle est la tâche que le législateur doit se proposer.

DU DROIT COMMERCIAL, CONSIDÉRÉ DANS SES RAPPORTS AVEC LE DROIT CIVIL

LE CODE CIVIL PEUT-IL SERVIR DE COMPLÉMENT AU CODE DE COMMERCE DANS LES CAS NON PRÉVUS PAR CE CODE?

N'Y AURAIT-IL PAS UTILITÉ A RÉVISER ET A COMPLÉTER LE CODE COMMERCIAL?

PRÉAMBULE

Au milieu des préoccupations que la marche du temps a éveillées sur les diverses branches de la législation, le Code de commerce a dû appeler l'attention.

Dans ces derniers temps, la législation commerciale a subi plusieurs modifications, mais elles n'ont été que partielles et ont laissé intact l'ensemble du Code qui nous régit.

Ce Code a été le fruit de longues méditations; élaboré par des hommes versés dans la science du droit, entourés des lumières acquises par une grande expérience, ayant sous les yeux les anciennes ordonnances qui réglementaient les affaires commerciales, il a posé des assises qu'on ne saurait ébranler.

Bien que des voies nouvelles s'ouvrent chaque jour pour les transactions commerciales, que des besoins nouveaux se produisent, il faut reconnaître que les grands principes du droit commercial datent de loin. Le moyen âge nous offre, en Italie surtout, des cités florissantes, où le commerce s'était élevé au plus haut degré de prospérité qu'il lui soit possible d'atteindre.

Il est peu de questions commerciales qui ne trouvent leur solution dans les remarquables travaux des *Scaccia*, des *Casaregis*, des *Ansaldus*, dans les décisions de la rote de Gênes et les monuments de la jurisprudence italienne.

C'est là la source à laquelle il faut remonter, même de nos jours.

Aussi est-ce bien moins de réformes en législation commerciale qu'il s'agirait aujourd'hui, que de combler quelques lacunes que les progrès des temps mettent en relief.

Les modifications de détail nuisent à l'ensemble; elles laissent souvent subsister des dispositions peu en harmonie les unes avec les autres; il est plus logique, lorsque la nécessité s'en fait sentir, de reprendre l'œuvre tout entière.

A ce point de vue, notre Code de commerce appelle un examen.

On ne peut se dissimuler que, pour la plupart des matières qui y sont contenues, les prévisions de la loi sont incomplètes; il a fallu chercher ailleurs des règles pour décider les questions non prévues, et la jurisprudence a admis que, dans tous les cas où le Code de commerce était muet, il fallait avoir recours au Code civil.

§ I

C'est une grave question que celle de savoir si le droit civil peut servir de complément au droit commercial.

La différence entre le droit commercial et le droit civil est tellement profonde, qu'il n'est pas possible d'admettre que le droit civil soit la règle et le droit commercial l'exception.

S'il en est ainsi, il est indispensable que le Code commercial soit complet et puisse se suffire à lui-même.

Dans la confection du Code de commerce qui nous régit, on s'est abstenu de poser des règles spéciales pour certains contrats réglés par le droit civil.

Ces contrats appartenant au droit des gens, on a pu croire qu'il était inutile de reproduire dans le Code de commerce des dispositions qui se trouvaient déjà écrites dans le Code civil.

Mais on n'a pas assez remarqué que le Code civil, après avoir défini certains contrats, tels que la vente, le louage et autres, contenait des développements qui ne convenaient pas tous aux matières commerciales.

« Les véritables règles de commerce, disait Cambacérès, sont celles de la bonne foi et de » l'équité ; il faut bien se garder de les affaiblir par des règles trop positives. »

Si l'on admet que là où le Code commercial est muet, c'est le Code civil qu'il faut consulter, on soumet le droit commercial à des règles positives, et on le soumet à des règles qui ne sont pas faites pour lui.

Voilà le grave inconvénient auquel il faudrait remédier.

Les rédacteurs du Code civil s'en étaient énergiquement expliqués.

« Le commerce, disaient-ils (1), doit être régi par des lois particulières, qui ne peuvent » entrer dans le plan du Code civil ; *l'esprit de ces lois diffère essentiellement des lois civiles.* »

Le commerce est le lien qui unit entre elles les nations diverses ; les transactions commerciales s'opèrent sur tous les points du globe, entre des hommes d'origine différente : ne serait-il pas désirable que les lois qui régissent ces transactions fussent les mêmes partout, et qu'il y eût un Code de commerce universel ?

Si la loi commerciale ne doit s'inspirer que des règles de l'équité, ce vœu pourrait être aisément réalisé.

C'est en cette matière, dit M. Pardessus (2), qu'on peut dire avec Cicéron : ***Non est alia lex Romæ, alia Athenis.***

Le Code de commerce qui nous régit a-t-il été conçu dans cette pensée ?

Il faut reconnaître que ce Code laisse à désirer, qu'il y existe beaucoup de lacunes, et que ce vice a pu étayer l'opinion de ceux qui ont pensé que, dans le silence du Code commercial, il fallait avoir recours au Code civil.

Ainsi une décision du Conseil d'État, en date du 18 novembre 1811, portait que, dans toutes les matières commerciales non réglées par le Code de commerce, les Tribunaux appliqueraient les règles du droit civil.

Si cette décision, non insérée au ***Bulletin des lois***, n'a pas force de loi, elle prouve du moins que, dans les premiers temps de l'émission du Code de commerce, on pensait que la loi commerciale devait trouver son complément dans le Code civil.

Cela répondait-il au but que s'était proposé le décret du 24 août 1790, qui ordonnait la confection d'un Code civil et d'un Code de commerce, et qui créait deux juridictions distinctes ?

Il est évident que non.

Comment expliquer, d'ailleurs, les renvois au Code civil consignés expressément dans divers articles du Code de commerce ?

Pourquoi ce renvoi pour des cas spéciaux, si le Code civil était la règle générale ?

Ainsi l'article 18 dispose que le contrat de société est régi par le droit civil et les lois particulières au commerce.

Le même renvoi se trouve dans l'article 92 sur les devoirs des commissionnaires;

Dans l'article 95, sur le privilége pour leurs avances.

(1) Discours préliminaire.
(2) *Collection des lois maritimes*, t. II, p. 47.

D'autre part, le Code civil, dans les articles 1107, 1873, 1964, 2084, 2102, réserve expressément les dispositions relatives au commerce.

De graves auteurs n'en ont pas moins enseigné que, d'une manière absolue, le Code civil est le complément de la loi commerciale.

Cette opinion est soutenue par M. Troplong et, il faut le dire, la presque unanimité des auteurs qui ont écrit sur le droit commercial.

MM. Delamarre et Lepoitevin, dans leur *Traité du contrat de commission*, qui est un des travaux les plus remarquables et les plus complets qui aient été produits sur le droit commercial, ont professé l'opinion contraire, qu'ils ont étayée sur les plus puissantes considérations.

La réfutation que M. Troplong a essayé d'en faire dans un article de la *Revue de législation* (1), n'en a pas, selon nous, amoindri la valeur.

Du reste, sans prétendre trancher cette controverse, la question est bien moins de savoir si, dans l'état actuel, la loi commerciale doit se compléter par la loi civile, que de demander s'il est logique qu'il en soit ainsi;

Si, en supposant qu'il faille prêter cette pensée aux rédacteurs du Code de commerce (ce qui n'est nullement prouvé), il n'est pas désirable que les transactions commerciales soient régies par des règles spéciales appropriées à la nature de ces transactions et s'écartant des règles du droit civil.

Pour résoudre cette question, il suffit de remarquer que le droit civil porte essentiellement l'empreinte de la nation qu'il est appelé à régir.

Ainsi les lois sur le mariage, sur les successions, les donations, les testaments, le régime hypothécaire et autres ne sont pas, ne peuvent pas être les mêmes partout, à moins qu'on ne suppose un état de civilisation tellement parfait, que l'univers entier ne forme plus qu'un seul peuple.

Cet inconvénient n'existe pas pour la loi commerciale. Les nations ont commercé entre elles avant qu'il y eût des lois: leurs transactions étaient régies par l'usage; l'usage était essentiellement basé sur l'équité ; la raison, que la nature a placée dans le cœur de tous les hommes, était le seul régulateur.

Les usages devenus la loi commerciale ont dû être les mêmes partout; de là, la différence entre la loi commerciale et la loi civile : l'une s'appliquant essentiellement à une seule nation; l'autre embrassant l'univers entier.

De là la conséquence invincible qu'il n'est pas logique de vouloir que le droit commercial, applicable à tous les peuples, trouve son complément dans le droit civil créé par un seul.

Il importe donc, dans la confection d'un Code de commerce, de proclamer ce principe que le Code commercial a ses règles à part, qui doivent s'interpréter par les usages et surtout par l'application des règles de l'équité;

Que rien n'empêche sans doute de trouver dans le Code civil les règles d'équité et de les appliquer par analogie, mais que ce n'est pas là poser en principe que le Code civil est la règle, le Code commercial l'exception.

Si la loi avait voulu que les transactions commerciales fussent régies par le droit civil dans le silence du Code commercial, on ne comprendrait pas l'institution des Tribunaux de commerce.

En instituant les Tribunaux consulaires, la loi a recherché des négociants honorables, ayant vieilli dans la pratique des affaires, connaissant les usages commerciaux, imbus de ces principes de bonne foi et d'équité qu'ils ont pris pour guides dans leur carrière com-

(1) Nous avons déjà eu occasion d'exposer cette controverse dans un article sur les marchés à livrer inséré dans la *Revue critique de législation*, t. X, livraison de février 1857.

merciale. Des juges formés à cette école ont toute l'aptitude voulue pour juger leurs pairs.

En serait-il de même s'ils devaient appliquer les règles du droit civil?

La loi aurait voulu les investir du droit de juger, sans les soumettre à des études préalables.

Cela n'est pas supposable.

L'édit de 1560, œuvre du chancelier Lhôpital, en prescrivant que les procès entre commerçants fussent jugés par des arbitres et vidés par eux, s'exprimait ainsi dans son préambule :

« D'autant qu'il n'y a rien qui plus enrichisse les villes, pays et royaumes, que le trafic » des marchandises, lequel est appuyé et repose entièrement sur la foi des marchands, » qui le plus souvent besognent de bonne foi entre eux, sans témoins et notaires, sans garder » et observer les subtilités des lois, d'où s'ensuit qu'aucuns cauteleur et malicieux, au lieu » de payer ou faire payer ce qu'ils ont promis, travaillent par procès ceux avec lesquels » ils ont négocié, et les distrayent de leurs marchandises, tellement que l'assurance et la » confiance des uns et des autres est par ce moyen tollue, et le train des marchandises » diminué et annéanti. »

Cet édit fut suivi de celui de 1563, qui crée des juges-consuls à Paris. Il y est dit que les *marchands doivent négocier ensemble de bonne foi, sans être astreints aux subtilités des lois et ordonnances.*

L'ordonnance de 1673, écartant toujours les subtilités des lois, déclare que le législateur n'a eu qu'une pensée, assurer parmi les négociants la bonne foi contre la fraude.

N'y a-t-il pas là exclusion des principes rigoureux du droit civil?

§ II

I. — La jurisprudence a-t-elle suffisamment tenu compte de cette divergence entre le droit civil et le droit commercial?

On pourrait citer des questions qui, jugées unanimement dans un sens par les Tribunaux de commerce imbus des usages commerciaux, sont jugées dans un sens différent par les Cours d'appel, plus pénétrées des règles du droit civil.

Ainsi, dans les questions de marchés à livrer sur des marchandises, les Tribunaux de commerce, jugeant que le respect pour les conventions est le principal fondement des relations commerciales, se refusaient à voir une opération de jeu là où les Cours d'appel appliquaient rigoureusement les dispositions de l'article 1965 du Code civil.

II. — C'est surtout relativement au contrat de vente que la divergence entre le droit civil et le droit commercial est profonde.

D'après l'article 100 du Code de commerce, la marchandise sortie des magasins de l'expéditeur voyage aux risques et périls de celui à qui elle appartient.

D'après les termes formels de cet article, il est clair que la marchandise appartient à l'acheteur à partir du moment où elle est sortie du magasin de l'expéditeur ; d'où la conséquence que la vente est censée parfaite à l'instant même, et qu'il suffit qu'il y ait eu accord sur la chose et le prix.

Le droit civil est tout autre : d'après l'article 1587 du Code Napoléon, à l'égard du vin, de l'huile et des autres choses que l'on est dans l'usage de goûter avant d'en faire l'achat, il n'y a point de vente tant que l'acheteur ne les a pas goûtées et agréées.

Pour les marchandises vendues au poids, au compte et à la mesure, il n'y a point de vente jusqu'à ce qu'elles soient pesées, comptées et mesurées.

Comment concilier ces principes avec les nécessités du commerce ?

Y aurait-il une vente commerciale possible, si l'expéditeur était obligé d'attendre que l'acheteur eût goûté et agréé la marchandise expédiée pour en devenir propriétaire ?

Les affaires se traitent sur des points éloignés, faudrait-il laisser la vente en suspens et mettre l'expéditeur à la merci de son commettant ?

La loi y a pourvu en déclarant que la marchandise sortie des mains de l'expéditeur voyage aux risques de l'acheteur.

III. — La vente est si bien parfaite au moment de l'expédition, que, si la marchandise périt, elle périra pour compte de l'acheteur, quoiqu'il ne l'ait ni goûtée ni agréée.

La loi commerciale s'inspire essentiellement des principes de la bonne foi.

Elle suppose que le vendeur expédie une marchandise loyale et marchande.

Elle met donc les risques à la charge de l'acheteur, parce que, à la différence du droit civil, la vente est parfaite avant la dégustation.

Ce n'est pas que l'acheteur soit privé du droit de goûter et d'agréer la marchandise au moment de l'arrivée ;

Mais cette dégustation ne peut pas avoir pour effet d'annihiler la vente *ad nutum* : il faut que l'acheteur prouve que la marchandise qu'on lui a expédiée n'est pas conforme à la convention, qu'elle n'est pas de la qualité voulue.

En droit civil, avant la dégustation il n'y a pas vente ; en droit commercial, la vente subsiste, sauf le droit pour l'acheteur de prouver que l'objet livré n'est pas celui déterminé par la convention.

Bien que le droit de dégustation ne puisse être dénié à l'acheteur, cependant les nécessités du commerce commandent que si la marchandise expédiée périt, elle périsse pour son compte.

L'acheteur commercial se soumet à cette éventualité, qui ne pourrait jamais se produire à l'occasion d'une vente régie par le droit civil, qui se consomme ordinairement entre deux personnes qui résident dans le même lieu.

IV. — Une autre difficulté qui se rapproche de la précédente est celle de savoir si l'on doit appliquer aux matières commerciales l'article 1657 du Code Napoléon, qui dispose que, si l'acheteur ne prend pas livraison au jour indiqué, le vendeur est délié, sans qu'il soit besoin de mise en demeure.

Il est aujourd'hui constant en jurisprudence que le principe posé par cet article est applicable aux matières commerciales.

La Cour de cassation se fonde sur cette idée générale, que le Code de commerce trouve son complément dans le Code civil.

Nous croyons avoir démontré combien peu cette théorie se concilie avec l'esprit des deux législations civile et commerciale.

Mais s'ensuit-il que la décision de la Cour de cassation ne soit pas juridique ? Evidemment non.

Il s'agit moins de savoir si l'article 1657 du Code Napoléon est applicable aux matières de commerce, que de se demander si le principe consigné dans cet article n'est pas conforme à l'esprit de la législation commerciale.

Dans la discussion qui eut lieu au Conseil d'État, un orateur, M. Begoin, observait qu'en matière de commerce aucune vente n'était résiliée sans que l'acheteur fût mis en demeur de retirer la marchandise (ce qui pouvait être sérieusement contesté).

Il concluait que l'article 1657 ne devait pas s'appliquer aux matières de commerce.

Le consul Cambacérès clôturait la discussion en disant que le procès-verbal lèverait toute équivoque, en déclarant que l'article 1657 ne s'appliquait pas aux affaires de commerce.

Que faut-il conclure de cette observation ? Que le principe édicté par l'article 1657 était étranger au commerce ? Assurément, non.

Le consul Cambacérès distinguait les affaires commerciales des affaires civiles ; il renvoyait au Code de commerce les règles relatives aux affaires commerciales.

Le Code de commerce n'a pas reproduit l'article 1657 du Code civil ? Avait-il besoin de le reproduire ?

On peut soutenir avec fondement que le principe qui a dicté l'article 1657 est plus applicable aux matières de commerce qu'aux affaires civiles.

Dans les affaires civiles qui se traitent ordinairement entre les personnes qui habitent la même localité, la mise en demeure est chose facile.

En est-il ainsi en matière commerciale ?

Quand un négociant de Marseille vend du blé à un négociant du Havre, par exemple, si le blé n'est pas retiré au temps voulu, faut-il qu'il le mette en demeure et qu'il ne puisse pas se délier lorsque l'acheteur ne remplit pas son engagement ?

Il est de principe applicable à la législation civile, comme à la législation commerciale, que, dans certains cas, l'échéance du terme vaut mise en demeure : *dies interpellat pro homine.*

C'est la législation civile qui exige la mise en demeure.

Le Code de commerce ne contient aucune disposition analogue à celle de l'article 1139 du Code Napoléon.

S'ensuit-il que la mise en demeure ne doive pas résulter de l'échéance du terme ?

L'article 1139 n'exige la mise en demeure que dans le cas où elle ne résulte pas de la convention.

En matière commerciale, la mise en demeure est inhérente à la convention sainement interprétée.

Il est évident que celui qui vend une marchandise dont le prix est sujet à variation a intérêt à stipuler qu'il en sera pris livraison au jour fixé ; si l'acheteur ne se présente pas pour retirer la marchandise, le vendeur, exposé à subir une perte, doit avoir le droit de se délier.

La condition doit être réputée sous-entendue dans les ventes commerciales, parce qu'elle résulte de la nature des choses.

Là il est vrai de dire que la mise en demeure rentre essentiellement dans la convention.

L'observation prise de ce que le vendeur se délierait toutes les fois qu'il y aurait hausse dans le cours est sans portée, vu qu'il ne tient qu'à l'acheteur de faire sortir à effet la convention et de profiter de la hausse.

Quel est, du reste, en général, l'acheteur qui ne prend pas livraison au jour fixé, si ce n'est celui qui ne peut pas payer ? Et l'on trouverait équitable que le vendeur restât les bras croisés, exposé à subir une baisse de prix !...

La régularité et la célérité qui doivent présider aux opérations commerciales s'accommoderaient-elles des délais d'une mise en demeure et de la nécessité d'obtenir un jugement qui prononçât la résiliation ?

Ce serait méconnaître les véritables intérêts du commerce que de le vouloir. Celui qui est acheteur un jour devient vendeur le lendemain ; ce qu'il faut consulter avant tout, ce sont les intérêts généraux du commerce.

Or, en se pénétrant des règles de l'équité, il est évident que le principe posé par l'article 1657 s'applique aux matières commerciales, sans qu'il soit nécessaire de décider que cet article régit les matières de commerce, c'est-à-dire d'admettre que le Code civil est le complément du Code commercial.

M. Troplong, qui pense que le droit commercial se complète par le Code civil, ne s'arrête pas aux observations faites lors de la discussion de l'art. 1657 au Conseil d'Etat, et déclare que, si cet article n'existait pas, il faudrait l'inventer pour les ventes commerciales. « Dans le commerce, dit-il, plus encore que dans les matières civiles, il faut que le marchand soit mis en situation de profiter des variations du cours (1). »

L'opinion émise par M. Troplong est plus conforme à l'esprit de la législation commerciale que celle de M. Pardessus (2), qui exige une mise en demeure, souvent impossible à cause de la distance qui sépare le vendeur de l'acheteur, et le plus souvent nuisible au vendeur, exposé aux chances d'une baisse.

L'opinion de M. Pardessus est partagée par plusieurs autres auteurs, et notamment par M. Bedarride, qui, dans son remarquable commentaire des lois commerciales, a fait preuve d'un esprit éminemment pratique ; mais les raisons sur lesquelles il se fonde ne nous paraissent pas se concilier avec les intérêts du commerce (3).

Lorsque l'acheteur déserte la convention, interdire au vendeur de se délier, n'eût-il en vue que de spéculer sur la hausse du cours, c'est nier le commerce, qui ne vit que de spéculations, mais de spéculations loyales.

Or, ce n'est pas pécher contre la loyauté que de dire à un acheteur : « Je vous avais » vendu une marchandise à tel prix, à la charge par vous de la retirer tel jour ; vous avez » laissé passer le délai fixé, j'ai vendu à un prix supérieur : vous n'avez pas le droit de » vous plaindre. »

Ce sont là des principes qui appartiennent en propre au droit commercial, sans qu'on soit obligé de faire des emprunts au Code civil.

Si le Code de commerce était soumis à une révision, le titre des Achats et Ventes devrait être complété par l'introduction des règles appropriées aux transactions commerciales.

IV. — Ne serait-il pas essentiel, par exemple, d'introduire dans ce titre des règles spéciales pour les marchés à livrer ?

L'allégation de jeu qui se produit fréquemment à raison de ces marchés est une cause continuelle de perturbation pour le commerce.

Des négociants sérieux, placés en face d'un homme de mauvaise foi, sont réduits quelquefois à la nécessité de défendre les opérations loyales qu'ils ont faites, sans prévoir les éventualités auxquelles ils s'exposaient.

Il serait important pour le commerce que quelques limites pussent être posées à l'abus qui est souvent fait de l'article 1695 du Code Napoléon.

En remontant à l'esprit qui a dicté cet article, il est bien manifeste que le législateur n'est pas sorti du cercle des maisons de jeu et qu'il n'a pas eu en vue des opérations revêtues de la forme commerciale contractées sur les marchés, se confondant avec toutes les spéculations possibles.

Ne serait-il pas sage alors que le Code de commerce établît des distinctions qui pourraient guider la conscience du juge ?

Inutile de poser en principe que les marchés à livrer sont valables ; le doute ne peut s'élever sur ce point.

Mais ne serait-il pas logique de vouloir que, lorsqu'un traité intervient entre deux négociants, l'allégation de jeu fût interdite ;

Qu'elle le fût toujours à l'égard du commissionnaire, à moins qu'on ne prouvât contre lui la mauvaise foi ;

Qu'enfin il ne fût permis d'alléguer le jeu entre toutes personnes qu'autant qu'il serait

(1) *Contrat de vente*, n° 680.

(2) *Cours de droit commercial*, n° 288.

(3) Bédarride, *Commentaire sur le titre des achats et ventes*, n°s 299 et suivants

établi par écrit que ni l'un ni l'autre des deux contractants ne s'engageait à livrer, et qu'il était stipulé que le marché se règlerait par une différence?

Il est bien évident que, dans ce cas, le caractère d'opération commerciale aurait complétement disparu.

Dans tous les cas, il devrait être interdit de répéter ce qui aurait été payé, soit en argent, soit en billets, soit en toute autre obligation volontairement consentie.

Les opérations commerciales ne peuvent pas être confondues avec les désordres produits par l'entraînement de la passion exploitée dans des maisons de jeu.

Le commerce ne vivant que de bonne foi, c'est lui venir en aide que de supprimer un moyen derrière lequel la mauvaise foi peut s'abriter.

Le respect des conventions est la suprême loi, surtout en matière de commerce, où le champ sur lequel les conventions peuvent s'étendre est sans limites.

V. — C'est un principe que, dans les contrats consensuels, les parties se réfèrent aux usages : *in contractibus tacitè veniunt ea quæ sunt moris et consuetudinis.*

L'application de ce principe est surtout essentielle en matière commerciale, où très-souvent les usages tiennent lieu de loi.

Il faut cependant reconnaître que les usages ne sont pas partout les mêmes ; l'uniformité n'est guère possible.

Il est des faits dont les conséquences varient suivant les localités. Le salaire n'est pas le même partout ; une denrée, une marchandise, coûte plus dans un lieu que dans un autre. La loi peut-elle, doit-elle en toutes choses chercher à établir l'uniformité?

Qu'on ait cherché à établir partout des poids et mesures uniformes, cela est logique ; et cependant, bien que le principe ait été converti en loi depuis longtemps, on n'est pas encore parvenu à supprimer, dans les relations ordinaires, l'emploi des anciennes dénominations des poids et mesures.

Ce que le législateur a fait pour les poids et mesures, on a voulu le faire pour les divers usages connus, en fait de ventes de marchandises, sous les dénominations de *tares, escomptes, franchises, tolérances, réfractions, dons sur dons*, etc. Ces usages varient selon les diverses places de commerce.

La loi du 13 juin 1866 a eu pour but d'établir l'uniformité, tout en réservant la liberté des conventions.

On pourrait mettre en doute la portée utile de cette loi.

On a eu le soin de déclarer que la loi n'entendait pas créer de nouveaux usages, mais seulement constater ceux qui existaient.

Il est de principe que, dans le silence de la convention, les parties entendent se référer aux usages. A quoi bon une loi? Si elle ne fait que reproduire l'usage existant, elle est inutile ; si elle s'en écarte, dans le silence des conventions, l'usage doit prévaloir.

Pour atteindre le but que le législateur s'est proposé, il aurait fallu une disposition portant que tous les usages locaux sont supprimés, et que désormais les ventes seront réglées selon le tableau annexé.

Mais c'est là ce qu'on n'a pas voulu et ce qu'on n'aurait pu obtenir, ainsi que l'a pensé la minorité des chambres de commerce consultées.

« La loi, disait le rapporteur, doit avoir, quant à présent, un caractère plutôt déclaratif » de la pratique actuelle que constitutif d'un droit nouveau.....

» Le commerce, ajoutait-il, a des usages dont il faut tenir compte tant qu'il n'y a pas » nécessité bien démontrée de lui substituer des usages nouveaux....

» Nous devons nous borner à constater officiellement les usages qui devront servir de » règle en l'absence de conventions contraires. »

Le législateur a cru faire assez en maintenant la liberté des conventions, ce qui n'avait pas besoin d'être dit. Seulement il a voulu que, dans le silence, on fût présumé s'en référer à la loi et non à l'usage.

Si la loi n'est que la constatation de l'usage, il n'y a pas de difficultés; mais si elle se trouve contraire aux usages, ce qui est possible, quelque soin que l'on ait mis à les recueillir, il en résulte qu'il est fait violence à un des principes les plus usuels en matière de commerce, à savoir que les transactions commerciales s'interprètent avant tout par l'usage.

La loi de 1866 ne pourra donc avoir qu'une utilité très-restreinte.

Un règlement émané des chambres de commerce n'aurait-il pas pu suffire pour recueillir les usages reçus dans chaque place et en rendre la connaissance facile à tous ceux qui traitent des achats et des ventes dans la localité?

Il peut arriver, il est vrai, que deux contractants appartiennent à deux localités ayant des usages différents; pour ceux-là, à défaut de conventions, la loi aura créé un droit commun; mais ce conflit ne peut guère exister légalement, vu que l'usage à consulter est évidemment celui où se forme la convention.

Si c'est là toute la portée utile de la loi, elle se réduit à bien peu.

On avait prévu la modification possible des prescriptions consignées dans le tableau annexé, et on demandait qu'un règlement d'administration publique pût intervenir après avis des chambres de commerce.

Cet amendement a été écarté.

En somme, s'il peut y avoir utilité à dissiper toutes les obscurités qui peuvent se produire au sujet des transactions commerciales et à tarir autant que possible la source des procès, il importe d'éviter l'abus des réglementations et de laisser aux usages commerciaux toute leur efficacité.

Peut-être, au lieu de vouloir que les usages commerciaux soient réservés par les conventions, serait-il plus logique de leur donner vigueur, à moins que la convention ne les ait exclus en se référant formellement à la loi.

VI. — Les questions qui s'agitent le plus souvent devant les Tribunaux de commerce sont celles relatives à la compétence déterminée par l'article 420 du Code de procédure.

La loi attribue juridiction au Tribunal du lieu où la promesse a été faite et la marchandise livrée, ou à celui du lieu où le payement doit être effectué.

Il arrive souvent qu'une maison de commerce a plusieurs établissements.

Elle traite dans un lieu et livre dans un autre.

Cela se produit, notamment, pour les maisons de Montpellier ayant leurs magasins à Cette.

Pourquoi cette double condition de promesse faite et marchandise livrée?

Quel est le motif déterminant de la loi? C'est que le traité intervenu entre deux négociants contient implicitement une élection de domicile pour son exécution dans le lieu où il a été contracté.

Dans cet ordre d'idées, on ne s'écarte pas des véritables principes, qui veulent que le défendeur soit cité devant le Tribunal de son domicile, de droit ou d'élection.

A quoi bon alors y ajouter cette condition que la livraison sera faite dans le même lieu?

On sait bien que la livraison ne peut pas toujours se faire dans les magasins du vendeur.

D'après l'article 1609 du Code civil, à défaut de convention, la livraison doit se faire au lieu où se trouve l'objet vendu au moment de la vente.

Cet article n'est assurément pas fait pour les ventes commerciales, car la chose d'autrui pouvant être vendue en matière de commerce, contrairement à l'article 1599 du Code civil, le négociant vend le plus souvent ce qu'il n'a pas.

La livraison ne se fait donc pas ordinairement au domicile du vendeur.

L'attribution de juridiction n'étant basée que sur une élection présumée de domicile, on ne voit pas pourquoi cette présomption ne s'attacherait pas plutôt à la convention elle-même qu'à la livraison qui accompagne cette convention.

Il est logique de vouloir que, là où la promesse est faite, il puisse y avoir élection virtuelle de domicile, sans se préoccuper du lieu où la livraison s'accomplira.

On pourrait donc sans inconvénient supprimer cette seconde condition, qui s'éloigne du motif légal qui a dicté l'article 420.

Aujourd'hui surtout que la jurisprudence a admis, d'une manière absolue, que l'article 420 ne s'appliquait pas seulement à la vente commerciale, mais qu'il régissait tous les contrats commerciaux, la nécessité de supprimer cette seconde branche de l'article 420 devient manifeste.

Ainsi, pour le contrat de commission, par exemple, on décide que le commissionnaire peut assigner son commettant devant le Tribunal du lieu où le contrat de commission s'est formé.

On reconnaît aisément le lieu où la promesse a été faite; mais, quand il s'agit de savoir où la livraison a eu lieu, on est réduit à un expédient, et on applique les mots *marchandise livrée,* aux soins donnés par le commissionnaire, c'est-à-dire à l'exécution du contrat.

Ainsi le lieu où le contrat de commission s'exécute devient, d'après la jurisprudence, le lieu où *la marchandise est livrée*.

Il est manifeste qu'on s'écarte des termes de la loi: des soins donnés par le commissionnaire ne sont pas la marchandise livrée dont parle l'article 420; mais la jurisprudence rentre dans l'esprit qui a dicté cet article.

Elle voit que l'élection de domicile est virtuellement attachée au contrat commercial, quel qu'il soit, et elle considère le lieu de l'exécution comme celui où la marchandise est livrée.

Il serait plus simple de faire cesser cette anomalie, en attribuant la juridiction au lieu où la promesse a été faite, sans exiger d'autres conditions.

On embrasserait ainsi tous les contrats commerciaux, et l'on n'aurait plus à s'enquérir s'il s'agit d'une vente et d'une livraison de marchandise.

VII. — Des difficultés non moins graves s'élèvent sur le lieu du payement..

Les ventes commerciales se faisant au comptant, à moins de convention contraire, le payement doit être fait au lieu où se fait la livraison, c'est-à-dire au domicile du vendeur.

La marchandise voyageant aux périls et risques de l'acheteur au sortir du magasin de l'expéditeur, la présomption de la loi est que la livraison se fait à l'instant même.

Il y aurait impossibilité d'appliquer l'article 1247, qui veut qu'à défaut de stipulation le payement soit fait au lieu où se trouvait l'objet vendu au moment de la vente.

Le vendeur commercial peut bien avoir dans ses magasins la marchandise vendue au moment de la livraison, mais il ne l'a pas toujours au moment de la vente, puisqu'il peut vendre ce qu'il n'a pas.

Le droit civil veut encore que le payement soit fait au domicile du débiteur.

Dans la vente commerciale, c'est au domicile du vendeur que le payement est fait, d'après les usages commerciaux.

Ces observations doivent suffire pour démontrer combien il serait désirable que le Code de commerce contînt des règles précises sur les achats et ventes.

Le titre du Code de commerce, qui se compose d'un seul article, est évidemment insuffisant.

C'est en se préoccupant des prescriptions du droit civil que quelques arrêts décident que, lorsque le vendeur fait traite sur l'acheteur pour recevoir son payement, ce payement est censé fait au lieu où la traite est acquittée.

Si l'on ne consulte au contraire que les usages commerciaux, il est certain que le vendeur est payé là où il négocie sa traite. C'est là qu'il touche le prix de la vente; la traite fournie n'est qu'une facilité donnée à l'acheteur, qui est dispensé ainsi d'envoyer des fonds à son vendeur.

Ces questions doivent être tranchées par les usages de commerce et non point par l'application des règles du droit civil.

VIII. — Des difficultés non moins graves ont surgi à raison des marchés traités avec les commis voyageurs, lorsqu'il s'est agi de déterminer le lieu où était conclu le marché à suite d'une commission prise. La Cour de cassation, revenant sur son ancienne jurisprudence, et jugeant contrairement à celle de presque tous les Tribunaux de commerce, a décidé que le traité était conclu là où se trouvait le commis voyageur, quoiqu'il n'eût pas de mandat, vu que la ratification de la maison représentée valide l'engagement pris et rétroagit au moment même où l'engagement a été contracté.

Ces principes sont ceux de l'article 1179 et 1998 du Code civil.

Mais y a-t-il rien dans les usages commerciaux qui se prête à l'application de ces articles?

Le commis voyageur est chargé de recevoir une commission; il transmet l'ordre qui lui est donné par le commettant.

Dans la transmission de cet ordre, il représente en quelque sorte le commettant lui-même; il supplée à l'envoi d'une lettre.

Lorsque la maison représentée accepte l'ordre donné, elle s'engage au moment même où cette acceptation est fournie.

Il en est absolument comme si le commettant lui avait écrit une lettre et qu'elle eût répondu qu'elle acceptait. Dans cette hypothèse, le marché est évidemment conclu au lieu de l'acceptation.

La maison de commerce qui se fait représenter par un commis voyageur qui n'est pas nanti d'un pouvoir n'entend pas être engagée par lui, et se réserve le droit d'accepter ou de refuser l'ordre donné.

C'est donc une acceptation d'un *ordre* qu'on lui demande, et non point une ratification d'un *traité* fait par un commis voyageur qui n'a pu ni voulu s'engager.

Les principes de la ratification, qui dans la rigueur du droit civil pourraient s'appliquer à un traité conclu par le commis voyageur, répugnent aux habitudes commerciales, où une commission reçue par un commis voyageur ne constitue pas un traité.

Le fait du commis voyageur consistant à recevoir une commission, qu'il doit transmettre à sa maison, on pourrait dire avec fondement que, dans ces termes, il n'y a rien à ratifier, puisque le pouvoir du commis voyageur, chargé de prendre des commissions, n'est pas dépassé.

Cette question doit être résolue bien plutôt par les usages commerciaux et par le caractère du commis voyageur que par les règles du droit civil.

Que dans certains cas un commis voyageur, dépassant son pouvoir, traite réellement et expressément avec le commettant, c'est là une question de fait à apprécier, et dans cette hypothèse les principes de la ratification pourraient être invoqués.

Mais, en thèse générale et dans les termes ordinaires des usages commerciaux, il ne saurait en être ainsi.

IX. — L'article 109 du Code de commerce est devenu la base d'une séparation radicale entre le droit commercial et le droit civil.

Le Code civil n'autorise la preuve testimoniale, et par suite la preuve par présomption, que dans certains cas déterminés.

La loi commerciale autorisant la constatation des achats et ventes pour toute sorte de moyens, on en a conclu que la preuve testimoniale était admissible dans le droit commercial en toute matière.

Il est certain que les opérations commerciales se traitent souvent verbalement, dans les foires, dans les marchés, et qu'il serait par trop rigoureux de vouloir qu'un acte écrit fût produit pour constater la convention; mais ne serait-il pas nécessaire que le Code de commerce contînt des règles précises à cet égard ?

N'y a-t-il pas nécessité de faire disparaître les difficultés qui s'élèvent sur le point de savoir, par exemple, si le principe posé dans l'article 1325, qui exige que l'acte sous seing privé soit fait en autant d'originaux qu'il y a de parties, doit s'appliquer aux matières de commerce ?

Si la preuve testimoniale est admise dans tous les cas, pourquoi exiger qu'un acte sous seing privé, dont on pourrait se passer, soit soumis à des formes spéciales ?

La preuve testimoniale est admise, en matière de commerce, contre et outre le contenu aux actes. Pourquoi laisser aux fluctuations de la jurisprudence le soin de décider des questions aussi vitales ? Ne serait-il pas plus sage de consigner des règles positives dans le Code de commerce, et sur la nécessité du double écrit, et sur l'admission de la preuve testimoniale contre et outre le contenu aux actes, et sur les conditions nécessaires pour qu'un acte privé ait date certaine vis-à-vis des tiers ?

Les prévisions de l'article 1328 du Code civil conviennent-elles aux matières commerciales ? Évidemment, non.

Il serait donc utile d'introduire dans le Code de commerce des dispositions précises, s'éloignant des règles du droit civil et laissant aux juges de commerce toute la latitude que comportent les transactions commerciales, dont la bonne foi et l'équité sont les principaux régulateurs.

X. — L'article 109 dispose que les achats et ventes se constatent par la correspondance.

On s'est demandé à quel moment se formait le lien ;

Si, lorsque la lettre était sortie des mains de celui qui l'a écrite, il lui était permis de se rétracter ;

Si la rétractation était possible après la réception de la lettre, mais avant qu'elle ait été lue par le destinataire ;

Si enfin le silence gardé par celui à qui une lettre est écrite équivaut au consentement.

Sous le rapport de la compétence, il importe de déterminer le lieu où le contrat est censé formé.

C'est au lieu de l'acceptation que le contrat se consomme ; ce n'est qu'à ce moment qu'il y a le double lieu.

Le Code de commerce ne devrait-il pas contenir des précisions sur ces diverses questions, qui ont pu donner lieu à controverse ?

XI. — Aujourd'hui qu'il est suppléé, dans beaucoup de cas, aux lettres missives par les dépêches télégraphiques, n'y aurait-il pas à réglementer les effets légaux des engagements contractés par dépêche ?

La dépêche télégraphique fait-elle preuve de l'engagement contracté ?

Elle n'est pas revêtue de la signature de celui qui l'envoie.

Le premier venu peut prendre un nom quelconque. Rien ne garantit la vérité de la signature.

Comment actionner, en exécution d'un engagement pris par dépêche, celui à qui il suffirait d'en dénier l'existence ?

Cependant de graves questions peuvent surgir.

Lorsqu'un ordre a été donné par lettre, celui qui a reçu cet ordre doit-il se dispenser de l'exécuter si la révocation lui est adressée par une dépêche, parvenue avant l'arrivée de la lettre ?

Il y a certitude dans la lettre écrite, il n'y a pas certitude dans la dépêche.

A défaut de certitude sur la vérité de la signature, pourrait-on être admis à faire preuve de la remise de la dépêche par la personne à qui cette remise est attribuée ?

En matière civile, par exemple, pourrait-on assimiler la dépêche remise à un commencement de preuve par écrit ?

L'administration est tenue de délivrer copie des dépêches remises, moyennant l'accomplissement de certaines formalités; mais où est la garantie de la sincérité de la signature ?

En matière de télégraphie, la question de savoir si la dépêche remise est acquise au destinataire ne peut pas se présenter, à moins qu'on ne retire la dépêche avant qu'elle soit expédiée. La dépêche une fois partie, il n'y a plus possibilité de faire parvenir à temps une rétractation.

En vertu de la loi, l'État n'encourt aucune responsabilité à raison du service de la correspondance privée par la voie télégraphique.

Il arrive souvent que des erreurs sont commises pour la transmission d'un ordre.

Cette absence de responsabilité n'offre-t-elle pas de graves inconvénients pour le commerce ?

Sans doute les intérêts de l'État doivent être sauvegardés; mais n'y aurait-il pas des précautions à prendre pour rendre les erreurs impossibles ou moins fréquentes en matière de commerce ?

N'y aurait-il pas lieu de distinguer les dépêches contenant un ordre d'achat ou de vente, ou telle autre opération commerciale, des dépêches ordinaires ? Ne pourrait-on pas, en matière commerciale, prendre des précautions pour s'assurer de la vérité de la signature, édicter des peines sévères contre ceux qui signeraient d'un nom autre que le leur, y fussent-ils autorisés, ainsi que cela se pratique souvent ?

Le meilleur remède ne serait-il pas, en matière de commerce surtout, un abaissement de droits, qui permettrait de ne pas tronquer les phrases et d'énoncer tout au long l'objet de la dépêche ?

La correspondance par dépêche télégraphique donnant lieu à des faits d'une nature particulière, il serait utile que le Code de commerce contînt un titre spécial pour les réglementer.

Sans doute il ne faut pas demander au législateur de tout prévoir, mais entre dire trop et ne dire rien, il y a un milieu qui trace la ligne que le législateur doit suivre.

§ III

I. — Le contrat de société était celui qui devait, d'une manière spéciale, appeler l'attention.

Si la liberté est l'âme du commerce, l'association est l'instrument le plus fécond de la prospérité commerciale.

L'association multiplie les forces; association d'intelligence, de capitaux, d'activité, de forces physiques et morales, c'est le levier le plus puissant qui puisse surmonter les obstacles, concourir à la création des grandes entreprises, contribuer au développement de l'industrie.

L'association peut se produire sous toutes les formes.

L'article 18 du Code de commerce dispose :

« Le contrat de société se règle par le droit civil, par les lois particulières du commerce » et par les conventions des parties. »

Cette disposition spéciale pour le contrat de société, ce renvoi au droit civil, démontrent que, dans la pensée des auteurs du Code, le droit civil n'était pas, d'une manière absolue, le complément obligé du droit commercial.

Qui de uno dicit de altero negat.

Le Code civil, de son côté, contient une disposition restrictive ; après avoir réglé le contrat de société, l'article 1873 porte : « Les dispositions du présent titre ne seront applicables aux sociétés de commerce que dans les points qui n'ont rien de contraire aux lois et usages de commerce. »

Ne serait-il pas plus sage et en même temps plus logique de consigner dans le Code de commerce toutes les règles relatives aux contrats commerciaux ?

Pour le contrat de société, les règles à établir doivent se réduire à des termes bien simples.

Les conventions des parties, les usages commerciaux, voilà le suprême régulateur.

La société crée entre les associés une sorte de fraternité, *quoddam jus fraternitatis.*

Les règles de l'équité sont un guide suffisant.

Qu'une société ne puisse avoir pour objet qu'une chose licite, c'est un principe qui domine tous les contrats.

Qu'un des associés ne puisse s'attribuer tous les bénéfices et laisser les pertes au compte de son coassocié, la raison de fraternité s'y oppose.

Que les parts dans les bénéficices et les pertes soient égales, à moins de conventions contraires, la raison naturelle le veut ainsi.

La conséquence, c'est qu'un des associés ne puisse s'avantager aux dépens des autres ; qu'il doive à la société tous ses soins, toute son industrie.

Ce qui distingue surtout la société commerciale de la société civile, c'est la solidarité qui pèse sur tous les associés ; c'est la constitution de cet être moral distinct des individus qui le composent, et qui se produit vis-à-vis des tiers comme ayant une existence à part.

Les conséquences de cette différence sont nombreuses ; elles exigeraient à elles seules un titre spécial dans le Code de commerce.

Ce n'est pas que la plupart des règles consignées dans le Code civil, et qui sont puisées dans les principes de l'équité, ne trouvent leur application dans la Société commerciale : il n'y a pas une équité civile et une équité commerciale ; les règles de l'une et de l'autre doivent être les mêmes. Mais, une fois le droit civil introduit dans le droit commercial, n'est-il pas à craindre qu'on arrive à des conséquences que les usages commerciaux repoussent, et alors, en présence de la disposition précise de l'article 18, a qui faudrait-il donner la préférence ?

II. — D'ailleurs, soit pour la constatation de la société, soit pour l'étendue de ses engagements, soit pour le mode de dissolution, soit pour la preuve de la prorogation, le droit civil diffère essentiellement du droit commercial.

« Nous trouvons, dit M. Troplong, à l'égard de ces deux sortes de sociétés, tantôt plus de » rigueur, tantôt moins de rigueur.

» Les sociétés civiles se forment par le consentement; il y a des sociétés de commerce » qui requièrent, à peine de nullité, certaines solennités écrites, et, d'autre part, tandis » que le droit civil repousse la preuve testimoniale pour toute société civile dont l'objet » excède 150 fr., il y a des sociétés commerciales dont la preuve peut être faite par témoins, » quelle que soit la valeur de leur objet. »

De cette diversité résulte la conséquence nécessaire qu'il doit exister un droit spécial et complet pour chacun de ces deux contrats.

Le Code de commerce s'est borné à déterminer les diverses espèces de société commerciale et les formes constitutives de ces sociétés, laissant aux juges commerciaux le soin de rechercher dans le droit civil les règles qui déterminent les effets du contrat de société.

Le vice de ce système, c'est de renvoyer en première ligne au droit civil et de laisser sur le second plan les usages commerciaux qui doivent être le suprême régulateur.

Il est vrai que l'article 1873 du Code civil corrige ce vice, en déclarant que les règles posées par le Code civil ne sont applicables qu'en ce qui n'est pas contraire aux usages du commerce.

Est-ce à dire qu'il y eût beaucoup à faire pour consigner dans le Code de commerce un titre complet sur le contrat de société, se référant essentiellement aux usages commerciaux? Évidemment, non.

III. — A quoi se réduit la mission du législateur en ce qui concerne le contrat de société ?

N'est-ce pas pour ce contrat, plus que pour tout autre, qu'il faut laisser aux contractants la liberté la plus large?

En prenant l'esprit d'association dans l'enfance des âges, nous le voyons grandir sous l'influence d'un régime de liberté et contribuer puissamment à la prospérité des États.

De nos jours, le contrat de société a préoccupé à diverses reprises le législateur.

Les sociétés par actions ont été l'objet de plusieurs lois qui, à peine édictées, ont appelé des réformes et sur lesquelles le dernier mot n'a pas encore été dit.

Est-ce que le Code de commerce n'avait pas suffisamment sauvegardé tous les intérêts, et, au besoin, les principes consignés dans le Code pénal, n'auraient-ils pas été suffisants ?

M. Troplong, dans la savante préface qui précède son traité du contrat des sociétés, après avoir fait l'historique de l'esprit d'association chez les Romains, dans le moyen âge et surtout en Italie, trouve le germe des sociétés par actions dans les grands établissements fondés à Florence, à Venise, à Gênes; et, arrivant à l'abus des actions fait en France par l'Écossais Law, il s'élève contre les tentatives faites pour prévenir des désastres qui tiennent à la nature des choses et qu'il n'est pas au pouvoir du législateur de prévenir.

« La vérité est, dit-il, que le législateur du Code civil et du Code de commerce, en » réglant les conditions de la société par actions, ne s'est pas aventuré dans un région » inconnue.

» L'expérience avait été faite depuis des siècles, l'institution marchait: elle avait eu ses » moments de crise, à côté de ses heures de prospérité; elle était poussée par les princi- » pales épreuves qui peuvent éclairer la prudence du législateur. »

« Je tiens, ajoute-t-il, à constater ces précédents, parce que naguère, après certaines sur- » prises de l'agiotage, les esprits s'en sont pris trop légèrement à la loi des erreurs des » hommes ; au lieu de faire le procès aux intrigants devant la police correctionnelle, on a » fait le procès au Code devant les chambres. Les projets de réforme ont pullulé: il s'agissait » de donner une charte à la commandite.»

Plus loin le savant magistrat ajoute :

« Dans notre manie de tout réglementer, même ce qui est déjà codifié, de tout enchaîner » par des textes revus, corrigés et augmentés, de tout administrer, même les chances » et les revers du commerce, nous nous écrions au milieu de tant de lois existantes : *Il y a » quelque chose à faire.* »

M. Troplong rappelle que cette fièvre n'est pas nouvelle ; les plus grands esprits n'ont pas toujours su s'en défendre. Le chancelier d'Aguesseau, sous l'influence des abus de l'agiotage, avait écrit, sur le commerce des actions, un mémoire dans lequel il proposait l'abolition de la société par actions.

« De sorte, dit M. Troplong, qu'en prenant ces idées à la lettre, il aurait fallu fermer la » Bourse d'Amsterdam et ruiner le crédit de la Hollande ; il faudrait murer les portes de » la Bourse de Paris, soutien nécessaire du crédit français. »

M. Troplong se félicite de ce que les tentatives de réforme faites en 1837 et 1838 ont échoué.

« La commandite, ajoute-t-il, jouit donc, grâce au Code de commerce, de la liberté qui lui » est nécessaire et qui l'a rendue si florissante.

» Quant à moi, continue l'éminent jurisconsulte, je m'applaudis de ce *statu quo,* con- » vaincu comme je le suis que notre loi sur les sociétés civiles et commerciales est le fruit » d'une longue expérience, qu'elle a été mûrie par les épreuves les plus décisives, par les » combinaisons pratiques les plus variées et les plus ingénieuses.... Je ne me laisse pas » aller à ces désirs de changement plus rétrogrades que progressifs. »

IV. — Ces idées sont marquées au coin de la sagesse. Cependant ces tentatives de réglementation que M. Troplong se félicitait d'avoir vu échouer, en 1837 et 1838, ont été reprises plus tard ; elles ont abouti à la loi de 1856.

La loi de 1856, comme le projet de 1838, a voulu mettre un frein à l'agiotage.

Prévenir un abus est bien plus difficile que de le réprimer quand il se produit.

Le législateur de 1856 n'a-t-il pas cédé à une illusion lorsqu'il a cherché un moyen pour faire qu'il n'existât que des Sociétés par actions sérieuses, dirigées par un gérant honnête, dévoué aux intérêts des actionnaires, par un gérant dont l'administration fût exempte de dol, de fraude, d'infidélité ?

Il existe dans nos lois des moyens suffisants pour réprimer la fraude ; en existe-t-il pour la prévenir ?

Le législateur de 1856 a cru qu'on pouvait en créer.

Frappé des piéges tendus à la bonne foi des actionnaires sous mille formes diverses, au lieu de laisser à l'intérêt privé le soin de se défendre, il a cru qu'il était possible de parer aux abus par une réglementation spéciale.

Il s'agissait bien moins de poser des règles nouvelles pour la constitution de la société en commandite par actions, que d'expliquer au besoin ou d'étendre les dispositions du Code pénal relatives à l'escroquerie et à l'abus de confiance.

C'est, en effet, la fraude que le législateur a voulu frapper, en cherchant à la rendre impossible.

Ce but, qui dépasse les prévisions humaines, a-t-il été atteint ?

La loi de 1856 veut, en premier lieu, que le capital mis en actions ne puisse être divisé en coupons de moins de 100 fr.

Il s'était produit à la Bourse des sociétés en commandite dont les actions étaient de 50, de 20 et même de 5 fr. (1)

(1) Exposé des motifs.

On a vu là un appel fait aux plus petites bourses et aux personnes les moins capables d'apprécier les chances auxquelles elles s'exposent.

Si le législateur reconnaît qu'il est sans moyens pour s'assurer qu'une société en commandite est sérieuse, il ne faut pas plus autoriser le fractionnement en actions de 100 fr. et de 500 fr., que celui de 50 ou 20 fr.

En réalité, pourrait-on citer beaucoup de sociétés dont les actions étaient à 20 ou à 5 fr. ?

Protéger les plus petites bourses... le but est louable sans doute ; mais est-il bien sûr que toutes les économies vont à la Caisse d'épargne.

Combien d'appels aux petites bourses ne rencontrons-nous pas dans notre organisation actuelle?

La loterie a été supprimée en principe ; mais sous combien de formes diverses ne se reproduit-elle pas ?

S'agit-il de construire un édifice civil ou religieux, une loterie est autorisée.

Des billets sont répandus depuis le chiffre le plus élevé jusqu'au plus minime.

L'appât du gain attire les économies des plus pauvres ménages, pour les jeter aux chances du hasard.

Une action de 5 fr., dans une Société en commandite sérieuse, ne vaudrait-elle pas mieux ?

Il y a plus : lorsque la loterie est supprimée en principe, nous la retrouvons dans des opérations de la plus haute importance.

S'agit-il d'un emprunt, des obligations sont émises avec la chance d'un lot, qui se formule par des centaines de mille francs.

Est-ce que toutes les bourses ne sont pas alléchées par cette expectative ?

Est-ce qu'on se demande, en présence de l'espoir d'un gain aussi énorme, si l'opération est sérieuse, si le placement est solide ?

L'autorisation du gouvernement est sans doute une sauvegarde.

« Mais, ainsi que le dit M. Troplong (1), est-ce que l'intervention de l'administration » supérieure aux affaires du commerce privé est un préservatif infaillible ?...... Plus » d'une société anonyme autorisée par ordonnance a fait faillite, et trompé le gouvernement » et les tiers. L'intervention de Colbert dans la Compagnie des Indes n'a pas empêché les » faiseurs de prospectus et les vendeurs d'actions de vanter la terre promise de Madagascar, » la salubrité de son climat, la richesse intarissable de ses produits.... La Banque royale » était dans les mains du duc d'Orléans; on sait cependant les fraudes de la rue Quin- » campoix. »

V. — Quelque louables que soient les motifs qui ont déterminé le législateur, il y plus de garantie dans la liberté des conventions que dans cette règlementation qui descend aux plus petits détails, en vue de protéger des intérêts qui sont plus aptes à se protéger eux-mêmes.

Après avoir déterminé le chiffre du fractionnement des actions, la loi veut que la société ne soit constituée qu'après la souscription de l'entier capital.

D'après le droit commun, il faut bien que, dans une société en commandite, le capital social soit souscrit ; sans cela il n'y a pas de société.

La loi exige le versement de quart ; mais il ne peut y avoir d'autre preuve de ce versement que la déclaration du gérant, moyen peu sûr pour éviter la fraude.

La loi cherche à se prémunir contre la fraude d'un gérant ; mais où est le moyen préventif ?

La loi veut que, si un apport est fait par quelqu'un des fondateurs, on s'assure de sa valeur réelle.

(1) Préface du *Contrat de société*.

Comment constater qu'il n'y a pas exagération ?

C'est l'assemblée générale qui, à la majorité des membres présents, décide si l'évaluation n'est pas exagérée.

Cette assemblée se compose essentiellement des fondateurs, qui n'ont pas d'autre intérêt et d'autre but que le gérant.

Reste la disposition que la loi juge la plus essentielle, la constitution d'un conseil de surveillance ?

VI. — Qu'espère-t-on d'un conseil de surveillance placé à côté du gérant ?

Le propre de la société en commandite, c'est d'interdire au commanditaire les actes d'immixtion ?

Que peut opérer un conseil de surveillance auquel il est interdit de s'immiscer ?

Le gérant seul opère, dispose, tient les écritures.

Un conseil de surveillance appelé à contrôler les opérations faites peut-il, à moins d'un ravail aussi consciencieux que complet, asseoir une opinion sûre sur l'état d'une société qui, le plus souvent, se livrera à des opérations aussi nombreuses que compliquées ?

Le législateur de 1856 ne s'est pas fait illusion à cet égard.

« Le conseil de surveillance, disait le rapporteur de la loi, n'est trop souvent qu'une » décoration pour la société, une invitation à souscrire, un appel à la confiance. Le gérant » a grand soin de choisir les membres dans le contrat même de la société ; l'entreprise se » fonde, et l'actionnaire crédule, que certains noms avaient séduit, voit plus tard, dans » ces mandataires imposés, rarement des hommes pénétrés du sentiment de leur mission, » quelquefois des complaisants, le plus souvent des surveillants sans vigilance, et ne se » permettant qu'avec crainte le plus légitime contrôle. »

Cette appréciation des conseils de surveillance est infiniment juste : comment le législateur a-t-il cru pouvoir parer aux inconvénients qu'il signale ?

1° En faisant nommer les membres du conseil de surveillance par l'assemblée des actionnaires ;

2° En les soumettant à une responsabilité rigoureuse.

Le premier moyen est illusoire ; c'est ordinairement le conseil de surveillance proposé par le gérant qui est nommé par l'assemblée.

L'élection, en pareil cas, n'offre aucune garantie.

Quant à la responsabilité, elle est ou inefficace ou injuste.

La loi demandant aux membres du conseil de surveillance une chose à peu près impossible, les Tribunaux sont portés à les exonérer, à moins qu'il ne s'agisse d'une fraude patente commise par le gérant, et que les membres du conseil de surveillance aient laissé commettre cette fraude sciemment, ou par l'effet d'une négligence équivalente au dol.

Sans doute, les membres du conseil de surveillance ont le tort grave d'accepter un mandat qu'il est hors de leur pouvoir de remplir ; mais pourquoi la loi crée-t-elle une mission de cette nature, qui ne peut être acceptée que par des hommes pleins de confiance pour le gérant, et qui, malgré tout leur bon vouloir, seront les premières victimes de cette confiance ?

A moins de se réduire au rôle d'expert en écritures commerciales, les membres du conseil de surveillance, pris en général parmi des gens haut placés, d'anciens négociants, des hommes du monde, peuvent-ils se condamner à une vérification minutieuse des écritures pour se fixer sur la véritable situation de la société ?

La précaution prise par la loi est donc une précaution sans valeur, un préservatif qui ne peut prévenir les dilapidations du gérant, et qui n'intervient utilement que lorsque le mal est consommé.

Si des abus graves subsistent, la seule mission du législateur consiste à infliger à leurs auteurs une répression sévère ; prévenir les désastres qui peuvent naître de l'incapacité, de l'infidélité, de la fraude des gérants, est une entreprise au-dessus des forces humaines.

C'est aux actionnaires à rechercher quels sont les gérants qui méritent leur confiance. C'est à eux à ne placer cette confiance qu'à bon escient.

Si le Code pénal ne prévient pas suffisamment tous les actes d'infidélité que les gérants d'une société par actions peuvent commettre, c'est la loi pénale qu'il faut modifier, et non la loi commerciale qui règle la société en commandite.

Une seule disposition serait nécessaire : elle consisterait à déclarer que le gérant qui, ayant perdu la moitié de son capital, ne s'arrêterait pas et n'assemblerait pas les actionnaires pour leur faire connaître la position, serait, en cas de faillite, déclaré banqueroutier frauduleux et passible du maximum de la peine.

Les gérants y regarderaient à deux fois avant de compromettre les intérêts de leurs actionnaires, ou plutôt ceux-là seuls accepteraient le rôle de gérant qui se sentiraient la capacité voulue pour être à la hauteur de leur entreprise.

Les mesures édictées par la loi de 1856 n'ont remédié à rien ; combien de sociétés par actions sont tombées malgré l'existence d'un conseil de surveillance et l'honorabilité des membres de ce conseil !

C'est en cette matière surtout qu'il faut se défendre, comme le dit M. Troplong, de la manie de réglementer ; la liberté absolue, c'est le seul élément de prospérité.

VII. — Le législateur ne s'est pas cependant borné à la loi de 1856 ; en 1863, deux lois ont été faites pour réformer le Code de commerce ou y ajouter.

La première a pour objet de régler la condition du commanditaire et de déterminer les cas de responsabilité pour immixtion.

Les principes du Code n'étaient-ils pas suffisants ?

Le commanditaire qui fait des actes d'immixtion devient associé plein.

Le Code de commerce n'avait pas cru pouvoir scinder les actes d'immixtion, lorsqu'ils ont véritablement ce caractère. Ces actes, ayant pour effet de révéler la personne des commanditaires comme associés, les rendaient par cela même responsables sans restriction.

La loi de 1863 a voulu corriger la rigueur de ce principe.

Après avoir reproduit la disposition de l'article 27 qui interdit la gestion, même en vertu de procuration, elle a ajouté que le commanditaire qui aurait fait des actes de gestion ne serait responsable que de ces actes ; mais que, si les fait de gestion étaient nombreux, il serait solidairement obligé pour tous les engagements de la société.

La loi précise (ce qui n'avait guère besoin d'être dit) que les avis et conseils, les actes de contrôle et de surveillance, ne constituent pas la gestion.

Le propre de la société en commandite, c'est que le commanditaire ne se révèle pas comme associé par des actes ostensibles.

En reproduisant les termes de l'article 27, la loi de 1863 aurait dû déterminer dans quels cas le commanditaire qui fait un acte de gestion en vertu d'une procuration s'immisce réellement.

N'est-il pas de principe que le mandataire qui agit en vertu d'une procuration s'efface, le mandant seul se produit ? *Mandans quæ mandaverat ipse fecisse videtur.*

Un gérant traite une affaire à Paris : il s'agit de signer le traité ; l'un des commanditaires se trouve à Paris, le gérant lui envoie sa procuration pour signer le traité, et le commanditaire sera engagé !...

Ce que la loi a voulu prévenir, c'est l'abus ; on a craint qu'un commanditaire, investi d'une procuration, ne prît la place du gérant.

La loi de 1863, en conservant les termes de la loi ancienne, a permis aux Tribunaux de graduer la responsabilité.

Un acte isolé ne fera pas perdre la qualité de commanditaire d'une manière absolue. Quand les actes de gestion seront nombreux et auront un caractère de gravité, les Tribunaux apprécieront.

On pourrait se demander si cette disposition, qui cantonne la responsabilité du commanditaire aux actes de gestion qu'il a faits, ne dénature pas le caractère de la société en commandite.

C'est moins de la responsabilité encourue qu'il peut s'agir (cette responsabilité dérivant d'ailleurs du droit commun) que de la révélation de la qualité d'associé.

Une fois la qualité révélée au public, il n'y a plus possibilité de la scinder; on est associé ou on ne l'est pas; on ne peut pas être associé pour certains actes et ne pas l'être pour tous.

La disposition de l'ancien article 28, quoique plus rigoureuse, était plus logique.

VII *bis*. — La seconde loi, édictée en 1863, a créé les sociétés à responsabilité limitée.

Cette loi n'a d'autre portée que de substituer à la société anonyme une forme de société équivalente, non soumise à l'autorisation du gouvernement: c'est la société anonyme libre.

Les gérants sont remplacés par des administrateurs.

La responsabilité de ces administrateurs est parfaitement logique.

A côté d'eux, la loi place des commissaires investis de fonctions analogues à celles du conseil de surveillance des sociétés en commandite.

Ces commissaires sont responsables, d'après les règles générales du mandat.

Une série de dispositions réglemente la tenue des assemblées, les nominations des administrateurs, leurs fonctions, leur révocation, toutes choses qui reproduisent en grande partie les règles prescrites par la loi de 1856, pour les sociétés en commandite.

En somme, la loi de 1863, qui a les apparences de créer une société d'une espèce nouvelle, se réduit à créer des sociétés anonymes dispensées d'autorisations.

Cela constitue-t-il un progrès en législation commerciale?

Il est permis d'en douter.

La société à responsabilité limitée n'est qu'une forme de la société en commandite, où plusieurs gérants sont substitués à un seul; la responsabilité répartie sur la tête de plusieurs n'offre-t-elle pas moins de garanties que lorsqu'elle réside sur la tête d'un seul?

Dans la société anonyme, l'autorisation du gouvernement était une sauvegarde.

Ainsi la société a responsabilité limitée n'offre ni les avantages de la société en commandite, ni les sûretés de la société anonyme.

VIII. — Une autre réglementation préoccupe en ce moment le législateur: c'est l'institution des sociétés coopératives.

Ce n'est certainement pas une idée nouvelle que l'association des travailleurs.

Les premières sociétés qui se sont formées ont dû avoir pour base le travail mis en commun; le travail a précédé les capitaux; il a dû y avoir des associations de travailleurs avant qu'il y ait eu des associations de capitaux.

Mais en quoi la réglementation des sociétés coopératives peut-elle être utile?

La législation actuelle ne suffit-elle pas pour permettre aux travailleurs de s'associer et de mettre en commun leurs bénéfices? Ne faut-il pas laisser à l'intérêt individuel le soin de déterminer le mode d'établissement des sociétés qui ont pour fonds commun le travail?

L'organisation des sociétés de ce genre ne tend-elle pas à créer une espèce de communisme? N'est-ce pas nous faire rétrograder?

Les sociétés taisibles du moyen âge ne sont pas autre chose que l'association du travail.

Société de serfs, société d'hommes libres, le moyen âge nous montre les membres d'une même famille vivant en commun sur le bien héréditaire, confondant leur travail, élisant un chef qui gouvernait dans l'intérêt commun.

Dans ces temps de lutte et d'oppression, l'association était un élément de résistance, une source d'aisance pour les familles.

Les partages étaient vus d'un œil défavorable ; l'intérêt des communiers leur commandait de rester unis.

Ces associations, qui avaient leurs inconvénients, où les incapables vivaient sur le même pied que ceux qui étaient plus habiles, où les paresseux profitaient des mêmes avantages que ceux qui étaient laborieux, ne pouvaient résister au progrès de la civilisation.

Le principe : *Nul n'est tenu de rester dans l'indivision*, s'oppose à l'existence de ces sociétés universelles. La loi a sagement prévu que les sociétés dont la durée est illimitée peuvent se dissoudre par la volonté de l'une des parties.

La loi ne prohibe pas les sociétés coopératives ; mais où serait l'utilité de les réglementer ?

On pourrait se demander si, à part quelques rares exceptions, ces associations de travailleurs ne présentent pas plus d'inconvénients que d'avantages.

Si la libre concurrence est l'âme de l'industrie, pourquoi lier d'avance les travailleurs par un pacte qui les force à mettre en commun le fruit de leur travail ?

Quel sera le *criterium* sur lequel la répartition des bénéfices aura lieu ?

Y a-t-il chez tous les travailleurs égalité dans les aptitudes ? Y a-t-il un égal amour du travail ? Y a-t-il chez tous les mêmes besoins, qui exigeront des uns un travail de quelques heures, des autres un travail du jour et de la nuit ?

Dans quel but alors une réglementation spéciale pour les sociétés coopératives ?

L'intérêt des travailleurs ne sera-t-il pas toujours un guide suffisant ?

Lorsque plusieurs individus, qui se connaîtront, voudront associer leur industrie, la loi actuelle ne suffit-elle pas pour leur permettre de réglementer leurs conventions ainsi qu'ils l'entendront ?

Y a-t-il lieu de créer une forme spéciale ? de soumettre les travailleurs à une réglementation particulière ? de les enregimenter en quelque sorte ? de leur donner un gérant, c'est-à-dire un chef qui prescrira tel ou tel mode de travail ou en réglera le tarif ?

Ne serait-ce pas une coalition d'ouvriers en permanence, faisant la loi à ceux qui ont besoin de leurs services ?

Que des associations de travailleurs puissent se produire, la liberté qui doit présider aux conventions civiles ou commerciales le veut ainsi. Mais de là à la création d'un régime spécial, il y a loin.

L'industrie et le commerce vivent de liberté ; tout ce qui tend à altérer l'usage de cette liberté, en ce qui ne touche que l'intérêt individuel, ne peut être considéré comme un progrès.

Que le législateur intervienne pour réprimer les abus, c'est là son rôle incontesté ; mais qu'il veuille réglementer les intérêts privés, pour le plus grand avantage de ceux qui sont meilleurs juges que lui de ce qui leur convient, c'est là ce qui ne doit pas être.

En résumé, nos lois sur les sociétés sont suffisantes.

Des sociétés coopératives existent à Paris, à Lyon, à Saint-Étienne. Il y a des associations de producteurs, des associations de travailleurs, des sociétés de crédit.

Vues sous le rapport philanthropique, ces associations peuvent avoir leur utilité ; mais peut-on les classer parmi les contrats commerciaux, ou du moins en faire une espèce à part ?

Une seule chose est à faire : d'une part, poser en principe que le contrat de société est réglé par les conventions des parties;

D'autre part, réprimer la fraude sous quelques formes qu'elle se produise. A chacun la liberté de choisir le mode d'association qui lui convient le mieux.

L'actionnaire qui, en vue d'un bénéfice, se soumet à l'*alea* des sociétés par actions, ne peut pas prétendre à un placement aussi solide que celui qui, se contentant d'un intérêt modéré, place son argent par hypothèque : à lui de s'enquérir de la valeur de l'objet mis en société, de la capacité du gérant; il n'y a aucun moyen légal de le préserver des chances dont il a dû mesurer l'étendue.

La répression des fraudes commises est l'unique secours que la loi puisse lui prêter. En dehors de ces considérations, il y a sans doute des règles qui conviennent aux quatre sortes de sociétés prévues par le Code de commerce, mais ces règles subsistent.

Dans la classification admise par le Code viennent se ranger toutes les associations possibles.

Elles sont toutes ou en nom collectif ou anonymes, et, si l'on veut, sociétés à responsabilité limitée, ou en commandite, ou en participation.

Le Code de commerce tel qu'il est satisfait à cet égard à toutes les exigences.

Les innovations que l'on a tentées résident plus dans les mots que dans les choses.

§ IV

I. — Le contrat de commission est une des créations de la législation moderne.

Ce contrat, qui répond à une des plus grandes nécessités du commerce, a dû rendre autant de services que l'invention de la lettre de change.

Le contrat de commission n'est pas le mandat.

Qu'il se mélange de principes du mandat, cela est incontestable, mais il diffère essentiellement du mandat, sous plusieurs rapports.

Dans le mandat, le mandataire agit pour compte du mandant.

Dans le contrat de commission, le commissionnaire agit *proprio nomine* (1).

Il n'est pas tenu de faire connaître le nom de son commettant, pas plus qu'il n'est tenu de faire connaître à son commettant le nom de celui avec qui il a traité.

Une exception doit cependant être faite à ce principe : c'est lorsque le commettant allègue la fraude ; c'est dans ce sens que la Cour de cassation apprécie la question dans un arrêt du 7 novembre 1858.

M. Massé, qui a annoté cet arrêt (2), pense que dans tous les cas le commettant a le droit de contraindre le commissionnaire à faire connaître le nom de celui avec qui il a traité, soit qu'il ait stipulé un ducroire, soit qu'il ne prenne qu'une simple commission.

C'est placer exactement sur la même ligne le commissionnaire et le simple mandataire.

Le commissionnaire, dans les usages commerciaux, est un véritable négociant, qui achète ou vend pour son propre compte.

Le commettant, qui lui transmet un ordre, n'envisage ordinairement que sa propre responsabilité.

S'il avait voulu simplement être représenté, il aurait envoyé un commis sur les lieux ; mais la chose n'est pas possible. C'est pour obvier à la difficulté de se faire représenter sur les points les plus éloignés, que les usages commerciaux ont créé le commissionnaire, agissant en son propre nom pour compte d'autrui.

(1) *Mercatores non solent tàm propria quam aliena negotia propalare, sed ea secreto suoque sub proprio nomine agere nusquam exprimendo nomen committentis vel sui corresponsalis, cui forté expedit ob motiva prudentialia sub alieno nomine sua negotia peragere.* (Casaregis, disc. 76, n° 5.)

Inter mercatores admittitur quod licet mandatarius emat ad favorem alterius, in exceptione tamen id non soleat exprimere, sed emat nomine proprio. (Ansaldus, *d. Comm.*, disc. 30, n° 32.)

(2) Sirey, 59, 1. 305, note.

Ce commissionnaire a ses relations à lui personnelles, sa clientèle pour l'achat comme pour la vente.

Lorsqu'un ordre lui est transmis, il ne signale pas au commettant son vendeur ou son acheteur. Le plus souvent le commettant ne le voudrait pas, parce qu'il préfère la responsabilité du commissionnaire auquel il s'adresse à celle d'un inconnu.

Voilà pourquoi presque toujours, dans les usages commerciaux, on stipule un ducroire, qui est un surcroît de commission, en rémunération de la garantie personnelle du commissionnaire.

Ce n'est pas que, dans les rapports du commissionnaire au commettant, il n'y en ait qui se rapprochent du mandat, mais c'est un mandat *sui generis*. Ce n'est plus le mandat civil; c'est un agissement commercial, mélangé de mandat, auquel les règles pures] du mandat ne sont pas applicables.

II. — Ainsi il est admis dans les usages commerciaux et consacré par la jurisprudence que le commissionnaire, chargé de vendre une marchandise, peut être acheteur pour son propre compte.

D'après les règles du mandat civil, le mandataire ne peut se rendre acheteur de la chose qu'il est chargé de vendre.

D'après le droit civil, le mandat doit être accompli *in formâ specificâ, fines mandati accuratè custodiendi.*

Le commissionnaire, dans les usages commerciaux, a beaucoup plus de latitude.

S'il expédie par terre une marchandise qu'il était chargé d'expédier par eau, le mandat n'est pas détruit, mais seulement le mandataire répond des suites de son agissement.

Il en est de même s'il vend à crédit au lieu de vendre à terme.

Le mandat civil est essentiellement gratuit. Le mandat commercial ne l'est pas; et cependant, en matière commerciale, c'est moins les termes dans lesquels le mandat est conçu qu'il faut consulter, que les principes de bonne foi qui régissent tous les contrats commerciaux (1).

Le Code de commerce ne devrait-il pas préciser ces différences essentielles ?

Ainsi il y aurait lieu de déterminer dans quel cas le commissionnaire peut être tenu de faire connaître son vendeur ou son acheteur; dans quel cas il peut être vendeur lui-même; si, dans cette hypothèse, il peut percevoir le droit de commission.

A cet égard, on ne voit pas pourquoi le commettant, dont l'ordre est rempli, pourrait se dispenser de payer un droit de commission, alors que le commissionnaire lui a appliqué sa propre marchandise.

La condition du commettant a-t-elle empiré ? Le commissionnaire lui a-t-il causé un préjudice quelconque ?

Le droit de commission est la rémunération des soins que le commissionnaire est censé se donner pour se procurer la marchandise vendue; s'il applique celle qu'il a dans ses magasins, il sera obligé de la remplacer plus tard et de payer peut-être lui-même un droit de commission

Ainsi nul détriment pour le commettant et pour le commissionnaire: c'est l'exécution d'un contrat qui ne blesse en rien les usages commerciaux.

III. — A ces divers points de vue, le titre du contrat de commission appellerait quelques développements.

En 1863, ce titre a été l'objet d'une révision.

(1) *Inter mercatores* (dit à ce propos Casaregis, *Disc.* 52, n° 9) *qui semper cum candore absque ullo artificio agere debent in negotiis.*

La loi du 23 mai 1863 a introduit dans le Code de commerce un titre spécial, intitulé *du Gage.*

Il s'agissait de mettre fin à la controverse qui existait sur le point de savoir si l'article 2074 du Code civil était applicable au gage commercial.

Les auteurs et la jurisprudence étaient divisés, et cependant l'article 2084 du Code civil portait expressément que les dispositions relatives au gage n'étaient pas applicables aux matières de commerce.

La loi de 1863 déclare que le gage commercial pourra être établi par tous les moyens indiqués dans l'article 109.

L'application de l'article 2074 en matière commerciale était déjà écartée par l'article 2084, mais il est bon que que le Code de commerce contienne une disposition qui ne permette plus le doute.

Ce qu'on a fait pour le gage commercial devrait être fait pour tous les contrats auxquels on veut appliquer les règles du Code civil.

Toutefois, la loi de 1863 aurait pu être plus explicite.

Il aurait été bon de préciser que la spécialité exigée par l'article 2074 n'est pas requise.

Cela s'induit sans doute de la disposition qui permet d'établir le contrat de gage par toute espèce de preuve ; mais n'était-il pas utile de dire que le gage commercial s'étend à toutes les sommes dues par le débiteur, en compte courant (par exemple), soit qu'elles aient pris naissance avant ou après la constitution du gage, à moins de conventions contraires ?

IV. — Les autres dispositions de la loi de 1863 sont la reproduction des principes inhérents au contrat de gage, qui ne vaut qu'autant qu'il y a prise de possession.

La loi spécifie les cas dans lesquels le gage est censé être dans la possession du gagiste.

Une disposition essentielle est celle relative au droit de faire vendre le gage huit jours après une signification.

Quand il s'agit de valeurs négociables, le créancier a le droit de les recouvrer.

Il devrait en être de même des titres au porteur.

Le même motif qui a fait autoriser le créancier à recouvrer les effets de commerce donnés en gage doit l'autoriser à négocier les titres au porteur dont la valeur est déterminée par les cotes de la Bourse.

Une précision dans la loi n'eût pas été inutile.

Ne devrait-il pas suffire, dans ce cas, d'une simple signification portant que le créancier s'approprie le titre qu'il détient, au taux porté sur la cote de la Bourse ?

Il peut être utile à un banquier qui reçoit en nantissement des titres au porteur d'en disposer à l'échéance, s'il n'est pas couvert de ses avances.

Une stipulation de ce genre, qui n'aurait rien de contraire aux usages commerciaux, tomberait-elle sous le coup de la prohibition portée par le nouvel article 93 ?

Que la clause de voie parée soit proscrite en matière civile, surtout quand il s'agit d'immeubles, les mêmes motifs existent-ils en matière commerciale pour des valeurs mobilières ?

L'article 93 ne permet la vente du gage que huit jours après une sommation signifiée au débiteur.

L'accomplissement de cette formalité peut susciter des embarras.

Les déplacements sont fréquents dans le commerce. Pour le débiteur qui sera, par exemple, en Amérique, faudrait-il aiouter les délais de distance ?

Les nécessités du commerce exigent une marche plus prompte ; il ne faut pas craindre de compromettre quelques intérêts particuliers, lorsqu'il s'agit de pourvoir à l'intérêt général et d'étendre les bases du crédit, qui est l'âme essentielle du commerce.

Une requête présentée au président du Tribunal de commerce pour autoriser la vente devrait suffire.

V.— On a prétendu que le commissionnaire demeurait tacitement engagé lorsque, recevant une commission par correspondance, il avait négligé de répondre s'il acceptait ou refusait.

C'est, ce semble, aller bien loin.

Il est très-vrai que, dans certains cas, en matière commerciale, un engagement peut résulter du simple silence sur une lettre reçue.

Mais il ne faut admettre cette solution qu'avec réserve.

Un commissionnaire reçoit un ordre d'un inconnu avec qui il n'a jamais eu de relations, et l'on voudrait qu'il fût tenu de répondre, à peine d'être engagé !...

Ce serait là une atteinte grave portée à la liberté des commerçants.

Il est de principe que celui qui se tait ne consent pas toujours. *Non utique qui tacet consentire videtur.*

Lorsque, par exemple, dans le cours d'une opération engagée entre deux correspondants, une modification est faite à un traité prpposé, et qu'on garde le silence sur cette modification, on peut conclure, avec fondement, qu'il y a acceptation.

Mais, en dehors de cas analogues, poser en principe que le silence engage, c'est là ce que le droit commercial, pas plus que le droit civil, ne pourrait comporter.

C'est à celui qui a écrit une lettre à ne pas se contenter du silence et à réclamer une réponse catégorique.

Le silence de la part du commissionnaire sur un ordre reçu pourrait, il est vrai, être dommageable, le commettant n'ayant pas été mis à même de faire exécuter l'ordre par un autre et ayant pu subir un préjudice; mais c'est là un fait de responsabilité qui ne convertirait pas le silence en une acceptation.

On comprend que le commissionnaire à qui on adresse des marchandises pour les vendre soit tenu, tout en refusant le mandat, ou de les soigner ou de les faire consigner dans un dépôt public; mais ses obligations ne vont pas au delà: il ne peut s'agir que des principes généraux sur la responsabilité, il n'y a là rien de spécial pour le contrat de commission.

Sans entrer dans trop de prévisions, ne serait-il pas bon que le Code de commerce renfermât à cet égard quelques principes?

§ V

I. — Le titre relatif aux commissionnaires de transport et aux voituriers n'est pas un des moins importants du Code de commerce; les commissionnaires et les voituriers sont les intermédiaires indispensables, dans les transactions commerciales qui ne se traitent pas dans le même lieu.

Aujourd'hui que les chemins de fer ont pris la plus grande place dans les transports de marchandises, il y a lieu de se demander si quelques modifications aux règles établies par le Code, ou du moins quelques articles additionnels, ne seraient pas nécessaires.

La responsabilité des Compagnies de chemins de fer doit être la même que celle des voituriers; cependant il existe des dispositions qui sont d'une application facile pour les voituriers et qui ne peuvent l'être au même degré pour les Compagnies de chemins de fer.

Ainsi l'article 105 dispose que toute action contre le voiturier est éteinte par la réception de la marchandise et le payement du prix de la voiture.

La vérification est facile quand un voiturier dépose, sur la porte d'un destinataire, un colis de marchandise. En est-il de même pour les chemins de fer, qui transportent des quantités considérables, et qui, de plus, sont dans l'usage de faire émarger leurs registres avant toute remise de la marchandise transportée? Aussi la jurisprudence s'est-elle montrée peu disposée à admettre, en faveur des Compagnies de chemins de fer, la fin de non-recevoir puisée dans l'article 105.

« Attendu, a dit à cet égard la Cour de Metz (1), que cet article n'a pu régler que les » habitudes commerciales et les faits connus en 1807. »

En partant de cette idée, qui est éminemment juste, la révision de l'article 105 est indispensable, ou du moins il doit être créé un droit à part pour les transports opérés par les chemins de fer.

La Cour de cassation a cependant jugé (2) que l'article 105 est applicable, et il faut convenir qu'en l'absence de toute autre disposition les termes de l'article 105 embrassent tous les modes de transport.

Mais est-il juste qu'il en soit ainsi ?

Ne faudrait-il pas placer les transports opérés par les chemins de fer dans une catégorie spéciale ?

Il est bien vrai que les destinataires ont le droit de recevoir en gare les marchandises qui leur sont adressées ; les Compagnies sont tenues de leur donner avis de l'arrivée ; mais comprendrait-on qu'une vérification sérieuse fût possible au milieu du chaos qui rend presque inabordables les gares des chemins de fer ?

II. — Indépendamment des questions qui peuvent naître de l'application de l'article 105, il s'en est présenté d'autres relatives à la garantie. Ainsi on a jugé que les expéditeurs n'étaient pas liés par la clause insérée dans leur bulletin, en vertu de laquelle la garantie qui incombe aux commissionnaires de transport serait modifiée ou restreinte à une certaine somme.

Les Compagnies sont garantes de l'arrivée des marchandises dans les délais fixés par leur règlement; en cas de retard, elles peuvent être passibles de dommages.

Les Compagnies de chemins de fer sont tenues d'avoir un matériel suffisant pour satisfaire aux nécessités du transport.

Le monopole dont elles sont investies leur impose des charges qu'elles ne peuvent décliner.

Ainsi si, faute de waggon, un individu est mis dans l'impossibilité d'expédier sa marchandise à un marché où elle devait être vendue, la Compagnie est tenue à des dommages.

Il est interdit aux Compagnies de faire des traités particuliers avec certains expéditeurs. Les modifications du tarif sont interdites, et des dommages pourraient être dus aux parties lésées par une concurrence nuisible.

Ces diverses questions ne pourraient-elles pas faire l'objet d'un titre spécial dans le Code de commerce ?

§ VI

I. — Le titre de la Lettre de change est un des plus complets du Code de commerce ; c'est que là il n'y avait aucun emprunt à faire au droit civil : tout y est de nature commerciale.

Le contrat de change est le moyen de réalisation le plus efficace des opérations commerciales ; il se mêle à tous les contrats commerciaux ; il en est l'instrument et le complément.

Ce contrat est tellement approprié au commerce, que les règles qui le gouvernent sont les mêmes chez toutes les nations commerçantes.

(1) Arrêt du 29 avril 1865 (Sir., 55, 2. 721).
(2) 9 juin 1858 (Sir., 59. 1. 56).

La loi définit les caractères de la lettre de change; elle la distingue du billet à ordre; elle veut qu'elle soit tirée d'un lieu sur un autre, qu'elle énonce la valeur fournie, etc.

La portée de ces diverses précisions, c'est surtout d'attribuer juridiction aux Tribunaux de commerce, de soumettre les souscripteurs à la contrainte par corps.

Si, comme il y a lieu de l'espérer, la contrainte par corps est supprimée, la plupart des précisions de la loi deviendraient sans objet.

Il importerait peu, en effet, aux signataires d'un effet de commerce d'être soumis à la juridiction commerciale ou à la juridiction civile.

Il y a économie de frais quant à la première juridiction; et comme, après tout, le contrat de change ne soulèvera que des questions commerciales, il est naturel qu'elles soient portées devant les Tribunaux de commerce.

Ce qui importe, en général, c'est d'échapper à la contrainte par corps.

De là les efforts faits par les souscripteurs non commerçants pour enlever à la lettre de change le caractère de contrat de change.

II. — Faut-il que la lettre de change soit tirée d'une place sur une autre place?

Que doit-on entendre par *un lieu sur un autre ?*

Comment doit être exprimée la valeur fournie?

Dans quel cas la lettre de change dégénère-t-elle en simple promesse?

Que vaut la signature des femmes, filles, etc.

Ces diverses questions perdront de leur intérêt si la contrainte par corps ne doit pas être prononcée.

Les principes posés par le Code n'en subsisteront pas moins, eu égard à la compétence; mais, à ce point de vue, il conviendrait d'attribuer à la juridiction commerciale tout ce qui a trait aux lettres de change, alors même qu'elles sont réputées simple promesse.

Tout effet négociable, susceptible d'être mis en circulation par la forme commerciale, tombe essentiellement dans la juridiction des juges de commerce.

III. — Une autre conséquence de la création d'un effet de commerce, c'est de nantir le tiers porteur de façon à ce que le souscripteur ne puisse lui opposer les exceptions qu'il opposerait à son cédant.

La loi suppose un tiers porteur de bonne foi.

Quant aux effets de l'endossement en blanc, pourquoi décider en principe que l'endossement en blanc ne vaut que comme procuration, alors qu'il est admis que le détenteur d'une lettre de change peut en remplir l'endossement sans commettre une fraude?

Ne semble-t-il pas plus logique de vouloir que, dans tous les cas, l'endossement régulier ou irrégulier opère une transmission valable?

IV. — Quant à la garantie contractée par celui qui transmet une lettre de change revêtue de plusieurs endossements, il s'est élevé la question de savoir si cette garantie s'étendait à la vérité de toutes les signatures.

On voulait appliquer les règles du droit civil, qui veulent que le cédant garantisse l'existence de la dette.

La Cour de cassation a jugé avec raison que les règles de la cession n'étaient pas applicables à la transmission d'une lettre de change; que c'était une monnaie mise en circulation, qui pouvait passer en plusieurs mains; que celui qui la détenait en dernier lieu ne pouvait répondre que de la personne qui la lui avait transmise et garantir seulement la vérité de la dernière signature (1).

(1) Sir., 48, 1, 293.

Ce principe ne devrait-il pas être inscrit dans le Code de commerce ?

On s'est préoccupé aussi des effets de l'endossement souscrit après l'échéance de la traite.

Le Code est muet sur ce point ; il est certain qu'après l'échéance de la traite le contrat de change n'existe plus.

L'endossement, en pareil cas, ne peut avoir que les effets d'une simple cession.

Ne serait-ce pas une précision utile à insérer dans le Code ?

V. — Quant à la provision, faut-il nécessairement qu'entre le tireur et le tiré il y ait eu une affectation spéciale ?

La jurisprudence paraît fixée dans ce sens qu'il n'y a provision qu'autant qu'il y a affectation spéciale ; que, sans cette circonstance, le tiré peut s'appliquer les sommes qu'il doit au tireur, bien qu'en annonçant les traites fournies sur lui le tireur lui ait en même temps envoyé des valeurs.

Le droit commercial se prête peu à la nécessité des stipulations formelles ; les règles de bonne foi sont plus larges.

L'article 116 ne parle nullement d'affectation spéciale.

Il est vrai que cet article ne qualifie de provision que les sommes dues par le tiré à l'échéance de la traite.

Mais, lorsqu'au moment de l'émission de cette traite, des valeurs sont adressées au tiré, l'affectation spéciale ne devrait-elle pas résulter des circonstances?

Si c'est là un contrat commercial qui intervient entre le tireur et le tiré, l'affectation ne peut-elle pas être établie par toute espèce de preuve, et notamment par des présomptions ?

Lorsque le tireur a envoyé des remises à un correspondant, et qu'il lui a annoncé qu'il fournissait sur lui à telle échéance, ne doit-on pas voir dans ce rapprochement l'affectation de la provision ?

Si le tiré fait plus tard des avances de fonds au tireur, doit-il compter sur les valeurs qu'il sait devoir faire face aux traites fournies sur lui ?

VI. — La jurisprudence, sur ce point comme sur bien d'autres, s'impressionnant beaucoup trop des règles du droit civil, a admis que le tiré pouvait s'appliquer les sommes qu'il devait en compte courant, par préférence au porteur des traites, en l'absence d'une affectation spéciale.

Cette question ne devrait-elle pas être tranchée par un texte de loi ?

Si le tiré n'est pas lié lorsqu'il n'y a pas affectation spéciale, il n'y a pas de raison pour attribuer la provision au porteur de la traite au détriment des créanciers du tireur.

La traite fournie doit équivaloir à une cession de la provision.

S'il en est ainsi, le porteur de la traite est saisi dès l'instant même de l'émission.

Si le tiré devient plus tard créancier du tireur, il ne peut compter sur des valeurs dont celui-ci a disposé antérieurement.

On peut dire, il est vrai, au porteur de la traite, qu'il a à se reprocher de n'avoir pas requis l'acceptation;

Mais, dans les usages commerciaux, et par suite de la confiance réciproque, il est rare qu'entre correspondants qui s'estiment l'acceptation soit requise à l'avance, à moins de convention contraire.

VII. — Une autre question qui a amené des débats devant les Tribunaux, c'est celle relative au point de savoir ce que vaut l'expression *retour sans frais*.

Le porteur est-il dispensé par cette mention de requérir le protêt à l'échéance ?

Quand cette mention émane de certains endosseurs seulement, quelle doit en être la portée?

Ce cas ne devrait-il pas être prévu?

VIII. — La prescription de cinq ans éteint toute action en payement d'une lettre de change ou d'un billet à ordre, à moins, dit l'article 189, qu'il n'y ait eu reconnaissance de la dette par acte séparé.

On a jugé qu'une lettre missive, dans laquelle le débiteur demande un délai, n'était pas une reconnaissance de la dette par acte séparé.

La disposition de l'article 189 ne devrait-elle pas être modifiée?

Ne suffit-il pas d'une reconnaissance quelconque de la dette, pour que la prescription soit interrompue?

La prescription est-elle tellement favorable qu'on ne puisse la repousser lorsqu'il est avéré que le débiteur a reconnu la dette avant l'expiration des cinq ans?

On comprend qu'une fois les cinq ans expirés, il faille un acte formel pour constituer la renonciation à la prescription acquise; mais, avant l'échéance des cinq ans, une reconnaissance quelconque ne devrait-elle pas avoir un effet interruptif?

§ VII

I. — Le commerce des mers a été le premier lien des nations.

Le droit maritime a été formulé par de remarquables monuments législatifs, bien avant l'émission du code de commerce.

Les Rhodiens, qui s'étaient adonnés à la navigation, avaient consigné dans leurs lois les usages maritimes.

Les Romains leur empruntèrent d'abord les règles du jet à la mer (1); plus tard ils s'approprièrent la plupart de leurs lois (2). Le contrat d'assurance, le prêt à la grosse, leur étaient connus (3).

Dans le moyen âge, Marseille, d'abord, les républiques italiennes, Venise et Gênes, les villes hanséatiques, Hambourg, Lubeck, eurent des lois maritimes.

Le consulat de la mer, composé par ordre des rois d'Aragon, en contient la collection.

Ce recueil fut adopté comme loi générale chez toutes les nations commerçantes (4).

Les temps anciens nous offrent ainsi un exemple de ce que devrait être la loi commerciale: la même pour tous les peuples.

A coté du consulat de la mer, on trouve quelques autres lois et ordonnances maritimes, qui figurent dans le recueil de Cleirac.

Ainsi *les Jugements d'Oléron*, recueil incomplet, fait pour la Guienne, par ordre de Richard Ier, roi d'Angleterre.

Les ordonnances de Wisbuy, ville de Suède, dans l'île de Gothland, anciennement un des marchés les plus renommés de l'Europe (5).

L'ordonnance de Wisbuy, qui peut être considérée comme un complément des rôles d'Oléron, traite des contrats à la grosse.

(1) *Leg. Rhodia de jactu.*

(2) Edit du prêteur *de Exercitoriâ Actione.*

(3) *De Nautico Fœnore.* Cicero, lib. 11, ep. 17.

(4) Emerigon, Traité des assurances, préface. *Consulatus maris in materiis maritimis tanquam universalis consuetudo habens vim legis inviolabiliter attendenda est apud omnes provincias et nationes* (Casaregis, disc. 213, ch. 12).

(5) Emerigon, *loc. cit.*

Au XVe siècle, les prud'hommes de Barcelonne firent publier un règlement sur les assurances maritimes.

A la fin du XVIe siecle, les villes hanséatiques dressèrent des règlements très-étendus au sujet de la navigation.

Plus tard on trouve en France, sous le titre de *Guidon de la mer,* des règlements publiés à Rouen.

A la même époque, on rédigeait à Amsterdam le *Coutumier des assurances.*

II. — C'est en face de tous ces précédents que fut rédigée l'ordonnance de 1681, le monument de législation le plus complet en matière maritime.

« Parce qu'il n'est pas moins nécessaire (est-il dit dans le préambule) d'affermir le com-» merce par de bonnes lois que de le rendre libre et commode par la bonté des ports et la » force des armes, et que nos ordonnances, celles de nos prédécesseurs, ni le droit romain, » ne contiennent que très-peu de dispositions pour la décision des différends qui naissent » entre les négociants et les gens de mer, nous avons estimé que, pour ne rien laisser à » désirer au bien de la navigation et du commerce, il était important de fixer la jurispru-» dence de contrats maritimes, jusqu'à présent incertaine, de régler la juridiction des offi-» ciers de l'amirauté et les principaux devoirs des gens de mer. »

L'ordonnance de 1681 ne laisse aucune partie du droit maritime dans l'ombre; dès son apparition, elle fut adoptée comme loi générale.

» Les nations les plus jalouses (dit Valin) déposant leurs préjugés, leur haine même, » l'adoptèrent à l'envi, comme un monument éternel d'intelligence et de sagesse. »

» L'ordonnance de 1681 (dit l'auteur d'un remarquable commentaire sur le code de » Commerce (1)) n'a pas cessé d'être ce qu'elle fut dès son apparition ; le temps ne lui » a rien enlevé de son prestige, et l'admiration qu'elle excita trouva un écho fidèle dans » la commission qui était chargée de la préparation du Code et dans l'esprit de tous ceux qui » présidèrent à sa rédaction. »

III. — Le Code de commerce reproduit à peu près littéralement les dispositions de l'ordonnance, éclairées par les commentaires de *Valin* et d'*Emerigon.* Quelques progrès qu'aient faits la navigation et par suite le commerce maritime, on ne trouverait rien à changer aux dispostions consignées dans le Code.

La jurisprudence a pu rencontrer dans son application des questions sur lesq elles les esprits ont pu hésiter; mais cela ne porte aucune atteinte à l'ensemble de la législation.

Peut-être pourrait-on faire quelques observations de détail, qui touchent moins aux règles du commerce maritime qu'aux principes généraux du droit commercial.

Ainsi on pourrait se demander pourquoi l'article 195 dispose que la vente d'un navire ne pourra être constatée que par écrit.

La vente est un contrat consensuel. Pourquoi cette exclusion de la preuve testimoniale, lorsqu'en matière de commerce cette preuve est toujours admissible? Que pour opérer la francisation du navire et la mettre sur la tête du nouveau possesseur, l'administration puisse exiger une preuve écrite de la vente, cela se conçoit ;

Mais entre les parties contractantes, où est la nécessité d'un écrit, si l'on peut prouver le contrat par tout autre moyen et faire décider que le jugement obtenu tiendra lieu d'un acte de vente?

IV. — L'article 332 veut qu'on insère dans les polices d'assurance la soumission aux arbitres, si elle a été convenue.

(1) Bédarride, *Droit maritime,* t. 1 p. 27.

C'est permettre de stipuler d'avance la soumission aux arbitres, contrairement aux dispositions de l'article 1006 du Code de procédure.

Aujourd'hui que l'arbitrage forcé est supprimé, pourquoi conserver ce mode défectueux de jugement pour le contrat d'assurance?

V. — Une question qui divise les auteurs et la jurisprudence est celle de savoir si, lorsque le navire a fait heureusement le voyage d'aller et périt au retour, les matelots ont le droit d'exiger leur loyer sur le fret gagné à l'aller (1).

Il semble naturel de décider qu'il y a en réalité deux voyages, et que, si le naufrage survient au retour, le voyage d'aller ne peut être affecté au loyer dû aux matelots pour le retour.

Il importe que les matelots aient intérêt à la conservation du navire ; si le fret gagné au voyage d'aller suffisait pour les couvrir, ils seraient sans intérêt à sauvegarder le navire au retour.

Cette question s'est présentée non-seulement dans l'intérêt des matelots, mais surtout à l'égard de l'administration de la marine.

VI. — Dans l'intérêt du service de la marine, l'État s'est préoccupé du sort des gens de mer délaissés, à suite d'un naufrage, sur des côtes lointaines.

L'État s'est imposé l'obligation de les rapatrier et de pourvoir aux frais nécessités par ce rapatriement.

Mais en même temps il a dû se réserver un recours contre les armateurs, en se substituant aux droits des matelots.

Un décret du 7 avril 1860 porte que les frais exposés par l'État sont prélevés sur l'ensemble du navire, et subsidiairement sur l'ensemble des frets gagnés depuis que le navire a quitté son port d'armement.

On a conclu de là que, quelles que fussent les dispositions du Code de commerce, l'administration de la marine avait le droit de répéter les frais qu'elle avait déboursés, tant sur le fret d'aller que sur le fret de retour.

Cependant le décret de 1860 a le soin de dire que l'administration est subrogée aux droits des matelots.

Or les droits des matelots sont régis par les articles 258 et 259 du Code de commerce, qui, en cas de bris, prise ou naufrage, restreignent le privilége des matelots aux débris du navire, et subsidiairement au fret des marchandises *qui ont pu être sauvées*.

Il y a évidemment là exclusion du fret gagné par le voyage d'aller, vu que les marchandises qui étaient sur le navire au voyage d'aller ne pouvaient pas s'y trouver au retour.

Le navire affrété pour un port ne quitte ce port qu'après avoir déposé les marchandises à cette destination.

Il faut reconnaître pourtant que les termes du décret de 1860 peuvent prêter à une interprétation contraire, et alors s'élève la question de savoir si ce décret a dérogé aux articles 258 et 259 du Code de commerce.

La question a été jugée en divers sens par les Tribunaux.

Certains Tribunaux ont écarté l'interprétation donnée au décret de 1860, vu que ce décret serait frappé d'inconstitutionnalité s'il abrogeait un article de loi.

N'y a-t-il pas dans ce sujet de controverse la preuve du danger qu'offrent les réformes législatives, quand elles s'occupent d'un objet isolé?

(1) Voir les annotations sur un arrêt de Bordeaux qui refuse aux matelots le droit d'être payés sur le fret d'aller. (Sir., 64, 2. 165.)

Le décret de 1860 n'a sûrement pas voulu abroger la loi; cependant ses termes donnent à cette supposition une assez grande force.

Ne repoussons pas d'une manière absolue les innovations, mais soyons réservés quand il s'agit de toucher aux monuments élevés lentement, et en grande connaissance de cause par nos devanciers.

Cette réflexion s'applique surtout au titre du Code de commerce relatif au droit maritime. On ne peut pas exiger d'une loi que tous les cas soient prévus et que certaines dispositions ne prêtent pas matière à discussion; mais, du moins, en ce qui concerne le droit maritime, le Code de commerce, tel qu'il est, se suffit à lui-même et ne nécessite aucun renvoi au Code civil.

§ VIII

Un des titres les plus importants du Code de commerce est celui qui est relatif à la faillite.

Une double pensée a dû préoccuper le législateur: infliger une juste répression à ceux qui, abusant de la foi d'autrui, compromettent par leur imprudence les capitaux qui leur sont confiés; veiller à ce que, dans un naufrage commun, la perte soit également répartie sur tous.

Quant au premier chef, le Code de commerce avait déjà, avant 1838, satisfait à tout ce que la justice pouvait exiger.

Également éloignée des rigueurs du droit ancien et d'une indulgence pernicieuse, la loi avait déterminé les cas où il y avait lieu de sévir, en distinguant les désastres causés par le malheur de ceux qui sont suscités par la fraude et la mauvaise foi.

Mais, pour sauvegarder les intérêts matériels, la tâche était plus difficile.

Il s'agissait de répartir entre tous les créanciers la perte causée par le naufrage commun.

Mais, en même temps, il fallait faire la part des actes qu'une sage vigilance peut inspirer à des créanciers de bonne foi.

Ce n'est que dans des cas extrêmement rares que l'état de faillite est amené par un accident instantané; le plus souvent le négociant le plus honnête descend vers la ruine en cédant à des illusions qui se renouvellent sans cesse.

C'est lorsque son esprit est imbu de ces espérances trompeuses que toutes les ressources sont employées pour se soutenir.

Les emprunts hypothécaires, les nantissements, tout ce qui peut aider à faire vivre une situation qui devient de jour en jour désespérée, est employé avec toute l'habileté qu'inspire la nécessité impérieuse.

Comment vouloir que, lorsque la vie commerciale subsiste, les tiers ne soient pas trompés par les apparences de solvabilité ?

Des actes de toute nature intervenant, comment distinguer ceux qui sont inspirés par la prévision d'une faillite imminente de ceux qui sont consentis loyalement?

Plusieurs systèmes étaient proposés :

Établir des signes certains par lesquels la cessation de payements se manifesterait;

Annuler pour cause de fraude tous les actes faits dans l'intervalle écoulé entre la cessation de payements et la déclaration de faillite.

C'était là le système du Code. L'ancien article 441 voulait que l'époque de l'ouverture de la faillite fût fixée, soit par la retraite du débiteur, soit par la clôture de ses magasins, soit par la date des actes constatant le refus d'acquitter les engagements de commerce.

Il fallait, en outre, qu'il y eût, à partir de ces actes, cessation de payements.

En présence de cette disposition, il y avait peu de place pour l'arbitraire.

On concevait que tous les faits accomplis dans les dix jours qui précédaient l'époque de l'ouverture fussent suspects de fraude.

La loi distinguait pourtant :

Les actes à titre gratuit étaient nuls.

Ceux à titre onéreux étaient annulables s'il y avait fraude de la part des contractants.

Les payements pour dettes non échues étaient rapportables.

Ceux pour dettes échues pouvaient être attaqués comme frauduleux.

Ces précisions de la loi ancienne cantonaient dans un cercle étroit les débats relatifs aux actes faits par le failli aux approches de la faillite.

II. — Qu'a fait la loi nouvelle ?

Elle a élargi le cercle.

L'ouverture de la faillite peut être reportée, dans tous les cas, à l'époque à laquelle remonte la cessation de payements.

La détermination de la cessation de payements est laissée à l'arbitraire du juge.

A la différence de la loi ancienne, qui ne permettait pas de remonter à une époque antérieure à la retraite du débiteur, à la clôture de ses magasins ou au premier protêt, les Tribunaux peuvent arbitrairement rechercher à quelle époque la cessation de payements s'est produite.

Et alors, pour annuler les actes faits par le failli, il ne s'agit plus de savoir s'ils ont eu lieu dans les dix jours qui précèdent l'ouverture, mais bien s'ils ont eu lieu avec connaissance de la cessation de payements.

Il est vrai que là les Tribunaux sont investis d'un pouvoir discrétionnaire ; ils peuvent annuler ou maintenir, sauf quand il s'agit de payements pour dettes non échues, de payements autrement qu'en espèces, de sûretés données pour dette antérieurement contractée.

Là, la loi présume de plein droit la connaissance de la cessation de payements.

Mais là s'ouvre le plus vaste champ au doute et à l'incertitude.

Dans quel cas y a-t-il cessation de payements ? Quel est le signe certain auquel il est possible de la connaître ?

Un négociant a ses magasins ouverts ; il laisse certains engagements en souffrance, mais il en paye d'autres ; il fait des opérations nouvelles, son crédit n'est pas éteint, mais son insolvabilité est flagrante. Les Tribunaux hésitent. Leur embarras est d'autant plus grand qu'un négociant peut vivre plusieurs années dans cet état précaire.

Il a obtenu des délais ; il a usé de ses dernières ressources ; il a emprunté par hypothèque ; il a renouvelé des billets ; tout cela l'a fait vivre.

Si, cependant, il faut rechercher à quel moment il n'avait plus qu'une vie commerciale factice, il faut reporter l'ouverture de la faillite à des dates reculées.

Mais, dans l'intervalle, les tiers ont été trompés ; certains, plus vigilants, ont obtenu des sûretés.

Plusieurs années s'écoulent, le moment de s'arrêter arrive, la faillite est déclarée, l'ouverture en est fixée au jour où les premiers signes de cessation de payements se sont produits, et la suspicion s'élève contre tous les actes faits par le failli à partir de l'époque à laquelle la cessation de payements est fixée.

III. — Il faut avoir étudié les innombrables procès auxquels donne lieu l'application des articles 437, 446, 447 et 448 du Code de commerce, pour comprendre tout ce qu'il y a de défectueux dans la loi nouvelle, quelle large porte est ouverte à l'arbitraire. Combien de fois des négociants honorables sont réduits à venir devant les Tribunaux défendre des actes que la prudence leur commandait et qu'ils croyaient être autorisés à faire, alors qu'ils traitaient avec un commerçant ostensiblement capable de s'engager !

Que, dans le nombre des actes attaqués, la majeure partie ait été conçue, sinon avec la connaissance d'une cessation de payements actuelle, du moins avec la prévision d'une cessation de payements prochaine, cela est vrai.

Mais la loi a-t-elle bien le droit de frapper la vigilance? Que devient la maxime : *Jura vigilantibus prosunt?*

Que la perte causée par le naufrage doive être également répartie sur tous, cela se conçoit; mais rien ne s'oppose à ce que celui qui a embarqué sa marchandise sur un navire qui menace de sombrer la débarque au premier port venu, pour échapper au naufrage.

Pourquoi s'opposerait-on à ce que le négociant qui a traité avec un débiteur dont les affaires vont mal tâche de se prémunir contre l'éventualité d'une faillite?

Le principe d'égalité en matière de faillite est sans doute fort respectable, mais il faut l'appliquer pour le temps où la faillite est déclarée, ou tout au moins pour une époque tellement voisine, qu'on puisse, dès ce moment même, considérer la faillite comme imminente.

La loi ancienne était plus sage.

Dans les prévisions de cette loi, il était rare que la faillite fût reportée à plus de six mois ou un an, en recherchant le premier protêt, suivi de cessation de payements.

Sous l'empire de la loi nouvelle, on voit tous les jours des faillites reportées à plusieurs années.

Il y a mieux, on cherche presque toujours à étendre le pouvoir arbitraire laissé aux Tribunaux pour la fixation de la cessation des payements; et, bien qu'aucune loi n'interdise aux négociants de fournir des sûretés hypothécaires, le plus souvent on cherche à reporter la date de cette cessation de payements aux premiers actes hypothécaires consentis par le failli.

Ainsi il arrive que des actes, qu'on pouvait croire inattaquables lorsqu'ils ont été souscrits, sont mis en question; des banquiers qui ont fourni des fonds ou renouvelé des billets moyennant des sûretés hypothécaires sont réduits, plusieurs années après, à venir défendre devant les Tribunaux les traités intervenus, et prouver qu'au moment où ces traités ont été consentis ils n'avaient pas connaissance de la cessation des payements. On leur répond que la précaution prise implique l'idée d'une crainte, d'une méfiance; mais la gêne et même l'insolvabilité connues, est-ce bien la cessation de payements?

Il y a là un grave sujet de perturbation pour le commerce, et, dans le but d'arriver à une égalité impossible, qui est toujours violée par le failli au moyen d'actes non ostensibles, de sacrifices latents, d'avantages obtenus par obsession, toutes choses dont il n'existe aucune trace, on ouvre la porte la plus large à des procès d'autant plus nombreux que les syndics, en les engageant, sont imbus de l'idée qu'ils remplissent un devoir qu'il ne leur est pas permis de déserter.

Qu'arrive-t-il en dernière analyse?

L'actif de la faillite se dévore en frais, la mission des syndics se perpétue, et les quelques valeurs qu'on parvient à faire rentrer à la masse compensent à peine les frais exposés, et l'inconvénient de retarder indéfiniment la distribution d'un dividende, que les créanciers les plus malheureux attendent avec anxiété.

IV. — Il y a évidemment là un vice auquel il conviendrait de porter remède.

Si l'on ne croyait pas devoir reproduire les signes caractéristiques de la cessation de payements, déterminés par la loi ancienne, du moins faudrait-il déclarer que le report de la faillite ne peut jamais avoir lieu au delà d'une année, par exemple.

Les créanciers n'ont pas le droit de se plaindre de ce qu'ils ont laissé vivre leur débiteur, alors qu'il ne tenait qu'à eux de le faire déclarer en faillite.

Il ne leur est pas permis d'invoquer une cessation de payements qu'ils ont tolérée, s'ils l'ont connue, et qui, si elle a été ignorée des personnes intéressées, ne devrait pas avoir un caractère notoire.

A cet égard, lors de la confection de la loi nouvelle, il avait été question d'ajouter à l'article 437 qu'il fallait, pour constituer l'état de faillite, que la cessation de payements fût *notoire.*

On comprend qu'on ait hésité sur l'emploi de cette expression, vu qu'il serait peu aisé de déterminer dans quel cas la notoriété existerait.

Mais toujours est-il que si, malgré une cessation de payements plus ou moins complète, malgré des protêts et même des poursuites, un négociant est laissé à la tête de ses affaires sans que le Tribunal le déclare d'office en faillite, sans que les créanciers poursuivent cette déclaration, il ne devrait pas être permis de reporter l'époque de l'ouverture au delà d'une certaine limite.

L'intérêt des tiers qui ont contracté avec un négociant dans cet état est évidemment préférable à l'intérêt des créanciers qui ont négligé d'user des droits que la loi leur accordait; il ne doit pas leur être permis de se plaindre : *Volenti non fit injuria.*

Dirait-on qu'il peut y avoir des créanciers éloignés qui n'ont pas été fixés sur l'état de leur débiteur? Il n'est pas permis de supposer, dans le commerce, qu'on puisse avoir pendant plusieurs années des relations d'affaires avec un négociant, sans qu'on été mis à même de s'informer de sa situation ; si on ne l'a pas fait, on a pu le faire, et la conséquence est la même : *Idem est scire aut scire potuisse.*

Le changement radical apporté à l'ancienne loi a pour résultat de sacrifier à l'intérêt de la masse celui des tiers qui ont traité avec le failli, depuis l'époque fixée pour l'ouverture de la faillite.

Les attaques des syndics, il est vrai, ne réussissent pas toujours ; la loi nouvelle a investi les Tribunaux du pouvoir absolu de valider les actes attaqués.

Tandis que la loi ancienne annulait dans tous les cas les actes passés dans la période fixée ; la loi nouvelle permet de les valider selon les circonstances.

Mais on oublie que, sous la loi ancienne, le cercle des procès de ce genre était fort restreint, vu que le point de départ devait être toujours un signe ostensible et patent de cessation de payements, tandis que sous la loi nouvelle aucune limite n'est posée.

Ce qui importe à la masse des créanciers, c'est moins d'avoir un peu plus de dividende que d'avoir au plus tôt ce qui peut leur revenir ; ce qui leur importe, c'est d'éviter les procès qui prolongent indéfiniment la mission des syndics, et dévorent en frais une partie de l'actif.

La meilleure loi, à cet égard, est celle qui offre le moins de prise à des discussions judiciaires.

Sous ce rapport, le champ est peut-être plus vaste sous la loi nouvelle que sous l'ancienne loi.

V. — L'article 443 dispose que, à partir de la déclaration de faillite, le failli est dessaisi de l'administration de ses biens ; la loi est muette sur la capacité personnelle du failli.

Le failli peut-il contracter, s'obliger valablement, pourvu qu'il ne compromette pas l'actif de la faillite?

Peut-il procéder au partage d'une succession à lui échue depuis la faillite?

Que doit-on décider pour les bénéfices faits dans des opérations nouvelles?

Les syndics ont-ils le droit de s'en emparer?

Les créanciers nouveaux n'ont-ils pas un droit de préférence?

Ces diverses questions, sur lesquelles la jurisprudence a statué, quelquefois en sens opposés, devraient être tranchées par la loi.

VI. — L'intérêt de la masse étant le principal régulateur, il importe d'éviter les formalités coûteuses.

La loi permet au juge-commissaire d'autoriser les syndics à vendre les objets mobiliers, même à transiger sur des droits immobiliers moyennant l'homologation du Tribunal civil.

Ne pourrait-on pas autoriser aussi les syndics à vendre amiablement les immeubles, sous la surveillance du juge-commissaire, moyennant l'homogation du Tribunal et en présence du failli?

Si la tentative ne réussissait pas, la vente aux enchères aurait lieu.

La vente aux enchères a le double inconvénient d'exposer des frais et d'amener une aliénation à vil prix.

VII. — Dans toute faillite il est désirable, pour les créanciers autant que pour le failli, d'arriver au concordat.

La loi a dû veiller à ce que cet accord fût librement consenti. Du moment que la minorité doit le subir, il est essentiel que la majorité ne soit pas fictive.

De là, la prohibition de tout avantage en faveur d'un créancier, portée par les articles 597 et 598.

La disposition de la loi est sage, elle est rationnelle ; mais il est bien peu de concordats qui soient exempts d'une fraude de ce genre.

Chaque créancier sollicite du failli des avantages particuliers; il est bien rare que les parents ou les amis n'interviennent.

Peut-on empêcher les parents du failli d'intervenir et d'employer leurs propres ressources à désintéresser tel créancier plutôt que tel autre?

La loi ne prohibe, il est vrai, que les avantages qui sont à la charge de l'actif.

Mais pourquoi interdire l'intervention d'un tiers?

Pourvu que l'actif de la faillite ne soit pas entamé, pourquoi rechercher le motif qui a fait que tel créancier a accédé au concordat plutôt que tel autre.

N'y a-t-il pas des créanciers qui ont fait d'avance le sacrifice de leur créance par des raisons de convenance, de parenté ou d'amitié? Leur vote n'est-il pas compté?

Le point important, c'est qu'il n'y ait aucune fraude commise, aucun détournement de l'actif de la faillite.

L'actif appartient à la masse; celui qui s'avantage au détriment des autres créanciers commet une soustraction qui doit être réprimée.

VIII. — Le titre des Priviléges comporterait plusieurs observations.

Le privilége du vendeur sur les objets mobiliers non payés a été supprimé par l'art. 550.

L'ancienne loi le consacrait; peut-être était-elle plus juste.

On a craint l'abus; mais on pouvait y remédier en déclarant que ce privilége cessait d'exister s'il s'était écoulé plus de six mois depuis la vente.

Que doit-on décider quant aux baux à ferme?

Le bailleur a-t-il un privilége sur la masse des marchandises garnissant les locaux pour toute la durée du bail?

Les baux doivent-ils être maintenus, ou bien y a-t-il lieu à résiliation avec dommages?

Il n'en est pas des baux à loyer comme de toute autre opération commerciale.

Il est bien certain que les engagements contractés par le failli doivent recevoir leur exécution, sauf à payer en monnaie des faillites.

Mais en est-il ainsi pour les baux à ferme?

Faut-il que les syndics occupent les lieux loués ou qu'ils les sous-louent?

Ce serait étendre outre mesure la durée des fonctions des syndics.

La faillite ne doit-elle pas être une cause de résiliation ?

Le dessaisissement dont est frappé le failli, ne le met-il pas hors d'état de continuer le bail ?

Quel préjudice cause-t-on au bailleur, si on résilie le bail avec une juste indemnité ?

Une précision dans la loi serait utile et ferait cesser les hésitations de la jurisprudence.

IX. — La loi accorde à la femme une hypothèque sur les biens de son mari, pour les sommes qui lui sont advenues et dont elle prouvera la délivrance ou le payement par acte ayant date certaine.

L'ancienne loi exigeait un acte authentique.

La nouvelle loi a fait un pas ; mais pourquoi exiger d'une manière absolue un acte ayant date certaine ?

Si le payement résulte des livres d'un négociant régulièrement tenus, n'y a-t-il pas exclusion de fraude ?

La loi ne devrait-elle pas laisser à cet égard aux Tribunaux un pouvoir discrétionnaire ?

Du reste, là s'élève la question de savoir si les principes relatifs à la date certaine, posés dans l'article 1328 du Code Napoléon, sont applicables en matière de commerce.

La jurisprudence a décidé la question négativement.

Pourquoi alors laisser subsister dans la loi une locution qui prête matière au doute ?

Le point essentiel, c'est que la femme rapporte la preuve du payement des deniers qu'elle réclame ; il appartient aux Tribunaux d'apprécier si la preuve rapportée est suffisante et si elle est exclusive de toute fraude.

X. — Une question qui embrasse un grand nombre de cas est celle de savoir si les principes qui règlent les effets de la faillite à l'égard des divers actes ou des divers créanciers sont applicables à la faillite non déclarée.

L'état de faillite subsiste par le fait seul de la cessation de payements, indépendamment du jugement déclaratif.

Ainsi les principes qui régissent le droit des femmes sont applicables, bien que la faillite n'ait pas été déclarée, lorsque l'état de cessation de payements subsiste.

Ainsi il a été jugé que l'article 597, qui prohibe tous les avantages particuliers, est applicables au cas où l'avantage a été fait antérieurement à la déclaration de faillite, mais postérieurement à la cessation de payements.

Ces décisions, qui ont donné lieu à controverse, doivent être admises par la raison que le Tribunal qui reconnaît l'état de cessation de payements peut toujours déclarer la faillite, quand même ce serait un Tribunal civil.

Ce n'est pas que l'on doive accorder aux Tribunaux civils le pouvoir de déclarer une faillite, en ce sens qu'ils puissent se mettre à la place des Tribunaux de commerce, seuls compétents ; mais on ne peut leur refuser le droit de constater l'existence de la faillite, ce qui n'est que la consécration d'un fait.

XI. — Quant à la compétence en matière de faillite, les termes de la loi qui règlent cette compétence ne sont pas suffisamment explicites.

L'article 635 du Code de commerce porte que les Tribunaux de commerce connaîtront de *tout ce qui concerne la faillite*.

L'article 59 du Code de procédure civile veut *qu'en matière de faillite* le défendeur soit cité devant le Tribunal du domicile du failli.

Que faut-il entendre par ces mots: *en matière de faillite* et *tout ce qui concerne la faillite* ?

L'ancien article 635 contenait une nomenclature des actions qui devaient être portées devant le Tribunal de commerce.

Il en résultait qu'il n'y avait attribution que pour tout ce qui avait un caractère commercial.

La loi réservait nommément la juridiction des Tribunaux civils, quand il s'agissait de matières qui leur sont attribuées.

Le nouvel article pose une règle générale ; les Tribunaux de commerce doivent connaître de tout ce qui concerne les faillites.

Mais, parmi les questions qui concernent les faillites, il y en a de civiles, il y en a de commerciales.

Que faut-il décider ? Faut-il, d'une manière absolue, attribuer la connaissance de toutes les contestations aux Tribunaux de commerce ? Ce serait troubler l'ordre des juridictions.

Aussi on a jugé que l'action de la femme en fixation de ses reprises devait être portée devant le Tribunal civil (1) ;

Que la question relative à la résiliation d'un bail consenti au failli était de la compétence des Tribunaux civils (2) ;

Que les actions dont le principe est antérieur à la faillite ne rentraient pas dans la prévision de la loi et demeuraient soumises au droit commun (3) ;

En un mot, qu'il fallait entendre par actions en matière de faillite, celles qui étaient nées de la faillite ou exercées à son occasion.

Pourquoi avoir modifié l'ancien article 635, qui laissait peu de place à la controverse, pour lui substituer le nouvel article, qui ouvre le champ le plus vaste aux hésitations de la jurisprudence ?

XII. — Si, en matière de faillite, le législateur a cru avec raison devoir s'écarter des règles ordinaires, et attribuer aux juges, qui ont suivi toutes les phases de la faillite et qui ont sous les yeux tous les éléments d'appréciation qui peuvent les éclairer, la connaissance des contestations qui naissent de la faillite, il faut que cette exception au droit commun soit formulée de manière à sauvegarder tous les intérêts et à maintenir dans son intégrité l'ordre des juridictions, à empêcher surtout que les défendeurs puissent être distraits de leurs juges naturels.

Parmi les droits que les citoyens tiennent de la loi, l'un des plus précieux est celui de ne pouvoir être distrait des juges de son domicile.

Si quelques exceptions à ce principe sont nécessitées par des considérations d'intérêt public, il convient qu'elles soient clairement définies et restreintes dans les plus étroites limites.

En résumé, si la nouvelle loi sur les faillites a apporté quelques modifications à la loi ancienne, il y a beaucoup à dire sur le mérite de certaines d'entre elles.

Sans contredit, une loi qui donne satisfaction à tous les intérêts est difficile à créer.

Nous corrigeons souvent un abus pour tomber dans un autre.

XIII. — La loi nouvelle a simplifié la marche de la procédure ; sur ce point, elle a rendu un véritable service ; mais il y aurait encore beaucoup à faire.

(1) Arrêt de la Cour de Lyon, du 23 décembre 1844, S. 45, 2. 55.
(2) Amiens, 4 décembre 1846, S. 47. 2, 272.
(3) Cass., 4 août 1847, S. 48. 1, 218.

La plaie des faillites, c'est la prolongation des fonctions des syndics.

L'actif une fois connu, il importe de rendre facile le concordat.

On est porté à regarder comme une violence faite à la minorité l'obligation de subir le concordat délibéré par la majorité ; c'est un service réel que l'on rend aux créanciers lorsqu'on fait cesser les lenteurs et les embarras de l'administration des syndics.

L'homologation du Tribunal ne vient-elle pas au besoin protéger tous les intérêts?

Le Tribunal n'homologuerait pas un concordat qui serait lésif pour les créanciers. Qui, par exemple, voterait un abandon qui ne serait pas en rapport avec l'actif connu de la faillite et qui laisserait ainsi supposer la fraude de la part de la majorité?

Il importe de faciliter le concordat.

Les intérêts des créanciers doivent être séparés de ceux de la vindicte publique.

Pour les créanciers, il est essentiel de suivre la voie la plus simple pour réaliser l'actif et recevoir un dividende.

La loi du 17 juillet 1856 a substitué sagement, à la cession de biens, le concordat par abandon de l'actif; c'est un moyen offert aux créanciers pour arriver au plus tôt à une réalisation de l'actif, sans passer par toutes les formes et tous les embarras qui naissent de l'administration de la faillite.

La loi ne peut pas prétendre à faire disparaître tous les abus; ce que doit rechercher surtout une bonne loi sur les faillites, c'est le moyen le plus prompt de réaliser l'actif et de diminuer la perte que doivent éprouver les créanciers, en supprimant les lenteurs et les frais.

§ IX

I. — La compétence commerciale a été clairement déterminée par la loi.

Les juges consulaires doivent connaître de tous les actes commerciaux.

Les actes de commerce peuvent se présenter sous mille formes diverses; la loi ne peut pas les prévoir tous.

Il en est certains, cependant, que la jurisprudence ne considère plus comme tels, et qui, dans l'état de nos mœurs, devraient rentrer dans la classe des actes commerciaux.

Acheter et vendre, tel est le caractère essentiel du commerce; partout où il y a achat pour revendre, il est permis de voir un acte commercial.

S'il en est ainsi, pourquoi ne qualifierait-on pas d'acte de commerce l'achat d'immeubles pour les revendre?

Est-ce parce qu'un immeuble ne peut pas être considéré comme marchandise?

Mais, dans le langage habituel, l'achat d'immeubles pour les revendre est un véritable commerce.

C'est moins la chose en elle-même qu'il faut considérer que l'habitude du trafic.

Un acte isolé ne constitue pas le commerce; mais l'habitude devrait classer parmi les commerçants ceux qui se livrent à des spéculations de ce genre.

Ainsi les expressions : *denrées* et *marchandises,* contenues dans l'article 632, devraient être supprimées, pour laisser aux Tribunaux le pouvoir d'apprécier dans quel cas un achat pour revendre constituera un acte de commerce.

Les difficultés les plus fréquentes qui s'élèvent en matière commerciale sont celles qui sont puisées dans l'application de l'article 420.

Nous avons signalé, à cet égard, la nécessité d'ajouter quelques précisions à cet article, dont la jurisprudence a étendu l'application.

II. — Quant à l'organisation des Tribunaux de commerce, c'est une sage pensée que de faire juger les commerçants par leurs pairs.

Mais, est-il logique que, lorsque les contestations commerciales sont vidées par des commerçants, que la loi n'oblige pas à être versés dans le droit, l'appel soit déféré à la Cour, composée de magistrats nourris de l'étude du droit, mais à qui les usages commerciaux sont étrangers?

Ne serait-il pas logique que les mêmes conditions d'aptitude fussent exigées des juges de première instance et des magistrats institués pour réviser les jugements rendus en premier ressort?

Cette question est grave et mériterait d'appeler les méditations du législateur.

S'il existe une différence profonde entre les matières civiles et les matières commerciales, si l'on s'est cru obligé de créer une juridiction à part pour les matières commerciales, pourquoi ne pas la maintenir à tous les degrés?

La difficulté est grande, sans doute.

Il est dangereux de toucher à notre organisation judiciaire, qui se recommande à tant de titres.

De tous les temps, les magistrats de l'ordre civil ont été appelés à juger les contestations commerciales.

Les parlements jugeaient par appel les décisions rendues par les Tribunaux consulaires.

Les Cours d'appel ont été investies de la même juridiction.

Y aurait-il possibilité d'instituer, dans ces Cours, une chambre spéciale pour les matières de commerce?

Cela n'est pas admissible; les conditions d'aptitude étant différentes, il n'y aurait pas convenance à établir dans le sein des Cours une pareille distinction.

Il n'en est pas moins vrai que, en s'attachant à une rigoureuse logique, la nécessité d'une juridiction à part résulterait de la nature des choses; non pas qu'il n'y ait dans le sein des Cours d'appel toute les garanties de savoir, d'amour de la justice, qui sauvegardent les intérêts des justiciables, mais l'institution des Tribunaux de commerce répond à une idée qui s'éloigne de la juridiction civile.

S'il est vrai que le droit commercial soit un droit à part, si les questions qu'il soulève doivent se décider surtout par les usages commerciaux, en s'éloignant des *subtilités du droit*, il est manifeste que, s'il faut en première instance des juges spéciaux, les mêmes éléments devraient se reproduire en appel.

Il n'y aurait plus à craindre que les magistrats de l'ordre civil fussent entraînés, par respect pour la loi positive, à méconnaître des faits et des usages commerciaux qui sont placés hors de leur sphère.

CONCLUSION

En parcourant ainsi les divers titres du Code de commerce, on n'a pas la prétention d'avoir épuisé toutes les questions que leur application a fait surgir.

On a voulu seulement énoncer quelques idées générales. L'examen de chacun des articles du Code de commerce serait un travail de plus longue haleine.

La lumière est faite sur la plupart des questions que l'on peut soulever; la jurisprudence est appelée tous les jours à éteindre la controverse.

Ce qu'il ne faut pas perdre de vue, c'est que les discussions commerciales, plus que celles qui s'élèvent en matière civile, reposent en général sur une appréciation de fait.

Les formes sous lesquelles ces faits peuvent se produire sont innombrables; elles répondent à l'immensité d'objets sur lesquels peuvent porter les transactions commerciales, qui ont pour domaine le monde entier.

Il ne faut donc pas demander au législateur plus qu'il ne peut faire.

Mais ce qui importe, c'est de distinguer les principes du droit commercial de ceux du droit civil; c'est de ne pas rendre indispensables les emprunts faits au droit civil, là où l'on reconnaît que l'esprit de ce droit est essentiellement différent; c'est, en un mot, de faire disparaître, sur ce point essentiel, les lacunes qui se rencontrent dans le Code de commerce.

C'est, enfin, de ne pas laisser la loi muette sur l'application des découvertes nouvelles qui ont ouvert au commerce des voies jusqu'alors inconnues.

C'est, en même temps, de satisfaire aux aspirations qui se produisent, en consacrant, sur l'échelle la plus large, cette liberté dans les transactions qui est l'élément essentiel du commerce.

La boussole qui doit guider le législateur, c'est l'application large et féconde de cette bonne foi, toujours présumée dans les opérations commerciales; c'est le respect des conventions loyalement formées, sans exiger qu'elles soient entourées des formes exigées par le droit civil, ni soumises aux prescriptions rigoureuses de ce droit.

A ces divers points de vue, il est certain que notre Code de commerce appelle une révision. Notre ambition n'est pas d'en avoir présenté le tableau complet; elle serait satisfaite si, dans ce rapide examen, nous avions pu signaler quelques idées utiles.

DES LOIS RELATIVES AUX ÉTRANGERS

Grâce aux progrès du commerce et de l'industrie, à la facilité des communications, aux sentiments qui président aux rapports des peuples entre eux, à cet échange continuel de bons offices entre les nationaux de divers pays, le mot d'étranger n'aura bientôt plus de sens.

Tous ceux qui habitent le même pays, sans distinction d'origine, se doivent les mêmes égards et vivent de la même vie.

Cependant, à l'aspect des lois, des distinctions sont nécessaires.

Quel est celui qui doit être considéré comme étranger ?

Que doit-on exiger de lui pour qu'il soit assimilé au regnicole ?

Quel est, à cet égard, la législation actuelle?

Y aurait-il lieu de la modifier?

§ I

I. — Le nom d'étranger n'a plus aujourd'hui le sens qu'il avait autrefois.

A Athènes, à Sparte, à Rome, *étranger* était synonyme d'*ennemi.*

De là un état de défiance et de suspicion.

Ce sentiment de répulsion subsistait au même degré dans les États modernes.

Un roi de France, Louis XII, refusait de marier sa fille à un prince étranger, «sachant très-bien (disait-il) qu'au cœur de l'étranger haut élevé il y a toujours soupçon de poison, je n'ose » dire trahison (1). »

Il ne faut donc pas être surpris si, dans les temps anciens, les étrangers obtenaient difficilement la qualité de citoyen.

A Athènes, il fallait à l'étranger le suffrage de 6,000 personnes pour acquérir le droit de cité(2). On n'accordait ce droit qu'à ceux qui avaient abandonné leur patrie sans esprit de retour (3) et qui venaient exercer une profession utile. Le titre de citoyen étant considéré comme un privilége, on l'accordait comme un honneur à ceux qui avaient rendu quelques services au pays.

De toutes les anciennes législations, la loi mosaïque est celle qui se montrait la plus favorable à l'étranger.

Moïse ordonne d'aimer l'étranger comme un frère; il n'y aura pour lui, comme pour les nationaux, qu'une même loi (4).

A Rome, les étrangers étaient vus avec défaveur; ils étaient exclus du droit civil; leurs vêtements devaient être différents de ceux des citoyens, afin qu'on pût les distinguer; ils pouvaient être expulsés arbitrairement (5).

On avait institué un magistrat chargé de connaître les différends qui les concernaient (6).

(1) Bacquet, *du Droit d'aubaine*, ch. I.

(2) *Idem.*

(3) *Qui perpetuo a patriâ exulabant cum penatibus et universâ familiâ alicujus artis exercendæ gratiâ (Ibid).*

(4) « Il y aura une même justice, une même loi, un même droit pour vous et pour l'homme qui fait son séjour » parmi vous... Il sera semblable à vous devant Jehova. » (Lévitique, chap. XIX, v. 33-34; Alexandre Weil, *Moïse et le Talmud*, p. 103 ; Salvador, *Institut. de Moïse*, t. II, p. 164.)

(5) Leg. *petronia* et *papia.*

(6) *Creatus est prætor qui peregrinus appellatus est* (Leg. 1, tit. 2, ff. *de Orig. jur.*)

Cet état de choses fut changé sous Caracalla. Une loi de ce prince portait que tous ceux qui habitaient l'empire étaient citoyens romains : *In orbe romano, qui sunt cives sunt Romani.* Cette extension du droit de citoyen fut confirmée par Justinien.

II. — La condition des étrangers en France pendant le cours du moyen âge et surtout sous l'empire de la féodalité fut loin d'être favorable.

Les étrangers (*alibi natus*) étaient soumis au droit d'aubaine; ils étaient considérés comme serfs; on percevait sur eux une taxe, qui était de 12 deniers par an (1).

Les rois et les seigneurs se disputaient la perception de ce droit; on tenait que le droit d'aubaine appartenait au roi, qui recueillait les successions délaissées par des étrangers.

Sous la féodalité, les étrangers subissaient de la part des seigneurs de nombreuse exactions. Cet état de choses cessa lorsque l'état des étrangers fut réglé par des ordonnances émanées de la puissance royale.

L'étranger pouvait devenir Français en obtenant des lettres de naturalité.

Les rois se montraient faciles pour les accorder.

Ces lettres devaient être enregistrées à la Cour des comptes.

Les édits des rois firent plus, ils attirèrent les étrangers qui apportaient dans le royaume l'exercice d'une industrie.

Ainsi c'étaient des commerçants italiens et lombards qui instituaient les premières banques.

C'était un étranger qui, le premier, obtenait un privilége pour fabriquer le verre de Venise (2).

C'était à des Compagnies hollandaises qu'on concédait le dessèchement des marais.

Un édit de 1662 réputait régnicoles les ouvriers étrangers employés à la manufacture des Gobelins.

Un autre édit de 1669 réputait naturels français les marchands étrangers établis dans le port de Marseille.

Il en était de même pour les ports de Dunkerque, Calais et autres (édits de 1700 à 1751).

Une déclaration du 13 mai 1765, réputait Français les étrangers employés aux défrichements.

Un édit de 1607 accordait la même faveur à ceux qui étaient employés aux dessèchements des marais.

Un édit de 1597 avait accordé le même droit aux ouvriers travaillant aux mines.

La naturalité appartenait de droit aux militaires après dix ans de services dans les armées françaises; il en était de même pour les marins ayant servi cinq ans. Une simple déclaration au greffe suffisait pour leur conférer la nationalité (édits de 1687, 1715, 1760).

L'obligation de prendre des lettres de naturalité n'était donc pas absolue.

De nombreuses exceptions résultaient de la législation (3); on en était même venu à ce point, que la naturalité pouvait résulter dans certains cas d'une longue résidence (4).

Ce ne fut donc pas une chose nouvelle que la disposition contenue dans la loi du 2 mai 1790, qui conférait la qualité de Français à tous ceux qui, nés hors du royaume de parents étrangers, après cinq ans de domicile continu dans le royaume, prêtaient le serment civique, s'ils avaient, en outre, ou épousé une Française ou formé un établissement de commerce, ou s'ils avaient reçu dans quelques villes des lettres de bourgeoisie (5).

(1) Bacquet, *du Droit d'aubaine*, ch. I.

(2) Edit. de 1581.

(3) Nouveau Denisart, v° *Aubaine*, § VII; *id.*, v° *Étranger*, § IX.

(4) « Il parait même que le seul fait d'une résidence constante pendant un certain nombre d'années pro- » duit à quelques égards le même effet que la naturalité. »(Denisart, *loc. cit.*) Cet auteur cite un arrêt du 8 mai 1779 qui l'a ainsi jugé.

(5) Loi du 30 avril, 2 mai 1790.

La constitution de 1791 reproduisit cette disposition en autorisant le Corps législatif à conférer la qualité de Français sans autre condition imposée à l'étranger, que de fixer son domicile en France et de prêter le serment civique.

La constitution de 1793 alla plus loin ; elle admit, d'une manière générale, à la qualité de Français tout étranger âgé de vingt et un ans, qui, domicilié en France, y vivait de son travail ou acquérait une propriété, ou épousait une Française, ou adoptait un enfant, ou nourrissait un vieillard, et tous ceux qui seraient jugés par le Corps législatif avoir bien mérité de l'humanité.

La constitution de 1795 remplaça celle de 1793.

Elle exigeait une résidence de sept ans et la déclaration de l'intention de se fixer en France.

La constitution du 11 frimaire an VIII porta à dix ans la durée de stage.

Un sénatus-consulte du 2 vendémiaire an XI autorisa le gouvernement à conférer la qualité de Français à l'étranger qui aurait rendu des services ou apporté des inventions ou industries utiles.

Le sénatus-consulte du 19 février 1808 confirma cette disposition, conforme, d'ailleurs, à ce qui se pratiquait sous l'ancienne monarchie.

III. — Le Code civil s'est montré plus rigoureux.

L'article 13 dispose que l'étranger ne peut jouir en France des droits civils qu'autant qu'il aura obtenu l'autorisation d'y résider.

Un avis du Conseil d'État du 20 prairial an XI ajoute à cet article des conditions restrictives; il déclare que les autorisations accordées par le gouvernement pourront être soumises à des modifications et des restrictions, et au besoin révoquées.

C'est un système de défiance qui puisait son fondement dans l'hostilité des nations étrangères, presque toutes en armes contre la France.

Les choses restèrent en cet état jusqu'au décret du 17 mars 1809, qui accorda à l'étranger admis à établir domicile la faculté de se faire naturaliser après dix ans de résidence.

Cette naturalisation devait être prononcée par un décret qui n'était rendu qu'après enquête.

Ainsi deux périodes distinctes dans la procédure relative à la naturalisation : d'abord, l'autorisation d'établir domicile; en second lieu, l'obtention des lettres de naturalisation après dix ans de résidence.

Ce système était loin d'être encourageant pour les étrangers, dont les conditions sous la nouvelle législation étaient bien moins favorables que sous l'ancienne.

Au milieu des luttes qu'avait à soutenir le premier Empire, l'étranger était bien près d'être regardé en ennemi, ainsi qu'il l'était jadis à Athènes et à Rome.

Au lieu d'élargir le cercle et d'attirer les étrangers, le Code tend à le rétrécir; on ne procède qu'avec la plus extrême réserve.

Ainsi la loi ne veut accorder aux étrangers que les mêmes droits accordés aux Français dans les États auxquels ils appartiennent.

Telle est la disposition de l'article 11 du Code civil.

En 1814, une distinction nouvelle fut introduite ; on ne se contenta pas de la naturalisation ordinaire : on exigea, pour être admis à siéger dans les Chambres, des lettres de grande naturalité accordées par le roi, vérifiées par les pouvoirs législatifs.

Les choses subsistèrent ainsi jusqu'à la Révolution de 1848.

Un décret du 28 mars 1848 autorisa le ministre de la justice à accorder des lettres de naturalisation aux étrangers qui le demanderaient.

Le gouvernement provisoire voulait récompenser ceux qui avaient pris une part active aux événements de février (1).

(1) Voici le texte de ce décret : « Faciliter la naturalisation des étrangers qui avaient acquis des titres certains à l'estime publique, en prenant une part active aux événements de février. »

Le décret du 3 novembre 1849 est venu régulariser d'une manière plus précise la position de l'étranger.

Ce décret exige la résidence pendant dix ans pour qu'une demande de naturalisation puisse être formée.

Il maintient la dispense du stage de dix ans pour ceux qui auront rendu des services.

Il ne distingue pas deux degrés dans les lettres de naturalisation, mais il dispose que l'état des étrangers naturalisés qui siégent dans les Chambres sera réglé par une loi.

Aucun règlement n'étant intervenu depuis, la condition des étrangers siégeant dans les Chambres n'a pas été soumise à d'autres formalités.

IV. — Le nouvel Empire n'a rien changé à la législation qui régissait les étrangers.

On s'est demandé si la Constitution de 1852 n'avait pas fait disparaître la distinction entre les lettres de naturalisation et celles de grande naturalisation pour pouvoir exercer des fonctions législatives.

La loi déclarant éligibles tous les Français sans distinction, admettant au Sénat les cardinaux, les maréchaux, les amiraux, ainsi que les citoyens que l'Empereur juge dignes, on a conclu avec raison que l'étranger naturalisé, jouissant de la plénitude des droits de citoyen, devait par cela même être apte à devenir membre du Corps législatif ou du Sénat, puisque rien ne s'opposait à ce qu'il fût élevé au grade de maréchal ou d'amiral.

Ce serait une superfétation que de vouloir que l'étranger naturalisé, habile à exercer les plus hautes fonctions, fût obligé de prendre des lettres de grande naturalisation pour faire partie des pouvoirs législatifs (1).

En suivant les phases diverses qu'a parcourues en France la législation sur les étrangers, on se demande si les conditions rigoureuses attachées à l'acquisition de la qualité de Français sont en harmonie avec nos mœurs, avec les besoins du siècle et l'esprit qui anime notre législation.

Lorsque l'État marche chaque jour dans la voie de la liberté du commerce et du libre échange, il y a utilité à attirer en France les étrangers qui veulent s'y fixer.

Il conviendrait donc de rendre l'accès de la naturalisation facile.

Grâce aux chemins de fer, qui ont rendu les communications de peuple à peuple si fréquentes, quel est l'Etat qui ne soit pas visité par des étrangers qui viennent y fixer leur résidence ?

Y a-t-il place pour ces soupçons de trahison dont parlait le roi Louis XII ?

Y a-t-il à craindre qu'ils viennent scruter les secrets de nos arts, de nos industries, de nos inventions, pour les importer dans leur pays?

Mais c'est précisément là ce que veut le système du libre échange, que le progrès de la civilisation tend à vulgariser.

Nos armées, nos places fortes, ont-elles à les redouter dangers que ferait naître la présence d'un étranger?

Ces craintes ne sont plus de notre temps, elles n'ont plus de raison d'être.

La civilisation vit de l'agglomération des intelligences; chaque nation lui apporte son contingent.

Un État qui fermerait ses portes à ce germe de vie serait frappé de paralysie.

Si la présence des étrangers dans un État est plus utile que dangereuse, n'est-ce pas le cas d'abaisser les barrières qui se dressent devant la naturalisation?

Loin de créer des obstacles qui rendent l'accès de la naturalisation difficile, il faudrait contraindre l'étranger qui a obtenu l'autorisation de fixer son domicile en France, à se faire naturaliser après un séjour de plusieurs années, ou plutôt il faudrait ériger en principe que la

(1) Le prince Poniatowski, naturalisé par un simple décret, a été élevé à la dignité de sénateur.

simple résidence pendant un certain nombre d'années, après avoir obtenu l'autorisation de fixer son domicile en France, conférerait à elle seule la qualité de Français.

Pourquoi, en effet, l'intervention du gouvernement, une première fois pour autoriser l'étranger à prendre domicile en France, et une seconde fois pour accorder des lettres de naturalisation ?

Si l'autorisation de résider nécessite une enquête sur la moralité de l'étranger, à quoi bon une nouvelle enquête pour lui accorder la naturalisation ?

Conçoit-on qu'il puisse exister en France des individus qui jouissent de tous les avantages que le séjour de la France peut leur procurer, et qui ne soient pas tenus de supporter les charges qui pèsent sur les régnicoles ?

Ainsi l'étranger sera dispensé d'être juré ;

Il ne sera pas inscrit sur les registres de la garde nationale ;

Il ne satisfaira pas à la loi du recrutement, et l'on verra, par exemple, le fils d'un étranger résidant en France depuis trente ans se soustraire à la loi du tirage au sort en se fondant sur la qualité d'étranger.

Cela est illogique, contraire aux intérêts bien entendus de la chose publique.

La France actuelle, sous ce rapport, est bien loin de l'ancienne monarchie ; elle est bien loin surtout de la plupart des autres États.

V. — Ainsi, en Russie, le serment prêté à l'empereur suffit pour la naturalisation (1).

En Autriche, un étranger acquiert la naturalisation par la nomination à des fonctions publiques.

Il en est de même en Prusse.

Dans ces deux États, les autorités administratives supérieures ont le pouvoir d'accorder la naturalisation à ceux qui justifient d'une bonne conduite et des moyens d'existence, sans condition de résidence antérieure.

En Bavière, l'étranger qui fixe son domicile dans le royaume, en justifiant qu'il a cessé d'être sujet d'un autre État, acquiert la naturalisation.

Dans le Wurtemberg, l'admission dans une commune suffit pour donner la qualité de citoyen.

Aux Etats-Unis, il suffit que l'étranger déclare devant une autorité judiciaire qu'il veut devenir citoyen des États-Unis et renonce à sa nationalité, pour que la naturalisation lui soit acquise (2).

Les législations étrangères tendent donc à faciliter la naturalité ; la France ne devrait-elle pas être la première à marcher dans cette voie ? N'est-il pas désirable que tous les habitants du même pays soient régis par les mêmes principes, soumis aux mêmes obligations ?

En examinant la question au point de vue de l'intérêt de l'État, il y a avantage à ce que l'étranger résidant en France depuis plusieurs années cesse d'être étranger et supporte toutes les charges qui pèsent sur les sujets français ; mais le législateur se place à un autre point de vue.

La naturalisation est une faveur accordée à l'étranger ; pour qu'il puisse y prétendre, il faut qu'il soit jugé digne d'obtenir la qualité de Français.

De là, la nécessité d'un décret conférant la naturalisation après enquête.

On pourrait cependant se demander à quoi se réduit cette enquête ? La loi ne définit pas les conditions requises pour qu'un étranger soit jugé digne de devenir citoyen français.

(1) Félix, *Revue étrangère*, t. III, p. 552, 553 ; n° 19.

(2) Kent, t. I, p. 423 ; t. II, p. 63 ; *Répertoire du journal du Palais*, supplément, v° *Naturalisation*, n° 57 *bis* ; de Putlingen, § 10, 13, 16 ; Simon, t. II, p. 574, 577 ; Moy, *Droit public de Bavière*, t. II, § 159 ; Weishaar, *Droit privé de Wurtemberg*, t. I, § 74 ; Burge, t. I, p. 712.

La moralité, les moyens d'existence, sont les seules conditions que l'on puisse exiger.

Si un étranger est dangereux, il n'y a pas plus de raison pour lui permettre de résider en France que pour lui conférer la qualité de Français.

C'est par respect pour de vieilles traditions qui ne sont plus de notre temps, qu'on est porté à considérer l'obtention de la qualité de Français comme une faveur.

Dans l'état de nos mœurs, sur cent étrangers admis à résider en France, il n'y en a pas dix qui sollicitent l'honneur de la naturalisation : le plus grand nombre se contente de jouir des avantages que leur offre le séjour de la France, en s'exonérant des charges attachées à la qualité de citoyen.

Il n'y a pas à craindre qu'en facilitant la naturalisation on accroisse outre mesure le nombre des étrangers.

C'est donc à tort que l'on objecte que la population de la France est assez considérable pour qu'on ne cherche pas à rendre la naturalisation facile.

Ce n'est pas le fait de la naturalisation qui est susceptible d'accroître la population, c'est l'admission des étrangers, pour qui l'accès de la France est toujours libre.

L'objection aurait de la valeur s'il était apporté des restrictions à l'établissement des étrangers en France. Mais la voie la plus large leur est ouverte; les étrangers affluent de toutes parts; ils résident en France et peuvent se dispenser de réclamer l'autorisation du gouvernement pour y fixer leur domicile.

L'article 9 du Code Napoléon et l'avis du Conseil d'État de l'an XI n'obligent pas l'étranger à réclamer l'autorisation du gouvernement sous peine d'être expulsé.

Il existe donc en France une quantité considérable d'étrangers qui y vivent comme les nationaux et qui ne diffèrent de ces derniers qu'en ce qu'ils supportent moins de charges.

Cette considération de l'accrois sement de la population étant écartée, pourquoi ne pas faire pour la France ce qu'on a fa t pour l'Algérie

D'après le sénatus-consulte du 14 juillet 1865, l'étranger qui réside en Algérie peut, après trois années, obtenir des lettres de naturalisation; la loi n'exige pas que préalablement il ait été autorisé à y établir son domicile.

Il semble qu'un stage de trois années doit être suffisant, et que si, pour obtenir la naturalisation, il faut que l'étranger en soit jugé digne, il n'est pas indispensable que cette question de dignité soit soumise à deux enquêtes successives et de même nature, une première fois pour accorder l'autorisation de fixer son domicile, une seconde fois pour conférer la naturalisation.

Il est manifeste que cette question de naturalisation appelle la sollicitude du législateur, et que l'état de notre civilisation exige que les formalités qui entourent cet acte important soient coordonnées avec la facilité qui doit être donnée à l'étranger d'acquérir la qualité de Français, s'il en est jugé digne.

Que l'on maintienne la nécessité d'un acte du gouvernement et d'une enquête préalable pour conférer la naturalisation, cela se conçoit; mais que cet acte soit précédé d'un séjour plus ou moins long, là où l'étranger manifeste l'intention formelle de devenir Français, c'est un point sur lequel on peut admettre une certaine latitude.

§ II

Après avoir examiné les conditions requises pour être admis à la naturalisation et les modifications que pourrait nécessiter la législation actuelle, parcourons les dispositions législatives qui régissent les étrangers.

En premier lieu, l'étranger qui se présente devant les Tribunaux français est obligé de fournir la caution *judicatum solvi*.

Les Tribunaux français ne sont pas tenus de connaître des débats qui s'agitent entre étrangers.

Si le principe de réciprocité n'existe pas quant au droit de succéder, il subsiste encore quant à l'exécution des actes passés et des jugements rendus en pays étrangers.

Ces diverses dispositions n'appellent-elles pas quelques modifications?

I. — En examinant de près les principes sur lesquels repose la caution *judicatum solvi*, il est difficile de concilier la nécessité de cette caution avec les idées de progrès et la dignité de la justice.

En ouvrant aux étrangers la porte des Tribunaux français, est-il logique de dire àcelui qui demande justice: « Donnez caution que, si vous succombez, vous payerez les frais que vous » allez exposer? »

La justice, en France, est essentiellement gratuite; elle est accessible à tous, nationaux et étrangers. C'est précisément là ce qui place si haut la magistrature française et inspire le respect à tous ceux qui viennent se réfugier sous son égide.

L'étranger, en touchant le sol français, se place sous la protection des lois du pays. Doit-on lui créer des entraves lorsqu'il implore cette protection devant la justice réglée?

Sous les anciens principes, cette nécessité de fournir la caution *judicatum solvi* était appliquée bénignement par la jurisprudence.

« Tout étranger demandeur (disait l'avocat général Gilbert) doit sans doute donner caution » de payer les dépens; mais cette précaution n'est point une suite essentielle de la qualité » d'étranger, et, de quelque incapacité qui réside en sa personne, comme la justice est due à » tout le monde, on écoute aussi favorablement la demande de l'étranger que celle du naturel » français.

» La caution à laquelle on astreint le premier est seulement une sûreté pour les dépens, » afin que le Français ne soit pas obligé d'en suivre le payement en pays étranger où le juge- » ment rendu en France ne serait pas exécutoire.

» On ne doit donc pas être aussi sévère sur la nécessité de cette caution qu'on l'est sur » l'exécution des lois qui procèdent de l'incapacité de l'étranger par rapport aux droits civils.

» On peut (ajoutait l'avocat général Gilbert) se relâcher dans certains cas de la rigueur et » dispenser l'étranger de la caution lorsque le payement des dépens paraît d'ailleurs » assuré (1). »

La jurisprudence des Parlements faisait l'application de ces principes.

La caution *judicatum solvi* n'était exigée qu'à regret.

« Dans la règle générale, disaient les auteurs (2), un demandeur, quelque pauvre qu'il soit, » n'est pas tenu de donner caution des frais et du préjudice qu'il occasionne par sa demande, » et, quoique des gens profitent quelquefois de leur insolvabilité pour susciter des procès et » obliger leurs adversaires à leur céder une partie de ce qu'ils demandent, cet inconvénient n'a » pas paru suffisant pour exiger une caution; *on a craint qu'un homme dans la misère et sans* » *crédit ne pût obtenir justice contre ses oppresseurs* »

Pourquoi ne pas faire l'application à l'étranger de ces principes dictés par un sentiment d'humanité? La charité fait-elle des distinctions? Ne doit-elle pas être universelle?

Le Code a été conçu dans un esprit trop défiant envers les étrangers, pour que la caution *judicatum solvi* n'y fût pas maintenue.

L'article 16 exige que l'étranger demandeur fournisse la caution de payer les frais et les dommages, à moins qu'il ne possède en France des immeubles suffisants.

Cette disposition est exécutée rigoureusement et sans restriction.

(1) Nouveau Denisart, v° *Étranger*, § 5.
(2) Nouveau Denisart, v° Caution *judicatum solvi*.

Ainsi on a jugé que l'étranger détenu pour dettes et qui demande son élargissement est obligé de fournir caution. Demander une caution à celui qui est hors d'état de payer une dette à raison de laquelle la contrainte par corps a été exercée, n'est-ce pas pécher contre tout sentiment d'humanité?

On est allé plus loin. La loi a sagement voulu que l'indigent ne fût pas privé des moyens de faire valoir ses droits en justice.

Elle a créé les bureaux d'assistance judiciaire.

Ce sont les principes de charité érigés en loi et transportés dans l'ordre judiciaire.

Pénétrés de l'esprit qui a dicté cette institution, les bureaux d'assistance judiciaire ont pensé que la sollicitude du législateur ne devait pas être restreinte aux nationaux ; que, du moment que l'étranger était admis à faire valoir ses droits devant les Tribunaux, il devait être placé sur le même rang que les autres plaideurs.

L'étranger a donc pu être admis à l'assistance judiciaire.

Mais, ce pas franchi, on s'est demandé si l'étranger admis à l'assistance était dispensé de fournir la caution *judicatum solvi*.

En présence des termes formels de la loi, il a été jugé que l'admission à l'assistance ne dispensait pas de fournir caution....

N'est-ce pas là une contradiction choquante, une violation de tous les principes d'équité?

Une loi qui peut conduire à de pareilles conséquences, ne pèche-t-elle pas contre ces idées de justice dont le législateur ne doit jamais s'écarter?

II. — Le Code fait fléchir ce principe rigoureux du bail à caution, d'abord en matière commerciale, en second lieu quand l'étranger est défendeur.

Quand l'étranger est défendeur, exiger la caution, ce serait lui lier les mains et lui dénier le droit de se défendre.

Qu'en est-il en matière de commerce?

Sans doute on a dû prendre en considération la faveur due aux intérêts du commerce qui appelle les étrangers sur le sol français.

Mais c'est dire en d'autres termes que là où il y a intérêt général, l'obligation de fournir caution doit disparaître.

Pourquoi alors l'étranger qui fait le commerce en France et qui plaiderait sans caution devant le Tribunal de commerce est-il assujetti à la caution quand il plaide devant le Tribunal civil?

Est-ce parce qu'il y a moins de frais à exposer en matière commerciale? Mais, après le jugement du Tribunal de commerce, on vient en appel devant la Cour.

La loi ne peut pas se livrer à de pareils calculs.

Ou le principe est juste en lui-même, ou il pêche contre les lois de l'équité.

La justice, en France, est essentiellement gratuite ; elle doit être accessible à tous. N'est-ce pas blesser la dignité des Tribunaux, que de laisser à leur porte l'étranger qui demande justice, et de ne lui permettre de franchir le seuil du prétoire que lorsqu'il aura consigné une somme d'argent? Cette disposition de la loi n'appellerait-elle pas une révision?

Si le principe pouvait être maintenu, ne faudrait-il pas tout au moins laisser aux Tribunaux le soin d'apprécier dans quel cas la caution peut être exigée? N'y aurait-il pas convenance à leur laisser le soin de distinguer les actions qui présentent une apparence de droit, de celles qui sont dictées par un esprit de tracasserie ; de prendre en considération la position de l'étranger demandeur et celle de son adversaire, les apparences de bonne ou de mauvaise foi de l'un et de l'autre ; le plus ou moins d'importance du procès? En donnant cette latitude aux Tribunaux la caution *judicatum solvi* perdrait le caractère d'hostilité envers l'étranger, hostilité qui ne peut se concilier avec les idées de justice dont les Tribunaux sont les sages gardiens.

§ III

S'il est de la dignité des Tribunaux français de ne pas refuser la justice à ceux qui la lui demandent, cette obligation s'étend-elle aux contestations entre étrangers?

La jurisprudence a admis que les Tribunaux français étaient incompétents pour statuer sur des actions personnelles et mobilières entre étrangers, à moins qu'il ne s'agisse d'affaires commerciales où la compétence territoriale domine.

Quels sont les principes de notre droit public à l'égard de l'étranger?

Celui qui touche le sol français a droit à la protection des lois.

C'est par là que l'état de civilisation se distingue de l'état de barbarie.

Les lois de police et de sûreté obligent tous ceux qui habitent le territoire : il ne s'agit là que de l'ordre public.

Mais, si l'étranger est soumis aux lois de police et de sûreté, lui est-il interdit de réclamer le bénéfice des lois du pays? Et lorsque, pour la conservation de sa personne et de ses biens, il a besoin d'implorer la protection des Tribunaux, ne doit-il pas y trouver accès?

Ce serait évidemment diminuer l'autorité des Tribunaux que de les obliger à s'enquérir de la condition de ceux qui demandent justice.

On admet la compétence territoriale entre étrangers, quant aux actions personnelles qui sont relatives au commerce.

Quelle raison y a-t-il pour ne pas étendre cette compétence aux actions personnelles de toute nature?

Ce qu'on appele compétence territoriale en matière de commerce a son principe dans une élection de domicile tacite qui résulte des contrats commerciaux.

L'étranger qui réside en France ne doit-il pas être considéré comme y ayant sinon un domicile de droit, au moins un domicile de fait capable d'attribuer juridiction?

Alors pourquoi lui refuser le droit de s'adresser aux Tribunaux lorsqu'il plaide contre un étranger résidant comme lui en France?

Les Tribunaux sont-ils d'une manière absolue dépouillés du droit de juger les étrangers?

Non.

S'il n'y a pas défaut de pouvoir quant au droit de juger, les Tribunaux peuvent-ils se dispenser de connaître des demandes formées devant eux?

Pour qu'il y eût place à une exception d'incompétence, il faudrait pouvoir dire à l'étranger : « Votre qualité d'étranger ne vous rend justiciable que des Tribunaux de votre pays. »

Mais les Tribunaux français se reconnaissent compétents dans certains cas, malgré la qualité d'étranger; il n'y a donc pas d'incompétence absolue.

La conséquence doit être que, pour toutes les questions qui dérivent du droit des gens, la compétence des Tribunaux français ne peut être mise en doute.

Sans contredit, les étrangers sont régis par les statuts personnels.

Les Tribunaux français doivent en faire l'application, à moins qu'ils ne soient contraires à la législation française. Dans ce cas, il y aura une cause d'incompétence qui autorisera les Tribunaux français à renvoyer le demandeur devant les Tribunaux de son pays.

Ainsi un Tribunal français ne prononcera pas sur une demande en divorce.

Mais il statuera sur une demande d'aliments, sur une instance en séparation de corps.

On ne comprendrait pas, en effet, que la femme étrangère résidant en France, exposée à des violences de la part de son mari, ne pût pas obtenir des Tribunaux français la séparation de corps et une pension alimentaire.

La jurisprudence à cet égard offre de graves incertitudes.

On a admis la compétence des Tribunaux français entre étrangers, mais à la condition que les deux parties procéderaient volontairement devant eux.

On a fait cesser cette compétence lorsque l'une des parties la contestait.

L'administration de la justice ne peut pas être ainsi livrée au caprice des plaideurs.

La compétence absolue devrait être admise en principe, les Tribunaux français ne pouvant pas refuser protection à ceux qui, se trouvant sur le sol français, viennent lui demander justice.

§ IV

I. — Dans les rapports internationaux le principe qui domine est celui de la réciprocité.

Ce principe, que la législation en France a abandonné dans plusieurs cas, considéré dans les rapports des individus entre eux, est il basé sur une exacte justice ?

Que, dans les relations de peuple à peuple, le principe dominant soit celui de la réciprocité, cela se conçoit; mais ce principe, vrai de gouvernement à gouvernement, peut-il être appliqué aux individus quant à leurs intérêts privés ?

Ainsi, pour tout ce qui touche au droit public, nul doute que les traités puissent être basés sur le principe de la réciprocité.

Mais que les sujets étrangers ne puissent avoir en France pour leur personne et pour leurs biens d'autres droits que ceux qu'auraient les Français dans leur pays.... la question change de face.

Le principe de la réciprocité dans ce cas n'est pas autre chose qu'une sorte de loi du talion appliquée dans l'ordre civil.

Ce principe en législation n'est pas acceptable.

Un État se gouverne selon les idées de justice d'abord, selon son intérêt ensuite.

Tous les peuples ne sont pas civilisés au même degré.

Fussent-ils gouvernés par les mêmes principes, la raison enseignerait que chaque nation a ses mœurs et ses besoins; que, par suite, bien qu'on puisse être d'accord sur les grands principes dérivant du droit des gens, les peuples doivent différer entre eux dans un nombre infini de détails.

L'idée de réciprocité est donc un non-sens.

Ne serait-ce pas un retour vers la barbarie que de dire à un étranger : « Dans votre pays, »les Français sont soumis à des lois injustes ou vexatoires ; nous allons, en France, vous »appliquer les mêmes lois. »

II. — Ce principe de réciprocité était appliqué en France, quant au droit de succéder.

Le droit d'aubaine existait à l'égard des étrangers qui appartenaient à un pays où le Français n'aurait pas eu le droit de succéder. L'Assemblée constituante, n'écoutant que les idées de justice, repoussant tout sentiment de représailles, avait aboli le droit d'aubaine sans s'enquérir de la réciprocité.

Les auteurs du Code ne crurent pas devoir persister dans cette voie.

M. Treilhard, dans son exposé de motifs, faisait remarquer que, depuis que l'Assemblée constituante avait supprimé le droit d'aubaine sans exiger la réciprocité, les autres peuples avaient maintenu ce droit.

« Pourquoi, disait-il, donnerions-nous à nos voisins des privilèges, qu'ils s'obstineraient »à nous refuser ? »

C'est sous l'impression de ces pensées que la réciprocité fut posée en principe.

Le progrès du temps devait finir par donner raison à l'Assemblée constituante.

Sans se préoccuper de la réciprocité, on a reconnu que l'application du droit d'aubaine n'était plus en harmonie avec notre civilisation.

La loi du 14 juillet 1819 a supprimé ce droit, et l'étranger a été admis à succéder en France, sans égard aux lois de son pays, vis-à-vis des Français. C'était justice.

L'État pourrait-il équitablement dire aux héritiers de l'étranger décédé : « Quels que soient »les liens qui vous unissent au défunt, quels que puissent être vos droits légitimes de »succession, je m'empare des biens de votre auteur à votre détriment ?

»Ces biens, que votre auteur a acquis par son travail et son industrie, je m'en empare, »sans égard pour les services que votre auteur a pu rendre au pays où il a apporté son acti»vité, son intelligence; où il a contribué à faire fleurir le commerce, où il a créé des »inventions utiles, et cela parce que, si un Français mourait dans le pays auquel vous »appartenez, votre gouvernement s'emparerait de ses biens ?..... »

On a reculé (et on le devait) devant un pareil langage.

Une chose est à regretter, c'est qu'on ait attendu si longtemps pour ériger en loi des principes qui sont dictés par la saine raison, par la morale et la justice.

Le principe de réciprocité a donc disparu de notre législation, en ce qui concerne le droit de succéder.

Les articles 726 et 912 se sont trouvés ainsi abrogés ; pourquoi alors maintenir l'article 11, qui pose, d'une manière générale et absolue, le principe de la réciprocité, qui conduit à des conséquences auxquelles la raison ne peut pas se prêter ?

III.—Ce principe de réciprocité, dont la loi a affranchi le droit de succéder, se retrouve donc dans les articles 2123 et 2128 du Code Napoléon, 546 du Code de procédure?

La question de savoir si les actes passés en pays étrangers et les jugements rendus par les tribunaux étrangers sont exécutoires en France est une des questions les plus graves qui puissent appeler l'examen.

On a fait dépendre l'exécution en France des jugements rendus à l'étranger, des traités intervenus entre les deux nations.

En prenant les choses de haut, telles que l'état de notre civilisation les présente, est-il de bon exemple que de cela qu'un traité diplomatique sera intervenu entre deux nations, les Tribunaux français soient obligés de s'incliner devant des décisions rendues par des Tribunaux étrangers, sans égard à leur composition, aux garanties que leur institution présente, et que la chose jugée à l'étranger ait plus ou moins le caractère de vérité, selon qu'il existera ou n'existera pas de traité diplomatique ?

Il serait plus logique de refuser l'autorité de la chose jugée aux jugements rendus à l'étranger ou de l'admettre pour tous.

Si la question devait être jugée par cette considération de dignité nationale, qui veut que les Tribunaux étrangers n'aient aucune force en France ; que le *pureatis* n'appartienne qu'aux actes émanés des Tribunaux français, il n'y aurait rien à dire.

Mais, du moment qu'on accorde l'exécution en France aux actes émanés des Tribunaux étrangers, toutes les fois qu'il y a des traités diplomatiques entre les deux nations, la question est tout autre.

Il existe des traités entre la France et des nations qui sont bien moins avancées en civilisation. Eh bien ! il faudra dire que les jugements rendus par les autorités appartenant à des pays moins civilisés, par des Tribunaux qui ne présentent aucune des garanties qui résultent de notre organisation judiciaire, seront exécutoires en France parce que les traités l'auront voulu ainsi, alors que les jugements rendus en Angleterre, en Autriche, en Russie, pays où l'organisation judiciaire est plus complète, ne le seront pas ?

Ce fait se produit aujourd'hui, où, par des traités avec Otahiti, les jugements rendus par les Tribunaux malgaches sont exécutoires en France et confèrent hypothèque.

Où est l'utilité d'une pareille distinction, qui choque le bon sens ?

Dans les traités diplomatiques intervenus, prend-t-on en considération, pour accorder force exécutoire, en France, aux jugements rendus à l'étranger, l'organisation des Tribunaux dans les pays auxquels ces décisions judiciaires appartiennent, les garanties qu'ils peuvent offrir ?

Si donc l'intérêt des justiciables n'est pas la considération dominante qui préside à la confection des traités que devient le principe de réciprocité?

La réciprocité existerait toutes choses étant égales ; mais, si elles ne le sont pas, les intérêts des nationaux sont sacrifiés à la raison d'Etat.

Ce ne peut donc pas être par le principe de la réciprocité, que la question peut être résolue, elle ne peut l'être que par ces hautes considérations de justice qui doivent présider à la confection des lois. Les lois qui régissent des intérêts privés ne peuvent avoir en vue que les personnes, sans égard aux gouvernements auxquelles elles appartiennent. Elles ne peuvent établir une solidarité entre les personnes privées et les gouvernements dont elles peuvent être sujettes. Pourquoi donc s'enquérir des traités diplomatiques pour savoir si les étrangers pourront exercer en France un droit qui doit être garanti par la loi à tous ceux qui résident sur le sol français?

Où serait d'ailleurs l'inconvénient de déclarer d'une manière absolue que les actes passés en pays étrangers et les jugements contradictoires rendus par les Tribunaux étrangers seront exécutoires en France ?

D'abord qui dit contrat passé, dit convention volontairement formée, engagement pris; dès lors qu'importe le lieu où l'engagement.a été contracté, la forme sous laquelle cet engagement s'est produit.

L'engagement contracté doit s'exécuter partout sur tous les biens de celui qui s'est engagé.

Pourquoi alors un pareil contrat ne constituerait-il pas hypothèque en France? Celui qui l'a consenti a-t-il le droit de se plaindre?

Les actes doivent être rédigés dans la forme voulue dans les pays où ils ont été passés. Selon la maxime *locus regit actum*, l'acte valable en la forme, constatant une obligation contractée, ne doit-il pas recevoir son exécution partout?

Quant aux jugements, il faut sans doute distinguer les jugements par défaut des jugements contradictoires.

Les jugements par défaut rendus en pays étrangers sont sans force et sans valeur à l'égard de celui qui n'a pas obtempéré à l'assignation qui lui a été donnée ; on peut avec raison refuser à ces jugements force exécutoire en France, ou tout au moins permettre au Français d'y former opposition devant les Tribunaux français.

Si le Français n'a pas accepté la juridiction étrangère, il n'est pas lié.

Mais, quant aux jugements contradictoires, le Français qui a comparu devant une juridiction étrangère a accepté cette juridiction ; il ne tenait qu'à lui de ne pas se présenter.

S'il a consenti à débattre ses droits devant un Tribunal étranger, ne doit-il pas être lié par la décision rendue?

S'il avait consenti à nommer des arbitres dans un pays étranger, pourrait-il se soustraire aux effets de la sentence arbitrale à laquelle il se serait volontairement soumis ?

Parce qu'il s'agira, non pas d'arbitres, mais de la justice réglée, volontairement acceptée, la position n'est-elle pas la même?

Il n'y a dont aucune raison à donner pour vouloir que les jugements contradictoires rendus en pays étrangers ne soient pas exécutoires en France à moins que le Français n'articule contre ces jugements des vices qui autoriseraient la requête civile, auquel cas il pourrait se pourvoir devant les Tribunaux français.

IV. — En refusant aux décisions rendues en pays étranger la force exécutoire en France, s'est-on impressionné d'une question de dignité? a-t-on voulu que les Tribunaux français ne fussent pas obligés à donner force à des décisions émanées des juges étrangers qui n'ont en France aucune juridiction ?

Mais cette objection serait la même là où il existe des traités de réciprocité.

Il ne faut donc pas s'y arrêter.

N'est-ce pas d'ailleurs un de ces progrès vers lequel l'humanité doit tendre, que de faire respecter les décisions de la justice sous quelque forme qu'elles se produisent, quels que soient les juges qui les ont rendues, si ces juges tiennent leur mission de la loi qui les a institués, et s'ils ont été librement acceptés par les parties?

Dans un siècle qui inscrit sur sa bannière *libre échange*, les barrières qui séparent les peuples doivent s'abaisser.

Non point qu'il faille, d'une manière radicale, supprimer les douanes, laisser librement circuler chez nous les produits importés par des nations qui soumettent les nôtres à des droits prohibitifs, il y a une marche lente et progressive à suivre.

La législation ne s'arrête plus devant cette idée étroite de réciprocité.

Ainsi, tout récemment, le principe de réciprocité vient d'être abandonné dans la loi sur la marine marchande.

Le gouvernement a supprimé le droit de tonnage sur tous les navires français et étrangers, sans égard au point de savoir si les navires français étaient soumis à des droits quelconques dans les ports étrangers.

Seulement il s'est réservé, dans le cas où des droits de ce genre seraient établis, de frapper les navires étrangers des mêmes droits.

Cette réserve, qui n'est, en dernière analyse, qu'une invitation aux nations étrangères à suivre l'exemple donné par la France, n'infirme pas la suppression absolue du droit de tonnage édictée en principe, sans égard aux droits perçus actuellement par les autres nations.

Ainsi le principe de réciprocité a fait son temps.

Quand il s'agit de consacrer des idées de justice, il n'est pas nécessaire de s'enquérir si ces idées sont suivies ailleurs que chez nous; en pareille matière, il est de notre dignité de donner l'exemple.

Les lois favorables aux étrangers ne peuvent que rehausser la grandeur d'une nation qui ouvre ses portes à ceux qui viennent lui demander asile.

§ V

Nous avons signalé l'utilité qu'il y aurait à apporter quelque modification à la législation qui régit les étrangers.

Cette question vient d'être l'objet de la sollicitude du gouvernement, quant à la naturalisation.

Un projet de loi vient d'être présenté au Corps législatif.

Ce projet réalise un notable progrès.

Il réduit à trois ans le stage nécessaire pour pouvoir obtenir des lettres de naturalisation.

Ce délai peut être réduit à une année pour les étrangers qui auront rendu des services au pays ou qui auront apporté en France, soit une industrie, soit des inventions utiles, soit des talents distingués, qui auront formé de grands établissements ou créé de grandes exploitations agricoles.

Le projet de loi abroge les dispositions de la loi de 1849, qui ne conférait l'éligibilité à l'étranger naturalisé qu'en vertu d'une loi.

Il rend ainsi hommage à un principe qui était déjà admis de fait, à savoir que l'étranger naturalisé devait exercer sans restriction tous les droits de citoyen.

Le projet maintient l'admission préalable au domicile.

N'est-ce pas là une superfétation qu'il eût été opportun de faire disparaître?

Il est à regretter que, dans des circonstances exceptionnelles, on ne puisse pas conférer à l'étranger la naturalisation sans condition préalable, ni de domicile ni de stage.

Le stage n'est exigé que pour s'assurer si l'étranger persiste dans sa volonté de devenir citoyen français, pour qu'il puisse d'ailleurs donner par sa conduite des garanties de sa moralité. A quoi bon ces conditions pour ceux qui auront rendu des services exceptionnels? N'y-t-il pas là un motif de déroger à toutes les règles?

Quant au maintien de l'admission préalable au domicile, dont sont dispensés les étrangers en Algérie, l'exposé des motifs ne donne d'autre raison que l'intérêt de la colonisation, le désir d'attirer les étrangers dans la colonie. Est-ce bien le désir de se faire naturaliser qui attire les étrangers dans un pays? Le premier mobile, c'est l'intérêt personnel, les avantages qu'on peut y trouver, soit en raison du commerce ou de l'industrie, soit en raison du climat; le besoin de se faire naturaliser ne vient qu'en seconde ligne.

A ce point de vue, il n'y a aucune raison pour faire deux catégories de naturalisation : l'une pour l'Algérie, l'autre pour la France; d'ailleurs l'étranger ainsi naturalisé en Algérie ne peut-il pas le lendemain venir résider en France et y porter le titre de citoyen?

Il y a là une anomalie, qui tôt ou 'ard doit disparaître.

La tendance de la législation est éminemment favorable à l'admission des étrangers.

« En ouvrant plus libéralement aux étrangers, dit en terminant l'exposé des motifs, l'accès de » notre pays et la participation à notre vie civile et politique, le gouvernement doit augmenter » les sympathies qu'inspire déjà à tous les peuples l'hospitalité de la France. »

Ces idées sont empreintes de sagesse. Sans s'enquérir de la réciprocité, le législateur doit marcher résolûment vers le bien; l'exemple du bien a aussi sa contagion.

DU CONTRAT DE MARIAGE. — DU RÉGIME DOTAL.

I. — Notre siècle se distingue de ceux qui l'ont précédé par le progrès industriel.

Les grandes conceptions financières, les entreprises gigantesques, la masse toujours croissante des travaux publics, ont créé une multitude de valeurs industrielles qui appellent les capitaux.

De là la tendance à mobiliser les fortunes; de là l'antagonisme entre les besoins nouveaux et les institutions qui créent des biens frappés d'inaliénabilité.

Si le régime dotal était un frein efficace opposé à cette ardeur de mobilisation dont le courant ne connaît bientôt plus de digues, peut être faudrait-il avoir recours à ce principe d'inaliénabilité qui tend à conserver dans les familles les biens destinés à assurer l'existence des époux, l'avenir des enfants.

Mais, si l'expérience démontre que ce lien imposé aux époux, cette entrave apportée à l'administration de leur fortune, loin d'assurer dans tous les cas le bien-être de la famille, n'est le plus souvent, chez ceux qui sont capables d'une sage gestion, qu'un obstacle à la fructuation des capitaux, et, chez ceux qui se laissent entraîner dans d'aventureuses entreprises, qu'une chaîne que tous leurs efforts tendent à briser; si, dans le but de venir en aide à un sexe faible qui a besoin de protection, la loi n'a créé qu'une sorte de lieu d'asile où les époux peuvent se réfugier après s'être livrés à des actes de dissipation et avoir abusé de la foi d'autrui, il y a assurément lieu de réfléchir et de se demander s'il n'existe pas quelque moyen de concilier les intérêts respectables de la famille avec les intérêts généraux qui ne comportent plus l'existence de biens frappés d'inaliénabilité.

II. — Ce n'est pas d'aujourd'hui seulement que le régime dotal appelle ces réflexions.

Lors de la rédaction du Code civil, la question du maintien de ce régime fut longuement agitée.

Fruit d'une civilisation moins avancée, le régime dotal, se liant à des considérations politiques qui n'existent plus, semblait peu approprié à nos mœurs.

Le régime de la communauté paraissait plus en rapport avec la dignité du mariage.

Dans cette association où tout devient commun, où les deux contractants n'ont plus qu'un seul nom, l'existence de deux fortunes distinctes ne semble-t-elle pas une anomalie ?

Il est bien vrai que les deux époux ne sont pas égaux en droit, que l'un, par sa nature, par son aptitude aux affaires, est destiné à être le chef de l'association; mais s'ensuit-il nécessairement que l'autre doive y demeurer étranger, qu'il puisse voir sans y prendre part l'élévation ou la ruine de celui dont l'existence lui est commune?

C'est là une des plus graves questions qui puisse être soumise aux méditations du législateur.

Pour se faire une juste idée des principes qui doivent guider dans la solution de cette question, il importe de se demander quel est le caractère du contrat de mariage, ce qu'il a été dans le principe, ce qu'il est aujourd'hui.

III. — Si l'on consulte la généralité des auteurs, le mariage n'aurait été dans le principe qu'un achat de la femme fait par le mari.

M. Troplong (1) signale l'achat de la femme comme l'idée dominante chez les peuples de l'antiquité.

(1) Préface du *Traité du contrat de mariage.*

Que chez les nations ou la polygamie était admise, la femme, considérée bien plutôt comme une esclave que comme une compagne, ait dû être achetée par son mari, cela se conçoit; mais, chez les peuples monogames, il n'a pas dû en être ainsi.

Il faudrait remonter à l'état de barbarie pour admettre cette idée.

Il ne faut pas confondre la dot constituée par le mari à la femme avec un prix d'achat.

Chez la plupart des peuples de l'antiquité, c'était le mari qui constituait une dot à sa femme.

Il en était ainsi chez les Hébreux; mais c'était bien moins un achat qui fit passer la femme sous la domination absolue du mari, qu'un moyen d'assurer l'accomplissement de l'obligation contractée par lui de fournir des aliments à celle qui devenait son épouse.

IV. — La formule du contrat de mariage, chez les Hébreux, atteste que ce contrat n'avait rien de commun avec un acte d'achat (1).

Le mari s'obligeait à nourrir et entretenir sa femme, et lui donnait une somme déterminée par la loi pour prix de virginité.

Nous retrouvons cet usage chez presque tous les peuples modernes.

C'est apparemment ce don anténuptial qui a fait supposer que chez tous les peuples de l'antiquité les maris achetaient leur femme.

Lorsque c'était le mari qui constituait la dot, comme chez les Hébreux et chez les anciens Germains (2), la femme ne devenait pas une chose acquise par lui ; mais à cause de la faiblesse de son sexe, il était naturel que celui qui était plus spécialement chargé de gouverner l'association assurât à sa compagne de quoi fournir à son entretien.

La constitution de dot était surtout nécessaire pour assurer la subsistance de la femme en cas de dissolution du mariage.

L'obligation imposée au mari de doter sa femme se retrouve dans la plupart des législations pendant le cours du moyen âge.

Il en est question dans un des capitulaires de Charlemagne (3).

Le droit canonique n'était pas moins formel; par un décret du concile d'Arles, il est défendu de contracter un mariage sans dot (4).

« C'est de là (dit Merlin) (5) qu'est venue cette formule que le mari récite à l'église
» en présence du prêtre: « Je vous doue du douaire dont il a été convenu entre vos
» parents et les miens, duquel ces deniers sont la représentation. »

V. — En partant de l'idée que dans l'origine le mariage constituait un achat fait par le mari, on rabaisse beaucoup trop la dignité de la femme dans les temps antérieurs à l'ère chrétienne.

La Genèse considère la femme comme une compagne et non comme une esclave (6).

La femme, chez les Hébreux, était honorée à l'égal du mari; si, plus tard, la polygamie

(1) Cette formule, rapportée dans la *Mischna* et reproduite par Selden, *de Uxore hebraicâ*, est ainsi conçue: *Sis mihi in uxorem juxta legem mosis et israelis, atque ego per verbum Dei, colam, et observabo te, sustentabo nutriam, alam et operiam, sicuti viri judæi observare, nutrire, alere et operire solent uxores suas.. . jam tibi pro virginitate tuâ dono zuzas ducentas quæ tibi ex lege debentur.....*

L'épouse donnait son consentement et le mari lui constituait en outre un douaire.

(2) *Dotem non uxor marito sed maritus uxori offert.* (Tacite, *de Moribus germ.*, ch. 18.)

(3) *Eam spontare et legitimè dotare debet.*

(4) *Nullum sine dote fiat conjugium, juxta possibilitatem fiat dos.* (Décret de Gratien).

(5) *Rép.*, v°. *Dot.*

(6) L'homme quittera son père et sa mère pour s'attacher à sa femme, et à eux deux ils ne feront qu'un seul lien (*Genèse*, ch. II, v. 23.)

s'était introduite chez le peuple juif, ce n'est pas dans les lois de Moïse qu'on pourrait en retrouver le principe (1).

Chez les Romains, le mariage se présente sous deux aspects différents : on distinguait le mariage par *coemptionem*, en vertu duquel l'épouse devenait *mater familias* et passait sous la puissance du mari, du mariage libre, où elle était simplement *uxor* et conservait la pleine disposition de sa fortune.

Ce dernier état n'était pas compatible avec la dot contituée par le mari.

Aussi c'était la femme qui apportait une dot pour soutenir les charges du mariage *ad sustinenda matrimonii onera*.

Bien que le mari devint maître de la dot, *dominus dotis*, la femme, contribuant aux charges de l'association conjugale, se trouvait placée sur un pied d'égalité avec lui.

Il n'existait plus entre les deux époux que la différence résultant de la nature de leurs devoirs et de leur aptitude.

La femme romaine conservait toute la dignité d'épouse, et, si les derniers siècles nous offrent le spectacle de tous les désordres, il ne faudrait pas en conclure que dans les temps anciens le *mariage*, chez les Romains, ait été dépourvu de toute dignité et n'ait présenté d'autre aspect que celui d'une esclave achetée par son mari.

Du moment qu'il fut établi en principe que la femme devait apporter une dot, on accorda à la fille le droit de contraindre son père à la doter.

La dot devint ainsi une condition essentielle du mariage, et, selon qu'elle était plus ou moins importante, le rôle de la femme dans l'association coniugale acquit plus ou moins d'influence.

On dut craindre que, dans certains cas, ce fut le mari qui fut soumis à la femme et non la femme à son mari.

Il est même à remarquer que, pour faire disparaître cette idée de l'achat de la femme par le mari, on trouva une formule pour qu'à son tour le mari fut acheté par la femme (2).

VI. — Jusque-là la constitution de dot ne présente rien d'anormal.

L'association conjugale pouvait être réglée selon que les parties le jugeaient à propos.

Le point essentiel dans le régime dotal, c'est le principe de l'inaliénabilité de la dot.

A quelle époque ce principe a-t-il été admis ?

Dans quelles circonstances ? C'est là ce qu'il importe de préciser pour apprécier la question qui nous occupe.

Nous avons vu le mariage libre succéder à la convention *in manu ;* la femme apportant une dot pour supporter sa part des charges du mariage.

Le mari pouvait disposer de l'apport de la femme, et il arrivait souvent qu'à la dissolation du mariage la dot avait péri.

La dissolution arrivait ou par la mort ou par le divorce.

Dans la dégénérescence des mœurs, le divorce était devenu fréquent dans l'empire romain.

D'autre part, dans un siècle de mœurs faciles, le célibat faisait chaque jour des progrès.

Il fallait avoir recours à la puissance des lois pour mettre un frein à cet abus.

Les célibataires étaient privés de certains droits, et notamment du droit de succéder.

Ce droit était calculé sur le nombre d'enfants.

(1) Salvador, *Instit. de Moïse*, liv. II, tit. VII, ch. 2.

(2) Heinneccius rapporte la stipulation, qui intervenait en ces termes:
Nubentes veteri lege romanâ, tres asses ad maritum venientes, ferre solitas, quorum unum quem in manu tulerint, EMENDI CAUSA *marito dederint.*

Le divorce prenant de grandes proportions, il fallait, pour ne pas laisser décroître la population, favoriser le mariage et rendre faciles les secondes noces, lorsque le divorce ou la mort de l'époux avait mis fin à la première union.

C'est là le but que l'empereur Auguste voulut atteindre.

Des précautions furent prises pour assurer à la femme la restitution de sa dot à la dissolution du mariage; ce n'était pas seulement l'intérêt de la femme qu'Auguste avait en vue. L'empereur craignait de voir diminuer la population, par suite de cette tendance vers le célibat et de la facilité avec laquelle on avait recours au divorce.

Il s'agissait de relever la dignité du mariage, de le rendre stable, en enlevant au mari la possibilité de dissiper la dot, et de ménager même à la veuve le moyen de contracter une nouvelle union.

C'est de là qu'est né le viel adage : *interest reipublicæ dotes mulierum salvas fore.*

La loi indique en quoi réside cet intérêt public, en ces termes : *ut novæ nuptiæ perfici possint*, pour que les veuves puissent se remarier.

Cette faveur dont Auguste entourait la dot se manifeste seulement par la prohibition d'hypothéquer le fonds dotal, par la défense à la femme de cautionner son mari; mais l'aliénation du fonds dotal était permise si la femme y consentait (1).

VII. — Les lois d'Auguste avaient déjà beaucoup fait pour améliorer la condition des femmes.

Justinien alla plus loin : il défendit d'une manière absolue l'aliénation de la dot, dont le mari ne fut plus qu'administrateur.

Justinien étendit si loin la protection pour le droit des femmes, qu'il a été appelé *uxorius*.

Cujas dit à ce propos : *In multis articulis, jam deteriorem esse conditionem fœminarum quam masculorum, sed in causâ dotium certè est melior fœminarum conditio quam mascul rum* (2).

En prohibant l'aliénation de la dot, Justinien n'invoque plus le principe *interest reipublicæ;* il ne donne pour motif que la faiblesse de la femme, qui pourrait la conduire à la ruine. *Ne fragilitate naturæ suæ, in repentinam deducatur inopiam.*

La loi *Julia* ne parlait que du *fundus italicus*. Justinien étend la prohibition aux fonds provinciaux.

Le principe de l'inaliénabilité de la dot est donc l'œuvre de Justinien, et ce n'est plus l'intérêt de la chose publique qui en a motivé l'application, c'est pour venir en aide à la faiblesse de la femme.

Le droit romain nous offre à cet égard un système de protection poussé jusqu'à l'abus. Le sénatus-consulte *velléien*, qui défend à la femme de cautionner son mari, l'impossibilité d'aliéner la dot, sont autant de moyens de protection dont la femme est entourée; mais, en même temps, c'est pour la femme l'exclusion de toute participation à la vie civile.

La femme dotale est incapable d'acquérir ; la loi *quintus mutius* établit une présomption en vertu de laquelle toutes les acquisitions qu'elle pourrait faire sont censées faites des deniers du mari.

Cette règle se modifiait lorsque la dot était limitée ; aussi, dans l'intérêt des femmes, eut-on recours à la stipulation des paraphernaux.

VIII. — Le régime dotal absolu reçut une grave restriction dans la stipulation des paraphernaux.

Il ne fut pas rare de voir la femme n'apportant en dot qu'une portion de ses biens, se réserver la majeure partie à titre de paraphernaux.

(1) *Dotale prædium italicum, maritus invita uxore ne alienatur, neve consentiente ea obligato*

(2) Sur le titre du Code *de Rei uxoriæ act.*

On disait à Rome que la femme richement dotée gouvernait son mari (1); on se récria sur l'importance des paraphernaux (2).

« Les biens paraphernaux (dit Guy-Coquille) sont ceux que la femme a outre sa dot, à » l'égard desquels biens elle est *dame de ses droits* et peut en disposer (3).

Lorsqu'on parle de la condition inférieure des femmes avant l'apparition du christianisme, on ne se rend pas assez compte de la protection que les empereurs romains leur avaient accordé et qui avaient singulièrement modifié la puissance maritale.

En France, sous l'ancienne législation, cette protection ne fut pas moindre.

Le principe de la conservation de la dot était élevé à la hauteur d'une prescription d'ordre public.

Peut-être les entraves apportées à l'aliénation des biens dotaux étaient-elles un palliatif nécessaire pour éloigner l'abus de la puissance maritale et maintenir entre les époux une sorte de déférence réciproque.

IX. — Lorsqu'on compare le régime dotal à celui de la communauté, on ne manque pas de dire que ce dernier régime rehausse la condition de la femme.

Est-il bien vrai qu'il en soit ainsi ?

En parlant du régime de la communauté, les anciens auteurs disaient: ***Le mari vit en maître et meurt en associé.***

Cette domination du mari était tellement absolue, que l'on tenait dans les pays coutumiers que son autorité pouvait s'étendre jusqu'à la correction (4).

Le régime de la communauté n'avait donc pas contribué à rehausser la dignité du mariage, la dépendance de la femme était aussi absolue que sous le régime dotal; ce dernier régime était bien plus favorable par suite du droit d'administrer les paraphernaux, tandis que les coutumes enlevaient à la femme durant le mariage toute capacité.

« Femme mariée ne peut donner, aliéner, disposer, ni aucunement contracter entre-vifs » sans autorité et consentement de son mari. »

En partant de là, on se demande comment le régime de la communauté peut avoir sa source dans l'esprit d'association.

X. — M. Troplong voit l'origine de la communauté dans les sociétés taisibles dont le moyen âge nous offre plusieurs exemples.

Le savant magistrat a raison ; mais les sociétés taisibles ne sont pas le fruit de l'esprit d'association.

Elles naissaient de la nécessité ; la vie en commun engendrait virtuellement la société taisible.

Or cette vie en commun avait lieu entre les membres de la même famille ; ils ne mettaient pas en commun une chose pour en tirer profit, mais ils s'interdisaient de partager ce qui leur était commun.

Ainsi le patrimoine de la famille, exploité par tous les membres, devait fructifier pour tous ; ce n'était pas la convention de société, c'était l'état d'indivision préexistant et se continuant avec ses conséquences naturelles.

(1) *Dotalis regit virum conjux.*

(2) Autrefois (disait Caton) l'épouse apportait une belle dot à son mari; aujourd'hui elle garde pour elle de grosses sommes qu'elle ne confie pas à la puissance maritale; mais elle les prête à son mari, moyennant intérêt; puis, quand elle est de mauvaise humeur, elle envoie son esclave poursuivre et tourmenter le malheureux mari. (Aulu-Gelle, cité par M. Troplong, *Contrat de mariage*, t. IV, n° 3684.)

(3) Bretonnier, *Quest. alph.*, v° *Paraphernaux*, l. 8, Cod. *de Part. conv.*; l. 6, Cod. *de Rev. don*

(4) *Retinere et castigare uxorem debet.* (D'Argentré, art. 423, gloss. 2 à 5.) « Il loist à l'homme dit » Beaumanoir, chap. 57-6, t. II. p. 333) battre sa femme sans mort et sans mehaing quand elle mesfait. »

Qu'on lui donne le nom de société taisible, cela n'en fait pas une vraie société; mais cela exprime un état de communauté qui se forme sans convention.

Faut-il rechercher dans le régime de la communauté l'existence d'une société taisible?

Dans les sociétés taisibles le chef était élu.

Chacun des membres de l'association agissait individuellement.

Il pouvait se retirer s'il le jugeait à propos.

Rien de pareil dans l'association conjugale.

Pendant le cours de cette association, une seule personne agit et gouverne : c'est le mari.

Il ne dépend pas de la femme de rompre l'association.

Où trouve-t-on les caractères d'une société même taisible?

Ce n'est qu'au décès de l'un ou de l'autre des conjoints qu'on opère le partage de cette communauté qui ne s'est produite du vivant des époux par aucun acte ostensible.

Qu'est-ce qu'une société qui ne vit que lorsqu'elle meurt?

Si les effets de la communauté ne se manifestent qu'au décès de l'un des conjoints, ne doit-on pas voir dans le régime de la communauté, non pas une véritable association entre les époux, mais seulement un mode de régler leurs droits de succession?

C'est, en effet, seulement au décès de l'un des époux que les droits dérivant de la communauté se produisent.

Ce n'est donc pas l'esprit d'association se manifestant au moyen âge qui a créé la communauté entre époux.

La femme placée sous la dépendance de son mari, pouvant se soustraire aux obligations que ce dernier contractait durant le mariage, n'a pu être placée dans les conditions d'un véritable associé.

Mais il fallait assurer sa position à la dissolution du mariage, et c'est plutôt un partage de succession que le régime de la communauté organise, qu'une association pendant la vie des époux.

Ce partage est sans doute dicté par cette idée, qu'il est dû une rémunération à la femme qui a consacré ses soins au soutien de la famille ; c'est de plus le moyen d'assurer son sort à la dissolution du mariage.

Le contrat de mariage avait toujours été dominé par cette pensée, que le mari devait assurer sa subsistance à la femme à l'époque de la dissolution.

Le droit canonique exigeait impérieusement la constitution d'une dot.

Ce droit était connu dans les pays coutumiers aussi bien que dans ceux de droit écrit.

N'était-ce pas un moyen de suppléer à l'absence de dot, à l'absence du douaire, que d'accorder à la femme le droit de recueillir la moitié de la succession de son mari?

La preuve que le régime de la communauté n'aboutissait en dernière analyse qu'à un droit de succession ne se tire-t-elle pas de la faculté de renoncer, accordée à la femme?

Quoi de plus contraire au contrat de société que la faculté accordée à l'un des associés de renoncer à la société si elle est onéreuse et de l'accepter si elle offre des avantages?

M. Troplong fait bien remarquer que le droit de renoncer n'aurait été introduit qu'à l'époque des croisades et en faveur des femmes nobles, pour les soustraire à l'obligation de payer les dettes de leur mari.

De cela que nous ne voyons apparaître les traces de la renonciation à la communauté qu'à l'époque des croisades, il n'est peut-être pas exact de conclure que ce droit n'existait pas auparavant.

Il n'a pu être question de renoncer à la communauté qu'à une époque où le mari pouvait laisser des dettes.

Avant les croisades, l'industrie n'avait pas reçu en France un assez grand développement, pour que la femme commune se trouvât placée en face d'une succession onéreuse. Toujours est-il que le droit de renoncer à la communauté a été admis comme règle de droit commun.

Il n'y a donc pas eu de société proprement dite entre le mari et la femme, celle-ci n'est pas plus devenue l'égale de son mari sous le régime de la communauté qu'elle l'était sous le régime dotal.

XI. — Le régime dotal tel que la loi romaine l'avait créé avait dû se maintenir en France sous l'ancienne législation : mais il n'avait pas été admis partout sans restriction.

L'inaliénabilité de la dot avait été mitigée dans plusieurs pays coutumiers, et notamment dans la Normandie.

L'article 540 de la coutume de Normandie permettait l'aliénation de la dot toutes les fois que le mari avait des biens suffisants pour en répondre.

A la dissolution du mariage, la femme ne pouvait rechercher les tiers détenteurs, si elle trouvait récompense dans la succession de son mari.

C'était un moyen de concilier l'inaliénabilité de la dot avec la libre circulation des valeurs, bien que la sécurité des acheteurs du bien dotal ne fût pas complète.

D'autres coutumes avaient des dispositions qui se rapprochaient de celle de Normandie.

Ainsi la coutume de Bordeaux validait l'aliénation de la dot consentie par le mari et la femme, s'il y avait des biens suffisants dans la succession du mari.

Dans le Lyonnais, l'inaliénabilité de la dot avait été formellement proscrite.

Là, les intérêts du commerce l'avaient emporté sur la conservation de la dot.

Un édit du mois d'avril 1664 avait consacré l'usage établi de valider les engagements pris par la femme même sur ses biens dotaux.

Le préambule de cet édit est ainsi conçu :

« La liberté que nous avons laissée à nos peuples de vivre chacun dans leurs provinces » suivant les lois qu'un ancien usage leur avait établies, a fait que quelques-uns se sont con- » servés dans la possession de décider selon les lois romaines. Les autres ont été régis par » des coutumes, et les autres, nonobstant qu'elles fussent généralement régies par le droit » romain, n'ont pas laissé en certains cas de recevoir des usages différents. »

L'édit ajoute que, dans le *Lyonnais, Forez, Beaujolais* et *Mâconnais*, on ne s'astreignait pas à la loi *Julia*, et l'on validait les obligations de la femme sans distinction de biens dotaux ou paraphernaux *mobiliers* ou *immobiliers*.

« Ce qui avait paru (continue l'édit), *plus acommodant à la société civile et aux affaires de* » *famille*.

» Cet usage n'est pas moins nécessaire au grand commerce qui fleurit à Lyon et lieux circonvoisins. »

Ainsi c'est par des raisons d'intérêt public que, en 1664, on supprima l'inaliénabilité de la dot comme une entrave apposée à la prospérité du commerce et comme nuisant à la bonne gestion des affaires de famille.

En face de l'immense mouvement qui s'opère de nos jours dans le commerce et l'industrie, l'édit de 1664 mérite d'être signalé comme ayant devancé les vœux qui se manifestent et les besoins qui naissent du progrès industriel et commercial.

XII. — Ces points historiques ainsi fixés, que s'est-il passé lors de la rédaction du Code civil ?

Dans le projet du Code civil présenté par Cambacérès à la Convention, on adoptait le régime de la communauté comme le plus approprié aux droits des époux.

Mais c'était une véritable égalité que l'on voulait établir entre les deux conjoints.

« La loi (disait Cambacérès) consacrera la communauté de biens comme le mode le plus » conforme à cette union intime, à cette union d'intérêts, fondements inaltérables du bon» heur des familles

» Les mêmes motifs (ajoutait-il) nous ont fait adopter l'usage de l'administration com» mune.

» Cette innovation éprouvera peut-être des critiques, elles auront leur réponse dans ce » principe d'égalité qui doit régler tous les actes de l'union conjugale, et dans notre inten» tion d'empêcher ces engagements indiscrets qui ruinent souvent la fortune des deux » époux, amènent la division intestine, les chagrins et la misère.»

On s'étonne qu'un jurisconsulte aussi éminent que Cambacérès ait pu concevoir l'idée d'une égalité parfaite entre le mari et la femme, et d'une administration commune quant à la disposition de leurs biens.

La disposition proposée par Cambacérès fut l'objet de vives critiques, ainsi qu'il l'avait prévu.

Elle fut vivement combattue par Merlin.

» Si la Convention (disait-il) adoptait l'article qui lui est proposée par le Comité, elle » ferait une chose absurde, injuste, et introduirait dans les ménages des discussions » perpétuelles. Je pense (ajoutait-il) que la femme est généralement incapable d'adminis» trer, et que l'homme, ayant sur elle une supériorité naturelle, doit la conserver.»

La rédaction du Comité trouvait cependant des défenseurs.

Couthon soutenait les droits de la femme et lui accordait autant de capacité pour administrer qu'au mari.

Thuriot appuyait l'avis de *Merlin*.

Dans la séance du 21 août, la Convention prononça l'ajournement.

Ce n'était pas dans une époque d'agitation fébrile qu'un Code civil pouvait être élaboré et discuté.

Les idées avaient eu le temps de mûrir, lorsqu'une nouvelle discussion s'ouvrit en 1804.

On ne reconnaîtrait plus, dans le Cambacérès de 1804, le rapporteur du Code civil à la Convention.

On avait pu apprécier ce que valaient ces principes d'égalité absolue, et, revenus des théories abstraites, les esprits avaient eu le temps de descendre à la réalité des choses.

Lors donc que le régime de la communauté légale fut adopté comme le droit commun de la France, on ne songea pas à diminuer l'autorité maritale.

On reconnut qu'au mari seul appartenait l'administration.

Mais, en permettant aux époux de régler leurs conventions matrimoniales ainsi qu'ils le jugeaient à propos, on ne ferma pas la porte au régime dotal.

La communauté, sous le Code, est restée ce qu'elle était dans les pays coutumiers.

Le régime dotal a conservé tous les privilèges que lui conférait le droit romain, privilèges augmentés et amplifiés dans les pays de droit écrit.

XIII. — Il ne peut être question aujourd'hui de mettre en parallèle le régime dotal et celui de la communauté, de donner la préférence à l'un ou à l'autre de ces régimes.

Il ne faudrait pas en cela suivre l'exemple de la coutume de Normandie, qui, en adoptant le régime dotal, interdisait l'introduction de celui de la communauté.

Chacun de ces régimes répond à des habitudes locales ou à des mœurs qui doivent être respectées.

« Les meilleures lois (disait M. Duveyrier dans son rapport au Tribunat sur le titre du

» *Contrat de mariage*) ne sont pas toujours les plus parfaites, mais celles qui conviennent » davantage à ceux qu'elles gouvernent.»

Quelles que soient les idées que l'on se forme sur le régime de la communauté, il est certain que l'aptitude aux affaires est plus naturelle chez l'homme que chez la femme.

Sans doute cette règle souffre des exceptions ; il faut même reconnaître que les progrès de la civilisation et des lumières tendent à faire sortir la femme de cet éloignement des affaires qui laisse au mari tout le fardeau de l'administration de la fortune ; mais n'est-ce pas faire violence à la condition naturelle de la femme que de la priver de la protection de celui que les lois aussi bien que la nature ont fait le chef de l'association.

Que, lorsque cette association se dissout, la femme commune puisse être appelée à recueillir sa part dans les biens de la communauté, il y a convenance et justice.

Si elle a été impuissante pour acquérir, elle a été toute-puissante pour conserver ; et, sans se demander si le régime de la communauté est plus conforme à la dignité du mariage que le régime dotal, il ne faut pas être surpris que le régime de la commnnauté soit devenu le droit commun de la France.

Toutefois le régime dotal ne mérite pas tous les reproches qu'on lui adresse.

L'autorité maritale est, sous le régime dotal, ce qu'elle est sous celui de la communauté ; la dignité du mariage ne souffre pas plus dans l'un que dans l'autre régime.

Si la femme, sous le régime dotal, conserve sa fortune personnelle, le régime de la communauté admet les propres de chacun des époux ; sous ce régime, la séparation des biens peut être stipulée.

Ce n'est donc pas d'atteinte à la dignité du mariage qu'il peut s'agir.

Une seule chose doit mériter l'examen, c'est le principe d'inaliénabilité de la dot.

XIV. — Ce principe forme-t-il la condition indispensable du régime dotal ?

Le Code répond qu'il pourra être stipulé pour les époux que la dot sera aliénable, qu'elle le sera avec ou sans emploi.

Nous sommes bien loin de ce principe absolu, qui voulait sauvegarder la dot par un motif d'ordre public.

Si l'inaliénabilité de la dot reposait sur un motif d'ordre public, il ne serait pas permis d'y déroger.

Ce point une fois admis, voyons si le principe d'inaliénabilité n'a pas été poussé jusqu'à l'exagération par respect pour le vieil adage, *qu'il importe à la chose publique que les dots des femmes soient sauves*.

Le droit romain n'avait institué l'inaliénabilité qu'à l'égard du fonds dotal.

On a étendu l'inaliénabilité à la dot mobilière.

La loi romaine ne parlait que du fonds ; on a étendu l'inaliénabilité aux fruits.

Se demander si la dot mobilière est aliénable, c'est mal poser la question.

Entre les mains du mari, les objets mobiliers qu'il reçoit à titre de dot sont essentiellement aliénables.

Il n'y aurait d'ailleurs aucun moyen de sauvegarder l'inaliénabilité.

Dire qu'un meuble quelconque serait frappé d'inaliénabilité, ce serait vouloir une chose impossible. Comment ferait-on pour suivre un objet mobilier entre les mains des divers possesseurs ?

Les droits de la femme ne sont garantis que par son recours contre le mari et l'hypothèque légale qui protège ses droits.

Là se dressent de graves considérations d'utilité publique.

XV. — Y a-t-il utilité à maintenir l'hypothèque légale ? n'est-ce pas une entrave apportée au crédit, une source d'incertitude pour les tiers qui contractent avec le mari ?

Tout a été dit sur les hypothèques occultes.

Le Code sarde les a supprimées.

La loi sur la transcription a bien fait un pas ; mais, du moment qu'on a soumis la femme à prendre inscription à partir de la dissolution du mariage, ne conviendrait-il pas d'aller plus loin ?

On objecte la condition de la femme soumise à l'autorité maritale, la faiblesse de son sexe, la protection que la loi doit lui accorder, toutes choses qui doivent fléchir devant l'intérêt général.

Quand on sera averti que l'hypothèque de la femme doit être inscrite, les notaires qui recevront les contrats de mariage ne manqueront pas de requérir l'inscription, les parents au besoin y pourvoiront.

Tout au plus conviendrait-il de dispenser une pareille inscription du renouvellement.

On éviterait ainsi les embarras qui peuvent naître pour la femme, soumise pendant le mariage à l'autorité maritale.

Si la dot mobilière est aliénable entre les mains du mari, il n'en est pas ainsi quant à la femme.

A son égard, l'inaliénabilité s'attache aussi bien à la dot mobilière qu'à la dot immobilière.

Alors même qu'elle est séparée de biens, l'inaliénabilité de la dot mobilière subsiste.

Cependant si la dot mobilière était aliénable entre les mains du mari, pourquoi cette dot serait-elle inaliénable lorsque, par l'effet de la séparation des biens, la femme en reprend l'administration ?

La jurisprudence est encore hésitante sur le point de savoir si, lors même que le contrat de mariage ne contient pas stipulation d'emploi, la femme séparée peut recevoir sa dot sans fournir caution.

Les arrêts tendent, il est vrai, à déclarer qu'en l'absence d'une stipulation d'emploi la femme séparée peut recevoir sa dot et en disposer.

C'est déjà une brèche faite au principe d'inaliénabilité.

XVI. — A côté de cette question se place une autre question d'un haut intérêt.

Malgré le silence dans les lois romaines, on avait admis en principe, dans les pays de droit écrit, que l'inaliénabilité s'étendait aux fruits du fonds dotal, comme au fonds lui-même.

Cependant, par un tempérament puisé dans le principe de la dotalité, la dot étant destinée à supporter les charges du mariage, on décidait que les fruits étaient aliénables pour tout ce qui excédait les besoins du ménage.

Cette inaliénabilité, étendue aux fruits de la dot, que le mari peut percevoir et dissiper, ne constitue-t-elle pas une protection excessive accordée aux droits des femmes ?

Ne doit-on pas voir là ce que M. Troplong appelle l'idolâtrie de la dot ?

Il faut voir les choses telles que la nature les a faites, si les choses mobilières sont aliénables entre les mains du mari, pourquoi les fruits du fonds dotal ne le seraient-ils pas? Cette distinction entre ce qui est nécessaire aux besoins du ménage et ce qui les excède est-elle toujours exactement possible.

La Cour de cassation est allée plus loin : elle a décidé, en cassant un arrêt de la Cour de Montpellier, que les créanciers de la femme séparée de biens ne pouvaient faire saisir, entre ses mains, l'excédant de ses revenus dotaux, pour des dettes contractées avant la séparation de biens.

N'est-ce pas le cas de dire cependant que la femme séparée ne peut pas être dans une condition meilleure que celle où elle se serait trouvée si son mari avait conservé l'administration de la dot ?

Si les droits de la femme doivent être protégés, il est juste de sauvegarder les droits des tiers, et de ne pas leur enlever un gage sur lequel ils ont dû compter.

En traitant avec le mari, ils avaient action sur l'excédant des revenus des biens dotaux. La séparation survenue a-t-elle pu changer leur position ? La dot doit-elle être plus privilégiée lorsqu'elle est aux mains de la femme que lorsque le mari en a l'administration ?

Mais c'est surtout sur l'inaliénabilité du fonds dotal que la sollicitude du législateur doit être éveillée.

Il est reconnu que le mouvement général imprimé aux conceptions commerciales et industrielles s'oppose à l'inaliénabilité des valeurs mobilières et immobilières.

Interdire la circulation à une certaine classe de richesse, c'est nuire à l'intérêt général, c'est se mettre en guerre ouverte avec le progrès.

Si la loi a supprimé les biens de mainmorte, si elle a interdit les substitutions, que doit-il en être de la dotalité qui n'est, par le fait, qu'une substitution créée au profit des enfants à naître du mariage ?

La logique exigerait que, d'une manière absolue, l'inaliénabilité de la dot fut supprimée ; mais ce serait faire violence à des mœurs invétérées, ce serait se priver des avantages qu'offre la constitution de dot, car on ne peut se dissimuler que, à côté des inconvénients qu'on signale, le régime dotal offre de notables avantages.

Le régime dotal est pour les pères de famille une puissante garantie : quelles que soient les précautions prises, il est difficile d'être fixé sur le degré de confiance qui peut être accordé à celui à qui on destine sa fille.

L'inaliénabilité de la dot ouvre à un homme sans fortune la possibilité d'un riche établissement, qui lui permettra d'exercer honorablement une profession qui ne devra devenir lucrative qu'après un long exercice.

Si l'inaliénabilité nuit en principe au développement des richesses, cette inaliénabilité n'est pas absolue. La loi a déterminé plusieurs cas dans lesquels la dot pourrait être aliénée.

Il ne s'agirait pour corriger certains abus que de rendre la voie plus large.

Déjà la rigueur du régime dotal a considérablement fléchi.

Lorsqu'il y avait stipulation d'emploi, on n'hésitait pas à déclarer, sous l'ancienne jurisprudence, que l'emploi devait être fait en immeuble.

Aujourd'hui on admet l'emploi en rentes sur l'État, en actions de la Banque ou obligations du Crédit foncier.

Où trouverait-on le *fundus dotalis* de la loi *Julia*, dans des valeurs de ce genre ?

La dotalité, il est vrai, s'opposera à ce qu'elles puissent se négocier; mais on s'éloigne du principe de la loi qui avait pour but de conserver les fonds dotaux dans la famille.

On substitue une valeur industrielle à un immeuble.

Les anciens auteurs n'auraient pas compris que l'emploi de la dot put être fait en valeurs de ce genre.

XVII. — En modifiant ainsi le régime dotal, on s'est préoccupé bien plus de l'intérêt réel des époux que de maintenir d'une manière inflexible l'inaliénabilité de la dot : pourquoi alors ne pas poser en principe d'une manière absolue que la dot pourrait être aliénée avec l'autorisation de la justice, toutes les fois que l'intérêt des époux l'exigerait ?

On ferait pour l'aliénation de la dot ce qu'on a fait pour le cantonnement de l'hypothèque légale.

Un conseil de famille donnerait son avis.

Le Tribunal statuerait.

N'y aurait-il pas là des garanties suffisantes ?

Ne serait-ce pas le moyen de mettre un terme à tous les moyens détournés, à l'aide desquels les époux dans la détresse, cherchent à se soustraire aux étreintes de l'inaliénabilité ?

La loi autorise l'aliénation de la dot pour l'établissement des enfants; on torture les termes de la loi, et l'on simule des établissements qui n'en sont pas, pour rendre disponible une partie de la dot.

La loi autorise l'aliénation pour faire sortir le mari de prison; on simule une incarcération.

Sous prétexte de faire des réparations indispensables au fonds dotal, d'acquitter des dettes antérieures au mariage ou de fournir des aliments à la famille, on arrive à grands frais à rompre les liens de l'inaliénabilité.

Ce sont les familles pauvres qui sont réduites à recourir à ces manœuvres.

Quelle peut être la portée de l'inaliénabilité, lorsqu'il s'agit d'une dot de quelques mille francs, dont le revenu n'est pas suffisant pour alimenter la famille.

Que, lorsqu'il s'agit d'une dot importante, on puisse dire quelle est destinée à supporter les charges du mariage, cela se conçoit.

Mais, lorsque la dot est si minime, que son revenu est presque nul, lorsqu'il s'agit surtout d'un immeuble de peu de valeur dont les produits sont absorbés par les frais d'exploitation, n'y a-t-il pas injustice à priver les époux de la faculté de mobiliser ce capital, pour le rendre plus productif?

Les avantages du régime dotal ne peuvent se faire sentir que lorsqu'il s'agit d'une dot opulente, dont les revenus pourraient suffire à l'entretien de la famille, et qu'il pourrait être imprudent de mobiliser, de crainte de la perdre.

XVIII. — Mais, si la loi doit avoir souci de l'intérêt des époux, il y a des circonstances dans lesquelles la protection accordée à la femme dégénère en une atteinte portée aux droits des tiers.

La femme n'est pas si incapable de discernement qu'elle ne doive encourir la responsabilité de ses actes.

Lorsque la loi a établi la responsabilité civile, elle n'a pas songé à rendre le mari responsable des actes de sa femme.

La loi a donc reconnu à la femme la capacité d'agir. Lorsque la loi exige l'autorisation maritale pour valider les engagements pris par la femme, elle ne s'est pas déterminée par la faiblesse de son sexe.

La fille majeure contracte valablement.

Est-il sage alors de vouloir que la femme puisse abuser de la foi d'autrui, et se retrancher derrière les lois qui régissent le mariage et la dotalité de ses biens ?

La jurisprudence a admis avec raison que la femme pouvait être tenue, sur ses biens dotaux, de la réparation des délits par elle commis;

Que les dépens dont la condamnation est prononcée contre elle pourraient être exigés malgré la dotalité.

Pourquoi n'en serait-il pas de même quand la femme encourt une condamnation pour dol ou fraude ?

On dit bien: «Nul ne doit ignorer la condition de celui avec lequel il contracte»; mais, si des manœuvres frauduleuses ont été employées, faut-il environner la femme mariée de protection pour lui assurer le prix des actes de mauvaise foi qu'elle aura pu commettre? Ne conviendrait-il pas, pour parer à cet inconvénient, de laisser aux Tribunaux la faculté de déclarer dans leur sagesse et selon les circonstances que la condamnation prononcée contre la femme devra s'exécuter sur les biens dotaux ?

Ainsi, d'une part, faculté d'aliéner la dot avec l'autorisation de la justice toutes les fois que l'intérêt des époux l'exigerait;

D'autre part, faculté pour les Tribunaux d'ordonner que les condamnations prononcées contre les femmes dans les cas de dol et de fraude s'exécuteraient sur les biens dotaux.

Le régime dotal ainsi modifié satisfairait suffisamment aux intérêts de la famille sans se mettre en contradiction avec l'intérêt public.

On ne lui reprocherait plus d'être une gêne pour les époux, de les empêcher de faire fructifier leur avoir.

Si, en principe, la dotalité créait un lien, il serait toujours possible aux époux de le relâcher lorsque leur intérêt l'exigerait.

D'autre part, si les valeurs dotales étaient frappées d'immobilité, cette immobilité n'étant que temporaire, et pouvant disparaître même pendant le cours du mariage, il n'y aurait pas une atteinte notable à ces nécessités qui naissent du développement du crédit.

Ce n'est pas un mal que, au milieu du mouvement général et de l'activité à laquelle l'industrie ouvre de si vastes champs, la prudence de la loi fasse pour une certaine nature de biens ce que la prudence des possesseurs ferait spontanément à sa place.

Si à ce prix on peut ne pas froisser des mœurs établies, maintenir un état de choses qui a ses avantages comme ses inconvénients, le devoir du législateur est d'améliorer, non de détruire.

XIX. — Après avoir signalé les points sur lesquels la dotalité pourrait être modifiée, il importe de jeter un coup d'œil sur la situation de la femme après la séparation de biens.

Il semble que, la séparation de biens faisant cesser l'administration que le mari tenait de l'autorité maritale, la femme séparée devrait exercer tous les droits qui appartenaient au mari.

Ainsi, le mari pouvant disposer de la dot mobilière, la femme séparée devrait aussi pouvoir en disposer.

La jurisprudence paraît se déterminer en ce sens; il serait bon que la loi put lever les doutes.

Quand il y a stipulation d'emploi, logiquement la femme devrait aussi faire emploi.

Mais là devrait s'appliquer un pouvoir d'appréciation accordé aux Tribunaux, pour décider si, pour l'avantage de la famille, il n'y a pas intérêt à autoriser la femme séparée à recevoir sans emploi, vu que, en créant l'inaliénabilité de la dot, la loi n'a pu avoir en vue que le plus grand intérêt du ménage.

Quel danger y aurait-il à conférer aux Tribunaux, sages appréciateurs des droits, institués par la loi pour être les conservateurs des intérêts des familles, la faculté, dans certains cas, de dispenser la femme séparée de faire emploi ou de fournir caution?

La jurisprudence a établi que la femme séparée qui, pour se payer de sa dot, se rend adjudicataire des biens de son mari, est grevée d'une hypothèque légale sur ses propres biens.

Il y a là une véritable anomalie.

Comment la femme peut-elle avoir une hypothèque légale sur elle-même?

Quels sont les moyens de sécurité pour les tiers qui traitent avec elle sous la foi des immeubles qu'elle possède?

La femme séparée reprenant l'administration de ses biens, la loi distingue les meubles et les immeubles.

La femme séparée peut disposer de son mobilier et l'aliéner.

Elle ne peut disposer de ses immeubles sans l'autorisation de son mari.

Ainsi la femme séparée disposera d'un million de valeurs mobilières, et elle ne pourra pas disposer d'un champ de cent écus.

Cette distinction de meubles et d'immeubles n'a plus de raison d'être dans l'état de nos mœurs.

Les richesses mobilières tendent chaque jour à s'accroître.

Les immeubles eux-mêmes entrent dans le mouvement général et se mobilisent.

Les actions industrielles représentent une fraction d'immeubles mobilisés.

A quoi bon alors cette distinction de meuble et d'immeuble.

Si l'on a voulu restreindre la capacité de la femme séparée, il serait beaucoup mieux de lui donner la faculté de disposer de ses biens de toute nature, jusqu'à une valeur déterminée, et de la soumettre à la nécessité de l'autorisation pour tout le surplus.

La séparation de biens ne fait pas cesser l'autorité maritale, et il y a intérêt à la sauvegarder.

Toutefois il serait possible de concilier le respect pour l'autorité maritale avec l'exercice légitime des droits de la femme en traçant une limite au delà de laquelle l'autorité maritale reprendrait son empire.

XX. — Ce qu'on ferait pour la femme séparée, on devrait le faire pour l'administration des biens paraphernaux.

La femme peut recevoir les capitaux mobiliers, mais elle ne peut aliéner ses immeubles.

Autorisée à recevoir ses capitaux mobiliers, la femme ne pourrait céder une créance à un tiers; la loi défend d'aliéner.

Mais, si elle reçoit des capitaux, il est évident qu'elle peut en disposer et les dissiper.

Ne serait-il pas plus logique de laisser à la femme une entière liberté de disposer de ses biens paraphernaux jusqu'à une certaine limite, sans distinction ?

Quant aux dettes contractées par la femme séparée de biens, ne serait-il pas sage aussi de tracer un cercle dans lequel la femme pourrait s'engager valablement, au lieu de lui permettre, dans tous les cas, de se soustraire à un engagement contracté faute d'autorisation maritale?

Une femme séparée de biens emprunte pour subvenir à ses besoins en l'absence de son mari.

Ses revenus d'une année ne suffisant pas, est-il juste de dénier aux créanciers de bonne foi le droit de se faire payer sur les revenus à venir, ou sur les capitaux mobiliers dont la femme pouvait disposer?

Les incapacités de contracter doivent être restreintes dans les limites les plus étroites.

Il serait désirable que tous ceux qui peuvent agir pussent contracter valablement.

Celui qui traite avec un mineur ne peut toujours exiger la production de son acte de naissance; avec le majeur, exiger la production du jugement qui lui donne un conseil judiciaire; celui qui contracte avec une femme séparée de biens ne peut pas connaître au juste la somme de revenus dont elle peut disposer.

La femme majeure contracte et s'oblige valablement.

La femme mariée, marchande publique, est habile à tous les actes de la vie commune.

Où est la nécessité de soumettre à des restrictions la femme séparée de biens?

Est-il logique d'exiger, pour la validité des engagements qu'elle contracte et pour la gestion de ses intérêts, l'approbation de celui que la loi, en prononçant la séparation de biens, a jugé incapable de gérer sa propre fortune?

Ne serait-il pas possible d'étendre la capacité de la femme séparée de biens, tout en faisant la part de la dignité du mariage et de l'autorité maritale?

A ces divers points de vue, le titre du contrat de mariage appellerait quelques sages réformes.

Enlever au régime dotal ce cachet absolu d'immobilité qui, en vue de l'intérêt de la famille, frappe de stérilité une certaine nature de biens, c'est accroître les sources de la prospérité publique ; en développant le crédit et en assurant le respect des conventions, c'est venir en aide au progrès, qui est la boussole qui doit diriger le législateur.

Si le régime dotal nous est venu de loin, s'il appartient à une civilisation moins avancée, il est possible de concilier ses principes avec les nécessités de notre temps.

C'est là la tâche que le législateur doit accomplir, en s'éloignant également du désir d'innover et de cette prudence excessive qui, pour éluder les dangers des innovations, commande de rester stationnaire.

Quelle que soit la réserve que le législateur doive s'imposer, il lui est impossible de ne pas suivre les élans de son siècle : mieux vaut y céder en les dirigeant, que de se laisser entraîner par eux ou d'élever sur leur passage une digue que leurs efforts tendent à briser.

DE LA CODIFICATION DES LOIS

SECTION PREMIÈRE

Les lois n'ont d'existence qu'à la condition d'être connues de ceux qui doivent s'y soumettre ; de là l'adage : *Nulla est lex nisi promulgata.*

Cette promulgation des lois, qui doit les rendre *notoires à tous*, selon l'expression consacrée, suppose une rédaction assez claire pour que chacun puisse comprendre l'étendue de ses droits et de ses devoirs.

Les lois étant le plus souvent l'œuvre du moment, répondant à un besoin naissant, et étant soumises à de nombreuses variations, leur collection a dû être un dédale où il était difficile de se reconnaître.

Pour en rendre l'intelligence facile, il était indispensable de réunir dans un travail d'ensemble toutes les dispositions qui réglementaient les diverses branches de la législation, de les classer dans un ordre logique, de façon à ce qu'elles pussent se déduire naturellement les unes des autres.

Il y a dans l'économie des lois des principes communs dont l'application se fait à des catégories diverses. Réunir les dispositions législatives qui régissent chaque matière spéciale, les classer de façon à instruire chacun de ses droits, telle est la tâche que le législateur doit accomplir ; c'est là ce qui constitue la codification.

Les temps anciens ne nous offrent rien qui réponde à cette pensée.

Les compilations de lois sont nombreuses, elles ont existé de tous les temps ; mais on y chercherait en vain une codification raisonnée.

I. — Les lois romaines, pas plus que celles des autres peuples, n'échappent à ce reproche.

Plus peut-être que chez les autres nations, on trouve dans les lois romaines la confusion et le chaos.

Lorsque Justinien ordonna la confection des Pandectes, il s'agissait de ramasser ce qui était contenu dans une immensité de volumes (1).

Le Code qu'il fit rédiger dut comprendre les constitutions dispersées dans les trois Codes Grégorien, Hermogénien et Théodosien (2).

Dans les Pandectes, Justinien convertissait en lois les décisions des jurisconsultes.

C'était là bien plutôt une œuvre de doctrine qu'une œuvre de législation.

Les décisions des jurisconsultes étaient des opinions émises dans des espèces particulières ; il n'était pas logique d'en faire un principe absolu.

Aussi combien ne trouve-t-on pas dans le Digeste de lois qui se contredisent en apparence, et qu'on ne peut concilier qu'en tenant compte des circonstances dans lesquelles l'opinion du jurisconsulte a été émise !

Ce n'en a pas moins été un immense service rendu à la science du droit, que la confection des Pandectes.

A côté de cette vaste compilation, Justinien faisait rédiger les Institutes, qui en étaient le résumé et qui rendaient l'étude du droit accessible à tous.

(1) *Immensa volumina (Prœmium. institut.* § 2). Vinnius, sur ce paragraphe, ajoute *Innumera veterum scripta quæ in bis mille libros et aliquot centena millia versuum excreverant.*

(2) *Principum constitutiones vage dispersas per tres Codices Gregorianum, Hermogenianum et Theodosianum.* (*Vinnius, ibid.*)

Les Pandectes et le Code ont fait de Justinien le créateur d'une législation qui a gouverné le monde, et qui, après avoir perdu le caractère de loi, a conservé le nom de *raison écrite*.

Mais, si cette œuvre immense se recommande comme collection de lois, elle ne vaut pas au même titre comme classification.

Tout y est confondu : les lois qui concernent les personnes, celles qui sont relatives aux biens, aux contrats, aux donations, aux testaments, sont jetées pêle-mêle avec les lois de procédure, les lois pénales et une infinité de sujets sans rapport les uns avec les autres.

Ce n'est donc pas dans le droit romain qu'il faudrait chercher des exemples de codification.

SECTION II

I. — Après la chute de l'empire romain, lorsque la barbarie s'était étendue sur les débris de cette domination qui avait enlacé le monde, on ne pouvait s'attendre à voir un corps complet de législation sortir des ténèbres du moyen âge. Au milieu des bouleversements enfantés par la guerre, lorsque l'irruption des peuplades du Nord avait jeté sur l'Occident un mélange de peuples divers, qui conservaient leurs mœurs d'origine, quoique soumis au même chef, chacun était régi par les lois de sa nation.

Ces lois s'attachaient à la personne et la suivaient en quelque lieu qu'elle se trouvât.

Ainsi, lorsque les Carlovingiens eurent soumis les Visigoths, les Bourguignons, les Allemands, les Bavarois, chacun de ces peuples conserva sa législation ; ce qui faisait dire à Agobart : « On voit souvent converser ensemble cinq personnes dont aucune n'obéit aux » mêmes lois. »

Ce qu'étaient ces lois à ces époques de barbarie, il est aisé de le comprendre : la loi des Wisigoths, la loi Gombette, la loi des Ripuaires, celles des Allemands, des Bavarois, des Lombards, les Capitulaires de Charlemagne et de ses successeurs, ne sont qu'un ramassis de dispositions diverses classées sans ordre.

Ce n'est pas à des recueils de ce genre qu'on pourrait appliquer la qualification de Code, c'est-à-dire d'une classification conçue d'après un système basé sur la saine entente des lois.

Cependant, si l'ordre et la méthode faisaient défaut à ces compilations, tout n'était pas à dédaigner dans ces recueils de lois barbares, imprégnées, il faut le dire, de réminiscences du droit romain, qui des vaincus s'était communiqué aux vainqueurs, et qui était surtout importé chez les nations diverses par le clergé, dont les traditions se rattachaient aux lois de Justinien (1).

II. — Les rédacteurs de ces codes informes n'étaient pas tous étrangers aux principes d'une bonne législation ; ainsi le code des Visigoths, que Montesquieu stigmatise non sans raison des plus flétrissantes épithètes (2), contient un préambule digne de figurer en tête de la législation la plus avancée.

Le premier livre de la loi des Visigoths est consacré à tracer les devoirs du législateur et les conditions nécessaires pour constituer de bonnes lois.

« La loi (y est-il dit) doit être claire, non sujette au doute, pleine d'évidence, de façon à » ce que celui qui l'écoute en soit à l'instant même pénétré (3). »

(1) Savigny, *Droit romain au moyen âge*, t. II, chap. XV.

(2) *Esprit des lois*, XXVIII, chap. I.

« Lois puériles, gauches, idiotes, pleines de rhétorique, vides de sens, frivoles dans le fond, gigantesques dans le style, effroyables à l'égard des infidèles. »

(3) *Artifex legum erit concinnus, eloquio clarus, sententia non dubius, evidentia plenus, ut quidquid ex legali fonte prodierit in rivulis audientium sine retardatione decurrat, totumque qui audierit ita cognoscat ut nulla hunc difficultas dubium reddat.*

Traçant ensuite les devoirs du juge, le Code des Visigoths ajoute : « Le juge doit être » vif à la recherche, tenace pour prévenir, n'hésitant pas dans la décision, disposé à par» donner, vengeur de l'innocent, modéré pour le coupable, plein de sollicitude pour l'étran» ger, doux pour l'indigène, ne faisant aucune acception de personnes (1). »

C'est avec ce style, que Montesquieu appelle gigantesque, que la loi des Visigoths trace les devoirs du législateur, ceux des juges, le caractère des lois, leur utilité, les sujets sur lesquels elles doivent s'étendre.

Il faut convenir, cependant, que le Code des Visigoths ne répond pas à ces préliminaires.

Ce Code, qui recommande la clarté dans les lois, entre dans des détails que Montesquieu qualifie avec raison de puérils.

Le Code visigoth, qui ne vaut en très-grande partie que par les réminiscences du droit romain, a la prétention de se substituer à ce droit.

Ainsi il est défendu aux juges d'appliquer les lois d'une autre nation, de juger de contestations qui ne seraient pas prévues par la loi visigothe. Cette prohibition était dirigée contre le droit romain, dont les rois visigoths permettaient seulement l'étude comme exercice pour l'intelligence.

A l'époque où le Code visigoth fut promulgué, le droit romain était répandu en Espagne et dans les Gaules.

Alaric II avait fait rédiger, par une commission de jurisconsultes romains, un recueil connu sous le nom de *Breviarium*, qui était un résumé du Code Théodosien (2).

Les rois visigoths voulaient qu'on ne reconnût force de loi qu'à celles qui étaient contenues dans leur code.

Quoique très-imparfait, le Code visigoth embrasse un grand nombre de matières où, à côté des emprunts faits au droit romain, se trouvent des dispositions qui reflètent les mœurs d'une nation à l'état de barbarie et d'ignorance.

Après avoir tracé les devoirs du législateur et du juge, la loi visigothe règle l'ordre des audiences ; il est permis de plaider par procuration, à la différence des Capitulaires, qui exigeaient la comparution personnelle.

Il est interdit aux témoins de déposer par écrit.

La loi s'occupe ensuite des conventions et des actes écrits.

Là arrivent confusément les contrats, les testaments, les pactes matrimoniaux, les constitutions de dot, le rapt, l'adultère, le divorce, les crimes contre les personnes, les dommages causés, les lieux d'asile, la division des terres, le respect des bornes. Au milieu de cette confusion, qui traite sans méthode d'une foule de sujets, on pourrait signaler des dispositions empreintes de sagesse. Ainsi, pour faire respecter le droit de propriété, la loi dispose que celui qui est convaincu d'usurpation doit restituer sur son champ autant que ce qu'il a pris sur le champ du voisin. Un partage fait entre frères ne peut être attaqué, fût-il sans écrit. Des règles équitables sont établies pour l'exploitation des terres, les droits des colons, etc.

Mais, à côté de ces dispositions, on en trouve d'autres qui dénotent l'état d'ignorance et de superstition dans lequel on vivait à cette époque.

(1) *Erit judex in indagando vivax, in præveniendo fixus, in discernendo non anxius, in percutiendo parcus, in parcendo assiduus, in innocente vindex, in noxio temperatus, in advena sollicitus, in indigene mansuetus; personam tantum nesciat accipere quantum et contemnat eligere.*

(2) Savigny, t. II, chap. xxx.

Le médecin qui se chargeait de soigner un malade devait fournir caution qu'il le guérirait; s'il ne réussissait pas, il ne lui était rien dû (1).

L'esprit de la loi des Visigoths se révèle dans les dispositions relatives à l'extirpation de l'hérésie.

Ce sont ces dispositions, où le fanatisme épuise toutes ses ressources pour violenter les consciences, que Montesquieu qualifie avec raison d'*effroyables*.

Des raffinements de cruauté jusqu'alors inouïs sont convertis en lois, pour contraindre les infidèles à abjurer leur croyance.

C'était là l'œuvre des conciles qui gouvernaient l'Espagne, et sous l'empire desquels les rois visigoths se faisaient gloire de s'incliner (2).

Malgré ses imperfections, la législation visigothe a été, parmi les législations du moyen âge, celle qui a eu la plus longue durée.

L'Espagne, la Gaule, ont été régies par la loi visigothe jusqu'au XIIIe siècle, époque à laquelle Alphonse X fit rédiger le Code *de las Partidas* (3).

Les Constitutions de Catalogne ont copié en grande partie la loi visigothe.

Les Capitulaires de Charlemagne lui ont emprunté plusieurs dispositions.

III. — L'Italie était régie par l'édit de Théodoric. On ne retrouve pas dans le royaume des Goths cette ardeur de prosélytisme qui caractérise la loi visigothe : l'édit de Théodoric, qui embrasse moins de matières, n'est qu'une reproduction incomplète et confuse du droit romain. La plus grande partie traite du droit criminel. Quant au droit civil, les matières principales y sont complétement oubliées ou touchées si sommairement, que la pratique ne pourrait pas s'en servir (Savigny, t. 2, v° 141).

Dans les 154 articles qui composent cet édit, on trouve pêle-mêle des dispositions relatives aux devoirs des juges, à la prescription, aux coups et blessures, aux rapts, aux testaments, aux successions *ab intestat*, aux dommages causés par les animaux, aux esclaves et à plusieurs autres sujets.

Il n'y a dans cet ensemble rien qui donne une idée d'une codification.

IV. — La loi bourguignonne ou loi Gombette, publiée par Gondebaud ou par Sigismond son successeur (4), est plus étendue ; mais elle offre le même cachet de confusion. C'est un composé de dispositions sans suite et sans méthode ; il y est question des homicides, du vol, du rapt, des violences, des esclaves, des dommages causés par les animaux.

C'est la protection des personnes et le droit criminel qui devaient préoccuper plus spécialement le législateur.

Dans l'état des mœurs d'un peuple livré à des guerres continuelles, la répression

(1) *Si quis medicus infirmun ad placitum susceperit, cautionis emisso vinculo restituat sanitati ; certe si periculum contigerit mortis, mercedem placiti penitus non requirat.*

Si quis medicus, dum phlebotomum exercet, ingenuum debilitaverit, centum solidos exsolvat; si vero mortuus fuerit, continuo propinquis habendus est, ut quod de eo facere voluerint habeant potestatem. (Lib. XI, tit. 1.)

(2) *Novissima omnium recensio a fl. egica rege facta fuisse videtur, quam et jam in concilio toletano XVI, a sanctissimis patribus publice confirmari postulavi, ut hæc hujus verba ostendunt. (Codex legum antiquarum prolegomena).*

(3) *Usus ejus in Hispania et Gallia, id est Narbonnense Gothia, frequens, et quidem tantæ autoritatis, ut ex Caroli, imp. magni, quædam inserta videmus.*

Alphonse X fit rédiger, en 1241, ce Code, qui est une reproduction du droit romain.

Jus romanum in partibus suis digeri curasset (Ibid).

(4) Savigny, t. II, p. 4. — La loi bourguignonne est en grande partie une reproduction du droit romain. « *Cum hac lege*, dit Lindenbrorg, *planissime convenit Papiani liber responsorum, ex jure romano ut verisimile est hujus quoque Gondobaldi mandato collectus.*

était envisagée principalement au point de vue du dommage causé ; la pénalité se traduisait en une peine pécuniaire. Le principe de la composition était admis dans toutes les législations du moyen âge et naissait, en quelque sorte, des nécessités politiques.

Comment frapper d'une peine corporelle des hommes dont on avait besoin toutes les fois qu'il fallait recourir aux armes ? Une peine pécuniaire satisfaisait beaucoup mieux le plaignant et frappait aussi efficacement le coupable.

Il ne faudrait pas d'ailleurs chercher, dans ces législations de peuples à l'état de barbarie, la pureté des principes qui doivent être le fondement des lois.

Ce n'étaient pas les enseignements de la raison naturelle qui présidaient à la confection des lois : les législateurs étaient plus souvent dominés par le désir d'intimider que par celui de se conformer à la raison et à la justice.

Ainsi la loi visigothe permet aux enfants de la femme adultère d'accuser leur mère et de mettre à la question les esclaves de a maison.

C'est la violation du respect filial.

La loi Gombette veut que, si la femme ou le fils de celui qui a volé ne révèle pas le crime commis, ils soient réduits en esclavage.

C'est la violation de tous les sentiments naturels. « Pour venger une action criminelle, » dit Montesquieu (1), la loi en ordonnait une plus criminelle encore. »

V. — La loi salique, publiée par Dagobert, mais remontant à Clovis, régissait les Francs saliens.

Cette loi ne diffère pas dans son ensemble de celles que nous venons d'analyser.

Son préambule témoigne, il est vrai, d'une certaine érudition : il contient la nomenclature des législateurs qui ont vécu dans les divers siècles en remontant jusqu'à Moïse (2).

On pourrait s'attendre, après ces préliminaires, à un corps complet de législation; les quatre-vingts articles du pacte de la loi salique ne traitent guère que des matières criminelles.

Les premières dispositions sont relatives au vol des animaux.

La loi énumère les diverses espèces d'animaux qui peuvent être volés; elle règle la composition selon chaque espèce de vol. Dans ces temps de luttes incessantes, les vols et les crimes contre les personnes devaient être si fréquents, que la composition était le moyen de répression le plus simple et le plus facile.

Etait-il possible d'organiser des lieux de détention ou d'avoir recours à des peines corporelles ?

On possédait peu en général; on devait être aussi sensible à une peine pécuniaire qu'à une peine corporelle.

Plus incomplète que le Code des Visigoths, la loi salique n'offre pas plus que les autres lois du moyen âge un cachet de codification.

VI. — Le même caractère se retrouve dans la loi des Allemands. Ce sont aussi les crimes contre les personnes dont s'occupe le législateur.

(1) Montesquieu, liv. XXVI, ch. VII.

(2) La loi cite Solon, Lycurgue, Numa Pompilius, la loi des Douze Tables.

« Les anciennes lois, y est-il dit, se perdent. De nouvelles lois sont faites par Constantin et ses successeurs; mais elles sont sans ordre : *permixta et inordinata*. Viennent ensuite les Codes Grégorien, Hermogénien et Théodosien. » — (Il n'est pas fait mention de Justinien).

« Ensuite, y est-il dit, chaque nation se fit des lois d'après ses usages.

» *Deinde una quæque gens propriam sibi ex consuetudine elegit legem; longa enim consuetudo pro lege habetur.* »

Le préambule de la loi salique cite à ce propos l'édit de Théodoric, la loi des Francs, des Allemands des Bavarois.

Les principales dispositions sont relatives à ceux qui donnaient leur personne et leurs biens à l'Eglise (1), au droit d'asile (2), aux meurtres, aux coups et blessures, à la composition, au meurtre des esclaves appartenant à l'Eglise, aux diverses espèces de rapt, de vol, d'homicide, aux mariages, aux successions, etc.

En somme, les lois des divers peuples qui se partageaient l'Occident se ressemblent par le fond et par la forme. Elles sont aussi incomplètes et incohérentes. On peut dire, toutefois, qu'elles reflètent les mœurs du temps et les habitudes des peuples auxquels elles s'appliquent.

Ce n'est pas, en effet, de la volonté d'un seul qu'elles émanent. Quelle que fût la puissance des chefs, la loi n'en était pas moins l'œuvre de la nation.

C'était là ce qu'exprimait Tacite, en parlant des Germains : *De minoribus principes consultant, de majoribus omnes.*

Ainsi la loi des Allemands, promulguée sous Clotaire, porte qu'elle a été rédigée par le roi, trente évêques, trente-quatre ducs, vingt comtes et le reste du peuple. C'est dans les assemblées du Champ-de-Mars et du Champ-de-Mai qu'étaient rédigés les Capitulaires des rois de la seconde race.

Ce n'était pas dans de telles assemblées que pouvait naître l'idée d'une codification. Il s'agissait surtout de pourvoir aux besoins du moment, et, lorsque ces dispositions diverses étaient recueillies, ce n'était ni l'ordre ni la méthode qu'on recherchait.

Ce que nous venons de dire de la loi des Allemands s'applique à toutes celles qui sont nées à la même époque.

VI. — La loi bavaroise est plus étendue que la loi des Allemands, mais elle est tout aussi confuse. Elle reproduit, en général, les dispositions du droit romain, sinon littéralement, du moins d'une manière identique. (Savigny, t. II, p. 75.)

Le premier titre est relatif aux choses ecclésiastiques ; puis viennent des dispositions qui déterminent les devoirs des chefs et ceux de leurs inférieurs (3), la composition, par rapport aux hommes libres, par rapport aux esclaves.

Les divers titres de cette loi traitent du mariage, des femmes et de ce qui les concerne, du vol, de l'incendie, des violences, de l'enlèvement des bornes, du gage, des animaux vicieux, du dépôt, du commodat, de la vente, des témoins, des champions, des sépultures ; enfin des chiens, des oiseaux de proie.

Quand il est question des violences commises envers des esclaves, il s'agit toujours d'esclaves appartenant à autrui : *servus alienus*. Nous ne voyons pas, dans ces diverses lois, des dispositions répressives, des violences des maîtres envers leurs propres esclaves ; cependant, sous l'empire du droit romain, le pouvoir du maître sur l'esclave n'était pas absolu.

VII. Les principes de la loi mosaïque avaient pénétré chez les Romains.

La loi mosaïque prescrivait de mettre en jugement celui qui aurait frappé son esclave ou sa servante et lui aurait donné la mort.

L'empereur Adrien avait reproduit la même disposition dans des termes tels, qu'on serait

(1) « On a beaucoup répété que l'abolition de l'esclavage, dans le monde moderne, était due complétement au » christianisme ; je crois que c'est trop dire. L'esclavage a subsisté longtemps au sein de la société chrétienne, » sans qu'elle s'en soit fort étonnée ni fort irritée... » (Guizot, *Histoire de la civilisation*, p. 60.)

(2) *Si quis homo, aliquem persequens fugitivum, aut liberum, aut servum, et ipse intra januas ecclesiæ effugierit, nullus habeat potestatem per vim abstrahendi de ecclesia, nec eum infra januas ecclesiæ occidendi.* (*Lex Alamanorum, tit. III.*)

(3) *De Ducibus et eorum causis quæ ad eos pertinent.*

fondé à les regarder comme la copie de la loi mosaïque (1). Sous les diverses législations du moyen âge, les principes humanitaires du droit romain ne s'étaient pas éteints.

Ils avaient été recueillis par le clergé, qui avait employé ses efforts, sinon à supprimer l'esclavage, du moins à l'adoucir. Aussi, à la différence des lois des autres peuples, trouvons-nous dans les lois visigothes les principes de la loi mosaïque littéralement reproduits: c'était là sans doute l'inspiration des conciles (2).

Les évêques qui les composaient puisaient leurs enseignements dans les livres saints, aussi bien que dans la loi romaine.

On a signalé l'influence des lois de l'Eglise sur la civilisation et le progrès de la législation.

Cette influence ne saurait être méconnue.

Mais c'est bien plutôt comme dépositaire d'une législation d'un autre âge que comme introduisant un droit nouveau, que l'Église a contribué à l'amélioration des mœurs (3).

L'Eglise a eu cependant des institutions qui lui sont propres et qui, jetées au milieu des désordres du moyen âge, ont pu, dans une certaine mesure, contribuer à adoucir les mœurs.

Ainsi, pour apaiser les luttes sanglantes qui dévastaient les populations, l'Eglise inventait la trêve de Dieu, qui à certains jours obligeait les combattants à mettre bas les armes. Ainsi, pour arrêter les vengeances individuelles, elle créait le droit d'asile. Un meurtre ne pouvait être commis dans l'enceinte d'une église.

Mais ces remèdes partiels ne pouvaient opérer ce qui ne devait être que le résultat de la marche du temps et des conquêtes de la civilisation.

Aussi ne pourrait-on signaler dans les diverses législations du moyen âge aucun indice de progrès; les lois, étant le reflet des mœurs, devaient nécessairement porter leur empreinte.

VIII. — La loi des Francs ripuaires porte le même cachet que celles dont nous venons de parler.

Elle se préoccupe surtout des personnes.

Les premiers chapitres sont relatifs aux coups portés à un affranchi, à l'effusion du sang et autres crimes contre les individus, aux violences commises envers des esclaves.

La loi traite ensuite confusément des dots, des fausses accusations, de la chasse, des dégâts faits aux moissons, des dommages causés par les animaux, des homicides, des ventes, des testaments des rois, des affranchis selon la loi romaine, des hommes noyés, pendus, etc.

La loi se termine par un article qui défend aux juges de recevoir des présents.

IX. — La loi des Frisons ne s'occupe aussi que des homicides et des violences envers les personnes.

(1) *Si quis percusserit servum aut ancillam virgâ, et mortuus fuerit in manibus, ejus judicio vindicet.* (Exode, chap. XXI.)

Divus Adrianus servos a dominis occidi vetuit, eosque jussit damnari per judices si digni essent. (*Mosaïcarum et romanarum legum collatio*, tit. III. — Œuvres de Pierre et François Pithou.)

La loi patronia avait interdit aux maîtres de livrer leurs esclaves aux bêtes féroces.

Dominis potestas ablata est suo abitratu servos dandi ad depugnandas bestias. (*Ibid.*)

(2) *Quia sæpe præsumptione mobilium dominorum, extra discussionem publicam, servorum animæ pereruntur, extirpari decet hanc omnino licentiam .. Nullus dominorum vel dominarum servorum suorum vel ancillarum, extra publicum judicium, quandoquidem occidator existit ..* (Leg. visig., lib. VI, art. XI,)

Ne licent quemcumque servum suum vel ancillam quacumque corporis parte truncari (art. XII).

(3) « Sans doute, dit M. Guizot, en parlant des lois de l'Eglise (*Histoire de la civilisation en Europe*), la » plupart de ces idées étaient empruntées à la législation romaine; mais, si l'Eglise ne les avait pas gardées et » défendues, si elle n'avait pas travaillé à les propager, elles auraient péri. »

Sous le titre de : *Additio sapientium*, on y trouve à peine quelques articles qui ont trait à d'autres matières (1).

X. — La loi lombarde est plus développée.

C'est toujours des matières criminelles que le législateur s'occupe en première ligne (2). Un des titres de cette loi traite de l'office du juge, de la nécessité de demander aux plaideurs sous quelle loi ils vivent. Nous trouvons là le respect du statut personnel, qui est le cachet de toutes les législations du moyen âge, sauf la loi visigothe, qui est plus territoriale que personnelle et qui interdit l'application de tout autre droit que le droit visigoth. La loi lombarde reconnaissait l'autorité du droit romain, bien qu'elle formât le droit commun. Du reste, dans la plupart des matières civiles, la loi lombarde reproduisait les dispositions de la loi romaine (3).

XI. — Les lois des Carlovingiens sont conçues dans le même esprit et ne répondent à aucune idée de codification.

Les Capitulaires de Charlemagne et de ses successeurs ne sont pas autre chose que des réglements arrêtés dans les assemblées de la nation connues sous le nom de Champ-de-Mars ou Champ-de-Mai, traitant des matières diverses, selon les nécessités du temps.

Les Capitulaires de Pépin sont surtout relatifs à la discipline ecclésiastique et aux matières qui s'y rattachent, notamment aux prohibitions de mariage.

L'influence du clergé est en général le cachet de cette législation.

Le caractère dominateur de l'Eglise se développe surtout sous le règne de Charlemagne : « L'Eglise et le souverain civil, dit M. Guizot (4), contractèrent une étroite alliance. — » L'empire de Charlemagne tombe, mais les avantages que l'Eglise avait retirés de cette » alliance lui restent. »

Il ne faut donc pas être surpris si, dans les Capitulaires, les matières ecclésiastiques occupent une très-grande place ; la plupart sont délibérés en synode composé d'évêques, abbés et notables (5).

On y trouve cependant des dispositions sur des matières générales (6).

(1) *De Eo qui alteri viam contradixerit* ; — *De Flumine obstructo* ; — *De Pignoribus* ; — *De Re præstita* ; — *De Honore templorum*.

(2) Les divers titres sont relatifs aux homicides, aux coups et blessures, aux crimes contre les personnes ; le tout accompagné des règles sur la composition. Le second livre est relatif au mariage, aux droits des femmes ; il y est question des successions, des donations, du louage des maisons, du dépôt, de la prohibition d'aliéner quant aux mineurs, des prescriptions, des évictions, des avocats et des vidames.

(3) Savigny, *Histoire du droit romain au moyen âge*, t. 1er, p. 90, 96, 115 ; — t. 2, ch. XIV.

(4) *Histoire de la civilisation en Europe*, p. 176.

(5) V. *Recueil d'Isambert*, t. I, p. 38 et suiv.

(6) On trouve, en 802, un Capitulaire sur les homicides et autres crimes ;

En 803, des additions à la loi salique ;

La même année, un autre Capitulaire sur la tenue des plaids et l'adoption des lois, l'uniformité des mesures, la justice criminelle ;

En 805, sur la justice, la police générale ;

En 809, sur le jugement de Dieu, la vente anticipée des récoltes ;

La même année, un autre Capitulaire sur les effets de la mort civile, le devoir de la justice, le choix des juges, les avocats, l'assemblée publique, l'hospitalité ;

En 813, sur la composition.

L'application du principe de la composition nécessitait une nomenclature de tous les dommages qui pouvaient être faits à la personne.

La perte d'un œil, d'un bras, d'une jambe, la détérioration de telle ou telle partie du corps, était tarifée par la loi.

La répression dégénérait en un simple calcul à faire.

La législation de Charlemagne porte l'empreinte d'un esprit plus étendu, de vues plus générales, d'une plus grande tendance vers l'unité.

Charlemagne voulait ressusciter l'empire romain ; mais trop d'obstacles s'opposaient au succès de cette tentative. Réunir sous une même domination, soumettre aux mêmes lois, des populations de mœurs et d'origine diverses, livrées à un état d'ignorance et de barbarie, c'était une entreprise au-dessus de ses forces. A la fin du règne de Charlemagne, les parties mal jointes de son empire tendent à se disjoindre, et les ténèbres que ce prince avait essayé de dissiper reprennent de nouveau leur empire.

XII. — La législation, qui n'avait pu faire un pas sous Charlemagne et former un travail d'ensemble, ne change pas de caractère sous les successeurs de ce prince.

Les lois fourmillent, mais aucune idée de codification ne surgit.

Les établissements de saint Louis sont ce qu'étaient les Capitulaires: des dispositions législatives s'appliquant à des matières spéciales (1).

A divers intervalles, nous voyons bien naître l'idée d'un Code, mais c'est d'une collection de lois qu'il s'agit et non d'une codification.

Ainsi le Code Henri III, publié à la fin du XVIe siècle, contient toutes les ordonnances rendues par les rois qui ont précédé ; mais le classement en est fait au hasard et sans système préconçu (2).

XIII. — A cette époque on ne pouvait guère songer à réglementer le droit civil par un Code uniforme.

La France était divisée en pays de droit écrit, régi par le droit romain, et en pays de coutume.

Les coutumes, formant une législation territoriale, ne se prêtaient pas à des idées de réforme.

Le législateur ne pouvait faire qu'un usage établi n'existât pas.

Avant tout, il s'agissait de donner une base à la législation, en faisant rédiger par écrit les usages existants.

En l'absence d'une rédaction écrite, l'application des coutumes devenait une chose difficile, les juges étaient réduits à recourir à ce qu'on appelait des enquêtes *par turbe ;* ce qui laissait planer l'incertitude sur le sens de l'usage invoqué.

Philippe le Bel, dans son ordonnance *Pro reformatione regni*, avait prescrit que, dans toutes les sénéchaussées et baillages du royaume, on assemblât des personnes intelligentes pour s'informer des coutumes anciennes, telles qu'elles étaient pratiquées du temps de saint Louis, les rétablir sur l'ancien pied, et faire mettre le tout par écrit, pour en conserver la mémoire.

Cette mesure ne reçut pas d'exécution. Plus tard, en 1453, on trouve dans une ordonnance de Charles VII, sur l'abréviation des procès, un article ainsi conçu :

« Ordonnons que les coutumes, usages et styles de tous les pays de notre royaume
» soient rédigés et mis en écrit par les coutumiers, praticiens et gens de chaque pays de
» notre royaume (3).

(1) Montesquieu (liv. XXVIII), parlant des établissements de saint Louis, s'exprime en ces termes :
« Qu'est-ce que ce Code obscur, confus et ambigu, où l'on mêle sans cesse la jurisprudence française avec
» la romaine; où l'on parle comme un législateur, où l'on écrit comme un jurisconsulte ? »

(2) Ce recueil est divisé en vingt livres ; toutes les matières ecclésiastiques, civiles, criminelles, de procédure, d'ordre judiciaire, de police, y sont successivement traitées sans division raisonnée, et sans qu'il y ait entre elles aucune liaison.

Sur ces vingt livres, il en est à peine un seul consacré aux matières civiles; il y est question des constitutions de dot, des secondes noces, des donations, des testaments.....

(3) Nouveau Denisart ; v° *Coutume*.

Cette prescription ne fut pas plus exécutée que celle de Philippe le Bel.

Louis XI, succédant à Charles VII, ne jugea pas à propos d'y tenir la main ; il avait le projet de soumettre tout son royaume à une législation uniforme, mais cette grande pensée devait rester stérile.

Après lui, Charles VIII reprit l'idée émise par Charles VII.

Les coutumes furent successivement rédigées par écrit sous Louis XII, sous François Ier, à la fin du XVIe siècle et au commencement du XVIIe.

La rédaction des coutumes éloignait l'idée d'une codification des lois.

La confusion n'en devenait que plus grande, la nécessité d'une réforme n'en était que plus flagrante.

XIV. — Le chancelier L'Hôpital y avait songé, mais le moment n'était pas encore venu.

Le règne de Louis XIV, portant la lumière dans toutes les branches des connaissances humaines, ne pouvait pas laisser la législation dans l'état d'imperfection où elle s'était trouvée jusqu'alors.

Toutes les matières du droit furent remaniées.

L'ordonnance de 1667, sur la procédure civile ;

Celle de 1670, sur la procédure criminelle;

Celle de 1673, sur le commerce ;

L'ordonnance de 1681, sur la marine, surtout : tous ces grands travaux, qui font honneur au siècle qui les vit naître, étaient les précurseurs de ce qui devait se réaliser plus tard.

Sous le règne de Louis XV, deux ordonnances, dues à la haute intelligence du chancelier d'Aguesseau, réunirent les règles de deux des principales matières du droit : l'ordonnance du 1731, sur les donations ; celle de 1735, sur les testaments.

Ces deux ordonnances furent suivies de celle de 1747, sur les substitutions.

La pensée de porter la lumière dans le droit, de le soumettre à des dispositions uniformes, s'était fait jour à divers intervalles.

Le chancelier L'Hôpital, Lamoignon, d'Aguesseau, avaient compris et appelé de leurs vœux les grandes réformes législatives qui se sont réalisées plus tard.

Les savants jurisconsultes ne manquaient pas pour accomplir cette œuvre ; mais il y avait à vaincre les mœurs établies, la volonté des populations, attachées à leurs coutumes, la résistance des parlements.

Une révolution profonde pouvait seule, en faisant table rase, rendre la tâche du législateur possible.

C'est là ce qu'accomplit la Révolution de 1789.

SECTION III

I. — L'étude de la législation était devenue une véritable science.

On avait compris que le droit civil surtout était soumis à des règles qui se déduisaient les unes des autres, et qui répondaient à cette règle générale, qui est l'emblème de la justice : *Nul ne doit s'enrichir aux dépens d'autrui.*

Montesquieu écrivait son immortel ouvrage de l'*Esprit des lois.*

Pothier avait porté la lumière sur toutes les matières du droit ; il avait fait ressortir l'alliance intime du droit avec la morale, il avait appuyé sur le for intérieur ce qui échappait au droit positif.

Domat avait embrassé d'un coup d'œil d'ensemble la législation civile.

C'est ce dernier surtout qui a marqué les premiers pas vers l'idée d'une véritable codification.

II. — Domat fait remarquer que de la manière dont les lois sont recueillies, dans les livres de Justinien, il n'est pas bien aisé de les appliquer.

« L'ordre naturel qui les lie entre elles n'a pas été (dit-il) le but qu'on s'y est proposé (1).

» Les recueils du droit romain contiennent un amas de plusieurs règles, la plupart » sans suite.

» Le titre intitulé : *des Diverses Règles de droit,* est un amas confus de règles qui n'ont » aucun rapport les unes avec les autres. »

Domat se propose un autre but et adopte un autre plan.

Il divise le droit civil en deux parties :

D'une part, ce qui concerne les engagements;

D'autre part, ce qui est relatif aux successions.

C'est dans ces deux grandes divisions qu'il fait entrer toutes les matières du droit civil.

Les titres qui se rapportent à ces deux ordres d'idées sont précédés d'un livre préliminaire consacré aux règles de droit, aux personnes et aux choses.

Sous la rubrique *des Engagements,* Domat comprend tous les contrats, soit à titre onéreux, soit à titre gratuit.

Là viennent les engagements par convention, ceux qui se forment sans convention.

Sous le titre *des Successions,* viennent les testaments et tout ce qui se rapporte aux successions *ab intestat* ou testamentaires.

De la division indiquée par Domat à celle qu'ont adoptée les auteurs du Code, il n'y avait qu'un pas à faire.

L'essentiel était d'émettre l'idée d'une codification raisonnée, et c'est là l'immense mérite de l'œuvre accomplie par Domat.

III. — Ce n'était pas assez de trouver cet ordre consigné dans les écrits des jurisconsultes, il fallait le consacrer dans la loi.

Bentham, s'occupant de la rédaction des lois, place en première ligne la division des sujets qu'elles traitent.

« Un corps de lois, dit-il (2), est comme une vaste forêt : mieux elle est percée, plus elle » est connue. Pour rédiger un corps de lois complet (ajoute-t-il), il faut connaître toutes les » parties qui doivent y entrer ; il faut savoir ce qu'elles sont en elles-mêmes, et les unes » par rapport aux autres. »

Le mérite d'une bonne classification, c'est de rendre facile l'intelligence des dispositions législatives.

Ce n'est pas seulement à ceux qui sont chargés d'appliquer leurs prescriptions que le législateur s'adresse, c'est surtout à ceux qui doivent y chercher la mesure de leurs droits.

On a dit : *Nul ne doit ignorer la loi.*

Cet axiome, pris dans un sens absolu, ne serait pas admissible ; on n'a jamais prétendu que tout le monde dût être jurisconsulte : mais il importe que la loi soit assez claire pour que chacun puisse la comprendre et qu'on puisse lui dire : *Idem est scire, vel scire potuisse.*

Ainsi Bentham enseigne que, dans un corps de lois, il faut distribuer les matières dans leur ordre naturel, c'est-à-dire dans l'ordre selon lequel *il sera le plus aisé de consulter la loi, de trouver le texte qui s'applique à un cas donné et d'en saisir le véritable sens.*

IV. — Pour atteindre ce but, la loi doit tracer d'abord les principes généraux et en faire l'application dans les détails, sans avoir l'ambition de tout prévoir (3).

(1) Domat, *Lois civiles,* préface.

(2) *Traité de législation,* t. III, p. 185.

(3) *Tanto melior est lex sive civilis sive prætoria, quanto generalibus verbis concepta est, ut plures casus complecti possit, nec ulla lex ita scribi potest ut omnes casus comprehendat.* (Leg. 10, ff. *de Leg.*)

Sous ce rapport, la division des lois civiles suivie par Domat n'est pas exacte.

Diviser le droit civil en deux grandes parties, les engagements d'une part, les successions de l'autre, c'est s'exposer à la confusion.

Il y a des choses communes à ces deux ordres d'idées.

Les tutelles, l'usufruit, la prescription, que Domat classe dans la première partie, appelée *des Engagements*, se reproduisent aussi dans la seconde, celle qui est relative aux successions testamentaires.

Les règles d'interprétation ne sont pas les mêmes pour les actes à titre onéreux et les actes à titre gratuit; d'où la conséquence qu'un titre général des règles de droit n'est pas nécessaire.

Le Code n'a pas adopté la division suivie par Domat.

Un titre préliminaire, relatif aux règles de droit, avait été proposé; mais on le jugea inutile.

Les droits que la loi civile doit définir sont relatifs aux personnes ou aux choses.

De là la nécessité de déterminer la qualité des personnes et la nature des choses.

Sous le titre de la Qualité des personnes ont dû se ranger l'état civil, le mariage, la filiation, l'adoption, la minorité, la tutelle;

Sous le titre de la Nature des choses, la division des biens en meubles ou immeubles, les modifications apportées à la jouissance des biens par les droits de servitude ou d'usufruit.

Ces points une fois fixés, la loi a dû s'occuper des moyens d'acquérir :

Acquisition à titre gratuit, acquisition à titre onéreux.

Parmi les transmissions à titre gratuit se placent naturellement les successions, donations et testaments.

Sous le titre d'Acquisitions à titre onéreux viennent les conventions en général et les diverses espèces de contrat:

Contrat de mariage, vente, louage, société.....

Viennent ensuite les dispositions accessoires ou conventions, le gage, l'hypothèque, et, en dernier lieu, la prescription, s'appliquant à l'exercice de tous les droits.

Tel est l'ensemble que présente le Code qui nous régit, aussi remarquable par la clarté de ses dispositions que par l'ordre logique qui en est la base, et qui réalise la pensée de Domat : *les lois civiles dans leur ordre naturel.*

Il faut cependant reconnaître que ce n'est pas d'un seul jet que le Code civil est arrivé à ce degré de perfection.

SECTION IV

I. — Ainsi que nous l'avons vu, l'idée d'une législation uniforme et d'une codification régulière et logique germait dans les esprits longtemps avant la Révolution de 1789.

Mais cette grande Révolution, faisant table rase, portant dans toutes les branches de la législation un esprit de rénovation qui naissait des institutions politiques, pouvait seule réaliser la pensée qui avait préoccupé les jurisconsultes.

C'est à l'école de Pothier et de Domat que s'étaient formés les hommes éminents, voués à l'étude du droit, que la Révolution appelait dans les assemblées nationales.

Il ne faut pas être surpris si, dès les premiers pas, les idées de réforme législative trouvèrent des esprits disposés à les accueillir.

Un des premiers actes de l'Assemblée constituante fut de décréter qu'il serait rédigé un Code civil contenant, d'une manière uniforme, les lois qui doivent régir tous les Français.

L'Assemblée constituante eut à accomplir de grandes choses; mais les événements se pressaient, et, malgré ses bonnes intentions, le vœu qu'elle avait émis ne se réalisa point.

L'Assemblée législative eut à s'occuper bien plus des lois d'intérêt public que de celles d'intérêt privé ; elle ne vécut pas assez longtemps pour mettre à exécution le projet conçu par l'Assemblée nationale.

La Convention lui succéda.

Le nom de la Convention rappelle la résistance portée à sa plus haute expression : des hommes énergiques, mus par une seule passion, l'établissement de la république, sacrifiaient tout à cette pensée, et faisaient aussi peu de cas de la vie des autres que de la leur.

A ne voir que les actes d'atroce barbarie qui souillent cette époque, le cœur se soulève d'indignation et de dégoût (1).

Il faut reconnaître cependant que, au milieu des excès qui marquaient son existence, la Convention abordait toutes les grandes questions sociales.

Son comité de législation fournissait son contingent à cette régénération de la France, qui était le but qu'elle se proposait.

Il ne faut pas être surpris si elle recueillit le vœu émis par l'Assemblée constituante, et si, parmi les travaux qu'elle entreprit, la confection d'un Code civil trouva sa place.

Mais y avait-il dans les hommes et dans les choses assez de stabilité pour qu'une telle entreprise pût aboutir ?

II. — Cambacérès fut chargé de rédiger un projet.

Dans la séance du 21 août 1793, cet éminent jurisconsulte, qui a si largement marqué sa place dans le Code qui nous régit aujourd'hui, présenta son rapport à la Convention.

Il est intéressant d'étudier ce rapport, que les travaux du Conseil d'Etat sous le Premier Consul ont fait oublier, mais qui, à travers les exagérations de l'époque, n'en porte pas moins l'empreinte des études profondes d'un de nos plus illustres législateurs.

« Ce serait (disait Cambacérès) se livrer à un espoir chimérique que de concevoir le projet » d'un Code qui préviendrait tous les cas.

» Beaucoup de lois, a dit un historien célèbre, font une mauvaise république ; leur » multiplicité est un fardeau, et le peuple qui en est accablé souffre presque autant de ses » lois que de ses vices.

» Peu de lois suffisent à des hommes honnêtes; il n'en est jamais assez pour les méchants, » et, lorsque la science des lois devient un dédale où le plus habile se perd, le méchant » triomphe avec les armes mêmes de la justice.

» Une autre difficulté se présente : si la multitude des lois offre des dangers, leur trop » petit nombre peut nuire à l'harmonie sociale.

» Le législateur ne doit pas aspirer à tout dire ; mais, après avoir posé des principes » féconds qui écartent d'avance beaucoup de doutes, il doit saisir des développements qui » laissent subsister peu de questions.

(1) « L'Assemblée constituante (dit M. Thiers, *Révolution française*, t. VIII, p. 69) avait eu l'ancienne or- » ganisation féodale à détruire et une organisation nouvelle à fonder.

» L'Assemblée législative avait eu cette organisation à essayer en présence du roi, laissé dans la Consti- » tution.

» Après un essai de quelques mois, elle suspendit le roi et se démit.

» La Convention trouva un roi détrôné, une constitution annulée, la guerre déclarée à l'Europe; pour » toutes ressources, une administration entièrement détruite, le papier-monnaie discrédité, de vieux cadres de » régiment usés et vides. Ainsi ce n'était pas la liberté qu'elle avait à proclamer, c'était la liberté qu'elle avait » à défendre contre l'Europe entière.

» Après trois ans de luttes avec l'Europe, avec les factions, avec elle-même, sanglante et mutilée, elle se » démit et transmit la France au Directoire.

» Son souvenir est devenu terrible; mais pour elle il n'y a qu'un fait à alléguer, un seul, et tous les reproches » tombent devant ce fait immense : elle nous a préservés de l'invasion étrangère. »

» En rédigeant le Code que nous venons vous offrir (ajoutait-il), loin de nous la pré» tention d'avoir inventé une théorie ou un système.... Un système ! nous n'en avons » point, persuadés que toutes les sciences ont leurs chimères.

» La nature est le seul oracle que nous avons interrogé.

» Dans l'art difficile de faire goûter les lois, il ne faut compter que sur les effets de cette » raison publique à laquelle rien ne résiste. »

III. — Le projet présenté par Cambacérès était simple.

C'est le premier travail de codification raisonnée que nous offrent les monuments législatifs.

Le projet s'occupait en premier lieu des personnes.

Il traitait ensuite des biens.

Sous ce titre, le projet déterminait en premier lieu la manière de jouir des biens (là, la propriété, la possession, l'usufruit);

En second lieu, la manière d'acquérir *sans contrat* (par succession, donation, testament, prescription).

Par contrat..... (là, l'énumération de tous les contrats synallagmatiques).

Le livre IV était consacré aux actions.

Le projet contenait un petit nombre d'articles.

L'idée qui dominait alors dans les esprits consistait à introduire dans la loi le plus de liberté possible, et surtout à faire disparaître tout ce qui pouvait avoir son principe dans la féodalité ou les préjugés religieux.

Le titre Ier traite de l'état des personnes.

« Il existe, y est-il dit, dans la nature et par la loi, des rapports entre les individus qui » composent la société. Ces rapports constituent l'état des personnes. »

Les mariages, naissances, divorces, adoptions et décès, sont constatés sur les registres de l'état civil.

Les étrangers, pendant leur résidence, demeurent soumis aux lois de la République; leur personne et leurs biens sont sous la protection des lois.

Le titre II définit le mariage : Une convention par laquelle l'homme et la femme s'engagent, sous l'autorité de la loi, à vivre ensemble, à nourrir et à élever leurs enfants.

VII. — Le mariage, réputé contrat purement civil, pouvait être dissous par la volonté persévérante de l'un des époux.

Les majeurs devaient obtenir pour se marier le consentement de leur père et de leur mère.

Il leur suffisait de requérir ce consentement; trois jours après cette réquisition, si elle était restée inefficace, ils pouvaient passer outre.

Le projet n'admettait pas la nécessité des actes respectueux réitérés.

Il entrait dans les idées d'alors de restreindre tous les pouvoirs.

La puissance paternelle était considérablement diminuée.

« La voix impérieuse de la nature s'est fait entendre, disait Cambacérès, elle a dit : Il » n'y a plus de puissance paternelle ; c'est tromper la nature que d'établir ses droits par la » contrainte.

» Surveillance et protection, voilà le droit des parents ; nourrir, élever, établir leurs » enfants, voilà leur devoir. »

Le souvenir de la Bastille et des lettres de cachet influait sûrement sur l'opinion émise par Cambacérès; mais, pour éviter un excès, ne tombait-il pas dans un autre ?

La puissance paternelle est le fondement de la famille, le soutien de l'ordre social.

Que les droits de la nature ne soient pas soutenus par la contrainte, c'est là ce qui est désirable.

Le respect des enfants pour les auteurs de leurs jours est un sentiment inspiré par la nature, peut-être à un moindre degré que l'amour des pères pour leurs enfants.

Aussi le Décalogue, qui a dit aux enfants : *Honore ton père et ta mère*, n'a-t-il pas cru nécessaire de dire aux pères : *Aimez vos enfants*.

Mais, lorsque ce respect est mis en oubli, la loi doit-elle laisser la paternité désarmée ?

Sans doute, la puissance paternelle se résume dans ces mots: *surveillance* et *protection*.

Mais n'est-ce pas surveiller et protéger, que de recourir à une rigueur nécessaire pour empêcher le désordre, le déshonneur ou la ruine?

IV. — Le projet voulait que les pères fussent tenus d'élever leurs enfants pour l'agriculture et pour l'exercice d'un art mécanique.

Il s'agissait de créer des hommes vigoureux, et le législateur d'alors songeait beaucoup plus à la force qu'à l'intelligence.

« Chiron (disait le rapporteur dans ce langage métaphorique qui était dans les mœurs du » temps) fut chargé de l'éducation d'Achille ; il le nourrissait avec la moelle de lion.»

On proposait d'infliger des peines aux pères qui auraient négligé leur devoir.

On consacrait ainsi l'instruction obligatoire.

Mais n'est-ce pas dépasser le but qu'une bonne législation doit poursuivre? La loi ne doit-elle pas s'en rapporter à la sollicitude des pères ? Toute obligation imposée équivaut-elle à ce qu'inspire le sentiment naturel qui porte les pères à ne voir dans leurs enfants que la continuation de leur propre vie ?

En haine des préjugés, Cambacérès supprimait toute distinction entre les enfants naturels et les enfants légitimes.

« La bâtardise, disait-il, doit son origine aux erreurs religieuses et aux invasions féodales ; » il faut donc la bannir d'une législation conforme à la nature. Tous les hommes sont égaux » devant elle; pourquoi laisserions-nous subsister une différence entre ceux dont la condi- » tion doit être la même ? »

La loi ne peut accepter de pareilles théories. Sans doute la loi politique ne peut distinguer entre les enfants légitimes et ceux qui ne le sont pas ; les uns et les autres exercent également les droits de citoyen ; mais, à l'aspect de la famille, la question est tout autre.

Placer sur la même ligne les enfants naturels et ceux qui sont légitimes, c'est nier la famille, c'est détruire le mariage.

Que l'on supplée au vice de la naissance par la légitimation et par l'adoption au besoin, cela se conçoit ; mais, en dehors de ces moyens légaux, l'assimilation n'était pas proposable.

V. — Cambacérès, dans son rapport, faisait ressentir les bienfaits de l'adoption.

« L'adoption, disait-il, est tout à la fois une institution de bienfaisance et la vivante » image de la nature.

» Elle donne plus d'étendue à la paternité, plus d'activité à l'amour filial; elle vivifie la » famille par l'émulation, elle la répare par de nouveaux choix; et, corrigeant ainsi les erreurs » de la nature, elle en acquitte la dette en agrandissant son empire.

» C'est le rameau étranger enté sur un tronc antique ; il en ranime la séve, il embellit la » tige de nouveaux rejetons; et, par cette insertion heureuse, elle couronne l'arbre d'une » nouvelle moisson de fleurs et de fruits. »

Ce n'était pas assez pour les législateurs d'alors de poser des principes de droit: ils se croyaient obligés de les envelopper d'un style fleuri, qui contrastait avec les préoccupations du moment.

Les séances où s'agitaient les débats relatifs à chacun des articles du Code étaient souvent interrompues par des dépêches annonçant une défaite ou une victoire, ou par quelque mesure de salut public......

Cambacérès voulait l'adoption sur la plus large échelle.

Le Code n'a pas répudié ces grands principes.

La jurisprudence, il est vrai, a hésité dans leur application.

La question de l'adoption des enfants naturels a longtemps divisé les Cours.

Il reste encore celle des enfants adultérins.

Il semblait que le pas franchi pour les enfants naturels ne laissait pas de place pour des distinctions de naissance.

Favores ampliandi, telle devait être la règle.

En concédant à la dignité du mariage la part légitime qui lui appartient, la société n'a pas d'intérêt à laisser subsister dans son sein des êtres flétris par un préjugé d'autant plus injuste qu'il punit celui qui en est frappé d'un fait dont il n'est pas l'auteur.

VI. Le projet de la Convention avait pour but de faire passer le principe d'égalité dans la division des fortunes, d'empêcher l'agglomération des richesses.

Les idées émises par Cambacérès sur les dispositions à titre gratuit sont conçues dans cet esprit.

Le projet n'admet que deux manières de disposer :

« La donation entre-vifs et la donation testamentaire.

» Toutes les formes testamentaires sont abrogées.

» La donation entre-vifs est irrévocable, dit le rapporteur ; la bienfaisance est son prin-
» cipe.

» Il répugne (ajoutait-il) à l'idée de bienfaisance que l'on puisse donner à un riche ; il
» répugne à la nature que l'on puisse faire de pareils dons, lorsqu'on a sous les yeux
» l'image de la misère et des malheurs. Ces considérations attendrissantes nous ont déter-
» miné à arrêter un point fixe, une sorte de *maximum* qui ne permît pas de donner à ceux
» qui l'ont atteint. »

Jamais législateur n'avait songé à régler ainsi la capacité de disposer et de recevoir.

C'est une sorte de loi agraire préventive que l'on aurait voulu consacrer ; de semblables idées ne peuvent naître que dans des temps de trouble et d'aberration.

Le projet dont la Convention était saisie avait surtout pour but de détruire l'aristocratie de fortune. Le partage égal était établi d'une manière absolue : la faculté de disposer réduite à un dixième quand il y avait des enfants, à un sixième quand il n'y avait que des collatéraux.

Les précautions les plus minutieuses étaient prises pour empêcher qu'on éludât ces dispositions prohibitives.

Tel était l'ensemble des dispositions relatives aux successions et aux actes de libéralité.

VII. — Quant au contrat de mariage, le régime adopté était celui de la communauté.

Le régime dotal avait sa source dans un droit aristocratique ; la communauté répondait mieux aux principes d'égalité et à ce niveau qu'on voulait faire peser sur toutes les conditions sociales.

« La loi, disait Cambacérès, fixera des règles simples dérivant de la nature du mariage ;
» elle consacrera la communauté comme le mode le plus conforme à cette union intime,
» à cette unité d'intérêt, fondement inaltérable du bonheur des familles. »

Pour un jurisconsulte né dans le pays du droit écrit, l'exclusion du régime dotal devait mériter quelques regrets ; mais d'autres inspirations dominaient la pensée du rapporteur.

« Les mêmes motifs, ajoutait Cambacérès, nous ont fait adopter l'usage de l'adminis-
» tration commune.

» Cette innovation éprouvera peut-être des critiques; elles auront leur réponse dans ce » principe d'égalité qui doit régler tous les actes de notre organisation sociale, et dans » notre intention d'empêcher ces engagements indirects qui ruinaient souvent la fortune » des deux époux, amenaient la division intestine, les chagrins et la misère. »

La séance où l'on discuta cette innovation fut orageuse.

Thuriot, Merlin, la combattirent.

La suppression de l'autorité maritale fut soutenue par Lacroix, Danton, Camille Desmoulins, Couthon.

« Je ne veux pas, disait Camille Desmoulins, que l'on conserve plus longtemps la puis- » sance maritale, qui est une création des gouvernements despotiques. »

« Il suffit, disait Couthon, d'avoir fait quelques réflexions sur la nature de la femme, » pour être convaincu que la femme est née avec autant de capacité que l'homme; si » jusqu'ici elle en a moins montré, ce n'est pas la faute de la nature, mais celle de nos » anciennes institutions. »

Malgré la vivacité du débat, l'article fut ajourné.

VIII. — Ce devait être plus tard le sort du projet tout entier, qui, du reste, n'eût pu résister à un changement dans les institutions politiques, et qui n'aurait pu être qu'une loi de transition.

On ne peut nier cependant qu'il n'y eût dans la conception générale du projet et dans la coordination de ses dispositions un système de codification conçu selon les principes du droit, et devant servir de base à un travail plus approprié à nos mœurs.

Quelques principes émis sur les contrats méritent d'être signalés. Cambacérès proposait l'abolition du serment.

« Nous avons pensé, disait-il, que la morale et la raison demandaient l'abolition du ser- » ment, créé pour servir de supplément aux conventions, mais qui, au lieu d'étayer le bon » droit, ne fut presque toujours qu'une occasion de parjure. »

Ce n'est pas la première fois que le serment judiciaire amène ces réflexions.

Le judicieux Pothier (1) s'exprime ainsi :

« Quand un homme est honnête homme, il n'a pas besoin d'être retenu par la religion » du serment pour ne pas demander ce qui ne lui est pas dû et pour ne pas disconvenir de » ce qu'il doit, et, quand il n'est pas honnête homme, il n'a aucune crainte de se parjurer; » depuis plus de quarante ans que je fais ma profession, j'ai vu une infinité de fois déférer » le serment, et je n'ai pas vu arriver plus de deux fois qu'une partie ait été retenue par » la religion du serment de persister dans ce qu'elle avait soutenu. »

Si l'utilité du serment judiciaire est aussi restreinte, ne serait-il pas sage de supprimer une cause fréquente de parjure ?

IX. — Le projet de Cambacérès, par respect pour les conventions volontairement formées, supprimait l'action en rescision pour lésion et la faculté de rachat.

« Il a fallu, disait-il, imprimer un grand caractère aux conventions, et ne pas per- » mettre que leur stabilité fût légèrement compromise.

» Ainsi nous avons rejeté la faculté de rachat des immeubles, qui avait le double incon- » vénient d'être une source intarissable de contestations et de nuire au progrès de l'agri- » culture et à l'embellissement des cités, par l'incertitude qu'elle laissait sur les propriétés.

» Nous vous proposons pareillement d'anéantir les plaintes en lésion, à la faveur » desquelles le contrat formé devenait nul au moyen d'une estimation arbitraire. »

(1) *Traité des Obligations*, n° 831.

L'intérêt général n'aurait pas beaucoup à souffrir si l'on supprimait la faculté de rachat.

Ce moyen offert à un débiteur obéré ne peut être pour lui qu'une cause de ruine.

S'il a l'espoir de se libérer, les institutions de crédit lui offrent une ressource préférable à la vente sous faculté de rachat.

S'il n'a pas cet espoir, la vente à faculté de rachat n'est jamais qu'une aliénation à vil prix.

Quant à la rescision pour lésion, il est dangereux de soumettre le sort du contrat aux hasards d'une expertise.

Quelle que soit la capacité des experts, quel est le *criterium* sur lequel se base leur jugement ?

Leur opération n'est-elle pas conjecturale ? Et cette qualification d'*estimation arbitraire*, été employée par Cambacérès, n'est-elle pas fondée en général ?

La loi s'en est justement défiée, et l'adage : *Dictum expertorum numquam trans in rem judicatum* en fait de foi.

Ne serait-il pas plus sage de n'admettre l'action en rescision que dans le cas où il aurait été employé des manœuvres pour tromper, où il y aurait dol, violence ou erreur démontrée ?

Cette base serait plus sûre que le jugement incertain des experts.

X. — Cambacérès repoussait l'admission de la preuve testimoniale et de la preuve par présomption au cas où il existe un commencement de preuve par écrit.

« Longtemps, disait-il, les Tribunaux ont retenti de ces mots, *présomption* et *commen-* » *cement de preuve par écrit ;* nous ne craignons pas de le dire, il n'y a pas plus de pré- » somption et de commencement de preuve par écrit qu'il n'y a de demi-vérités. »

Ces théories sont trop absolues ; il y a sûrement, il faut le reconnaître, des commencements de preuve qui doivent autoriser le juge à compléter sa conviction à l'aide de la preuve testimoniale.

Mais en est-il de même pour l'admission des présomptions?

Le commencement de preuve n'est, en dernière analyse, qu'une présomption.

Ajouter des présomptions à une présomption, n'est-ce pas admettre la preuve par présomption d'une manière absolue ?

Il y a plus de garantie dans l'attestation des témoins ajoutée à la présomption qui résulte d'un commencement de preuve par écrit.

Bien que celui qui a pu se procurer une preuve écrite ait à s'imputer de n'avoir pas pris cette précaution, il faut reconnaître que, dans les relations ordinaires, la confiance réciproque préside à la plupart des conventions.

Le droit rigoureux qui défendrait de venir au secours de celui dont la bonne foi a été trompée serait une injustice.

XI. — Le projet de Cambacérès se terminait par la suppression de l'hypothèque occulte.

Les raisons que Cambacérès faisait valoir sont devenues plus puissantes aujourd'hui, que le crédit a pris une plus grande extension ; la suppression de l'hypothèque occulte devient une nécessité.

Tel est, dans son ensemble, le projet de Code civil présenté par Cambacérès à la Convention.

Pénétré du désir de régénérer la société, la Convention voulait donner à son œuvre un cachet de nouveauté. Cambacérès ne se dissimulait par les critiques qu'il aurait à subir; aussi disait-il, en terminant son rapport :

« Quelle entreprise, dira la malveillance accablée, quelle entreprise de tout changer à

» la fois, dans les écoles, dans les mœurs, dans les coutumes, dans les esprits, dans les lois » d'un grand peuple !.. L'immortel Bacon répondait aux malveillants de son siècle qui lui » témoignaient la même surprise : Si l'on s'étonne de mon audace, je m'étonnerai bien » plus de notre faiblesse, et qu'il ne se trouve pas une âme assez vigoureuse pour rendre la » raison à la vérité et l'homme à la nature.

» Peut-être, dira-t-on, il ne suffisait pas d'avoir voulu tout régénérer : il fallait encore » tout prévoir, tout ordonner.

» Nous répondrons à ces observations que c'est à la nation qu'il appartient de perfec- » tionner, de raffermir notre ouvrage ; que, si les précautions pouvaient manquer pour » arriver de la spéculation à la pratique, du moins le courage, qui peut abattre le préjugé, » surmonter les obstacles, braver les dangers, ne manquera jamais à la Convention natio- » nale. »

SECTION V

I. — La Convention avait consacré un grand nombre de séances à la discussion du projet présenté par Cambacérès.

Il y avait été apporté des modifications qui en avaient compliqué les détails.

Un travail de révision devenait nécessaire.

Cela donna lieu à un second projet, qui fut encore l'œuvre de Cambacérès.

« Trois choses sont nécessaires à l'homme (y est-il dit) pour vivre en société :

» Etre maître de sa personne ;

» Avoir des biens pour remplir ses besoins;

» Pouvoir disposer pour son plus grand intérêt de sa personne et de ses biens.

» Ainsi les personnes, les propriétés, les conventions, sont les trois objets de la législation » civile. »

Le second projet de Cambacérès ne différait pas du premier, quant à l'ordre suivi; seulement les articles déjà adoptés par la Convention étaient rédigés avec plus de concision.

La Convention cessa d'exister avant que le second projet de Cambacérès pût être adopté.

Le Directoire avait succédé à la Convention ; le conseil des Cinq-Cents dut s'occuper de la tâche que le pouvoir qui l'avait précédé avait laissée inachevée.

Ce fut encore Cambacérès qui fut chargé du rapport et qui dut rédiger un troisième projet.

Au fond, les idées étaient toujours les mêmes, et l'éminent législateur se montrait toujours au niveau de la mission qui lui était dévolue.

Cambacérès, qui avait sacrifié dans son premier projet aux idées de la Convention, avait compris les modifications que le cours des événements entraînait à sa suite.

Ainsi, quant au régime de la communauté, le savant rapporteur avait fait justice de cette administration commune, qu'il déférait au mari et à la femme, les plaçant ainsi l'un et l'autre sur la même ligne.

« Dans le premier projet de Code, disait-il, on avait adopté l'usage de l'administration » commune. Cette innovation a éprouvé de justes critiques, et, quoique l'égalité doive » servir de régulateur dans tous les actes de l'organisation sociale, ce n'est pas s'en écarter » que de maintenir l'ordre naturel et de prévenir ainsi les débats qui détruiraient les » charmes de la vie domestique. »

II. — Le nouveau projet de Cambacérès fut soumis au comité de législation du conseil des Cinq-Cents.

Le rapporteur de la commission de législation, Jacqueminot, dans le rapport présenté par lui, parcourait les phases diverses qu'avait parcourues la confection du Code civil.

« La Convention, disait-il, avait voulu attacher son nom à ce grand ouvrage; mais il » était difficile à la raison et à la sagesse de faire percer leur voix au milieu des éclats de la » foudre et du tumulte des factions sans cesse aux prises. »

Parlant ensuite des projets présentés par Cambacérès, il disait:

« Un homme qui honora toujours la tribune par ses talents et ses lumières, pendant que » tant d'autres la souillaient par leurs fureurs, a publié aussi un projet de Code civil. C'est » un recueil de vastes connaissances, la distribution en est simple et belle. Le jurisconsulte » familiarisé avec les hautes et profondes méditations s'y montre à chaque page; mais on » y voit aussi quelquefois le sage lui-même obligé de payer son tribut aux erreurs qui l'as- » siégaient. »

« L'auteur l'a reconnu, ajoutait Jacqueminot, et a avoué la nécessité de retoucher » plusieurs parties de son ouvrage; aussi nous a-t-il secondés dans celui que nous offrons. »

Le Directoire ne devait pas être plus heureux que la Convention; il légua au Consulat le soin de terminer cette œuvre, dont l'idée première remontait aux premiers jours de la Révolution, mais qui devait se consommer dans des temps plus à l'abri de l'orage et dans le sein de ce Conseil d'Etat où, à côté des jurisconsultes les plus éminents du siècle, siégeait ce génie puissant à qui rien n'était étranger, et qui, après avoir surpassé pendant la guerre les généraux les plus illustres, se montrait pendant la paix le digne émule des législateurs les plus éclairés.

III. — Les idées émises par Cambacérès, la codification par lui conçue, devaient servir de base au Code civil, élaboré sous le Consulat.

Les hommes sous les yeux desquels les événements avaient marché s'étaient nourris d'autres idées; la réalité des choses avait pris la place d'aventureuses utopies, la France était régénérée, et le nouvel ordre des choses exigeait des lois conformes à ses institutions.

Lors donc que le projet du Code qui nous régit fut soumis au Conseil d'État, le consul Cambacérès ne pouvait plus parler et agir comme il l'avait fait à la Convention nationale.

Il s'agissait de reconstituer l'autorité dans le gouvernement; il était naturel qu'on rétablît l'autorité dans la famille.

Le consul Cambacérès appuya de tout l'ascendant de son savoir la puissance paternelle et l'autorité maritale.

Bien qu'il eût voulu, dans le projet soumis à la Convention, rendre l'administration de la communauté commune aux deux époux, il hésitait à conférer la tutelle légale à la mère.

Il déclarait les femmes inhabiles à l'administration des biens.

Quant au régime dotal, il demandait que, de même que les parties contractantes pouvaient faire régir l'association conjugale par celle des coutumes qu'elles voudraient choisir, il leur fût permis aussi de stipuler qu'elles seraient régies par le droit écrit.

Bien que la nouvelle législation eût subi l'influence de l'égalité dans les partages, néanmoins on élargissait la quotité disponible; en supprimant les substitutions, on faisait une exception pour les substitutions en faveur des petits-enfants au premier degré.

Le rétablissement des majorats suivait de près l'émission du Code civil.

A une société nouvelle il fallait une législation en harmonie avec ses besoins et ses tendances.

Le Code auquel a si puissamment contribué le consul Cambacérès, a posé des assises que le temps ne saurait ébranler.

Si des améliorations de détail sont possibles, l'ensemble restera debout comme un des plus beaux titres de gloire du siècle qui lui a donné naissance.

Cette œuvre immortelle n'était pas seulement destinée à régir la France, elle s'imposait aux nations diverses, non pas seulement par la sagesse de ses dispositions, mais surtout par l'ordre et la clarté qui présidaient à leur classement.

L'idée de la codification était savamment réalisée ; désormais la collection des lois ne devait plus être un assemblage confus de dispositions législatives n'ayant aucun rapport les unes avec les autres : Chaque matière spéciale devait avoir sa codification.

Le même ordre d'idées qui avait présidé à la confection du Code civil devait se reproduire dans la confection des divers Codes, et la France, en apportant ainsi au plus haut degré la clarté dans les lois, a pu s'enorgueillir d'avoir ouvert la voie dans laquelle elle a été suivie par les législateurs de tous les autres peuples.

DE LA CAPACITÉ DE DISPOSER PAR DONATION OU TESTAMENT (ART. 900). DE L'INCAPACITÉ DE RECEVOIR (ART. 909 DU CODE CIVIL).

§ Ier

DE LA CAPACITÉ DE DISPOSER

I. — La faculté de disposer de ses biens après sa mort est un des plus beaux attributs du droit de propriété.

Mais la loi qui créait cette faculté ne pouvait l'admettre sans contrôle.

En réglant l'ordre des successions, elle a attribué à la famille un droit éventuel sur les biens de chacun de ses membres.

Si, en dehors de la réserve légale, toute latitude doit être accordée au droit de disposer, la loi a dû exiger que l'acte qui dépouille les héritiers naturels émanât d'une personne capable.

De là ce principe posé par l'article 901 du Code Napoléon, *que, pour disposer par donation entre-vifs ou par testament, il faut être sain d'esprit.*

Cette locution répond-elle à la pensée du législateur ? Il est permis d'en douter. Pour disposer de ses biens, il faut avoir le libre usage de sa raison, c'est-à-dire être capable d'avoir une volonté et d'avoir conscience de ce qu'on veut.

Que cette volonté soit plus ou moins sage, ce n'est pas ce qui importe. L'essentiel est que l'expression de cette volonté soit dégagée de toute influence qui la vicie, que cette influence dérive du dehors ou qu'elle soit le résultat d'un vice qui oblitère la raison de celui qui dispose. Mais est-ce bien là l'exacte signification de ces mots : *Il faut être sain d'esprit?* Ces expressions n'ont-elles pas quelque chose de vague, de peu défini ?

Si l'on exige, pour être capable de disposer, l'intégrité parfaite de l'intelligence, à quelle limite devra-t-on s'arrêter ? Peut-on appeler sain d'esprit celui dont l'intelligence est complétement inculte ?

L'esprit, pour être capable d'accomplir tous les actes qui lui sont propres, en connaissance de cause, n'a-t-il pas besoin d'être développé par l'éducation ?

Dira-t-on de l'homme complétement ignorant, incapable de discerner ce qui est bien de ce qui est mal, ce qui est juste de ce qui ne l'est pas, qu'il est sain d'esprit, qu'il possède la plénitude de son intelligence ?

Evidemment, non.

Cependant on ne saurait lui dénier le droit de tester.

Ce n'est donc pas de l'intégrité de l'esprit qu'il faut s'enquérir, mais de l'état de maladie qui prive un individu de l'usage de sa raison.

Ainsi, au lieu de poser ce principe abstrait, que pour disposer par testament il faut être sain d'esprit, il serait plus logique de dire : ceux-là sont incapables de tester qui sont atteints d'une maladie qui les prive de l'usage de leur raison.

II. — Lorsque la loi romaine parle du fou à qui il est interdit de faire un testament, elle le désigne sous le nom de *furiosus* ; lorsqu'elle précise la nature de l'infirmité qui rend inhabile à tester, elle dit : *In adversa corporis valetudine mente captus, eo tempore testamentum facere non potest.*

Ces mots, *mente captus,* indiquent la perte de la raison par l'effet de l'état de maladie. Lorsque la loi romaine emploie les mots *non compos mentis,* elle les applique aux furieux.

Le furieux ne peut pas tester, parce qu'il n'est pas *compos mentis.*

Quand il est question d'*integritas mentis*, c'est par opposition à la santé du corps (1).

Ces mots, *integritas mentis,* sont traduits dans le Code par *sinceritas mentis,* ce qui n'est pas autre chose que la liberté de l'esprit, la sincérité de l'intention (2).

On trouve bien, dans certains passages du Digeste et du Code, les mots *demens, dementia,* pour désigner ceux qui ne peuvent administrer leurs biens; mais ces expressions ne se rencontrent qu'aux titres relatifs à la nomination d'un curateur (3).

Sans doute, tous les genres de folie ne pouvaient pas être caractérisés par le mot *furiosus,* mais l'emploi de cette expression indique qu'on ne déniait la faculté de tester qu'à ceux qui étaient atteints d'une maladie caractérisée, qui les privait de l'usage de leur raison.

III. — La jurisprudence avait dû, sans doute, développer ce principe : il est bien clair que c'est l'insensé que la loi a voulu priver du droit de tester; mais tous les insensés ne sont pas furieux. La démence est le mot générique, *demens, amens (sorti de la raison, privé de la raison).*

La démence peut se produire par l'état de fou furieux ou de fou imbécile; mais il s'agit toujours d'un état de maladie qui affecte et paralyse l'intelligence.

D'Aguesseau, dans son remarquable plaidoyer pour le duc d'Orléans, définissait, d'après Cicéron, les caractères de la folie en ces termes :

« Deux états partagent les hommes : les uns sont entièrement privés de l'usage de la rai-
» son, les autres en font un mauvais usage, mais qui ne suffit pas pour les déclarer fous ; les
» uns n'ont plus de lumière, les autres ont une faible lueur qui les conduit au précipice ;
» les premiers sont morts, les derniers sont malades. Ceux-ci conservent encore une image
» et une ombre de sagesse, qui suffit pour remplir médiocrement les devoirs communs de la
» société ; ils sont dans un état privé de la véritable santé de l'esprit, mais dans lequel
» on peut néanmoins mener une vie commune et ordinaire.

» Un sage, ajoute d'Aguesseau, dans le sens des lois et des jurisconsultes, est celui qui peut
» mener une vie commune et ordinaire ; un insensé est celui qui ne peut pas même atteindre
» jusqu'à la médiocrité des devoirs généraux : *mediocritatem officiorum et vitæ cultum com-*
» *munem et usitatum...* »

Ces hommes que désignait d'Aguesseau, qui peuvent mener une vie commune et ordinaire, ne doivent donc pas être classés parmi les fous; cependant *ils n'ont pas la véritable santé de l'esprit.*

Doivent-ils être privés du droit de faire un testament?

D'après les termes de l'article 901, on pourrait le soutenir; il est donc certain que les expressions employées par la loi sont vicieuses, puisqu'elles pourraient conduire à des conséquences qui ne peuvent être dans la pensée du législateur.

(1) *In eo qui testatur integritas mentis, non corporis sanitas, exigenda est* (*Leg.* 2, *ff. Qui test. fac. poss.*).

(2) *Senium quidem ætatis, vel ægritudinum corporis, sinceritas mentis tenentibus testamenti factionem certum est non auferri.* (*Leg.* 2, *cod. eod.*)

(3) *Leg.* 7, § *I, ff. de Curat. furios.*
Curator dementi datur.
Id., leg. 8, §, *ff. de Tutor et curat.*
Id., leg. 14, *ff. de Officio præsid.*
Id., leg. 25, *ff. de Nuptiis.*

IV. — D'autre part, quel est le critérium à l'aide duquel on pourra prouver qu'un homme est sain d'esprit?

« Qui pourrait, dit d'Aguesseau, marquer précisément les frontières, les limites presque » imperceptibles qui séparent la démence de la sagesse? »

Qui pourrait énumérer les infirmités auxquelles l'esprit humain est sujet ?

A part les maladies caractérisées qui le frappent, l'affaiblissent ou le réduisent à néant, combien d'illusions peuvent l'éblouir, combien de passions peuvent l'aveugler, combien il en faut peu pour qu'il s'écarte des voies que prescrit la saine raison ? « Ce n'est pas seule- » ment, dit Montaigne (1), les fièvres, les breuvages et les grands accidents, qui renversent » notre jugement : les moindres choses du monde le tournevirent.

» Notre corps est sujet à tant de continuelles mutations et étoffé de tant de sortes de res- » sorts, qu'il est malaisé qu'il n'y en ait toujours quelqu'un qui tire de travers... Au demeu- » rant, cette maladie ne se découvre pas si aisément, si elle n'est du tout extrême et irré- » médiable, d'autant que la raison va toujours et torte et boiteuse et déhanchée, et avec » mensonge comme avec la vérité ; par ainsi, il est malaisé de découvrir son mécompte et » dérèglement. »

Ce sont là des vérités incontestables. S'il en est ainsi, pourquoi inscrire dans la loi des prescriptions dont l'application ne peut être qu'une source de difficultés presque insolubles ?

V. — « Ces mots, *sain d'esprit*, dit M. Troplong (2), *late patent*, comme dit Cujas; ne » signifient pas seulement cette intégrité de jugement que les Romains appelaient *sinceritas* » *mentis*, et qui est exclusive de la *démence*, de la *fureur*, de l'*imbécilité* : ils veulent dire de » plus que l'esprit du testateur doit être libre, indépendant et dégagé de pernicieuses in- » fluences. »

Il faut convenir que, si les mots *sain d'esprit* signifient que le testateur est dégagé de toute influence extérieure, le législateur n'a pas été heureux dans le choix de cette expression.

Un homme parfaitement sain d'esprit peut céder à la suggestion et à la captation.

Le législateur, dans l'article 901, n'a voulu évidemment s'occuper que de l'état de folie du testateur. Quant aux influences pernicieuses venues du dehors, les règles du droit commun suffisent. Le testament doit être le fruit de la volonté du testateur; tout ce qui peut vicier cette volonté est susceptible de l'annuler.

Ainsi la violence, l'erreur, le dol, qui vicient les consentements dans les contrats, sont une cuase de nullité des dispositions testamentaires.

Le motif d'annulation se puise non pas dans ce que le testateur n'était pas *sain d'esprit*, mais dans ce que son consentement, sa volonté, n'a pas été libre (3).

C'est par application de ce principe que, pour annuler un testament pour cause de suggestion ou captation, on exige que les moyens de captation soient entachés de dol.

L'article 901 doit donc être restreint au cas spécial qu'il a en vue, à savoir, l'état de démence du testateur.

VI. — Il eût été plus logique que, après avoir dit d'une manière générale que toutes

(1) Liv. II, chap. XII, t. III, p. 284.

(2) *Traité des donations testament.*, t. II, n° 454.

(3) La loi romaine annulait bien le testament inofficieux, en supposant que le testateur n'avait pas été sain d'esprit, *non fuerit sanæ mentis quum testamentum condidit inofficiosum ;* mais c'était une tournure pieuse pour indiquer que le père n'avait pas pu oublier un de ses enfants sans que sa raison fût altérée.

personnes peuvent disposer de leurs biens par donation entre-vifs et testaments, excepté celles que la loi déclare incapables, le législateur eût ajouté :

« Est incapable de tester, celui qui est en état de démence, bien que son interdiction » n'ait pas été provoquée de son vivant. »

On aurait su par là que le législateur ne s'attachait pas à scruter le plus ou moins d'intégrité de l'intelligence, mais que l'incapacité s'attachait à cet état de dérèglement de l'esprit *qui est extrême et irrémédiable*, selon l'expression de Montaigne, c'est-à-dire à la démence constatée.

Le Code sarde a suivi cet ordre d'idées.

Après avoir posé le principe que toutes personnes peuvent espérer par donation ou testament, il en excepte celles que la loi déclare incapables.

La loi place parmi les incapables (1), les interdits, sauf le cas où à la sagesse du dispositaire se joint la preuve que, au moment où le testament a été fait, le testateur était sain d'esprit; et pour ceux qui n'ont pas été interdits, si l'on prouve que, au temps où le testament a été fait, ils étaient *imbéciles, insensés* ou *furieux*, ou d'une autre manière non sains d'esprit (2).

On pourrait se demander quels sont les cas où l'on n'est pas sain d'esprit, en dehors de l'imbécillité, de la démence ou de la fureur; il est évident que le mot démence (perte de l'esprit, de la raison) les embrasse tous.

Qu'on les appelle *manie, mélancolie* ou *monomanie, idiotisme,* selon la classification des médecins (3), c'est toujours de l'état de démence qu'il s'agit.

Toutefois le Code sarde ne se méprend pas : c'est bien aux maladies de l'esprit qu'il attache l'incapacité, et non pas à des *influences pernicieuses*, sous l'empire desquelles le testateur se serait trouvé au moment de la confection du testament.

L'incapacité doit s'attacher à un état de folie continue, *cum continua mentis alienatione,* dit la loi romaine (4).

Si la folie est intermittente ou partielle, n'est-il pas logique de vouloir que le testament fait dans les moments lucides soit valable ?

Le Code sarde a une disposition expresse à l'égard de l'interdit; seulement il exige que l'existence des intervalles lucides concoure avec la sagesse des dispositions.

Le Code sarde a ainsi sanctionné, quant à l'interdit, l'opinion émise par Merlin (5) et quelques autres auteurs, mais repoussée par la doctrine et la jurisprudence, en présence des effets légaux de l'interdiction, qui dépouille l'interdit d'une manière absolue.

La loi sarde n'est-elle pas plus sage, n'a-t elle pas fait une saine application des véritables principes?

Ce que la loi doit vouloir, ce n'est pas de n'accorder le droit de tester qu'à certaines personnes, mais de le conférer à tous, sauf le cas d'incapacité.

Or l'incapacité ne peut résulter que d'un fait : absence de volonté.

Là où la volonté est possible, le droit de tester doit être respecté.

(1) *Gli interditi salvo quanto ai prodighi la disposizione dell art.* 704, *e salvo quanto a gli altri che cogli argumenti desunti dall atto e dell a qualita delle dispositione, concorda la prova che essi fossero sani di mente, nel tempo in cui facero testamento* (art. 701).

(2) *Quelli che quantumque non interditi si provasse che, nel tempo in cui fecero testamento, fossero imbecili, dementi a furiosi, ol in altra maniera non sani di mente* (*Ibid*).

(3) Pinel, *Traité de l'aliénation mentale.*

(4) *Leg.* 14, *ff. de Offic præsid.*

(5) *Rép.*, v° *Testament,* 1.

VII. — Le droit romain ne s'y était pas mépris.

Justinien proclamait que le testament fait par le fou furieux, dans les intervalles lucides, était valable.

Furiosum, in suis induciis, ultimum condere elogium posse, licet ab antiquis dubitabatur, tamen et retro principibus et nobis placuit.

Y a-t-il lieu de rechercher si, aux yeux de la science, il peut exister pour un fou des intervalles lucides ; s'il peut y avoir un état de folie intermittente ou partielle ?

Quelle que soit, sur ce point, la divergence possible des hommes de la science au point de vue légal, il s'agit bien plus de la constatation d'un fait que du point de savoir si ce fait concorde avec les données scientifiques.

Un individu agit sagement, raisonne sagement dans un ordre d'idées; il est capable d'affection, de volonté : il fait un testament sage dans cette situation d'esprit; à quoi bon rechercher si ce même individu déraisonne dans un tout autre ordre d'idées ? Que sur les points sur lesquels l'aliénation d'esprit subsiste, l'incapacité soit maintenue, cela est logique.

Ainsi, si le monomane fait une disposition qui porte le cachet de sa monomanie ou qui s'applique aux objets sur lesquels sa volonté est dominée par l'idée fixe qui l'obsède, il est bien évident que le testateur aura été *mente captus* au moment où il a testé.

Mais en dehors de ce cercle, si le monomane est capable de tous les actes de la vie extérieure, où serait le motif pour le déclarer incapable de tester ? Ne serait-ce pas préférer des théories plus ou moins démontrées à la réalité des faits ?

Que peut-on demander à la science ?

Elle reconnaît qu'un individu atteint de monomanie peut raisonner juste sur tous les sujets, alors qu'il déraisonne sur un seul.

N'en est-ce pas assez pour éclairer le législateur ?

La loi prive du droit de tester celui qui n'est pas capable de volonté, qui n'a pas conscience de ce qu'il fait.

Le monomane qui raisonne avec justesse sur tous les objets qui ne se trouvent pas dans le cercle de sa monomanie est évidemment susceptible d'avoir une volonté.

Pour dire que, alors même qu'il raisonne avec justesse, il ne cesse pas d'être fou, que la folie est indivisible, que la raison ne peut pas être saine en partie, il faudrait rechercher quels sont les organes où réside l'entendement, si le vice de l'intelligence dépend d'une lésion quelconque, appréciable dont la connaissance soit accessible à la science : alors seulement on pourrait décider si la *sanité de l'esprit* est divisible ou indivisible.

Mais là où les causes sont inconnues, où l'on ne peut juger que les effets, ne serait-ce pas pécher contre toute logique que de refuser aux faits leur signification ?

Un monomane raisonne avec justesse sur toutes choses, sauf une seule. Il fait un testament empreint de sagesse : y a-t-il possibilité de dire qu'il n'est pas sain d'esprit, au regard de ce testament qui prouve matériellement le contraire ?

VIII. — M. Troplong n'hésite pas à frapper le monomane d'une incapacité absolue.

« Il y a, dit-il (1), des médecins qui ont soutenu que la monomanie ne rend l'homme in-
» capable qu'en ce qui a rapport au côté obsédé de son intelligence, mais que hors de là ses
» actes, étant raisonnables, doivent être jugés comme ceux d'un homme sain d'esprit.

» Je sais, ajoute-t-il, que tous les médecins d'aliénés ne partagent pas cette erreur cardi-
» dinale de la divisibilité de la raison de l'homme ; les plus sensés et les plus expérimentés
» se sont rangés à l'opinion juridique de tout temps adoptée par les Tribunaux, à savoir

(1) *Traité des donations*, n° 452

» que le fou dont la démence n'a que des apparences partielles est aussi bien fou que celui » dont la démence est absolue. »

En rapportant l'opinion divergente des médecins sur cette grave question, M. Troplong, ajoute, il est vrai : « Leur jugement ne saurait toujours être le jugement du magistrat ; les » médecins sont préoccupés du soin de guérir, nous du soin de la liberté des hommes et de » la sincérité des actes de la vie civile. »

Il semble que ces données devraient conduire à une solution contraire à celle qu'a adoptée le savant magistrat.

Le droit de tester est la règle absolue, l'incapacité l'exception.

Celui-là seul, aux yeux du législateur et du magistrat, est fou, qui fait continuellement des actes de folie.

Là où le magistrat trouve une vie extérieure conforme à la vie ordinaire, des raisonnements empreints de sagesse, des actes qui ne portent aucune trace d'aliénation mentale, ce serait évidemment sortir du domaine des faits susceptibles d'être appréciés par tous que d'appeler fou celui qui se conduit avec intelligence.

Vouloir le déclarer malade d'esprit alors que les faits donnent un démenti à cette supposition, c'est évidemment s'ériger en médecin, en homme de science, c'est résoudre la question insoluble qui consiste à savoir si la raison humaine peut être ou non divisible.

Il faudrait forcément, avant de décider si la raison peut être divisée, savoir en quoi elle consiste, dans quels organes elle réside, quelle est son essence, comment elle se produit.

Le législateur n'a pas à s'enquérir de toutes ces choses.

La loi a accordé à tous le droit de tester; elle a fait exception quant à l'insensé, parce qu'il n'est pas *compos mentis*, parce qu'il n'est pas capable de volonté.

Mais là ou une volonté sage est sagement exprimée, que peut faire celui qui n'est pas médecin, qui ne juge que d'après ce qui apparaît, si ce n'est accepter les faits dans leur signification ?

IX. — C'est là, du reste, ce qu'a fait la généralité de la doctrine et ce qu'a consacré la jurisprudence.

M. Troplong cite la décision des centumvirs validant le testament d'un insensé, à cause de la sagesse de ses dispositions.

Magis, dit Valère Maxime (1), *centumviri quid scriptum esset in tabulis, quam quis ea scripsisset, considerandum æstimaverunt;* les centumvirs prirent en considération plutôt ce qui avait été écrit, que la personne de celui qui avait écrit. Mantica (2) rapporte le trait d'un Parisien atteint de folie qui, appelé à vider un différend entre un mendiant qui avait mangé son pain à la fumée de la cuisine, et un maître de taverne qui prétendait exiger un salaire, fit apporter un bassin de cuivre et ordonna au mendiant d'y jeter quelques sous, après quoi il dit à l'hôtelier : « Le mendiant s'est contenté de l'odeur de la cuisine, contentez-vous du son de son argent. »

Si cet insensé eût fait un testament empreint de sagesse, aurait-on pu le faire annuler ?

Le droit romain, fidèle à ce principe qu'il suffit dour être capable de tester, d'avoir une volonté intelligente au moment de la confection du testament, n'hésitait pas à admettre la capacité de l'insensé dans les intervalles lucides.

Sans doute, il ne faut pas donner le nom d'intervalles lucides aux instants passagers où le fou ne fait pas d'actes de folie, ce que les docteurs appellent l'ombre du repos, *inumbrata*

(1) Liv. V, n. 8, 1.
(2) *De Conjecturis ultimarum voluntatum*, liv. II, 5, 8

quies; mais il ne faut pas non plus s'attacher strictement à ces expressions de Justinien, *perfectissima intervalla* (1), citées par M. Troplong.

D'ailleurs, la perfection de l'intervalle lucide se démontrerait suffisamment par la sagesse des dispositions du testament; mais une double condition doit être requise : intervalles lucides, c'est-à-dire disparition de l'état de folie pendant un certain temps, et sagesse des dispositions, ce qui en est la confirmation.

C'est là ce qu'a expressément consacré le Code sarde, dans les articles que nous avons cités.

X. — M. Troplong pense que, dans l'ancien droit en France, on n'admettait pas la validité du testament fait dans les intervalles lucides ; il se fonde sur l'autorité du Mornac, qui dit : *Servamus ex decretis curiæ irritum esse testamentum quod a testatore habente lucida intervalla scriptum est.*

D'Aguesseau, Merlin, enseignent le contraire, et l'arrêt du Parlement de Toulouse cité par Serres ne contredirait pas leur opinion, vu que, dans l'espèce de cet arrêt, on ne pouvait admettre l'existence d'intervalles lucides à l'égard d'un fou qui croyait être fille, qui portait les habits de ce sexe, et qui, dans tous les actes de la vie, agissait en qualité de fille. Les dispositions raisonnables de son testament n'excluaient donc pas l'état de démence notoire du testateur, qui testait bien en sa qualité de fille, c'est-à-dire sous l'empire de sa folie continue.

C'est là que s'appliquent ces paroles de d'Aguesseau, qu'il ne faut pas confondre une action sage avec un intervalle lucide : l'action de sagesse est un acte, l'intervalle lucide est un état; l'action n'est qu'un effet rapide et momentané de l'âme, l'intervalle dure et se soutient.

Mais, lorsque l'interdiction a été prononcée, l'intervalle lucide peut-il valider le testament? En présence des dispositions de la loi, l'incapacité de tester est absolue; mais ne serait-il pas désirable que cette disposition fût modifiée?

Le Code sarde a prévu le cas, et n'a pas hésité à admettre la capacité de tester, même à l'égard de l'interdit, lorsqu'il existe des intervalles lucides et que ce fait est corroboré par la sagesse des dispositions.

L'interdiction n'est pas un état absolu, définitif, irrévocable ; si la cause cesse, l'effet doit cesser. Si, dans les temps voisins de la mort, l'interdit recouvre la raison, de cela que son interdiction n'aura pas été levée faut-il conclure qu'il n'aura pas pu faire valablement un testament?

De même que l'on admet la preuve de la folie, bien que l'interdiction n'ait pas été provoquée, ne devrait-on pas admettre la preuve du retour à la raison, nonobstant le jugement d'interdiction ?

XI. — A cet égard, des difficultés graves s'étaient élevées sur le point de savoir si un testament pouvait être attaqué pour cause de démence du testateur, alors que son interdiction n'avait pas été provoquée de son vivant.

L'article 504, qui ne permet pas d'attaquer pour cause de démence, après le décès d'un individu, les actes par lui faits, alors que son interdiction n'avait pas été provoquée, devait-il s'appliquer aux dispositions testamentaires?

De graves orateurs l'avaient pensé ainsi. M. Malleville, qui professe cette opinion, se fonde sur ce que, lors de la discussion de l'article 901, il avait été ajouté un paragraphe

(1) Il s'agit, dans ce passage de Justinien, non pas de la capacité de tester, mais de savoir s'il y a lieu de décharger l'insensé de la curatèle. Pour cela, il faut que la folie ait cessé. La loi exige *perfectissima intervalla ut in quibusdam etiam pene furor esse tremotus. (Leg.* 6, *cod. de Cur. furios.)*

portant : *Ces actes ne pourront être attaqués pour cause de démence, que dans le cas et de la manière prescrite par l'article 504.*

Ce paragraphe fut ajourné jusque après une révision de l'article 504, dont la disposition est générale et embrasse tous les actes quelconques.

L'article 504 n'ayant pas été amendé, M. Malleville conclut qu'il s'applique aux testaments comme à tous les contrats.

Cette opinion a été à bon droit abandonnée ; non point qu'il faille dire que, la faculté de tester étant une concession de la loi civile, on devait se montrer plus rigoureux que pour la capacité de contracter, mais par cette grave considération que, l'état de démence pouvant être survenu dans un temps voisin de la mort, on ne pouvait faire un tort à la famille de n'avoir pas provoqué l'interdiction.

Quant au testament fait par l'interdit, le but de la loi étant de donner un administrateur aux biens de l'insensé, l'interdiction n'a d'effet que de son vivant. Le testament ne pouvant avoir d'exécution qu'après le décès, ne serait-il pas logique de rentrer dans l'application des règles du droit commun ?

La loi a prévu le cas pour le prodigue ; la nomination d'un conseil judiciaire ne l'empêche pas de tester. Ne devrait-il pas en être de même pour l'interdit, si l'on peut prouver que la cause de l'interdiction avait cessé au moment où il a fait son testament, et si cet acte contient des dispositions empreintes de sagesse ?

XII. — Quant au droit d'attaquer un testament pour cause de démence, il faut reconnaître que les termes de l'article 901 ouvrent le plus vaste champ aux attaques dont un testament peut être l'objet.

Dans quel cas un testateur doit-il être réputé sain d'esprit ?

Le vague de ces expressions a donné naissance à de nombreux procès, qu'un texte précis aurait rendus impossibles.

On a essayé de faire considérer comme insanité des singularités, des manies, des excentricités, en un mot, tout ce qui sort des habitudes ordinaires de la vie.

En réalité, toutes ces choses ne peuvent se caractériser qu'en les attribuant à un esprit malade. Quand on dit d'un individu qu'il est maniaque, on est bien près de croire qu'il est fou.

Mais, à ce compte, qui pourrait être sûr d'échapper à une accusation de folie ?

On s'est plu à énumérer les manies auxquelles les grands hommes étaient sujets, depuis Socrate, qui obéissait à un démon familier, jusqu'à Pascal, qui croyait voir à ses côtés un précipice dans lequel il avait peur de tomber.

Que devient, en présence de ces exemples qu'on pourrait multiplier à l'infini, le système de l'indivisibilité de la raison humaine ?

Est-il permis de dire que celui qui déraisonne sur un point est essentiellement fou, quoiqu'il soit raisonnable sur tous les autres ?

A-t-on jamais eu l'idée de prétendre que Socrate, Pascal et tant d'autres hommes de génie, n'étaient pas sains d'esprit ?

Jean-Jacques Rousseau, dont la misanthropie était poussée jusqu'à la monomanie la plus extrême, était-il incapable de tester ?

Laissons à l'écart ces problèmes insolubles, sur lesquels la science n'aura jamais de données positives, et renfermons-nous dans le domaine des faits.

Quiconque est capable de remplir les devoirs d'une vie commune et ordinaire doit être réputé sain d'esprit. Il ne doit compte à personne de ses excentricités, de ses manies, de de toutes les faiblesses qui peuvent assaillir l'intelligence humaine, qui n'en subsiste pas moins quoique fléchissant sur certains points.

C'est là ce que la loi devrait formuler en termes clairs et précis.

XIII. — On tarirait ainsi la source de ces attaques téméraires contre les actes de dernière volonté.

Il est vrai que ce que la loi n'a pas fait, la jurisprudence l'a accompli.

Combien n'avons-nous pas vu de testaments attaqués comme l'œuvre d'un testateur qui n'était pas sain d'esprit?

A peine citerait-on de loin en loin un testament annulé, et encore a-t-il fallu que ce testament portât en lui-même la preuve de l'insanité d'esprit du testateur.

Ce n'est pas que des attaques téméraires ne se produisent souvent, malgré l'insuccès de la plupart d'entre elles, attesté par les monuments judiciaires.

Les termes de la loi sont si larges, que les collatéraux frustrés dans leurs espérances croient pouvoir y trouver le texte d'une action à introduire.

Tantôt c'est l'imbécillité produite par la vieillesse, tantôt c'est la monomanie, avec les formes variées à l'infini dans lesquelles elle peut se produire.

Ceux qui n'ont pas cru pouvoir recourir au remède de l'interdiction du vivant du testateur ne craignent pas d'alléguer la démence pour faire casser le testament qui les dépouille.

On pourrait leur dire : *Sero accusas mores quos probasti.* Mais ce n'est pas là une fin de non-recevoir.

L'épreuve du débat judiciaire est tentée ; qu'en résulte-t-il le plus souvent ?

Une source de division et de haine dans les familles, une cause de ruine pour ceux qui succombent.

Un texte formel, ne déniant le droit de tester qu'à l'insensé dont la maladie mentale serait constatée, couperait la racine des procès de cette nature et éviterait le scandale toujours affligeant de voir les dernières volontés d'un mourant mises légèrement en question par ceux qui devraient se faire un devoir pieux de les respecter.

Le testament est un acte qui doit être entouré de toute la faveur des lois. *Nihil est* (disent les lois romaines) *quod magis hominibus debeatur quam ut supremæ volontates, postquam jam aliud velle non possunt; liber sit stylus et licitum quod iterum non reddit arbitrium* (1).

En présence d'un acte qui contient l'expression sage d'une volonté dernière, la présomption de la loi est que le testateur a été capable de concevoir et d'exprimer sa volonté; il ne doit y avoir d'incapacité que là où un état de démence clairement constaté a privé le testateur du libre usage de la raison.

C'est là ce que ne précise pas suffisamment l'article 901 du Code civil. C'est surtout en pareille matière qu'il est bon de se rappeler cet aphorisme de Bacon : *La meilleure loi est celle qui laisse le moins de marge à l'arbitraire du juge.*

§ II

DE L'INCAPACITÉ DE RECEVOIR

I. — En dehors de la capacité du testateur, d'autres conditions sont nécessaires pour la validité des dispositions testamentaires.

Le testament étant essentiellement l'œuvre de la volonté du testateur, quelle que soit la manière dont cette volonté se manifeste, la disposition n'en est pas moins valable.

Ainsi la loi romaine n'exige aucune solennité de paroles.

(1) *Leg.* 1. *eod. de Sacr. Eccl.*

In quolibet loquendi genere formata institutio valet, si modo per eam liquebit voluntatis expressio.

Et cette expression peut résulter des paroles balbutiées par un agonisant, *quæ lingua forte seminecis et balbutiens profudit* (1).

C'est l'intention seule qui doit être recherchée, et l'existence d'une volonté libre clairement exprimée.

Parmi les vices qui peuvent entacher l'expression de cette volonté, la captation et la suggestion occupent la première place.

Mais en quoi consistent la captation et la suggestion ?

Le Code n'a pas jugé à propos de les définir, la jurisprudence y a suppléé.

Les soins, les prières, les services, ne constituent pas la captation; il faut en outre des manœuvres empreintes de dol.

Déjà sous les anciens principes on le tenait ainsi :

« Chez les Romains, dit Furgole (2), on employait divers moyens pour s'attirer des libé» ralités, comme l'affectation de rendre des services, les présents, les assiduités, les complai» sances, les amitiés déguisées et autres voies obliques.

» Les livres sont pleins d'exemples de cette espèce; mais on n'a jamais fait aucune loi pour » défendre ces voies, et les libéralités attirées de cette manière n'ont jamais été déclarées » nulles. »

La jurisprudence moderne ne s'est pas écartée de ces principes : le dol seul vicie la disposition.

Il ne suffit pas d'avoir cherché à s'attirer la bienveillance du testateur par des complaisances, par des présents, par une obsession continue : pourvu que ces démarches ne soient entachées d'aucune manœuvre constituant le dol, la volonté du testateur n'en est pas moins, aux yeux de la loi, une volonté libre.

Faire naître chez quelqu'un la propension à vous instituer héritier, ce n'est pas contraindre la volonté dans le sens légal.

Il faut quelque chose de plus pour que la liberté du testateur soit réputée n'avoir pas existé.

II. — Lorsqu'on est ainsi fixé sur les caractères de la captation et de la suggestion, on s'explique peu la disposition de l'article 909 du Code, relativement aux médecins et pharmaciens qui ont traité le testateur dans sa dernière maladie.

« L'incapacité, dit M. Troplong (3), des personnes énumérées dans l'article 909 procède de » la crainte des suggestions. »

Si la crainte de la suggestion était le seul motif déterminant de l'article 909, on se serait écarté des véritables règles qui constituent la suggestion capable d'annuler un testament.

Nous venons de voir, en effet, qu'un des caractères constitutifs de la captation est le dol, c'est-à-dire l'emploi des manœuvres frauduleuses.

Or le dol ne se présume pas.

Ce n'est donc pas le véritable motif qui a fait admettre l'incapacité du médecin.

Pour avoir une juste idée de la disposition qui prononce cette incapacité, il faut remonter aux anciens principes.

Le droit romain ne prononçait aucune incapacité contre le médecin, quoi qu'en aient dit certains auteurs.

(1) Leg., 15, Cod. de test.
(2) Chap. V, texte 111, n° 115.
(3) Sur l'art. 909, n° 635.

M. Troplong, tout en reconnaissant qu'il n'y a pas de texte précis, cite la loi 3, *de Extraord. Cogn.*, et la loi 9, au Code *de Professor. et Medicis*.

La loi 9 ne parle nullement des libéralités testamentaires faites par les malades à leur médecin; elle défend seulement à ceux-ci d'exiger des promesses de ceux qui sont en péril de mort et à qui ils donnent leurs soins.

La loi 3, *de Extraord. Cogn.*, réprouve l'action d'un médecin qui avait obligé un malade en danger de perdre les yeux à lui vendre certains héritages, en le menaçant de lui donner des remèdes contraires.

Ce n'est donc pas sur le droit romain que l'incapacité du médecin peut s'appuyer.

La véritable origine de cette incapacité se puise dans l'ordonnance de 1539 et dans l'idée fausse que l'on se faisait alors de la profession de médecin, qui ne ressemblait en rien à ce qu'elle est de nos jours.

L'édit de 1539 déclarait nulles les libéralités faites par les mineurs à leur tuteur, à cause de l'empire que le tuteur exerçait sur le mineur qui était en sa puissance.

III. — Pour ranger les médecins dans la même catégorie, étendre jusqu'à eux la prohibition de l'ordonnance, la jurisprudence crut pouvoir considérer le médecin comme ayant un empire absolu sur son malade.

Il faut remonter à des siècles d'ignorance pour admettre de pareilles erreurs.

C'est pourtant là le cachet de la jurisprudence qui frappait le médecin de l'incapacité de recevoir.

D'Olive (1), rapportant un arrêt du Parlement de Toulouse de l'an 1629 qui l'avait ainsi jugé, justifie cet arrêt par cette étrange considération, que le médecin est maître de son malade.

Le malade serait sa chose, selon les expressions de Molière.

D'après d'Olive, l'extension de l'incapacité des tuteurs aux médecins et apothicaires est *pleine de raison et de justesse*.

« Parce que, dit l'auteur, les médecins et leurs suppôts, à qui la santé d'autrui est com-» mise, étant les maîtres de la vie et de la mort des hommes, *vitæ necisque ægrotantium im-» peratores*, comme dit Pline (2), n'ont pas moins de pouvoir sur les malades pendant leur » indisposition, que les tuteurs en ont sur les pupilles durant leur bas âge.»

D'Olive cite ces paroles de Galien: *Opportet medicum imperare ægrotis, sicut regem subditis et imperatorem militibus.*

«Tant y a, ajoute-t-il, qu'on ne peut pas désavouer que l'autorité de ces personnes, de » qui nous attendons la guérison au fort de nos maladies, ne soit grande et qu'elle ne fasse » une forte impression en nos esprits ; et ainsi, il est vrai de dire que ce n'est point par le » mouvement d'une franche volonté qu'on leur fait des légats, et que, si l'on contracte » avec eux pour leur salaire, c'est la nécessité et la frayeur de la mort qui fait ces conven-» tions (3).»

D'Olive appuie ces considérations sur l'avarice qui, d'après lui, serait naturelle aux personnes de cette profession, qui n'estiment jamais, dit-il, leurs travaux assez dignement récompensés.

Si c'est là le fondement de l'incapacité prononcée par la loi contre les médecins, ces motifs de défiance sont-ils serieux, sont-ils du moins acceptables de nos jours?

(1) Liv. 5, chap. XIX.

(2) *Palam est ut quisque inter medicos loquendo polleat imperatorem illico vitæ nostræ necisque fieri.* (Pline, lib. XXIX, c. 1.)

(3) *Non libera voluntas sed truculentæ necessitatis manus hujus modi contractibus stylum suum imponit.* (Valère-Maxime, lib. VII, c. 6.)

IV. — Dans le procès relatif au testament de M. de Grammont-Caderousse, M. l'avocat général Oscar de Vallée s'exprimait en ces termes :

« L'homme diminué par la maladie n'a jamais été laissé à la merci du médecin, relative- » ment à sa liberté de contracter avec lui, ou de disposer en sa faveur. On a toujours sup- » posé la lutte inégale entre le malade et le médecin.»

Cela est vrai pour la liberté de contracter; mais les lois romaines citées par M. l'avocat général ne s'occupent nullement de la faculté de disposer, qui a dû rester soumise aux règles du droit commun.

M. l'avocat général reconnaît que les premiers documents législatifs qui déclarent nulles les libéralités au profit des personnes ayant acquis sur l'esprit du testateur une grande influence ne mentionnent pas les médecins.

L'ordonnance de Villers-Cotterets de 1539 ne parle que des *tuteurs, curateurs, gardiens, baillistes et autres administrateurs* (1).

La coutume de Paris rangeait dans cette catégorie les pédagogues; celle de Sédan généralisait et déclarait incapables de recevoir des libéralités du testateur, ceux ayant le gouvernement de lui ou de ses biens.

C'est là, en effet, la pensée de l'ordonnance de 1539.

Comment a-t-on étendu la prohibition si nette et si claire de cette ordonnance aux médecins, chirurgiens et pharmaciens ?

Dans le procès jugé par le Parlement de Toulouse en 1746, rapporté par Furgole (2), on ne manquait pas d'objecter que l'ordonnance de 1539 était formelle, qu'elle créait une incapacité qu'il n'était pas permis d'étendre par identité de raison.

Cependant le principe de l'incapacité était admis, en ayant égard toutefois à certaines restrictions.

V. — Sur quel motif cette jurisprudence était-elle fondée?

Écoutons Henrys (3) : « Puisque les anciens appelaient les médecins sauveurs, au rapport » de Lucien, il ne faut pas douter du grand pouvoir qu'ils ont sur les hommes, tant il y a » qu'un malade, considérant son médecin comme son sauveur, et s'imaginant que c'est de lui » que dépend sa guérison, il ne peut lui rien refuser; il est le maître de la dernière volonté » qui est l'âme du testateur.

Si, à l'époque où écrivait Henrys, de pareilles idées sur les médecins pouvaient avoir cours, n'est-ce pas faire injure à une honorable profession, que de supposer que ce pouvoir que le médecin exerce sur le malade, en lui imposant un traitement, peut être mis à profit pour extorquer un legs ?

Si un abus de ce genre n'est pas absolument impossible, du moins faut-il convenir que les exemples doivent en être rares. Y a-t-il lieu de créer une incapacité générale pour frapper un abus qui ne peut être qu'une exception ?

C'est cependant sous l'empire de cette idée d'abus de pouvoir de la part du médecin, que l'ancienne jurisprudence a étendu la disposition précise de l'ordonnance de 1539.

Pothier (4) résume cette jurisprudence en ces termes :

« Il y a des personnes à qui le testateur ne peut rien léguer, quoiqu'elles soient capables

(1) Nous déclarons toutes dispositions d'entre-vifs et testamentaires, qui seront ci-après faites par les donateurs ou testateurs, au profit et utilité de leurs tuteurs, curateurs, gardiens, baillistes et autres administrateurs, être nulles et de nul effet et valeur. (Ordonnance du mois d'avril 1539, art. 131.)

(2) Liv. I, ch IV, art. 11 à 17.

(3) T. II, p. 929, quest. 99, 1.

(4) *Tratt. de test.*, ch. III, sect. 2, art. 3, n° 128.

» de recevoir des legs de toute autre personne ; telles sont toutes les personnes qui ont quel- » que pouvoir sur la personne du testateur, ce qui pourrait faire craindre la suggestion. C'est » pour cette raison que l'ordonnance de 1539 déclare nulles toutes donations entre-vifs » et testamentaires faites au profit des tuteurs et autres administrateurs, ce qui a été » étendu par la coutume de Paris aux pédagogues, et par la jurisprudence aux médecins, » chirurgiens, apothicaires, opérateurs, *qui gouvernaient le malade* dans le temps qu'il a fait » son testament, aux directeurs et confesseurs du testateur, au procureur dont le testateur » était le client. »

L'ancienne jurisprudence, en étendant ainsi la prohibition de l'ordonnance de 1539, s'était laissé entraîner par une défiance excessive à l'égard de ceux qui exerçaient la profession de médecin.

« Il n'y a rien, dit Ricard (1), qu'ils n'exigent de leurs malades par l'espérance qu'ils leur » donnent de les guérir, de sorte que l'obscurité de leur art se rencontrant avec la facilité de » ceux qu'ils traitent, ce n'a point été sans grande raison que, pour ne pas laisser un plus » grand sujet d'en abuser, on ne leur permet pas de recevoir des dispositions en leur faveur » des malades qu'ils pansent.

» Solon, ajoute Ricard, a été le premier qui a eu cette sage prévoyance, lequel, en même » temps qu'il permit l'usage des testaments, voulut empêcher qu'ils ne servissent d'em- » bûches à la vie des hommes ; tellement que Plutarque, en sa vie, dit qu'il n'approuve point » toutes sortes de donations, mais seulement celles qui ne seraient pas précédées de sens » aliénés par quelque grave maladie ou par breuvages, médecines, empoisonnement ou autres » violences. C'est aussi ce qui a fait dire à Sénèque : ***Male secum agit æger, qui hæredem medi- » cum facit.*** »

VI. — Le législateur peut-il ainsi se guider par la crainte d'abus qui, s'ils ont pu avoir quelque apparence de fondement dans les temps anciens, ne sont plus avouables de nos jours ?

Toutefois les Parlements tempéraient la rigueur de cette prohibition, basée bien moins sur les termes de la loi que sur l'interprétation abusive des auteurs.

On validait le legs fait au médecin, toutes les fois que le testateur avait pu être déterminé par une autre cause : si, par exemple, le médecin était lié d'amitié avec le testateur, s'il était son parent ou allié.

Ricard rapporte divers arrêts dans ce sens ; il cite même un arrêt validant un legs de ce genre, en se fondant sur le mérite particulier du médecin qui exerçait son art fort honorablement et sans demander récompense.

Auzanet rapporte un autre arrêt qui valide le legs fait par l'évêque de Digne à son médecin, sur ce fondement que le testament avait été fait et reconnu devant notaire, le testateur étant en parfaite santé.

La présomption de suggestion et de violence morale exercée par le médecin sur son malade n'était donc pas admise d'une manière absolue.

Aussi l'avocat général Talon disait : ***Les médecins et chirurgiens n'ont jamais été incapables, lorsqu'il s'est rencontré d'autre cause que leur art seul, qui pouvaient leur avoir mérité des libéralités.***

Il existait donc sous l'ancienne jurisprudence un pouvoir d'appréciation.

VII. — Le Code n'a pas maintenu cet état de choses ; l'incapacité prononcée par l'article 909 est absolue.

(1) Don., ch. III, tit. 9, n° 490.

La loi crée une présomption de suggestion *juris et de jure.*

Seulement elle fait deux exceptions : l'une pour le legs rémunératoire (sauf appréciation), l'autre pour le cas de parenté jusqu'au quatrième degré.

Ainsi, en s'attachant à la lettre de la loi, des rapports d'intimité entre le médecin et le malade ne seraient plus une considération suffisante pour valider le legs.

L'article 909 est formel; il suffit que le médecin ait traité le testateur pendant sa dernière maladie. Ainsi elle s'interpose entre le médecin et le malade, et ne permet pas à celui-ci de donner cours à ses sentiments d'affection pour celui qui lui prodigue ses soins ; la qualité de médecin efface aux yeux de la loi les devoirs de l'amitié.

« Est-ce bien? est-ce mal? dit à ce propos M. l'avocat général Oscar de Vallée dans le » réquisitoire cité; ne suffirait-il pas, comme autrefois, d'avertir le juge de surveiller l'in- » fluence du médecin, d'en détruire les effets abusifs et injustes, d'assurer une protection » aux familles en cas d'abus? Était-il juste, était-il tout à fait nécessaire d'interdire au » mourant, dont la vie se prolonge par les soins de son médecin devenu son ami, de donner » ses biens à cet ami, en l'absence d'héritiers réservataires?

» Si j'écrivais un livre comme M. Troplong, ajoute M. l'avocat général, je serais bien » tenté de contredire cette loi dans son excès de réglementation. »

M. Oscar de Vallée a raison ; mais M. Troplong a senti comme lui ce qu'il y aurait d'injuste à vouloir priver un malade de la faculté de faire un legs à un ami, par cela que cet ami ajouterait à ses sentiments d'affection les soins d'un médecin ; aussi le savant magistrat enseigne que, malgré les termes de l'article 909, le legs devrait valoir, si l'amitié en avait été le motif déterminant (1).

L'ancienne jurisprudence était positive sur ce point; pourquoi vouloir que le Code se soit montré plus rigoureux ?

VIII. —Toutefois, en présence des doutes qui s'élèvent sur l'interprétation de l'article 609, ce n'est pas seulement dans son excès de réglementation que la loi doit être contredite, c'est dans son texte même.

Le principe posé dans l'article 909, à l'encontre du médecin, est un véritable anachronisme.

Les hommes honorables qui exercent cette profession, qui ont fait faire tant de progrès à la science, qui portent le dévouement à sa plus haute expression, que l'on voit accourir partout où se manifeste une épidémie, qui prodiguent leur santé, leur vie, pour préserver celle de leurs semblables, ces hommes sont assurément au-dessus de la suspicion de suggestion que la loi fait peser sur eux.

Si dans d'autres temps cet empire absolu du médecin sur le malade a pu inspirer des craintes, peut-il en être ainsi de nos jours, au milieu des lumières répandues dans toutes les classes de la société ?

Le malade devient-il la chose du médecin?

Celui-ci prétend-il à un pouvoir absolu sur la personne et sur les biens du malade qu'il traite ?

Que se passe-t-il, d'ailleurs, entre le médecin et le malade ? Les visites du médecin se font presque toujours en présence de la famille.

C'est une expression proverbiale, que d'appeler de très-courtes visites des *visites de médecin.*

Y a-t-il place pour se livrer à des manœuvres de captation et de suggestion ?

N'est-ce pas une chose qui froisse que de supposer que si un malade, dans sa dernière maladie, faisait un legs à l'une des sommités de la science médicale, ce legs serait caduc,

(1) *Traité des donations,* n° 640.

parce que le médecin serait réputé avoir abusé de son pouvoir sur le malade et avoir capté ses dispositions ?

Le Parlement de Paris avait été plus juste envers ce médecin qu'il avait maintenu dans son legs, à cause de l'*honorabilité de son caractère*.

Si, en pareille matière, l'honorabilité pouvait être prise en considération, la disposition de la loi n'aurait guère plus de raison d'être.

Les lois ne sont pas faites pour les cas exceptionnels, et l'abus d'influence qui a motivé la disposition de l'article 909 ne peut être qu'une rare exception.

IX. — Du reste, cette réforme de la loi, que M. l'avocat général appelait de ses vœux, s'est déjà manifestée dans un pays voisin.

Le Code sarde, qui dans son ensemble a reproduit presque toutes les dispositions de notre Code civil, a supprimé l'incapacité du médecin.

L'article 712 (1) déclare incapable de recevoir le tuteur à l'égard de son pupille ; mais il n'est pas question, ni du médecin, ni du chirurgien, ni du pharmacien, ni même du ministre des cultes.

Il a suffi de poser en principe que celui-là était incapable de recevoir qui aurait induit par dol le testateur à faire des dispositions en sa faveur (2).

C'est là une judicieuse réforme, que la législation en France devrait imiter, vu que le principe posé dans l'article 909 n'est plus en rapport avec les idées que le progrès des lumières attache à l'exercice de la profession de médecin.

Conçoit-on, d'ailleurs, la prohibition s'étendant jusqu'au pharmacien, dont la profession se borne à livrer des remèdes aux malades ?

Il est vrai que la loi parle des médecins, chirurgiens, officiers de santé et pharmaciens, qui ont traité le malade dans sa dernière maladie.

Mais est-il dans l'ordre que les pharmaciens traitent des malades ?

N'est-ce pas les faire sortir de la sphère dans laquelle leur profession est circonscrite ?

Que les chirurgiens, officiers de santé, soient compris sous la dénomination de médecin, cela se conçoit.

La jurisprudence place sur la même ligne les charlatans ou empiriques.

Qu'à l'égard de certaines personnes, le dol, la suggestion, soit plus aisément présumée qu'à l'égard de toutes autres, cela doit être ; mais est-il nécessaire d'insérer dans la loi une nullité absolue, une présomption *juris et de jure ?*

Ne suffit-il pas de laisser aux Tribunaux un pouvoir d'appréciation ? Le Code sarde l'a pensé ainsi. Cet exemple mérite d'être suivi ; l'article 909 appelle une révision.

X. — Qu'en est-il pour les ministres du culte ? On conçoit difficilement la prohibition quant aux ministres des cultes non catholiques.

Leurs rapports avec le mourant n'ont rien de caché ; les exhortations et les prières du pasteur ou du ministre du culte israélite se produisant en présence de la famille, où est la possibilité de la captation ? Il pourrait y avoir plus d'hésitation en ce qui concerne le confesseur.

Ce qui se passe entre le confesseur et son pénitent est essentiellement secret.

(1) *Il tutore non potra mai trarre profito dalle disposizione testamentarie del suo amministrato. . .*

L'article 713 excepte les ascendants.

L'article 714 déclare incapables de disposer et de recevoir *I membri degli ordini monastici e delle corporzaione regolari..... salva modicha pensione vitalizia.*

(2) *Sono incapaci come indegni si chiunque a costretto, e indotio alcuno con dolo a fare un testamento od a congiunto. — Egli non puo recevere, ne in forza del testamento medetimo, ne in forza dell'anteriore.*

Le confesseur qui est appelé dans la dernière maladie, aux approches de la mort, exerce en général une influence bien plus grande que celle du médecin.

Il ordonne, il prescrit, il peut faire dépendre le salut du mourant de telle ou telle disposition ; la loi a beaucoup plus de raison d'être.

Mais, même dans ce cas, ne faudrait-il pas avoir égard aux relations de parenté, d'amitié, aux circonstances diverses qui peuvent motiver les dispositions du testateur ?

Le Code sarde n'a pas plus maintenu la prohibition à l'égard du ministre du culte qu'à l'encontre du médecin.

Il a pensé que les principes du droit commun devraient suffire.

Il a prohibé les legs faits aux corporations religieuses ; il n'a permis de léguer aux personnes liées par des vœux monastiques que des pensions modiques ; mais il a passé sous silence les ministres du culte.

Pour cela, l'application de la règle générale, qui annule les dispositions surprises par dol et obtenues par contrainte, a paru suffisante.

Il ne faut pas, pour prévenir un abus, apporter des entraves à la liberté de tester.

Si des considérations d'intérêt public autorisent le législateur à restreindre cette liberté, là où les intérêts privés sont seuls engagés il y a lieu de la respecter.

XI. — Toutefois, tant que la loi subsiste, elle doit être exécutée.

Or, à cet égard, la jurisprudence a-t-elle fait une juste appréciation de l'article 909 ?

Il s'est agi de savoir comment il fallait interpréter les mots : *le médecin qui a traité le malade pendant la maladie dont il meurt.*

En quoi doit consister le traitement du malade ? Que faut-il entendre par dernière maladie ?

Doit-il y avoir simultanéité entre la confection du testament et le traitement ?

En édictant l'article 909, le législateur de 1804 a voulu évidemment ériger en loi ce qui était déjà consacré par la jurisprudence.

Son but n'a pas été d'établir une incapacité à l'égard du médecin, à raison de sa seule qualité : la loi ne s'est occupée que du *médecin qui a traité le malade.*

C'est le traitement du malade qui est la cause de l'incapacité du médecin, parce que ce traitement a paru être, aux yeux du législateur, un moyen facile d'arriver à la suggestion. C'est donc du traitement qu'il faut s'occuper, et non pas du médecin.

En quoi consiste le traitement ? Cette question n'en est pas une ; il s'agit évidemment du médecin habituel, donnant des soins continus au malade.

La nature de ce traitement, sa continuité, son influence possible sur l'esprit du malade, sont autant de circonstances qu'il est permis au juge d'apprécier.

« Attendu, dit à cet égard la Cour de cassation (1), que le traitement, par l'ensemble des » circonstances, la qualité des remèdes et la nature des soins desquels nécessairement il se » compose, présente un fait complexe, dont l'appréciation est conférée par la loi aux lumières » et à la conscience des juges. »

Voilà donc une première et très-grande latitude accordée aux Tribunaux. Si l'incapacité du médecin paraît inflexible et absolue, faut-il du moins que les conditions qui engendrent cette incapacité se trouvent réunies.

XII. — A côté de la condition du traitement, la loi place cette restriction essentielle :

Il faut que le traitement ait lieu pendant *la maladie dont le malade meurt.*

Ici, y a-t-il place pour une appréciation arbitraire ?

(1) 9 avril 1855.

Que faut-il entendre par dernière maladie? N'est-ce pas celle qui a saisi le malade avec une gravité telle que la mort en ait été la suite nécessaire?

Est-ce le langage de la science que la loi a entendu employer? N'est-ce pas plutôt le langage usuel, celui qui est accessible à tous?

Pendant la maladie dont le malade meurt... Ne s'agit-il pas là de la maladie arrivée à son dernier période? de celle qui n'aura plus donné de trêve au malade? où le corps s'est visiblement affaibli, où l'esprit a perdu la majeure partie de son énergie, où les soins sont devenus plus actifs, plus réitérés?

Evidemment, qui veut la fin veut les moyens. Si la loi a pu croire à la suggestion, à l'empire du médecin dans ces derniers moments, il faut que cette suggestion présumée par la loi, en dehors des règles ordinaires du droit commun, ait été rendue facile, d'une part, par la fréquence des visites du médecin; d'autre part, par l'état affaibli du malade.

Il ne s'agit donc pas d'aller à la recherche de ce qui a constitué la dernière maladie du testateur, de remonter à sa source, d'aller en découvrir le germe dans des temps éloignés de la mort, de constater la première apparition, sa persistance !...

Il y a un moment ou la maladie est arrivée à son paroxysme; eh bien! c'est ce moment que le législateur a pris pour point de départ; c'est pendant le cours de ce qui a constitué la dernière maladie que le traitement doit avoir eu lieu.

S'il en était autrement, la présomption de la loi serait injustifiable. Si l'on pouvait rattacher la maladie dont le testateur est mort aux germes primitifs de cette maladie, on dirait de celui qui meurt d'une maladie héréditaire, du poitrinaire, par exemple, qu'il a porté le germe de son mal depuis sa naissance.

Ce n'est pas là ce que la loi a voulu; si elle n'a pas employé les expressions *dernière maladie,* elle en a dit assez en précisant que ce traitement devait avoir eu lieu pendant la maladie dont le testateur est mort.

Il s'agit donc d'un traitement continu, fait pendant le cours d'une maladie arrivée à son dernier période.

XIII. — Pourrait-on admettre cette doctrine, consacrée par la Cour de Paris et celle de Toulouse dans l'arrêt Lacordaire, que la *dernière maladie, dans le sens de l'article 909, existe, quelque éloigné que soit le décès, dès l'instant où est arrivé chez le testateur un état morbide mortel qui défie tous les efforts de la médecine?*

Est-ce bien de la maladie mortelle que la loi s'occupe, ou de l'état du malade affaissé, n'ayant plus ni les forces du corps, ni celles de l'esprit?

Une maladie mortelle peut s'annoncer sans que le malade perde instantanément l'exercice de ses facultés; ce n'est qu'à la longue, et lorsque le mal fait des progrès, que ses facultés s'affaiblissent: c'est ce moment que la loi saisit pour protéger le malade contre l'influence du médecin.

Avant que cette dernière phase de la maladie se soit manifestée, le malade se défend seul, la protection de la loi est inutile.

XIV. — La Cour de Paris a eu à se prononcer sur ces questions graves, dans le procès des héritiers de M. de Grammont-Caderousse contre le docteur Declat.

Les circonstances dans lesquelles l'arrêt a été rendu étaient celles-ci:

M. de *Grammont-Caderousse* décédait à Paris, le 27 septembre 1865, d'une phthisie pulmonaire, après avoir fait son testament, au Caire, le 24 janvier de la même année.

Les soins du docteur *Declat* lui étaient donnés par correspondance. Ces soins avaient continué après le retour à Paris.

Fallait-il reporter la dernière maladie en 1864, lorsque le malade était en Egypte? Est-ce bien là le malade frappé dans son intelligence, dans l'usage de ses facultés?

N'est-ce pas prêter au législateur une pensée qui n'a pu être dans son esprit ?

Cette incapacité du médecin, attachée au traitement de la dernière maladie, peut-elle se séparer de la domination exercée par le médecin sur le malade, de cette sorte de fascination que subit un être débilité, luttant contre une mort prochaine, mettant toutes ses espérances dans la science du médecin qui lui prodigue ses soins ? Ne faut-il pas se placer en face de ce moment suprême, pour pouvoir dire de la disposition que ce qui l'a dictée, ce n'est pas la volonté libre : *non libera voluntas,* mais la frayeur de la mort, *sed truculentæ necessitatis manus.*

L'homme qui fait son testament en Égypte, en faveur de son médecin qui est à Paris, fût-il atteint d'une maladie mortelle, peut-il être regardé comme étant sous l'influence du médecin ? Est-ce bien là ce que la loi a entendu, en établissant une présomption de suggestion contre le médecin traitant le malade dans la maladie dont il meurt ?

La même question s'est présentée à l'égard du confesseur. La Cour de Toulouse (1) a déclaré que le testament du père Lacordaire, fait le 17 décembre 1860, alors que le testateur était décédé le 21 novembre 1861, avait été fait pendant le cours de la dernière maladie.

Le père Lacordaire, atteint d'une anémie, s'affaiblissait de jour en jour ; cet état avait duré onze mois, pendant lesquels le célèbre dominicain avait donné des preuves constantes de la supériorité de son esprit, de l'intégrité de son intelligence ; il avait pu, dans l'intervalle, prononcer un admirable discours de réception à l'Académie. Devant des faits aussi énergiques, y avait-il place pour la présomption de suggestion, qui suppose un esprit faible dominé par une puissance supérieure ?

La Cour de Toulouse a cru n'avoir à s'enquérir que d'une seule chose : *à quelle époque la maladie dont était mort le testateur avait-elle commencé?*

Il est certain que le mal existait en 1860 ; on aurait pu même remonter plus haut pour en retrouver le germe ; mais est-ce bien aux termes de la loi qu'il fallait s'attacher, sans consulter son esprit ?

Dans un article remarquable, inséré dans la *Revue critique de jurisprudence* (2), un éminent professeur de la Faculté de Toulouse discute, à propos de cet arrêt, la question de savoir si, lorsqu'un testateur est mort à la suite d'une maladie chronique, le legs par lui fait à son confesseur est frappé de nullité par l'article 909, à quelque époque qu'il ait eu lieu à partir du commencement de la maladie ; il pense avec raison que la loi a entendu, par dernière maladie, la période où l'état du malade a été définitivement déclaré désespéré, et où les progrès incessants du mal ont dû bientôt amener la mort.

Cette doctrine est la vraie.

L'ancienne jurisprudence avait à cet égard des données positives.

Quand il s'agissait de savoir ce qui constituait une donation à cause de mort, les coutumes donnaient ce caractère aux donations faites par *personnes gisant au lit de la maladie dont elles décèdent.*

Un arrêt du Parlement de Paris, du 20 août 1683, rendu sur les conclusions de l'avocat général Bignon, confirmait une donation, *sur ce que la maladie n'était pas pressante et n'avait pas trait à la mort.*

Il faut donc que la maladie ait *un trait prochain à la mort,* que le testateur soit *proximus morti...*

C'est alors que la continuité des soins est nécessaire, et que le traitement opéré par le médecin peut lui donner cette influence dangereuse que la loi a voulu neutraliser.

(1) Sirey, 64, 2. 114.

(2) T. XXIV, p. 426.

XV. — Reste la dernière condition : faut-il que le testament ait été fait pendant cette dernière maladie ?

La logique répond que, si la présomption de suggestion s'attache à cette double circonstance, que le médecin ait traité le malade et que le traitement ait eu lieu pendant la dernière maladie, il faut nécessairement que le testament ait été fait dans l'intervalle pendant lequel la suggestion peut être présumée.

Comment serait-il possible de frapper d'une présomption de suggestion un testament qui aurait été fait à une époque antérieure à celle où cette présomption a pu prendre naissance ?

La simultanéité est donc un élément essentiel de l'annulation de la disposition.

Pour repousser ce raisonnement, basé sur une rigoureuse logique, M. l'avocat général, dans l'arrêt Grammont-Caderousse, s'est retranché dans les termes formels de la loi.

Selon lui, la loi déclare le médecin incapable par cela seul qu'il a traité le malade dans la dernière maladie.

Les Tribunaux n'ont qu'une chose à constater : le traitement a-t-il eu lieu pendant la dernière maladie ? De là, nullité de la disposition.

L'époque à laquelle la confection du testament a eu lieu importe peu. La loi a créé une présomption *juris et de jure*, qu'on ne peut combattre par aucune preuve contraire.

XVI. — Pour étayer ce raisonnement, M. l'avocat général a invoqué divers passages de Ricard et de Pothier.

Le passage de Ricard est relatif à l'incapacité du tuteur. Cette incapacité subsiste quoique le tuteur fût éloigné du mineur au moment où il a fait son testament.

Il n'y a pas d'analogie entre l'incapacité du tuteur et celle du médecin.

L'incapacité du tuteur naît de sa seule qualité, à telles enseignes que tout traité entre le tuteur et son pupille est frappé de nullité s'il n'a pas été précédé d'une reddition de compte, *non visis neque dispunctis tabulis*.

C'est moins la suggestion qui est présumée, que l'abus de la puissance du tuteur, la crainte qu'il inspire au mineur dont il administre les biens et la personne.

Or cette crainte subsiste, que le tuteur soit présent ou éloigné.

La nullité s'attache, non pas au tuteur *faisant telle ou telle chose*, mais au tuteur tant que cette qualité subsiste ou qu'il n'a pas rendu son compte

Alors il n'y a plus à s'enquérir du moment où a été fait le testament ; il a été fait durant le cours de la tutelle, cela suffit.

La nullité est prononcée par la loi sans aucune exception.

C'est là ce qui justifie l'opinion de Ricard et celle de Pothier quant au tuteur.

Mais en est-il ainsi pour le médecin ?

Ici l'incapacité s'attache à un fait complexe.

L'incapable, ce n'est pas le médecin en tant que médecin : c'est le médecin *traitant le malade dans la dernière maladie*.

Cette incapacité est renfermée dans le cercle étroit de l'espace de temps pendant lequel le traitement a eu lieu.

Pour qu'il y ait lieu à l'application de cette incapacité, il faut nécessairement que le testament soit fait dans l'intervalle de temps où l'incapacité subsiste.

Il n'y a pas ici, comme pour le tuteur, une présomption *juris et de jure* attachée à une simple qualité ; la présomption s'attache au fait complexe du traitement de la maladie dont le testateur est mort.

Cette précision se retrouve dans Pothier.

Après avoir parlé de l'incapacité absolue du tuteur, Pothier ajoute :

« Il n'en est pas de même des personnes à qui il n'est défendu par aucune loi de léguer, » quoique l'on ait coutume de déclarer nuls les legs qui leur sont faits comme étant pré- » sumés être l'effet de l'empire de ces personnes sur la volonté du testateur. Tels sont les » directeurs, médecins, etc.; *car, si ce legs a été fait dans un temps où elles n'avaient pas encore* » *cette qualité, n'y ayant pas lieu en ce cas à cette présomption, le legs doit être confirmé.* »

Dans un autre passage, également cité par M. l'avocat général, Pothier avait dit que la prohibition de l'édit de 1539 avait été étendue par la jurisprudence aux médecins, chirurgiens, etc., *qui gouvernaient le malade dans le temps qu'il a fait son testament (1).*

XVII. — Cette doctrine de Pothier, conforme à la saine logique, ne doit-elle pas être admise sous le Code ?

Non, dit-on, parce que l'article 909 crée une incapacité, à la différence de l'ancienne jurisprudence, qui n'admettait qu'une simple présomption.

Sous les anciens principes, la présomption pouvait être combattue par des preuves contraires.

Pour le Code, la présomption est *juris et de jure ;* il n'y a plus qu'à appliquer la loi.

Le Code a fait pour le médecin ce que l'édit de 1539 avait fait pour le tuteur.

Cette assimilation n'est pas exacte.

L'édit de 1539 attachait l'incapacité à la seule qualité de tuteur.

La Code attache l'incapacité au médecin *qui a traité le malade dans sa dernière maladie.*

La présomption *juris et de jure* est attachée à un fait qui nécessite une appréciation pour laquelle les Tribunaux ont toute latitude.

Or, pour appliquer la disposition prohibitive, il faut bien rechercher si les conditions exigées par la loi subsistent; pour savoir si l'on se trouve en présence d'un médecin ayant traité le malade dans sa dernière maladie, il faut bien se demander si c'est dans cet intervalle que le testament a été fait.

En quoi l'article 909 est-il contraire à cette interprétation ?

Cet article porte que les médecins qui auront traité le malade dans sa dernière maladie ne pourront profiter des dispositions faites en leur faveur pendant le cours de cette maladie.

La simultanéité du traitement et de la confection du testament s'induirait suffisamment des termes de cet article.

Si l'on remonte à son esprit, faut-il le chercher ailleurs que dans l'ancienne jurisprudence ?

Pourquoi soutenir alors que le texte de la loi impose la nullité sans égard au temps pendant lequel le testament a été fait ?

Ne faut-il pas, d'après les termes formels de l'article 909, que la confection du testament ait eu lieu *pendant le cours de la maladie dont est mort le testateur ?*

Il faut donc qu'il y ait simultanéité entre le traitement et la disposition ; sans quoi, où serait la possibilité de l'influence du médecin ?

Si le testament a été fait avant la dernière maladie et que le médecin n'ait été appelé qu'après la confection du testament, évidemment le vœu de l'article 909 ne sera pas rempli, et la présomption de la loi ne sera pas applicable.

Inutile de dire que le malade qui a déjà fait un testament, ne le révoquant pas pendant sa dernière maladie, est censé le confirmer. Cela ne fait pas que la confection ait eu lieu pendant la dernière maladie.

(1) Pothier, *Donation.*

Il n'y aurait de difficulté qu'autant qu'on alléguerait et qu'on offrirait de prouver une antidate.

En dehors de ces cas, c'est se conformer à l'esprit de la loi que d'exiger la simultanéité du traitement et de la confection du testament.

XVIII. — M. l'avocat général ne s'est pas dissimulé que la loi, interprétée dans un sens contraire, péchait contre la logique.

« On peut regretter la loi, disait-il, comme législateur; il faut s'y soumettre comme juge.»

La Cour de Paris a pensé, comme M. l'avocat général, que la disposition de l'article 909 exclut l'application des principes admis sous l'ancienne jurisprudence;

Que la loi n'exige que deux conditions : la confection du testament et le traitement pendant la dernière maladie;

Qu'à ces deux conditions on ne peut en ajouter une troisième, prise de ce que la confection du testament devrait être contemporaine du traitement;

Que, les conditions établies par l'article 909 se trouvant remplies, le juge est lié et contraint d'annuler les dispositions testamentaires, quels que soient d'ailleurs les autres éléments de la cause...;

Que, le droit étant ainsi reconnu, il n'y avait pas lieu d'examiner si le docteur Declat était le médecin de M. de Grammont au 24 janvier 1865, date de son testament.

L'arrêt constate, il est vrai, en point de fait, que la maladie dernière du testateur était commencée au jour de son testament, et que le docteur Declat le traitait alors et a continué de le traiter jusqu'à son dernier jour.

L'arrêt consacre ainsi l'existence de la simultanéité du traitement et de la confection du testament, mais il dénie en principe la nécessité de cette simultanéité.

Que l'arrêt puisse se soutenir en fait, c'est là ce que nous n'avons pas à examiner; mais, en droit, l'interprétation donnée à l'article 909 nous paraît inadmissible.

Il ne s'agit pas d'ajouter une troisième condition à celles que la loi a limitativement édictées.

Il s'agit uniquement d'appliquer l'article 909 dans ses termes et dans son esprit.

C'est là que l'on peut invoquer à bon droit la maxime : *Scire leges, non est earum verba tenere, sed vim et potestatem*.

La loi déclare, en termes exprès, que le médecin qui a traité le malade dans sa dernière maladie ne pourra profiter des dispositions faites en sa faveur *pendant le cours de cette maladie*.

La question à poser est celle-ci :

Le médecin a-t-il traité le malade dans sa dernière maladie ?

Les dispositions en sa faveur ont-elles été *faites pendant le cours de cette maladie ?*

Ce qui résulte invinciblement de là, c'est que la concomitance du traitement et de la disposition est indispensable.

XIX. — Cette thèse, soutenue par Massé sur Zachariæ (1) et par M. Valette, dans une consultation produite au procès, s'appuyant, en outre, de l'autorité de M. Demolombe (2), est préférable à celle qu'a admise l'arrêt de la Cour de Paris.

(1) T. III, § 418, p. 42. note 28.

(2) De cela que M. Demolombe n'admet pas la nécessité de la présence du tuteur au moment de la confection du testament, il n'y a rien à conclure contre le médecin : les deux cas ne sont pas identiques. Dans le cas du tuteur, il n'y a pas à interpréter : la qualité seule du tuteur suffit. Quant au médecin, il y a à savoir s'il a traité le malade pendant sa dernière maladie, et si le testament a été fait pendant le cours de cette maladie.

Ce qui résulte au surplus de cette divergence d'interprétation, c'est la nécessité de modifier l'article 909, ou plutôt de le supprimer, ainsi que le Code sarde l'a fait.

La présomption de suggestion contre le médecin n'est plus à la hauteur de nos mœurs actuelles.

La supposition qu'un médecin peut abuser de son empire sur un malade, pour capter son testament, ne peut être admise comme présomption *juris et de jure*. Elle ne peut s'appuyer que sur de rares exemples, qui ne peuvent motiver une disposition prohibitive, appliquée d'une manière générale et absolue.

Il faut laisser aux Tribunaux le soin d'apprécier dans quels cas les dernières dispositions sont le fruit de la volonté libre d'un mourant.

Lorsque le legs s'adressera au médecin traitant le malade pendant le cours de sa dernière maladie, on examinera quelles sont les présomptions d'abus d'influence ; on recherchera quels sont les motifs autres que la qualité de médecin, qui ont pu provoquer la libéralité ; on tiendra compte de l'honorabilité du médecin, du plus ou moins de vraisemblance qu'il ait pu faire un abus coupable de son influence. L'appréciation souveraine des Tribunaux et l'application des principes du droit commun seront une sauvegarde suffisante des droits de la famille.

XX. — Il existe d'ailleurs, pour le législateur, un devoir dont il est prudent de ne pas s'écarter : c'est de ne pas inscrire dans la loi des présomptions de fraude susceptibles de porter atteinte à l'honorabilité de certaines professions, surtout de celles qui ont droit au respect et à la reconnaissance.

Rabaisser une profession, c'est diminuer l'estime d'eux-mêmes, chez ceux qui l'exercent ; c'est peut-être leur inspirer l'idée de solliciter les libéralités interdites par la loi, en prenant des voies détournées pour échapper à la prohibition.

En proclamant, au contraire, la confiance et le respect pour ceux qui exercent une profession utile, c'est leur imposer la nécessité de se respecter eux-mêmes.

L'article 909 crée une suspicion dont le progrès des temps a fait justice.

Il faut réprimer les actions mauvaises lorsqu'elles se produisent. Vouloir les prévenir en créant des incapacités, c'est s'exposer à frapper à la fois, et ceux qui peuvent être accessibles à de mauvaises pensées, et ceux qui, par la noblesse de leurs sentiments, sont au-dessus de tout soupçon.

DU CARACTÈRE CONSTITUTIF DES LOIS

SECTION Ire

De l'Enregistrement des lois par les Parlements.

I. — De tous les temps et chez tous les peuples civilisés, les lois ont été soumises à des formes solennelles.

Partout où il a existé une justice réglée, la puissance de la loi a été subordonnée à l'observation de ces formes.

On disait bien sous les anciens principes : *Si veut le roi, si veut la loi;* mais cet axiome n'a jamais été rigoureusement vrai. Ce n'est pas en effet sans contrôle, en France, que le pouvoir législatif existait entre les mains du souverain.

Avant 1789, les dispositions législatives destinées à régler les droits des citoyens prenaient diverses dénominations.

On distinguait les ordonnances royales, les édits et déclarations. Venaient ensuite les lettres patentes, les arrêts du conseil; enfin les arrêts de règlement rendus par les Parlements, mais soumis à l'approbation royale.

« On appelle ordonnances des lois établies par l'autorité du souverain et auxquelles on donne incorrectement, mais d'après un très-ancien usage, le nom d'*ordonnances royaux* (1).»

Bien que le pouvoir législatif résidât dans les mains du roi, les lois émanées de la puissance souveraine n'étaient appliquées par les Tribunaux qu'autant qu'elles avaient été enregistrées par les Cours.

« Les lois doivent être enregistrées dans les Cours, par délibération libre, et promul- » guées par leur autorité. Les Tribunaux ne regardent pas comme lois celles à l'égard des- » quelles ces formalités n'ont pas été remplies (2). »

Les ordonnances royaux statuaient sur des matières générales.

Les édits n'intervenaient que sur un point déterminé.

« Les édits diffèrent des ordonnances en ce qu'ils n'ont ordinairement pour objet qu'un » seul point, au lieu que les ordonnances contiennent des règlements plus étendus (3).»

A part les édits, on distinguait les déclarations du roi.

C'étaient des lettres patentes de grande chancellerie, dont le but était de fixer la jurisprudence sur des points de droit controversés, d'expliquer ou d'abroger quelques dispositions des coutumes, ordonnances ou édits.

Les déclarations, comme les autres lois, devaient être enregistrées aux Parlements.

II.— Ainsi il existait, quant à la confection des lois, un pouvoir modérateur, et cette formule qui terminait les ordonnances royaux : « *Car tel est notre bon plaisir* » n'était pas exacte.

Sans doute les lois n'étaient plus délibérées dans les assemblées de la nation, comme dans les premiers temps de la monarchie ; mais l'autorité royale trouvait dans les Cours souveraines un contre-poids qui, bien que secoué quelquefois dans des circonstances exceptionnelles, n'en constituait pas moins une résistance dont il fallait tenir compte.

III. — L'enregistrement des lois par les Parlements n'était pas une vaine formule.

Ces Cours souveraines avaient le droit d'examen et d'opposition.

(1) Nouveau Denisart, v° *Enregistrement des lois.*

(2) *Ibid.*

(3) *Ibid.*

L'approbation de ces grands corps de magistrature rappelait, sous une autre forme, le consentement donné originairement par la nation aux lois qui devaient la régir.

En remontant, en effet, dans les temps anciens, on voit que les lois reposent avant tout sur le consentement du peuple.

Lex consensu populi fit et constitutione principis, disent les lois romaines.

C'est dans les Comices assemblés que les lois se délibéraient sous la République romaine. Lorsque plus tard, sous les empereurs, les constitutions du prince eurent force de loi, ce fut en vertu des pouvoirs délégués par le peuple (1).

IV. — En France, c'était dans les assemblées de la nation connues sous le nom de *Champ de Mars* et *Champ de Mai* que les lois étaient délibérées.

Aussi les lois anciennes conservent-elles le cachet d'un pacte entre le souverain et le sujet.

Dans le préambule de la loi salique, il est dit que Clovis a traité avec les Francs pour l'addition de quelques articles ; d'où la dénomination de *Pacte de la loi salique*, donnée à ce monument législatif (2).

Les propositions du roi n'étaient pas toujours acceptées par le peuple ; le roi Dagobert, voulant faire élire un maire du Palais pour le royaume de Bourgogne, en fit la proposition au peuple assemblé; mais le peuple refusa (3).

Cet usage de consulter le peuple pour la constitution des lois était si fort établi, que Charlemagne envoyait dans les provinces les articles qui devaient être ajoutés à ses Capitulaires, afin que le peuple y donnât son assentiment (4).

V. — Ce mode de faire les lois devint impraticable lorsque la population se fut accrue ; il fallut alors se contenter de ceux qui étaient censés partager avec le souverain les pouvoirs publics, et créer ainsi à la nation une sorte de représentants.

Charlemagne organisa cette représentation en ordonnant que, dans les assemblées où les lois seraient délibérées, les évêques et abbés amèneraient avec eux cinq avoués de leurs églises, et les comtes, douze scabins ou rachimbours de leur comté.

Les scabins étaient nommés par le peuple; les avoués des églises, sorte d'intendants ou de marguilliers, étaient pris aussi dans le peuple.

C'était encore une manière indirecte de faire intervenir la nation dans la confection des lois.

Le roi avait auprès de lui un conseil, dont les fonctions consistaient, non-seulement à expédier les affaires de l'État, mais encore à préparer les lois qui devaient être soumises à l'assemblée de la nation (5).

(1) *Lege regia quæ de ejus imperio lata est, populus ei et in eum omne imperium suum concedit.* (Vinnius, *Instit.*, tit. II, § 6,)

La loi Regia fut portée sous Auguste; elle fut suivie d'un sénatus-consulte qui la sanctionnait.

Qua lege, dit Vinnius, *populi omnis potestas principibus concessa, ipsique legibus soluti sunt.*

(2) *Clodoveus unà cum Francis pertractavit ut ad titulos aliquid adderet.*

C'est toujours avec l'assentiment du peuple que les lois sont édictées.

La loi des Allemands, publiée sous Clotaire, porte dans son préambule :

Quæ temporis Clotarii regis unà cum principibus suis et cætero populo constituta est.

Dans la loi bavaroise il est dit :

Hoc decretum est apud regem et principes ejus et apud cunctum populum.

(3) *Omnes unanimiter denegantes se numquam velle majorem domus eligere, regis gratiam petentes cum rege transigere* (Greq. tur, p. 56.)

(4) Baluze, t. I, col. 394 :

Ut populus interrogetur de capitulis, quæ in lege noviter addita sunt, et postquam omnes consenserint subscriptiones, et manu firmationes in ipsis capitulis faciant

(5) *Pro contentionibus rerum et legum.*

Plus tard les rois de la troisième race appelèrent à délibérer avec eux, non plus la nation, mais les grands feudataires composant le Parlement (1).

« Les rois, dit La Thomassière, faisaient les ordonnances générales de l'avis de leurs » barons. »

L'ordonnance de saint Louis contre le blasphème porte : *de Assensu baronum nostrorum.*

Ce roi, ayant à traiter avec le roi d'Angleterre, lui disait :

« Je ne puis rien faire ni composer avec vous sans l'avis de mon baronnage, dont aucun » roi des Français ne peut se passer (2). »

Les barons qui siégaient au Parlement devaient être convoqués et prendre part à la délibération. Ce n'était que dans des cas rares et vu l'urgence que le roi passait outre. Ainsi une ordonnance de Philippe le Bel, de l'an 1303, consentie par une partie seulement des barons, les autres n'ayant pu être convoqués vu l'urgence, porte :

« Nous, parce que ladite ordonnance nous semble convenable et profitable à la besogne, » et si peu greveuse, que nul ne la doit refuser, nous y consentons. »

Les ordonnances se délibéraient dans le sein du Parlement, où le roi se transportait; elles se terminaient ainsi :

Ordinatum fuit et unanimiter concordatum .... ordinatum fuit per regem et ejus consilium.

Le chancelier Olivier, dans un lit de justice de l'an 1549, constatait que la plupart des anciennes ordonnances étaient faites au Parlement, *le roi y séant, ou autres de par lui.*

En 1319, Philippe le Long retrancha du Parlement les évêques, *se faisant conscience de les distraire du gouvernement de leurs spirituautés.*

Le Parlement n'en conserva pas moins ses attributions, bien qu'on puisse signaler plusieurs ordonnances adressées par le roi aux juridictions inférieures sans avoir été soumises à la formalité de l'enregistrement.

VI. — Ces infractions à un usage établi n'infirment pas la filière qui rattache la formalité de l'enregistrement des lois au concours que la puissance souveraine demandait anciennement aux Parlements pour leur confection.

Quelque nombreuses que soient les ordonnances du XIVe siècle signalées par Merlin et non soumises à l'enregistrement, on ne saurait y voir la négation d'un droit consacré par des monuments irrécusables.

Si l'enregistrement des lois par les Parlements n'avait pas été une condition nécessaire pour leur donner vigueur, avant le XIVe siècle, on ne s'expliquerait pas comment les Parlements auraient pu s'arroger ce droit dans les siècles postérieurs.

Si, comme certains auteurs l'ont prétendu, il y avait eu usurpation de la part des Parlements, à quelle époque faudrait-il en faire remonter l'origine ? et, si nous trouvons la formalité subsistant dès le XVe siècle, quels sont les événements historiques qui pourraient expliquer à cette époque une usurpation de pouvoir sur l'autorité royale par un corps composé de membres choisis pour la plupart par le souverain ?

Pourquoi, d'ailleurs, chercher une usurpation là où des déclarations authentiques et formelles du souverain prouvent l'existence ancienne et toujours respectée du droit exercé par les Parlements ?

VII. — Dans les remontrances adressées à Louis XIII par le Parlement de Paris de l'an 1615, on lit :

« Que depuis que Philippe le Bel et Louis le Hutin ont déclaré le Parlement sédentaire à

(1) Nouveau Denisart, v° *Enregistrement des lois.* — « Sous la troisième race, l'usage subsista longtemps » de délibérer sur la loi et de la former, dans l'intérieur des Parlements, qui étaient composés des barons, des » prélats, des grands présidents appelés dans les anciennes ordonnances, *magni presidentiales nostri,* et des » maîtres des Parlements. »

(2) Nouveau Denisart, v° *Enregistrement des lois.*

» Paris, les lettres patentes qui ont consacré cette institution ont spécialement chargé le » Parlement de garder la constitution de l'Etat, de vérifier les lois, ordonnances et autres » plus importantes affaires du royaume. »

Le Parlement cite de nombreux exemples de l'exercice de cette prérogative sous le roi Jean, sous Charles V, sous Louis XI; il rappelle que Louis XII ne résista aux entreprises de Jules II que de l'avis du Parlement mandé à Tours; que, sous François Ier, les traités de Madrid furent délibérés au Parlement; il cite les grands arrêts sur la loi salique, en faveur de Philippe de Valois et de Henri IV.

Il rappelle que Henri III, à Chartres, en 1588, remercia le Parlement de ses remontrances.

Si François Ier contraignit le Parlement à enregistrer le concordat, disant qu'il ne voulait pas *qu'il y eut plus d'un roi en France;*

Si Louis XIII, cédant aux instigations du cardinal Duperon, annula l'arrêt du Parlement approuvant la protestation du tiers État contre l'abus de la puissance temporelle du Pape, ces actes de violence, qui ne sont qu'une exception, n'infirment pas l'usage constant de ne reconnaître pour lois du royaume que celles qui auraient été enregistrées au Parlement.

VIII. — Il en était ainsi pour les édits qui créaient des impôts comme pour les autres.

C'était par l'assemblée de la nation d'abord, les États généraux ensuite, que les impôts devaient être votés (1).

Tant qu'il en était ainsi, les Parlements n'avaient pas à intervenir.

Quand les États généraux cessèrent d'être convoqués, la mission des Parlements dut s'étendre.

Dans une délibération des États généraux tenue à Blois en 1577, on trouve à ce sujet une disposition formelle :

« Si est (y est-il dit) que les rois de France, par leur débonnaireté, n'ont jamais pensé » leur puissance être limitée et diminuée, en promettant ne pouvoir faire ni ordonner pour » les règlements du royaume, qu'autant qu'ils seront selon la raison et les lois d'icelui; » d'où vient qu'il faut que tous édits soient vérifiés et comme contrôlés en cour de Parle» ment devant qu'ils obligent y obéir, lesquelles combien qu'elles ne soient qu'une forme » des trois États, raccourcie au petit pied, ont pouvoir de *suspendre, modifier* et *refuser* » lesdits édits. »

IX. — Il faut reconnaître cependant que, nonobstant les termes de cette délibération, les Parlements n'ont jamais admis qu'ils eussent le pouvoir de suppléer les États généraux en matière d'impôt.

L'enregistrement n'était consenti qu'autant qu'il s'agissait d'urgence et d'impôts de peu de durée.

« Si le Parlement (est-il dit dans des remontrances du Parlement de Paris du 21 juillet » 1787) crut avoir le droit d'enregistrer l'impôt du dixième, ce fut parce que cet impôt » ne devait avoir qu'une courte durée; ce fut surtout parce que la position de l'Etat sem» blait s'opposer à tout délai. Sans cela, il eût dit que la nation seule réunie dans les Etats » généraux pouvait donner à un impôt perpétuel un consentement nécessaire. »

Les autres Parlements du royaume adhérèrent aux remontrances de celui de Paris. Le roi, obtempérant à ces observations, retira les édits qui créaient l'impôt sur le timbre et sur la subvention territoriale, et promit d'assembler les États généraux, ce qui eut lieu en 1788, alors qu'ils ne l'avaient pas été depuis plus d'un siècle.

(1) Les premiers États furent réunis sous Philippe le Bel, en 1304; ils étaient composés des députés des trois ordres : le clergé, la noblesse, le tiers État.

On voit que, si le Parlement était jaloux de son autorité, il ne cherchait pas toujours à l'étendre au détriment de l'autorité royale.

X — C'était bien moins au Parlement qu'il faudrait reprocher un abus du pouvoir qu'à l'autorité souveraine.

Il y a beaucoup d'exagération dans le jugement porté sur les luttes du Parlement avec la royauté.

Les remontrances faites par les Parlements ont toujours eu pour objet le maintien des constitutions de l'Etat. Elles sont un modèle de dignité, de fermeté, d'indépendance, alliées avec le respect de l'autorité royale, que le Parlement avait à cœur de fortifier en la renfermant dans de sages limites.

« Les Parlements, a dit Machiavel, font la force des rois de France. »

Fidèles gardiens des intérêts de l'État et jaloux de leur propre dignité, les Parlements n'ont résisté à l'autorité souveraine que lorsque la nécessité leur en faisait un devoir.

Ainsi, sous François Ier, le Parlement refusa d'enregistrer des édits qui créaient de nouvelles charges de conseillers pour être vendues et le prix versé au Trésor (1).

En agissant ainsi, le Parlement n'entendait pas s'immiscer dans l'administration des finances, mais maintenir la dignité de la magistrature (2).

Sous Henri IV, le Parlement, refusant d'enregistrer des édits qui créaient de nouveaux impôts, le président de Harlay répondait au roi :

« Nous sommes obligés d'écouter la justice ; on nous l'a donnée en main. »

C'était dans cette grande mission d'*écouter la justice* que les Parlements puisaient leur force pour lutter, quand il le fallait, contre l'autorité royale.

XI.— Dans les troubles dont la France a été le théâtre, ces grandes figures de magistrats, dont le nom est parvenu jusqu'à nous, les de Harlay, les de Thou ont donné des exemples mémorables d'énergie et de courage.

Sous Richelieu, sous Mazarin, la résistance des Parlements ne se dément pas ; toutefois le rôle des Parlements sous la Fronde n'était pas à la hauteur de la dignité que ce grand corps devait maintenir.

C'est un triste spectacle que des magistrats revêtant l'appareil militaire, recrutant des soldats, se mêlant aux luttes acharnées des factions !

Il ne faut cependant pas que ces écarts, fruit des dissensions civiles, puissent faire oublier les immenses services rendus par ces grands corps judiciaires.

XI. — Un mérite qu'on ne saurait leur contester, c'est d'avoir défendu l'autorité royale contre l'invasion étrangère, et surtout contre les entreprises de la Cour de Rome, qui étendait son réseau sur toutes les autres puissances.

Si l'esprit de conservation qui présidait à ses décisions le portait à résister à des réformes que le temps a consacrées, il n'en faut pas moins rendre justice au sentiment élevé, à la male indépendance de ce grand corps, dont la place était marquée tant qu'il n'existait pas à côté du souverain une représentation nationale.

Ce n'est pas sans raison que les Parlements étaient considérés comme devant tenir lieu de cette représentation.

(1) A l'occasion des lettres patentes de François Ier à ce sujet, le Parlement rendit un arrêt mandant devant lui le chancelier *pour lui faire remontrances que la cour avisera pour le bien de la justice et choses publiques de ce royaume.*

(2) Dans une circonstance mémorable, où il s'agissait d'intervenir dans l'administration des affaires publiques, le président Jean de la Vacquerie, répondant au duc d'Orléans, devenu plus tard Louis XII, disait : « Le Parlement est pour rendre justice au peuple ; les finances, la guerre, le gouvernement du roi, ne sont » pas de son ressort. »

A aucune époque, le Parlement n'a été exclusivement un corps de judicature, malgré les tentatives faites à plusieurs reprises pour le réduire à ce rôle.

Dans les assemblées générales, les ducs et pairs, les grands officiers de la couronne, les princes même du sang royal, siégeaient dans la grand'chambre et prenaient le titre de conseillers-nés du Parlement (1).

Il ne faut donc pas être surpris si, dans les moments difficiles, le Parlement s'immisçait dans les affaires publiques plus qu'un corps de judicature n'aurait pu le faire.

XII.— Toutefois, si l'on peut faire un mérite aux Parlements d'avoir défendu les intérêts du peuple contre les abus du pouvoir absolu, il faut reconnaître que ces grands corps de magistrature, où le savoir était réuni à la grandeur du caractère, n'ont pas toujours marché en avant de la civilisation.

La liberté de conscience, la liberté de penser, loin de trouver un appui dans leur sein, y ont suscité la résistance.

Ainsi le Parlement sévit contre les sectateurs de la réforme.

Lors de l'édit de pacification, on le voit s'opposer aux idées généreuses du chancelier L'Hôpital.

Si le Parlement s'émeut des massacres de Mérindol, sanctionnés par le Parlement de Provence; s'il condamne le président d'Oppède, instigateur d'une extermination devançant et dépassant peut-être les dragonnades, les massacres de la Saint-Barthélemy ne le touchent point: un arrêt émané de lui condamne l'amiral de Coligny comme coupable de conspiration contre l'Etat, et ordonne la confiscation de ses biens.

XIII. — Le progrès des lumières a souvent rencontré sur son chemin la résistance des Parlements.

Ainsi, en 1624, le Parlement rend un arrêt pour soutenir l'autorité d'Aristote et maintenir ainsi le niveau qui pesait sur l'esprit humain.

Sous Louis XI, il rend un arrêt qui condamne des Allemands qui avaient apporté en France les premiers essais de l'art de l'imprimerie, jugeant cette précieuse invention nuisible aux copistes.

Sous Richelieu, il s'oppose à l'enregistrement des lettres patentes qui instituaient l'Académie.

Tout ce qui est innovation en fait de sciences lui paraît dangereux.

Institués pour maintenir et faire exécuter les lois, les Parlements craignaient d'ébranler les fondements de l'ordre social, en ouvrant la porte aux réformes même scientifiques. C'était moins à un défaut de lumière qu'il faut attribuer cette résistance, qu'à la nature de l'institution et à l'esprit qui devait y présider.

Si les Parlements ont maintenu intacts quelques grands principes de droit public, si surtout ils ont constamment défendu l'autorité royale contre les prétentions du Saint-Siége, il n'est pas de découvertes nouvelles qui n'aient suscité un arrêt d'interdiction.

Cette résistance au progrès faisait assez sentir tout le danger qu'il y avait à réunir dans les mêmes moins l'administration de la justice et la direction des grands intérêts sociaux.

Ce n'est pas à ceux qui doivent faire exécuter les lois qu'il doit appartenir de les décréter.

XIV.— Il n'en faut pas moins reconnaître que l'enregistrement des lois, considéré comme une condition essentielle à leur existence, était une garantie contre l'abus du pouvoir souverain et une puissante sauvegarde des grands principes qui protégeaient les droits des citoyens.

(1) Geoffroi Saint-Hilaire, *Histoire de la Fronde*.

Si cette garantie n'a pas toujours été efficace, elle n'en était pas moins un reflet de la volonté nationale intervenant dans la confection des lois.

Il existait une sorte de filiation entre ces grands corps judiciaires et les anciennes assemblées de la nation.

« Les Parlements de France, dit Pasquier (1), sont des émanations des anciennes assem-
» blées qui se tenaient autrefois et étaient appelées la *Cour du roi*, la *Cour des pairs*, la *Cour*
» *de France*, *Placita* ou *Parlement*. »

En remontant à cette origine, on est conduit à reconnaître que ce n'est pas par un abus de pouvoir que les Parlements ont exercé leurs puissantes prérogatives.

XV. — Du reste, la consécration de ce droit par l'autorité royale est constatée par des monuments irrécusables, bien qu'à certaines époques les rois aient tenté de s'y soustraire.

Saint Louis, déclarant qu'il ne pouvait rien faire sans le consentement de ses barons, ne disait pas seulement qu'il ne pouvait faire des lois que dans l'étendue de ses domaines, mais il reconnaissait les prérogatives du Parlement composé des grands feudataires.

Louis XI écrivait au duc de Bourgogne que la coutume de France était de faire publier au Parlement tous accords, *autrement ils seraient de nulle valeur*. Bien que ce prince eût voulu contraindre le Parlement à subir l'abrogation de la pragmatique, il faisait preuve de son respect pour les prérogatives du Parlement, en révoquant un édit sur les blés, que le Parlement avait refusé d'enregistrer (2).

François Ier, qui par des motifs politiques faisait violence au Parlement pour l'enregistrement du concordat, révoquait un édit que le Parlement avait refusé de vérifier.

Son chancelier, à propos d'un traité intervenu entre lui et le roi du Piémont, au sujet du comté de Nice, écrivait que les lettres adressées à ce sujet au Parlement de Provence n'y avaient pas été vérifiées ; « ce qui, disait-il, est requis est nécessaire, tant de disposition
» du droit que par les ordonnances et usances du royaume (3). »

Ce n'est pas seulement comme une simple formalité que l'enregistrement devait avoir lieu.

« Les gens de nos Parlements, est-il dit dans un édit de Charles IX de l'an 1566, pour-
» ront nous faire réitérer telles remontrances qu'ils aviseront sur les édits, ordonnances
» et lettres patentes qui leur seront adressés, pour y être publiées et enregistrées. »

Déjà Charles VIII, dans une ordonnance de 1493, avait consacré les droits des Parlements en ces termes :

« Si, par importunité des requérants, inadvertance ou autrement, nous écrivions aucunes
» lettres à notre Cour, et qu'il lui semblât qu'en la matière dont ces dittes lettres devraient
» faire mention il y eut quelque difficulté raisonnable, voulons qu'elle nous en avertisse ou
» fasse avertir afin d'y donner ou faire donner telle provision qui au cas appartiendra. »

Henri IV, dans une de ses harangues, proclamait que la vérification était nécessaire pour a validité des lois (4).

Le chancelier L'Hôpital, ayant fait publier plusieurs lettres patentes et édits sans qu'ils eussent été préalablement reçus et vérifiés au Parlement, fut ajourné pour répondre au sujet de ces publications, contraires aux anciennes *ordonnances* et *observances* (5).

Louis XV, dans une réponse au Parlement de Dijon, en 1763, attestait de plus fort cet ancien usage (6).

(1) Liv. IV, ch. II, pag. 59.

(2) Nouveau Denisart. V° *Enregistrement des lois*.

(3) Denisart. *Ibid*.

(4) Nouveau Denisart. *Ibid*.

(5) *Ibid*.

(6) *Ibid*

« Sa Majesté, disait-il, maintiendra toujours la nécessité de l'enregistrement de ses » édits, déclarations et lettres patentes, avant qu'ils puissent être publiés et exécutés dans » le ressort de son Parlement. »

On pourrait citer de nombreuses ordonnances restées sans exécution faute d'avoir été reçues par les Parlements. Denisart cite entre autres l'ordonnance de 1629 et une déclaration de 1657, obtenues par le clergé sur le fait des dîmes.

XVI. — Si dans des temps de trouble des violences étaient exercées pour faire enregistrer certains édits, il n'est pas sans exemple que les rois, mieux avisés, aient rétracté ce qu'ils avaient arraché par contrainte.

Ainsi Charles VI, ayant obtenu dans un lit de justice l'enregistrement d'un de ses édits, mieux éclairé par la suite, tint un nouveau lit de justice où il cassa et annula ce qui avait été fait précédemment (1).

Les instructions données par Charles IX au président du Ferrier, envoyé à Rome au sujet du concordat, portaient :

« Qu'il serait représenté au Pape que le concordat, n'ayant été reçu que par la contrainte » imposée par François Ier, ne pouvait préjudicier aux droits des sujets et aux libertés de » l'Église gallicane.... »

L'ambassadeur, se conformant à ces instructions, dans son discours au Pape, rappelait « que rien n'a force de loi dans le royaume qu'il n'ait été vérifié au Parlement librement » et sans contrainte. »

Le duc d'Orléans ayant rendu en 1718 un édit qui portait atteinte aux droits exercés par les Cours de justice quant à la vérification des lois, le Parlement adressa à ce prince des remontrances dans lesquelles il rappelait que Louis XIII, ayant fait enregistrer en 1620 trois édits dans un lit de justice, manda le Premier Président et les gens du roi pour leur dire que, s'il faisait de nouveaux édits, il les enverrait à son Parlement pour les laisser délibérer à sa Cour, comme ses prédécesseurs avaient fait, témoignant ainsi ses regrets d'avoir fait violence à un usage toujours respecté.

Si, sous le règne de Louis XIV, l'autorité des Parlements fut anéantie (2); si ce prince se montra jaloux d'exercer le pouvoir absolu, à sa mort un édit de 1715 rétablit les Parlements dans la plénitude de leurs droits. « Nous avons cru, y est-il dit, ne pouvoir faire rien de plus » honorable pour notre cour du Parlement que de lui permettre de nous représenter ce » qu'elle jugera à propos, avant que d'être obligé de procéder à l'enregistrement des édits » et déclarations que nous lui adresserons, persuadé qu'elle usera avec sagesse et circon- » spection de l'ancienne liberté dans laquelle nous la rétablissons. »

C'était là un grand hommage rendu à la volonté nationale dans la personne de ceux qui étaient plus spécialement chargés de veiller aux droits de chacun, en rendant la justice à tous.

XVII. — Cette limite apposée au pouvoir souverain était si respectée, qu'on trouve dans plusieurs anciennes ordonnances des dispositions par lesquelles les rois défendent aux juges d'obtempérer aux lettres qui leur auraient été arrachées par obsession. Ainsi un édit de 1453 (article 66) défend expressément aux juges d'obtempérer aux lettres royaux qui ne seraient civiles et raisonnables, les autorisant à les déclarer ***subreptices, obreptices, inciviles.***

Le roi Jean, dans une ordonnance du 15 mars 1539, concernant les pardons ou rémissions,

(1) Ordonnance du Louvre, I, 10, P. 170, L. 173.

(2) En 1755, le Parlement ayant voulu faire des remontrances sur un édit sur les monnaies, Louis XIV, parti de Versailles, se rendit au Parlement en habit de chasse, en grosses bottes et le fouet à la main, et lui intima l'ordre de s'assembler pour vérifier l'édit.

défendait aux juges d'avoir égard aux lettres patentes ou closes qui en seraient faites ou scellées.

Charles VI, en 1389, voulant réprimer l'abus des évocations, défendait aussi aux juges d'avoir égard aux lettres soit ouvertes ou closes, qui leur seraient présentées, reconnaissant ainsi qu'il n'y avait de lois obligatoires que celles qui avaient été soumises à la formalité de l'enregistrement.

XVIII. — Les magistrats, à leur tour, maintenaient énergiquement leurs prérogatives.

Sous Louis XI, la résistance des magistrats allait jusqu'à offrir la résignation de leurs offices.

Sous François Ier, le refus du Parlement d'enregistrer le concordat se prolongea pendant plusieurs années.

Sous Henri IV, le Parlement opposa la même résistance pour maintenir l'inaliénabilité du domaine.

Au Parlement de Toulouse, Laroche Flavin atteste qu'il a vu refuser des édits, au nombre de plus de 80, bien qu'il y eût jusqu'à 6 ou 7 jussions.

Dans des remontrances du mois d'avril 1771, le Parlement de Toulouse rappelle que, de 1580 à 1688, il a été rendu plus de 70 arrêts portant refus d'enregistrer des édits.

XIX. — Le droit de refuser l'enregistrement des édits entraînait, par une conséquence naturelle, celui d'y proposer des modifications.

Une ordonnance du roi Jean, de 1530, réglait la forme dans laquelle les modifications devaient avoir lieu : « Voulons, y est-il dit, que les commissaires députés par nous délibè- » rent et conseillent avec les gens de notre Parlement.

Quelquefois le Parlement n'enregistrait que provisoirement, sauf modifications ultérieures. C'est là ce qui se produisit au sujet de l'édit de Romorantin, qui attribuait aux évêques la connaissance des crimes d'hérésie.

François II écrivit au Parlement d'avoir à lui députer des commissaires pour s'entendre sur les modifications à apporter à cet édit.

En 1550, Henri II ayant publié une déclaration servant de règlement entre le Parlement et la Chambre des comptes, le Parlement l'enregistra avec des modifications qui furent sanctionnées par le roi dans un nouvel édit.

Un autre édit du mois de juin 1550, appelé l'*Édit des petites dates*, sur la réformation des abus dans l'obtention des bénéfices ecclésiastiques, fut enregistré avec modifications.

Il en fut de même pour l'édit de février 1580, sur les plaintes du clergé assemblé à Melun, touchant les conciles provinciaux, les appels comme d'abus, les priviléges ecclésiastiques. Le Parlement l'enregistra *aux charges, restrictions et modifications qui suivent*.

Les modifications apportées par le Parlement faisaient corps avec la loi, qui ne pouvait en être séparée. Ainsi Denisart cite un arrêt du Parlement de Dijon, cassé au Grand Conseil, pour n'avoir pas eu égard à une modification que le même Parlement avait apportée à l'édit de 1627. L'arrêt fut cassé comme violant la loi, quoique conforme au texte de l'édit (1).

La vérification des édits a donc été le complément nécessaire des lois jusqu'à la chute des Parlements.

Ce n'est pas que des tentatives n'aient été faites à plusieurs reprises pour les dépouiller de leur immixtion dans l'exercice des pouvoirs législatifs : la plus mémorable est sans contredit celle du chancelier Maupeou.

C'était sans doute une idée sage que celle qui tendait à restreindre les Parlements dans les limites de leur autorité judiciaire; mais la nation s'était habituée à voir, pendant une longue

(1) Denisart, l'*Enregistrement des lois*, § 11.

suite de siècles, dans ces grands corps de magistrature, un contre-poids à l'autorité royale. Il n'était pas aisé de détruire en un jour ce que la suite des temps avait confirmé.

A l'époque où le chancelier Maupeou tentait cette grande réforme des idées nouvelles germaient dans les esprits et commençaient à se faire jour : on touchait à la convocation des États généraux.

Mais le chancelier Maupeou devançait le moment où cette grande réforme pouvait être réalisée. Aussi la perturbation amenée par cette tentative fut-elle profonde, et la volonté souveraine dut-elle céder devant la résistance de ces vieux parlementaires, qui s'appuyaient sur le sentiment national, et à qui on devait le souvenir d'avoir défendu les droits des citoyens contre l'abus du pouvoir absolu (1).

Les Parlements durent ainsi rester debout, avec toutes leurs prérogatives, jusqu'au moment où la Révolution allait faire table rase de toutes les anciennes institutions, pour y substituer des principes nouveaux, donnant satisfaction à toutes les aspirations nationales, et plaçant la défense des libertés publiques non plus dans des corps de judicature, mais dans des assemblées librement élues par le peuple.

SECTION II

De la Sanction des pouvoirs législatifs depuis 1789

I. — Si les Parlements participaient à la puissance législative par une sorte de représentation nationale, la Révolution de 1789 devait introduire dans la confection des lois un tout autre élément.

Un décret de l'Assemblée nationale, ressuscitant en quelque sorte le principe qui devait présider à la confection des lois, et qui avait été plutôt modifié que mis en oubli sous l'ancienne monarchie (2), déclara que la loi est l'expression de la volonté générale, que tous les citoyens ont le droit de concourir personnellement ou par leurs représentants à sa formation.

Cette déclaration fut suivie d'un décret qui disposait que tous les pouvoirs résideraient dans l'Assemblée nationale et qu'aucun acte du Corps législatif ne pourrait être considéré comme loi s'il n'était fait par les représentants de la nation librement et régulièrement élus, et s'il n'était sanctionné par le roi.

La confection des lois résida dans l'Assemblée législative; ses décrets furent soumis à la sanction du roi jusqu'au 10 août 1792.

La déchéance du roi ayant été prononcée, l'Assemblée législative exerça seule les pouvoirs législatifs.

II. — La Convention lui succéda ; elle réunissait le pouvoir législatif et le pouvoir exécutif.

La constitution du 3 fructidor an III répartit la puissance législative entre le Conseil des cinq cents et le Conseil des anciens.

(1) « En quelques lieux que les magistrats se trouvent réunis, disait le Parlement de Bretagne dans des » remontrances du 31 mai 1788, la force seule peut les empêcher d'user du droit qu'ils tiennent de la nation » même, d'être les défenseurs des lois et l'organe immédiat du peuple auprès du souverain.

» Les édits, ajoutait-il, transcrits militairement sur les registres de la Cour, anéantissent les lois les plus » anciennes et les plus sacrées de la monarchie.

» Les Etats généraux du royaume assemblés à Blois, en 1579, ayant chargé les Parlements, dans leurs res- » sorts respectifs, de *suspendre, refuser* ou *modifier* les lois et particulièrement les impôts, il s'ensuit que, » si le droit d'enregistrement n'était pas lié aussi intimement à la Constitution française que, si les » Cours du royaume pouvaient jamais en être dépouillées, un pareil changement ne pourrait être opéré que » par la nation assemblée, légalement et dans les formes anciennes, en Etats généraux. »

(2) Décret du 26 août 1789

La proposition des lois appartenait au Conseil des cinq cents, la sanction, au Conseil des anciens.

La loi du 19 brumaire an VIII supprima les deux Conseils. Avant de se séparer, ils nommèrent une commission consulaire exécutive, investie du pouvoir dictatorial, et deux commissions législatives : l'une représentant le Conseil des cinq cents, l'autre le Conseil des anciens. L'une proposait les résolutions ; l'autre était investie du droit de les approuver.

III. — Le Consulat ayant succédé au Directoire, les projets de loi furent rédigés par le Conseil d'Etat, sous la direction des Consuls. Ils étaient discutés par le Tribunat, qui en votait l'adoption ou le rejet ; ils étaient portés ensuite au Corps législatif, qui devait les adopter ou les rejeter

Tous les actes du pouvoir souverain qui n'avaient pas été soumis à ces formalités pouvaient être déférés dans les dix jours par le Tribunat au Sénat, qui devait les annuler pour cause d'inconstitutionnalité.

Une fois promulgués, ils étaient à l'abri de tout recours.

Le Tribunat fut supprimé en 1807, et les lois préparées par le Conseil d'État durent être discutées au Corps législatif, divisé en trois commissions, dont une portait le nom de commission législative civile et criminelle.

IV. — La Restauration changea cet état de choses.

Le pouvoir législatif était réparti entre le roi et les Chambres.

Le roi proposait la loi, la sanctionnait et la promulguait.

Les projets de loi devaient être votés par les Chambres, qui avaient le droit de supplier le roi de présenter telle loi qui leur paraissait utile. C'était une initiative indirecte.

V. — La Charte de 1830 maintint le mode de voter les lois ; seulement elle admit l'initiative des Chambres.

VI. — La Révolution de 1848 fit résider le pouvoir législatif dans l'Assemblée nationale.

La nomination du Président de la République fit passer le pouvoir législatif dans les mains du chef de l'État.

Les décrets rendus par le Président furent obligatoires.

Le sénatus-consulte du 9 décembre 1852 prescrivit des formalités nouvelles; néanmoins les décrets rendus par le Président depuis sa nomination jusqu'à la mise en vigueur de la Constitution de l'Empire eurent force de loi.

VII. — Depuis le rétablissement de l'Empire, le pouvoir législatif est réparti entre le chef de l'Etat, le Corps législatif et le Sénat.

L'Empereur propose les lois, qui sont soumises au Corps législatif, après avoir été élaborées, en Conseil d'Etat, conformément à l'article 50 de la Constitution.

Les projets de loi adoptés par le Corps législatif doivent être soumis au Sénat, qui statue sur leur constitutionnalité seulement.

Les actes du pouvoir souverain non revêtus des formalités légales peuvent être déférés au Sénat, investi du droit de les annuler pour inconstitutionnalité.

Telle est la législation qui nous régit aujourd'hui.

Il n'y a donc de loi proprement dite que celle qui a été votée par le Corps législatif, soumise au Sénat, pour en apprécier la constitutionnalité, sanctionnée par l'Empereur.

D'après les attributions nouvelles données au Sénat, la loi peut être renvoyée au Corps législatif pour être soumise à un nouvel examen.

VIII. — Les actes du pouvoir souverain sont aujourd'hui de deux sortes : d'une part les lois; d'autre part, les décrets.

Le chef de l'Etat n'administre que par des décrets.

Il ne dispose sur des matières d'intérêt général que par une loi.

Les lois seules sont obligatoires pour les Tribunaux.

Les décrets n'ont force de loi qu'autant qu'ils statuent en vertu de la délégation d'une loi précédente.

Un simple décret ne peut suppléer la loi.

Un décret ne peut abroger une loi.

Un décret ne peut interpréter la loi d'une façon obligatoire pour les Tribunaux.

SECTION III

I. — Ces principes posés, quelle est la marche à suivre lorsqu'un décret a statué sur une matière hors des attributions du pouvoir administratif, lorsqu'il a, par exemple, ou abrogé ou interprété une loi ?

Ce n'est pas là une simple hypothèse posée. Il s'est produit récemment devant les Tribunaux une question grave, où il s'est agi de savoir si un décret non soumis au Conseil d'Etat avait pu apporter quelque modification aux articles 258 et 259 du Code de commerce.

Ces articles portent que, en cas de naufrage, les loyers des matelots ne seraient dus que sur les débris du navire ou sur le frêt des marchandises sauvées.

Les frais de conduite et de rapatriement sont placés sur la même ligne que les loyers; le même principe leur est applicable.

Nonobstant la précision de cette disposition législative, constamment appliquée par la jurisprudence, un décret du 7 avril 1860, rendu sans que le Conseil d'Etat ait été entendu, dispose qu'en cas de naufrage la conduite des matelots sera due sur le navire; et, subsidiairement, sur l'ensemble des frets gagnés depuis que le navire a quitté le port d'armement.

Cela est diamétralement contraire au texte formel des articles 258 et 259.

Il s'est agi de savoir si la disposition de ce décret devait être appliquée par les Tribunaux, alors qu'elle modifiait un article formel de la loi.

II. — La première réflexion qui se présente est celle-ci:

Si le décret n'a fait que confirmer la loi, c'est à la loi elle-même qu'il faut recourir, sans s'occuper de l'interprétation à donner au décret.

Si, au contraire, le décret a ajouté à la loi, il est frappé d'inconstitutionnalité.

Dans cette dernière hypothèse, que doivent faire les Tribunaux ?

Le décret du 3 décembre 1852 porte que le Sénat maintient ou annule les actes qui lui sont déférés comme inconstitutionnels.

Le recours au Sénat peut avoir lieu, soit au nom du Gouvernement, soit par voie de pétition.

Cette voie, ouverte pour faire prononcer l'inconstitutionnalité d'un décret, est-elle tellement obligatoire que, tant qu'un décret n'a pas été annulé comme inconstitutionnel, les Tribunaux ne puissent se dispenser d'y obéir ?

III. — En d'autres termes, les Tribunaux ne peuvent-ils pas, au point de vue des discussions portées devant eux, apprécier l'inconstitutionnalité d'un acte du pouvoir souverain?

Lorsqu'on a investi le Sénat du pouvoir d'annuler, soit un acte du chef de l'Etat, soit même un acte du pouvoir législatif, on a voulu rendre hommage à ce principe, qui n'attribue le caractère de loi qu'à ce qui a été consenti par la nation et à ce qui est conforme à la Constitution, qui est son œuvre.

« L'institution du Sénat, disait le rapporteur de la constitution du 14 janvier 1852, est
» empruntée aux constitutions du Consulat et de l'Empire. Le Sénat, comme le dit l'ar-
» ticle 4 de la présente constitution, participe au pouvoir législatif, mais ses attributions
» sont supérieures à celles du pouvoir législatif lui-même; on a voulu personnifier en quelque

» sorte dans le Sénat le pouvoir constituant. Les lois lui sont soumises, mais il les examine » moins au point de vue de leur utilité pratique et d'application, que dans l'intérêt du main- » tien des principes constitutionnels et des grandes règles qui servent de base à l'établis- » sement social. En un mot, le Sénat exerce avec plus d'autorité et de largeur le droit qui » appartenait aux anciens Parlements pour l'enregistrement des édits.»

L'analogie n'est pas absolument exacte, vu que les anciens Parlements proposaient des modifications à la loi qu'il s'agissait d'enregistrer, tandis que le Sénat ne peut qu'adopter, rejeter ou soumettre à un second examen.

Toujours est-il que le Sénat intervient comme représentant le pouvoir constituant.

Mais il existe une différence essentielle au point de vue de la confection des lois entre la constitution du premier Empire et celle de 1852.

D'après la constitution de l'Empire, si l'inconstitutionnalité du décret n'avait pas été dénoncée dans les dix jours de la promulgation, le décret avait force de loi.

La constitution de 1852 ne fixe pas de délai.

Le Sénat peut donc être appelé à tout temps, soit par le Gouvernement, soit par un simple citoyen, à statuer sur l'inconstitutionnalité d'un acte législatif.

III. — Mais, en l'absence de ce recours, quelle peut être devant les Tribunaux la valeur d'un décret usurpant le caractère d'une loi ?

La question de savoir si les Tribunaux peuvent prononcer l'inconstitutionnalité d'un décret n'est pas nouvelle : elle s'est fréquemment présentée sous le gouvernement représentatif, quant à la légalité des ordonnances royales.

La jurisprudence n'a jamais hésité sur ce point que les Tribunaux avaient le droit d'apprécier la légalité des ordonnances alors qu'elles abrogeaient ou modifiaient une loi ou contenaient des dispositions nouvelles, qui ne devaient émaner que du pouvoir législatif.

« Considérant, disait la Cour de Nancy dans un arrêt du 26 juillet 1827, que les Tribu- » naux, institués pour rendre la justice selon les lois du royaume, sont spécialement chargés » d'en faire l'application à tous les cas particuliers soumis à leur juridiction ; que cette » application ne pourrait pas se faire ou serait totalement illusoire, s'il était vrai qu'ils » dussent aveuglément appliquer comme lois des ordonnances qui y seraient diamétra- » lement contraires, ou qui auraient illégalement prononcé l'abrogation de quelque loi. »

La Cour de Nancy fait cette précision que, lorsque l'administration n'a pas besoin du concours des Tribunaux pour faire exécuter les règlements ou ordonnances, les Tribunaux ne peuvent s'immiscer en rien dans leur exécution ; mais que, lorsqu'on vient devant eux en demander l'application, ils peuvent refuser de les prendre pour base de leur décision.

IV. — Dans l'ordre administratif, les décrets ont force de loi et doivent recevoir leur exécution.

Mais, devant l'autorité judiciaire, il n'y a de lois que celles qui sont rendues en conformité des principes constitutionnels.

Des règlements peuvent avoir lieu par décret lorsqu'il y a délégation du pouvoir législatif : lorsqu'un article de loi porte qu'un règlement ultérieur sera fait par l'autorité administrative, le décret rendu en exécution de la loi participe de l'autorité législative.

Mais, en l'absence d'une pareille délégation, un décret qui abrogeait une disposition législative ou la modifierait, ou même l'interpréterait, serait sans force devant les Tribunaux.

Le jugement ou l'arrêt qui n'appliquerait pas les dispositions d'un décret aussi inconstitutionnellement rendu serait-il susceptible d'être cassé ?

Evidemment, non.

La Cour de cassation est instituée pour faire respecter les lois. Ce serait les enfreindre que de donner force de loi à un décret qui ne serait pas rendu selon les formes constitutionnelles.

Cependant, dans l'espèce que nous avons signalée relativement au rapatriement des marins naufragés, la Cour de cassation a cassé les arrêts d'Aix et de Caen pour violation du décret du 7 avril 1860, qui modifie les dispositions des articles 258 et 259 du Code de commerce.

Il est vrai que la Cour de cassation déclare que les arrêts dénoncés ont fait une fausse application des articles 258 et 259 ; mais elle ajoute que ces arrêts ont violé l'article 14 du décret de 1860

La Cour de cassation a donc considéré le décret comme ayant force de loi, bien que son inconstitutionnalité ne pût pas être l'objet d'un doute.

La Cour de cassation dit, il est vrai, que le décret se borne, par application et en exécution des lois sur l'inscription maritime, à régler le mode et les conditions suivant lesquelles les gens de mer doivent être ramenés à leur quartier d'inscription.

Si le décret s'était borné à régler le mode suivant lequel le droit de conduite doit être exercé, il serait parfaitement dans les limites légales ; le décret ne serait plus que l'exécution de l'article 252 du Code de commerce, qui confère aux marins le droit d'exiger leur rapatriement ; il y aurait là délégation du pouvoir législatif.

Mais le décret va plus loin ; et, lorsque les articles 258 et 259 du Code de commerce veulent que les salaires des gens de mer, en cas de naufrage, ne soient dus que sur les débris du navire et le fret des marchandises sauvées, l'article 14 du décret porte que les frais de rapatriement sont dus par les armateurs avec imputation sur le navire, et, subsidiairement, sur l'ensemble des frets gagnés depuis que ce navire a quitté le port d'armement.

V.— Appliquer cette disposition, en cas de naufrage, n'est-ce pas ajouter aux articles 258 et 259 du Code de commerce et abroger l'article 7 de l'arrêt du 5 germinal an XII, qui porte une disposition formelle conforme à ces deux articles ?

La Cour de cassation dit que le décret n'a fait que déduire une des conséquences légales des principes en matière d'inscription maritime ; mais, à ce point de vue, un pareil décret pourrait-il avoir force de loi ?

Déduire les conséquences légales des principes en matière d'inscription maritime, ce n'est pas autre chose qu'interpréter ces principes.

Or que vaut un décret interprétant une loi ?

Ou la loi est claire, et alors l'interprétation est inutile ;

Ou elle ne l'est pas, et alors ce n'est pas par un décret que l'interprétation peut avoir lieu.

SECTION IV

I. — Les lois ne peuvent être interprétées que par les Tribunaux, sous le contrôle de la Cour de cassation.

Avant la loi de 1837, lorsque deux cassations successives avaient eu lieu, il y avait nécessité d'interpréter la loi et, selon la maxime : *Ejus est interpretari cujus est condere,* c'était au pouvoir législatif qu'il fallait demander l'interprétation.

Il était rendu une loi interprétative dont l'effet remontait à la date de la loi interprétée.

Des difficultés s'étaient bien élevées sur l'application de ce principe ; mais il était admis que ce n'était pas donner un effet rétroactif à la loi interprétative que d'en faire remonter les effets à la date de la loi interprétée.

La loi de 1837 a changé cet état de choses.

On a voulu éviter la nécessité d'une loi interprétative, et l'on a décidé que le second arrêt de cassation tiendrait lieu de loi.

20

De graves objections pourraient être faites contre le système créé par la loi de 1837. Le législateur a pu être frappé des embarras qui naissaient de la nécessité de s'adresser aux pouvoirs législatifs, pour faire rendre une loi interprétative, qui pouvait être exposée à subir des amendements, qui en changeraient la nature.

Les formes du gouvernement constitutionnel présentaient des inconvénients qui n'existaient pas sous la constitution de l'Empire.

La position créée aux Cours d'appel par la loi de 1837 est-elle en harmonie avec l'indépendance du pouvoir judiciaire, qui ne doit obéir qu'à ses convictions et à la loi ?

Est-il sage de vouloir que le second arrêt de cassation soit admis comme loi par la Cour de renvoi ?

N'est-ce pas un simple enregistrement d'arrêt qu'on lui demande, et un enregistrement qui n'est pas même celui des anciens Parlements, qui, en enregistrant la loi, avaient le pouvoir de la modifier ?

II. — Sans doute le second arrêt ne fait loi que dans l'espèce soumise et entre les parties contendantes.

Mais c'est là précisément que se produit une étrange anomalie :

Il pourrait arriver que la Cour de renvoi eût à juger une question pareille dans un procès qui lui serait soumis pour la première fois.

Obligée d'appliquer la doctrine de la Cour de cassation dans le procès renvoyé, devrait-elle abandonner ses convictions là où elle serait libre de juger selon sa conscience ?

Est-il logique de placer des magistrats dans une pareille position ?

Les Cours doivent s'incliner devant la doctrine émise par la Cour régulatrice en sections réunies; mais la Cour de cassation n'est pas inhibée de revenir sur sa propre jurisprudence.

Les exemples de ces retours sont nombreux, et ils font l'éloge de la magistrature, en ce qu'ils prouvent que les Tribunaux ne reculent pas devant le sacrifice de leur amour-propre lorsqu'il s'agit d'appliquer la loi.

Se tromper est le propre de la nature humaine : revenir sur une erreur reconnue, c'est un devoir devant lequel des hommes éclairés et consciencieux ne reculent jamais.

Voilà donc un arrêt ayant force de loi dans un cas donné seulement, imposant sa doctrine à une Cour souveraine qui, pour s'y conformer, devra faire taire sa conviction, et, lorsque ce sacrifice sera fait, il n'est pas impossible que, la majorité se trouvant déplacée dans le sein de la Cour suprême, une doctrine contraire soit émise.

N'y a-t-il pas là de graves inconvénients pour l'administration de la justice? N'y a-t-il pas une atteinte portée à la dignité, à l'indépendance des Cours souveraines? L'ancien système était plus logique, plus conforme aux véritables principes en matière d'interprétation égislative.

III. — Par l'arrêté du 5 nivôse an VIII, le Conseil d'Etat était chargé de développer le sens des lois sur le renvoi qui lui était fait par le chef du Gouvernement.

Les arrêts du Conseil d'Etat, approuvés par l'Empereur, insérés au *Bulletin des Lois,* formaient le complément de la législation.

Rigoureusement nos formes constitutionnelles n'admettraient pas ce déplacement du pouvoir législatif; cependant, dans le cas prévu par la loi de 1837, le pouvoir législatif réside bien, en quelque sorte, dans la Cour de cassation, puisque son interprétation doit être acceptée comme loi par la Cour de renvoi. Où serait l'inconvénient de donner au Conseil d'Etat l'autorité que la loi de 1837 donne à la Cour de cassation ?

Ne serait-il pas plus logique que l'interprétation de la loi fût déférée au corps qui a été appelé à la préparer ?

Ne serait-ce pas d'ailleurs appliquer, sinon dans ses termes, du moins dans son esprit, la maxime : *Ejus est interpretari ?*

N'est-il pas vraisemblable que le souvenir de l'esprit dans lequel la loi a été conçue se sera conservé beaucoup mieux dans le Conseil d'Etat, qui a présidé à sa préparation, que dans la Cour de cassation, qui ne peut qu'émettre son opinion individuelle, et émettre cet opinion à une majorité de voix qui peut varier ?

Interpréter une loi existante dans un cas donné, est-ce bien exercer dans sa plénitude le pouvoir législatif ?

Lorsque, entre deux opinions divergentes émises par la Cour d'appel et par la Cour de cassation, le Conseil d'Etat sanctionnerait l'une des deux, il ne porterait pas le trouble dans la hiérarchie des pouvoirs.

La loi qui a délégué à la Cour de cassation le pouvoir d'interpréter la loi dans un cas spécial pouvait tout aussi bien le déléguer au Conseil d'Etat.

Il serait donc possible, sans s'écarter des principes constitutionnels, de déléguer au Conseil d'Etat le pouvoir d'interpréter.

Si l'on craignait que les formes constitutionnelles fussent blessées par ce déplacement du pouvoir législatif, la loi pourrait porter que dans un délai déterminé le Corps législatif serait nanti.

IV. — Dans le système actuel, l'interprétation législative n'est pas rejetée d'une manière absolue.

L'arrêt de la Cour de cassation n'ayant force de loi qu'entre les parties litigantes, la nécessité d'une loi interprétative n'en subsiste pas moins.

Certains auteurs ont émis l'opinion que, à partir de la loi de 1837, l'interprétation législative n'était plus possible, et que cette loi dérogeait à la maxime : *Ejus est interpretari.*

Mais d'autres, en plus grand nombre, et notamment M. Demolombe, n'ont vu dans la loi de 1837 qu'un mode de vider un procès pendant, laissant au législateur le droit d'interpréter la loi ou d'en édicter une nouvelle.

Si donc la voie de l'interprétation reste ouverte, ne serait-il pas plus logique de demander de prime abord cette interprétation au Conseil d'Etat ? Lorsqu'une loi déléguerait au Conseil d'Etat ce pouvoir pourrait-il y avoir une atteinte portée aux formes constitutionnelles ?

De simples décrets peuvent statuer sur toute matière lorsqu'il y a délégation du pouvoir législatif ; pourquoi le pouvoir législatif ne pourrait-il pas déléguer au Conseil d'Etat le pouvoir d'interpréter une loi dans un cas donné ?

Sans contredit, pour avoir autorité devant les Tribunaux, il faut que la loi émane des pouvoirs créés par la Constitution ; mais ce n'est pas s'en écarter que d'attribuer dans certains cas force de loi à des actes émanés d'une autorité qui a reçu la délégation du pouvoir législatif.

V. — Ainsi les Tribunaux doivent force exécutoire aux règlements de police.

La loi investissant l'autorité administrative du droit de veiller à la sécurité publique, les règlements pris dans la sphère de cette attribution sont obligatoires, comme ayant leur principe dans une délégation du pouvoir législatif.

Il en est de même des règlements d'administration publique, dans les cas où la loi a prévu la nécessité de ces règlements.

Ces actes de l'autorité administrative sous forme de décrets n'ont pas besoin d'être soumis au Corps législatif.

VI. — Ainsi les anciens arrêts du Conseil qui statuaient sur des matières de police ont encore aujourd'hui l'autorité d'une loi.

Le Grand Conseil était autorisé, par l'édit de 1775, à rendre des arrêts qui devaient être exécutés dans toute l'étendue du royaume.

Comme règlements de police, ces arrêts ont conservé leur autorité dans les matières où ils n'ont pas été abrogés par la législation nouvelle.

Il en est de même des anciens arrêts de règlement rendus par les Parlements.

Il faut cependant distinguer:

Les anciens arrêts de règlement qui statuaient sur des points litigieux de législation ont cessé d'avoir force de loi depuis la suppression des Parlements.

Quant à ceux qui statuaient sur des matières de police, leur autorité subsiste encore, avec cette restriction que les pénalités à appliquer ne peuvent être que celles qui ont été édictées pour la répression des contraventions de police.

Ce n'était pas, d'ailleurs, sur l'autorité seule du Parlement que ces arrêts s'appuyaient : ils étaient soumis à l'approbation du roi, qui pouvait les annuler, mais qui était censé les confirmer par son silence (1).

VII. — Quant aux traités diplomatiques, les Tribunaux doivent les appliquer; mais auraient-ils le droit de les interpréter ?

On ne saurait admettre que l'autorité judiciaire, appelée à appliquer un traité politique, fût investie du droit d'interpréter une disposition ambiguë.

De la même manière qu'il n'appartient pas aux Tribunaux d'interpréter un acte de l'autorité administrative, de même l'autorité judiciaire ne pourrait interpréter un traité diplomatique.

Il ne serait pas même au pouvoir d'un seul des gouvernements qui auraient figuré dans le traité d'en donner l'interprétation : ce ne serait que par la voie diplomatique que l'interprétation pourrait avoir lieu.

VIII. — En résumé, pour savoir si les Tribunaux doivent appliquer un acte du pouvoir souverain produit devant eux il faut examiner si cet acte réunit les caractères d'une loi.

Il n'y a de lois obligatoires pour les Tribunaux que celles qui ont été votées selon les formes constitutionnelles.

Les décrets exécutoires, dans tout ce qui touche à l'administration, n'ont de force en toute autre matière devant les Tribunaux qu'autant qu'ils procèdent en vertu d'une délégation du pouvoir législatif.

Cette délégation existe d'une manière générale pour tout ce qui touche aux règlements de police et de sûreté publique.

Là le pouvoir administratif agit dans la sphère de ses attributions.

Dans toute autre matière, la délégation du pouvoir législatif est indispensable pour donner à un simple décret force de loi.

L'indépendance des deux autorités administrative et judiciaire ne peut être maintenue qu'à ce prix.

Il n'appartient pas sans doute aux Tribunaux d'annuler un décret pour cause d'inconstitutionnalité ; mais leur droit, comme leur devoir, c'est de ne reconnaître force exécutoire qu'à la loi.

C'est là la sauvegarde de tous les intérêts, sur lesquels s'appuie l'ordre social. La loi, c'est, sous une forme particulière, l'expression de la volonté nationale; c'est dans cette volonté exprimée, sinon directement, mais d'une manière équivalente, que les dispositions législatives puisent leur force et leur puissance.

Fidèles gardiens des droits des citoyens, les Tribunaux ne connaissent que la loi, ne doivent s'incliner que devant elle; et, pour leur commander obéissance, il faut qu'elle se présente revêtue des formes auxquelles la Constitution a attaché son existence et son pouvoir.

(1) Nouveau Denisart, v° *Arrêts*, § 5.

DE L'ÉTAT DES PERSONNES

Avant de poser les bases qui doivent régir les relations sociales, le législateur a dû s'occuper de l'état des personnes.

La possession des biens et leur transmission se rattachent à la qualité de ceux qui possèdent.

La constitution de la famille, la capacité des personnes, se placent donc en première ligne dans l'économie des lois.

I. — Lorsque le droit romain s'occupe de l'état des personnes, il les classe en deux grandes divisions : *Omnes homines* (est-il dit au Digeste) *sunt liberi aut servi.*

L'esclavage a heureusement disparu de nos législations modernes : les lois ne connaissent plus que des hommes libres.

Mais ce n'est pas abstractivement que les individus ont dû être considérés par le législateur : il a fallu déterminer leur capacité, soit par rapport aux choses publiques, soit par rapport à leur intérêt particulier.

La loi a dû, en première ligne, considérer l'individu comme citoyen dans ses rapports avec la chose publique.

Elle a dû le considérer ensuite par rapport à l'exercice des droits civils.

De là la nécessité de s'occuper du mariage, de l'adoption, de la puissance paternelle, de la minorité, de la tutelle, de l'interdiction.

La qualité de citoyen appartient naturellement à ceux qui naissent sur le territoire français, de parents français.

Elle s'acquiert par la naturalisation.

En nous occupant de l'état des étrangers, nous avons signalé la tendance qui se manifeste dans les législations des divers peuples pour rendre facile et accessible à tous la qualité de citoyen.

Le mélange d'individus appartenant à des nations diverses, les relations fréquentes des peuples entre eux, exigent qu'on abaisse les barrières qui les séparent.

Le Code conserve à cet égard un reste de l'ancienne défiance qui existait à l'égard des étrangers.

L'article 11 du Code Napoléon porte que l'étranger jouira, en France, des mêmes droits civils que ceux qui seront accordés aux Français par les traités de la nation à laquelle il appartient.

Ce principe de réciprocité, ou plutôt de représailles, inscrit dans la loi, ne répond pas aux idées larges qui doivent animer le législateur.

Aussi, depuis le Code, a-t-il été fait de notables brèches à ce principe par la suppression du droit d'aubaine. Par les dernières lois qui régissent la marine marchande, le législateur s'est départi de cette règle absolue, qui ne tend à rien moins qu'à exposer la législation française à adopter, à l'égard des étrangers, des dispositions injustes ou barbares, par la raison que de pareilles dispositions se trouveraient inscrites dans les lois d'un autre pays à l'égard des Français.

Ce danger a été senti par la législation d'une nation voisine. Le Code sarde, promulgué en 1866, a fait disparaître le principe posé dans l'article 11 de notre Code, et a assimilé l'étranger au regnicole, quant à la jouissance des droits civils, sans égard à la réciprocité.

Si des facilités doivent être accordées à l'étranger résidant en France pour obtenir la qualité de citoyen français, il importe que le Français résidant en pays étranger ne perde la qualité de Français que lorsqu'il manifeste l'intention formelle de se dépouiller de sa nationalité.

L'acceptation de fonctions publiques à l'étranger ne fait pas perdre par elle-même la qualité de Français, puisqu'on peut les accepter avec l'autorisation du chef de l'État.

Ne serait-il pas plus logique de poser en principe que la qualité de Français ne se perd que par la naturalisation dans un autre pays?

Tant que le Français ne manifeste pas l'intention de se faire naturaliser en pays étranger, sa qualité de Français doit le suivre.

Attacher la perte de la qualité de Français à un établissement fait sans esprit de retour, c'est se livrer à l'arbitraire ; car, à moins de déclaration expresse qu'on veut cesser d'être français, quel est le *criterium* à l'aide duquel on puisse décider qu'un établissement est fait sans esprit de retour?

La constitution de l'an VIII contient diverses restrictions apposées à l'exercice de la qualité de citoyen.

Ainsi l'exercice des droits de citoyen est suspendu par la qualité de failli.

Cette disposition n'a pas été abrogée.

Une autre disposition a soulevé des difficultés. La même constitution portait que l'exercice de la qualité de citoyen était suspendu par l'état de domestique à *gages* attaché au service de la personne ou du ménage.

On conçoit que, avec les idées de liberté qui subsistaient en l'an VIII, une pareille restriction ait pu se présenter à l'esprit du législateur.

Il y a loin cependant de l'état de domesticité à l'état d'esclavage.

Un domestique à gages peut avoir des sentiments aussi élevés et aussi honorables que tout autre individu.

Cependant, on s'est demandé si cette disposition de la constitution de l'an VIII subsistait encore.

Sous le rapport politique il ne peut en être question : la loi qui organise le suffrage universel ne comprend nullement les domestiques à gages parmi les personnes exclues du droit de voter.

Mais, au point de vue du droit civil, on s'est demandé si un domestique à gages pouvait être témoin dans un testament; et des arrêts ont décidé que la loi de l'an VIII, non abrogée, s'y opposait (1).

Il répugne aux principes du droit public aujourd'hui en vigueur d'admettre une pareille situation.

L'égalité de droits, proclamée par les diverses constitutions qui régissent la France depuis 1814, n'est pas compatible avec l'exclusion prononcée par la constitution de l'an VIII.

L'état de domesticité ne comporte ni indignité, ni flétrissure.

La distinction que la Cour de Toulouse a voulu faire à cet égard, entre les droits civils et les droits politiques, tombe devant la disposition de la loi de ventôse an II, qui probibe le concours comme témoin aux actes notariés des serviteurs du notaire; d'où la conséquence que les autres serviteurs ne sont pas frappés d'incapacité.

Aujourd'hui, surtout, la question ne pourrait être soutenue en présence de la loi de 1852,

(1) Arrêts de la Cour de Rennes, du 23 juin 1827, et de Toulouse, du 9 juin 1863.

qui appelle aux élections tous les citoyens, sauf ceux qui sont formellement exclus ; et dans ce nombre les domestiques à gages ne figurent pas (1).

II. — La jouisance des droits civils est indépendante de l'exercice des droits politiques.

On peut être privé des droits politiques sans perdre l'exercice des droits civils.

L'exercice des droits civils est modifié ou suspendu selon la qualité des personnes.

Le mineur, la femme mariée, l'absent, l'interdit, celui qui est pourvu d'un conseil judiciaire, sont l'objet de dispositions spéciales.

Le Code plaçait la mort civile parmi les causes qui entraînaient la perte des droits civils.

Heureusement cette pénalité a disparu de notre législation.

La raison se refusait à comprendre qu'un homme vivant pût voir sa succession ouverte, ses héritiers s'emparer de ses biens, son mariage dissous ; en un mot, tous les effets de la mort réelle s'attachant à un être plein de vie.

C'était la reproduction du *capite minutus* du droit romain.

Le progrès de la civilisation a fait justice de ce vestige d'un autre temps.

La mort civile a été supprimée ; et, si la loi frappe le coupable, elle ne détruit pas en lui, par une fiction, ce qui est attaché à sa personne.

Parmi les effets désastreux de la mort civile, il s'en présentait de tellement révoltants, qu'on avait de la peine à les comprendre.

Ainsi on a pu voir un condamné à la mort civile, dépouillé de ses biens, qui avaient été partagés entre ses héritiers, rendu plus tard à la vie civile, après avoir obtenu sa grâce, se trouver dans le dénûment le plus complet, en présence de ses héritiers, qui jouissaient légalement de ses biens.

Il a fallu faire violence à la loi pour y trouver le texte d'une demande en pension alimentaire.

Cette anomalie ne peut plus se présenter aujourd'hui : la suppression de la mort civile était commandée par le progrès de la civilisation. Honneur au législateur qui a sagement compris la nécessité de mettre les lois en rapport avec les idées de justice et de raison !

II *bis*. — L'exercice des droits civils se rattache essentiellement au domicile.

Le domicile est le lieu où l'on a son principal établissement.

Ce n'est pas seulement le fait que la loi considère, mais c'est surtout l'intention qui se manifeste, par cela seul qu'un individu a adopté un lieu pour en faire le siége de son principal établissement.

«Le domicile, disait l'avocat général Séguier (2), est autant d'intention que de fait. La » demeure naturelle constitue le domicile aux yeux du public, mais l'intention seule et la « volonté la constituent aux yeux de la loi ; et, dans le doute, c'est l'intention, c'est la » volonté qu'il faut consulter. *Domicilium potiùs est animi quam facti.*»

Le changement de domicile s'opère par la manifestation de l'intention.

Indépendamment de la double déclaration, la loi dispose que le changement de domicile dépendra des circonstances.

On s'est demandé si l'établissement d'un Français en pays étranger lui faisait perdre son domicile d'origine.

La jurisprudence offre des arrêts en sens divers. Il est plus logique d'admettre que la résidence en pays étranger, quelque longue qu'elle soit, ne fait pas perdre le domicile d'origine.

(1) Voir, dans le sens de l'abrogation : Rolland de Villargues, *Répertoire du notariat*, v° *Témoins instrumentaires*, n° 16.

(2) Nouveau Denisart, v° *Domicile*.

La résidence d'un Français en pays étranger ne peut être considérée comme dépourvue d'esprit de retour qu'autant qu'il se serait fait naturaliser. S'il n'a pas renoncé à sa qualité de Français, il est censé n'avoir pas perdu l'espoir de revenir en France.

Aussi la question a-t-elle été jugée par la Cour de cassation dans le sens de la conservation du domicile.

II *ter*. — Celui qui abandonne son domicile sans qu'on ait eu de ses nouvelles depuis plus de quatre ans est présumé absent.

La loi a dû veiller à l'administration des biens de l'absent.

Après quatre ans, les héritiers présomptifs peuvent se faire envoyer en possession provisoire, à la charge de donner caution.

Après trente ans, ou après l'expiration du terme auquel l'absent aurait atteint cent ans d'âge, l'envoi en possession devient définitif et les héritiers sont déchargés.

Si l'absent reparaît, il recouvre ses biens dans l'état où ils se trouvent.

La loi a assez fait en pourvoyant à l'administration et à la possesion des biens de l'absent ; quant aux droits qui peuvent lui échoir, elle n'a pu poser des règles certaines.

C'est à celui qui veut se prévaloir des droits d'un absent à prouver qu'il existe.

Aux yeux de la loi, l'absent déclaré tel est censé ne pas exister : quand il s'ouvre une succession à laquelle il est appelé, il ne compte plus pour faire nombre.

Après avoir considéré les individus isolément, avoir défini la qualité de citoyen, la jouissance et la privation des droits civils, le domicile, l'absence, la loi a dû s'occuper de la constitution de la famille.

III. — Le mariage est la base sur laquelle la famille se fonde.

Le premier soin du législateur devait être de régler les conditions nécessaires pour la validité de ce contrat, qui touche à la fois à l'intérêt privé et à l'ordre public.

Envisagé dans ses rapports avec l'intérêt privé, le contrat de mariage est un acte essentiellement civil. Bien que la religion ajoute sa sanction à sa célébration, bien que ce soit un devoir de conscience d'appeler les bénédictions du ministre du culte sur l'union conjugale, le contrat de mariage n'en est pas moins, aux yeux du législateur, un acte soumis à la loi civile.

De là la nécessité du consentement des parties ; mais, à la différence des autres contrats, qui n'exigent que le consentement des parties contractantes, la loi a dû étendre plus loin sa sollicitude : elle a dû se préoccuper des droits de la famille dans laquelle il s'agissait d'introduire un membre nouveau ; de là la nécessité de requérir le consentement des ascendants.

Le respect pour la puissance paternelle commandait cette soumission à l'autorité des chefs de la famille qui, appelés d'une manière spéciale à veiller sur le sort de leurs enfants, ont intérêt, autant par affection que par devoir, à ne pas laisser compromettre leur avenir par un choix irréfléchi.

On pourrait cependant se demander si le cercle de ceux dont le consentement est nécessaire pour la célébration du mariage ne devrait pas être circonscrit.

Que le mineur doive obtenir le consentement de ceux sous la tutelle de qui il est placé, rien n'est plus naturel.

Mais qu'en est-il de la mère remariée lorsque, par exemple, elle a été privée de la tutelle? La mère remariée peut-elle avoir la même affection pour son enfant du premier lit?

Ne peut-elle pas avoir des intérêts contraires, en vue d'enrichir les enfants nés d'un second mariage ?

Le consentement du tuteur ne devrait-il pas suffire en pareil cas ?

IV. — Mais c'est surtout en ce qui concerne le majeur que les prescriptions de la loi peuvent paraître rigoureuses.

Quand le consentement n'est pas donné volontairement, il est permis d'y suppléer par des actes respectueux.

Sous les anciens principes, la nécessité de la signification des actes respectueux était limitée au père et à la mère.

L'édit de Henri III de 1566 voulait qu'il ne pût être contracté mariage, par les enfants ayant atteint l'âge de trente ans pour les fils et de vingt-cinq ans pour les filles, qu'autant qu'ils se seraient mis en devoir de requérir l'avis et conseil de leurs père et mère.

Cet édit s'appliquait même à la mère remariée. Une seule réquisition suffisait; la peine était l'exhérédation.

Le mariage n'était pas nul si cette formalité était omise.

Le silence de l'édit sur la forme de cette réquisition laissait supposer qu'elle pouvait être verbale.

La déclaration du 26 novembre 1639 exigea qu'elle eût lieu par écrit.

Un arrêt de règlement du Parlement de Paris, du 27 août 1692, portait que le fils qui voudra faire sommer ses père et mère sera tenu d'en demander permission aux juges du lieu, qui devront la lui accorder sur requête.

Un édit de 1697 réitérait la peine de l'exhérédation au cas où cette formalité serait omise.

Enfin un arrêt de règlement du Parlement de Toulouse, du 26 juin 1723, exigeait trois sommations réitérées, par deux notaires, ou un notaire avec deux témoins.

C'est là la procédure qui a été maintenue par le Code.

Le législateur, en voulant sauvegarder l'autorité paternelle, ne la compromet-elle pas en prescrivant une sommation de la part du fils à son père ?

Que l'on appelle cette sommation acte respectueux, qu'au lieu d'employer le ministère d'un huissier on ait recours à un notaire, la signification n'en subsiste pas moins, et, en dernière analyse, il n'y a rien de plus irrespectueux que l'acte par lequel un fils dit à son père que, s'il ne donne pas son consentement à l'union projetée, le mariage aura lieu malgré lui.

Ne vaudrait-il pas mieux substituer à cette procédure, toujours acerbe par le fond, si elle est mitigée dans la forme, un mode de procéder plus en harmonie avec les rapports qui doivent exister entre un père et un fils ?

Ainsi, quand il s'agit d'une instance en séparation de corps, la loi a voulu que préalablement le président du Tribunal mandât devant lui les deux époux pour les entendre et les concilier; pourquoi cette voie ne serait-elle pas suivie lorsqu'il s'agit d'amener une explication entre un fils et un père ?

L'essai de conciliation n'est-il pas une mesure indiquée par les convenances, par les rapports qui doivent exister entre un père et un fils ? La voix du président du Tribunal n'aurait-elle pas plus de chance d'être écoutée que celle du notaire signifiant un acte respectueux ?

V. — Des considérations de haute moralité, respectées de tous les temps, ont dicté des prohibitions au mariage entre les personnes liées par une parenté trop rapprochée.

Cependant, pour certaines d'entre elles, le législateur a permis qu'il fût accordé des dispenses.

Une question grave s'est présentée à cet égard :

L'enfant naturel peut être légitimé par le mariage subséquent;

Que doit-il en être de celui qui est né de deux personnes entre qui le mariage était prohibé en principe, mais qui pouvaient obtenir des dispenses ?

Les dispenses obtenues pour la célébration du mariage doivent-elles rétroagir de façon à rendre susceptible de légitimation l'enfant qui est né antérieurement avec le caractère d'enfant incestueux ?

La jurisprudence a hésité longtemps sur cette grave question.

Des arrêts avaient adopté la négative. La Cour de cassation a tranché la question dans le sens de l'affirmative.

Cette doctrine de la Cour de cassation est la vraie.

La faveur accordée par le souverain doit-elle subir une restriction qui n'a pu être dans sa pensée?

En accordant des dispenses, le souverain a voulu faire cesser l'obstacle qui s'opposait à l'union conjugale.

Est-il logique de vouloir que les rapports entre deux personnes qui sont légalement déclarées aptes à s'unir en mariage conservent pour le passé le caractère des rapports incestueux ?

La dispense est une faveur ; n'est-ce pas le cas de la maxime : *favores ampliandi?*

N'est-ce pas servir la morale que d'effacer par la légitimation le vice de la naissance?

On ne saurait assimiler le cas qui nous occupe à l'existence d'un enfant adultérin.

L'adultère est un fait acquis, qu'il n'est pas possible d'effacer.

L'inceste entre deux personnes qui pourront obtenir des dispenses pour se marier n'a pas un caractère absolu.

La qualité d'enfant incestueux est évidemment subordonnée au cas où le mariage serait légalement impossible.

Si des dispenses sont accordées, l'enfant né avant ces dispenses devra être considéré comme un enfant né *ex soluto et solutâ.*

N'est-ce pas surtout sur l'enfant que la faveur devrait s'étendre? Étranger à la faute qui lui a donné le jour, doit-il être le seul puni, alors que son père et sa mère sont relevés de l'incapacité qui les frappait?

Une disposition législative qui mettrait fin à cette controverse serait en harmonie avec les règles de la saine morale.

VI. — Une autre question, qui a eu des débats retentissants, mais qui heureusement se présente dans des circonstances très-rares, a occupé les Tribunaux.

Tous les citoyens sont aptes à contracter mariage ; que doit-il en être de celui qui est engagé dans les liens de la prêtrise ?

Le législateur n'a pas à trancher la question de savoir si, religieusement, le mariage est interdit à ceux qui entrent dans les ordres.

Il y a sur ce point une doctrine religieuse établie ; le législateur doit la respecter.

En principe, la loi civile n'admet pas les vœux perpétuels; il y a à cet égard une disposition expresse en ce qui concerne les communautés religieuses.

Légalement, les membres des communautés religieuses qui, au bout de cinq ans, se délieraient des engagements par eux pris ne pourraient être frappés de prohibition quant au mariage.

Mais cette règle doit-elle être appliquée à celui qui a été admis à la prêtrise ?

La loi est muette à cet égard, et elle devait l'être.

Celui qui est revêtu du caractère de prêtre est lié par une chaîne plus étroite que ceux qui font partie d'une communauté religieuse ; celui qui consent à être admis à la prêtrise a dû mesurer l'étendue des devoirs qu'il s'imposait.

N'y eût-il que le secret de la confession, qu'il est tenu de garder, il y en aurait assez pour le ranger dans une classe à part.

D'après la loi religieuse, le caractère de prêtre est indélébile.

En est-il de même aux yeux de la loi civile ?

En l'état de notre législation, la loi rigoureusement interprétée ne s'oppose pas au mariage des prêtres.

Bien que la jurisprudence ait admis l'incapacité, il serait difficile de justifier cette doctrine par un texte de loi.

Il a fallu se retrancher derrière des considérations d'un ordre respectable sans doute, mais qui s'écartent de la légalité.

Y a-t-il possibilité, pour le législateur, de faire cesser, par un texte de loi, les doutes qui s'élèvent sur cette question ?

Peut-on demander à la loi civile de créer une incapacité qui est en désaccord avec la liberté absolue, dont elle assure la jouissance à tous les citoyens ?

On peut bien dire que la loi s'appuie sur la religion ; qu'il ne doit pas exister de discordes entre ces deux autorités ;

Que la loi civile a reconnu par le concordat l'existence d'une autorité ecclésiastique, d'une discipline ecclésiastique; qu'il ne lui appartient pas d'y apporter des modifications.

On pourrait de là tirer la conséquence que, lorsqu'un prêtre se présente pour contracter mariage, la loi civile a le devoir de lui dire : *Justifiez* que vous avez cessé d'être prêtre?

Il y a, sans doute, de hautes considérations de respect religieux pour vouloir que celui qui, volontairement, s'est voué à la prêtrise reste sous les liens d'une renonciation dont il n'a pu se dissimuler la portée (1).

Mais à côté de ces considérations se dressent des difficultés bien graves.

Comment l'officier de l'état civil peut-il savoir si celui qui se présente pour se marier est attaché à la prêtrise ?

La loi exige la production de l'acte de naissance, le consentement des ascendants ou la constatation qu'il n'en existe point.

La qualité de prêtre peut donc rester inconnue ; il serait trop aisé d'éluder la loi, et, dans ce cas, devrait-on annuler un mariage consommé ?

D'autre part, si le prêtre réfractaire justifiait qu'il a cessé d'appartenir à l'Eglise catholique, que faudrait-il décider ?

Le silence du Code est peut-être le parti le plus sage dans une question aussi délicate.

Le respect pour la religion ne s'affaiblit pas ; il va même croissant en raison du progrès des lumières. La réprobation de l'opinion publique est le plus sûr préservatif contre des actes qui, aux yeux des hommes religieux, peuvent passer pour un scandale, mais que la loi civile est impuissante à prévenir.

VII.—Bien que le contrat de mariage soit, aux yeux de la loi, considéré comme un contrat civil, que le consentement des parties soit la base de ce contrat, il est impossible de lui appliquer les règles qui régissent les conventions en général.

La loi admet l'action en nullité lorsqu'il y a erreur sur la personne.

De graves débats se sont soulevés sur l'application de cette disposition : est-ce de la personne morale qu'il s'agit, ou seulement de la personne physique ?

La jurisprudence a admis, avec raison, qu'il ne pouvait être question que de la personne physique, c'est-à-dire de l'identité.

Le délai de six mois, après lequel l'action en nullité n'est pas recevable, fait assez pressentir qu'il s'agit d'une erreur, dont la découverte doit avoir lieu dès les premiers jours du mariage.

(1) L'indébilité du caractère de prêtre est consacrée par le Concile de Trente en ces termes :
Si quis dixerit eum qui semel sacerdos fuit, laicum rursus fieri possit, anathema sit. (Sess. 23, can. 1.— Durand de Maillane. v° *Prêtre*, t. IV, p. 237.)

Il serait bon cependant que la volonté du législateur fût plus clairement exprimée.

L'action en nullité doit être restreinte; un contrat aussi solennel ne peut être livré à l'incertitude, autant dans l'intérêt de ceux qui contractent l'union que des enfants qui peuvent en naître.

VIII. — Mais, si la loi n'a pas, d'une manière absolue, fermé la porte à une action en nullité, ce contrat peut-il être sujet à l'action en résolution ?

La résolution du contrat de mariage, c'est le divorce.

Sous l'ancienne législation, la loi civile en France, appuyée sur la loi religieuse, proscrivait la dissolution du mariage.

L'union conjugale étant considérée comme un sacrement, il ne pouvait pas y être porté atteinte.

La révolution de 1789, en détruisant tous les vestiges du passé, faisant scission avec l'introduction dans les lois des prescriptions religieuses, posa en principe que le mariage, étant un contrat civil, basé sur le consentement des parties, doit se dissoudre de la même manière qu'il est contracté.

De là le divorce par consentement mutuel.

Inutile de rappeler les affligeants scandales qui durent résulter de mariages contractés et dissous selon les besoins du moment, le caprice des époux.

C'était la destruction de la famille, le champ le plus vaste ouvert à l'effervescence des passions, aux calculs intéressés, au mépris de tout ce que recommandent au respect la morale et la religion.

Cet état de choses subsistait lors de la rédaction du Code civil.

Les auteurs du Code réunissaient, au plus haut degré, à la science profonde des lois le respect pour la religion et pour la morale.

Ils savaient combien le mariage s'éloigne des autres contrats, combien cet acte solennel se rattache à la religion; mais ils avaient aussi profondément étudié le cœur humain, et ils ne se dissimulaient pas qu'il existe des maux extrêmes, auxquels le législateur doit porter remède, au risque d'ouvrir la porte à d'inévitables abus.

L'essence du mariage, c'est l'harmonie entre les époux, qui doivent pouvoir se supporter s'ils ne sont pas assez heureux pour s'aimer.

Mais, lorsque cette harmonie est détruite, lorsque l'incompatibilité devient flagrante, lorsqu'elle se manifeste par des excès qui appellent une légitime répression, la loi doit-elle river une chaîne qu'il est au-dessus des forces humaines de supporter?

Le divorce, dans ces cas extrêmes, n'est-il pas la consécration de ce que la raison enseigne, de ce que la nécessité commande ?

Cette chaîne, contre laquelle viendront se briser les efforts de deux époux désunis, nourrissant l'un contre l'autre des sentiments de haine ou de vengeance, n'est-elle pas la source des plus coupables désordres, l'acheminement au crime ?

On a dit de la femme adultère : *adultera, ergo venefica* ; n'a-t-on pas vu des empoisonnements, des meurtres que la loi du divorce aurait sûrement épargnés ?

La séparation de corps est un remède insuffisant; elle est tout aussi attentatoire à la dignité du mariage que le divorce; elle laisse les époux séparés sous le coup de tous les maux auxquels ils ont voulu se soustraire.

Le premier acte de la Restauration fut de détruire ce que les auteurs du Code avaient établi après de profondes méditations.

La Restauration ne voyait dans la loi du divorce qu'une atteinte à la religion de l'Etat.

Ni le gouvernement de 1830, ni la révolution de 1848 n'ont changé cet état de choses.

Quel est le sort que le temps réserve à la solution de cette question ? Il serait difficile de le prévoir.

Le législateur voit les hommes tels qu'ils sont, et non tels qu'ils devraient être.

Si la dissolution du mariage devenait possible, elle devrait être entourée de sages précautions.

Il ne devrait être permis de recourir au divorce qu'après avoir fait prononcer la séparation de corps, et lorsqu'un temps assez long se serait écoulé pour que tout retour à la vie commune fût impossible.

La séparation de corps, qui est aujourd'hui le seul remède praticable, peut être provoquée par les mêmes causes que le divorce.

La loi n'a cependant pas admis le consentement mutuel.

Le nouveau Code sarde n'a pas imité cette restriction ; il dispose que la séparation des corps pourra être demandée par consentement mutuel, sauf l'homologation du Tribunal.

C'est là une sage disposition : elle évite le scandale des enquêtes, les impressions fâcheuses qui en découlent, soit pour les époux eux-mêmes, soit pour leurs enfants.

Le Tribunal n'homologuera pas une séparation fruit du caprice ou d'une décision irréfléchie ; il appréciera les causes qui ont amené la détermination des époux, se livrera, s'il le faut, à des enquêtes officieuses : le but sera atteint, le scandale évité.

Le Code sarde a consacré une autre innovation.

Il a admis, pour cause de séparation, l'entretien d'une concubine ; mais il n'a pas exigé que l'entretien eût lieu dans la maison conjugale.

On peut dire que le mépris pour la femme n'en existe pas moins lorsque publiquement l'époux affiche une vie de désordre. On ne peut se dissimuler cependant le danger qu'offre la constatation d'un fait de ce genre.

La loi française est peut-être plus sage, en regard de la trop grande facilité de mœurs dont on ne peut méconnaître l'existence, lorsqu'elle restreint les motifs de la séparation au cas où le scandale avait eu lieu dans la maison conjugale.

IX. — Si la famille se fonde essentiellement sur le mariage, si le bonheur de la vie consiste à se voir renaître dans ses enfants, à voir en quelque sorte sa propre vie se continuer au delà du tombeau, c'est venir en aide aux sentiments inspirés par la nature que d'offrir à ceux qui n'ont pas de famille le moyen légal de s'en créer une.

L'adoption réalise ce bienfait.

L'adoption, inconnue en France avant la Révolution, était en usage chez divers peuples de l'antiquité : elle était pratiquée chez les Hébreux (1); la Bible en offre plusieurs exemples.

Les Romains en faisaient un fréquent usage.

Chaque famille avait ses dieux pénates, qui étaient l'objet d'un culte spécial ; la loi des Douze Tables prescrivait la perpétuité de ce culte.

Pour remplir ce but, on adoptait des enfants, afin de conserver la famille.

On en adoptait aussi pour se soustraire aux peines du célibat.

L'adoption avait lieu par décret du prince ou bien par l'autorité des magistrats. L'une, pour les majeurs, conservait la dénomination d'adoption ; l'autre, pour les impubères, prenait le nom d'adrogation.

Depuis la chute de l'empire romain, nous ne voyons pas l'adoption se produire en France.

(1) Salvador, *Loi de Moïse*, t. II, p. 408. — Heinneccius, *Supplém.*, op., pag. 52 et suiv.

Aucun des deux motifs qui avaient rendu l'adoption si fréquente à Rome ne pouvait se produire chez les nations modernes.

On trouve bien dans certains actes le mot *adoption* employé, mais ce sont des pactes de succéder, sans conférer à celui qui en était l'objet aucun des droits attachés à la famille (1).

Dumoulin n'hésite pas à dire que l'adoption était inconnue en France.

Adoptio peculiare jus est Romanorum (2).

Bacquet rapporte un arrêt qui confirmait une donation à la charge par le donataire de porter le nom du donateur. Mais il aioute : « L'adoption n'était aucunement considérable, parce qu'au pays coutumier de France les adoptions ne sont reçues et les enfants adoptés ne succèdent point (3). »

La coutume de Saintonge avait cependant une disposition qui se rapprochait de l'adoption (4), mais qui n'en avait que certains caractères.

L'introduction de l'adoption en France ne date que de 1792.

Le 18 janvier 1792, l'Assemblée nationale décida que son comité de législation comprendrait, dans son plan des lois civiles, la loi relative à l'adoption. La République, s'efforçant de reproduire les mœurs romaines, devait emprunter à la législation de Rome la faculté d'adoption.

L'adoption se trouva ainsi établie en principe ; mais, aucune condition n'étant apposée à la faculté d'adopter, la voie la plus large restait ouverte.

De là des abus nombreux, qui durent frapper les jurisconsultes appelés plus tard à la rédaction du Code civil.

De vives discussions eurent lieu à ce sujet au Conseil d'Etat. On contestait l'utilité de l'adoption, on craignait que la faculté d'adopter n'éloignât les célibataires du mariage.

Le Premier Consul, s'inspirant des principes du droit romain, se prononçait pour le maintien de l'adoption, qui, ne pouvant avoir lieu de la part de l'adoptant qu'à l'âge de cinquante ans, ne présentait aucun inconvénient.

C'est l'opinion qui prévalut.

La loi ne permettant l'adoption qu'à ceux qui n'ont point d'enfant et qui sont parvenus à un âge où il leur est permis de craindre de ne pas en avoir, y avait-il lieu de se préoccuper du préjudice que l'introduction d'un fils adoptif peut causer aux héritiers collatéraux ?

L'enfant adoptif a le même droit que l'enfant légitime.

Quand il a été question de savoir s'il était permis d'adopter un enfant naturel, la première objection a été celle-ci :

La loi a déterminé les droits de l'enfant naturel ; lui conférer l'adoption, c'est un moyen indirect de lui assurer des droits plus étendus que ceux que la loi lui accorde.

On ajoutait : la paternité fictive ne peut exister là où il y a une paternité réelle.

(1) Formules de Marculphe, lib. II, cap. XIII.
De Sirmond, n° 23.
En voici une qui se rapproche de l'adoption :
Dum peccatis meis facientibus orbatus sum a filiis, mihi placuit ut illum, unà cum consensu patris sui, in civitate illâ, cum curiâ publicâ de potestate patris naturalis discedentem et in meam potestatem venientem, in loco filiorum adoptassem, quod ità et feci.
Il est probable que cette formule était rédigée par une personne vivant sous la loi romaine.

(2) *In Cons. paris. antiq.*, *gl.* 2, n° 10.

(3) Bacquet, *du Droit d'aubaine*, part. 3, ch. XXIV, n° 7.

(4) L'article 1er porte :
« Celui qui est associé et affilié succède à l'associant et affiliant. »
Le mot *association*, employé par la Coutume, s'éloigne visiblement de l'adoption.

La jurisprudence a fait justice de ces deux objections.

On a considéré que le législateur, en déterminant la condition de ceux à qui il était permis d'adopter, n'avait posé aucune limite pour ceux qui pouvaient être adoptés.

Il suit de là qu'on ne saurait trouver dans la loi aucune exclusion en ce qui concerne les enfants naturels.

On a pensé avec raison que rien ne s'opposait à ce qu'on conférât un titre complet à ceux qui n'en ont qu'un incomplet.

L'adoption des enfants naturels a donc été admise en principe.

Mais la jurisprudence, après avoir fait ce premier pas, s'est arrêtée devant l'adoption des enfants adultérins.

Sans doute, il y a légalement une différence entre les droits des enfants naturels et ceux des enfants adultérins :

Les premiers ont part à la succession de leur père ;

Les seconds n'ont droit qu'à des aliments;

Les uns peuvent être reconnus, les autres ne le peuvent pas ;

Les uns peuvent être légitimés, les autres ne sont pas susceptibles de légitimation.

Toutefois la recherche de la paternité est interdite pour les uns comme pour les autres.

S'il en est ainsi, s'il n'y a pas pour l'enfant adultérin de constatation légale, où serait l'empêchement quant à l'adoption ?

L'adultérinité, quoique certaine humainement parlant, n'en est pas moins problématique aux yeux de la loi.

Dans ce cas, la loi peut-elle vouloir que le juge s'impressionne des circonstances qui peuvent l'influencer comme homme, pour refuser l'adoption comme juge ?

L'adultérinité non prouvée légalement, non susceptible de l'être, doit être regardée comme n'existant pas.

Y eût-il certitude, pourquoi, dans ce cas, restreindre la faculté d'adopter ?

Est-ce en haine de l'adultère ?

Mais, si l'on peut réprimer l'adultère chez ceux qui l'ont commis, la répression peut-elle s'étendre à l'enfant ?

Cette peine injuste, dont l'enfant est frappé, peut-elle avoir pour résultat de rendre l'adultère moins fréquent ?

Evidemment, non.

Il faut sans doute que le législateur flétrisse l'adultère, qu'il relève la dignité du mariage, qu'il n'encourage pas des désordres qui jettent la perturbation dans les familles ; mais c'est une fausse voie que celle où l'on frappe l'enfant pour punir ceux à qui il doit la naissance.

La réprobation qui s'élève contre l'enfant adultérin n'est donc que le fruit d'un préjugé, admis il est vrai dans tous les temps, mais qui n'en est pas moins un préjugé.

Si le progrès de la civilisation tend à juger les individus sur ce qu'ils valent et non sur leur origine, la prévention qui s'attache à la qualité d'enfant naturel ou adultérin doit s'affaiblir.

Que la loi trace une ligne de démarcation quant aux droits de succession, cela est de toute justice ;

Mais que, lorsqu'elle permet d'adopter un étranger et d'en faire légalement un membre de la famille, il soit interdit de conférer à l'enfant adultérin ce qu'on peut accorder à un étranger, cela n'est plus ni logique, ni juste.

Il n'y a aucun motif raisonnable pour faire porter éternellement à un individu la peine encourue par le vice de sa naissance ; il n'y a pas de justice à ne pas permettre que ce vice soit effacé, ou par l'honorabilité de sa vie, ou par l'adoption.

Ce moyen légal d'effacer le vice de la naissance satisfait à la fois et aux aspirations de la justice et aux véritables idées du progrès, qui ne permettent pas de laisser subsister dans la société des êtres fatalement et perpétuellement voués à une sorte de flétrissure, qu'ils n'ont rien fait eux-mêmes pour mériter.

L'adoption des enfants adultérins devrait donc être placée sur la même ligne que celle des enfants naturels.

X.— Si le progrès consiste à éteindre les préjugés et à laisser subsister le moins possible des personnes frappées de déconsidération à cause du vice de leur naissance, il n'est pas moins utile de restreindre les causes d'incapacité dans les relations sociales.

La loi veille dans l'intérêt général; elle ne doit protéger d'une manière spéciale que les intérêts de ceux qui ne peuvent pas se protéger eux-mêmes.

Ainsi l'on comprend que le mineur soit entouré de la protection de la loi.

Le mineur est placé sous les liens de la tutelle.

La loi a tracé les règles de la tutelle déférée aux ascendants.

Quant à la tutelle dative, la loi exclut les femmes des fonctions de tuteur.

Cependant la mère, la grand'mère, sont tutrices légales.

Pourquoi le conseil de famille n'aurait-il pas le droit de déférer la tutelle à une de celles qui, par leur degré de parenté, présenteraient toutes les garanties voulues pour sauvegarder les intérêts des mineurs?

Le nouveau Code sarde admet à la tutelle la sœur germaine non mariée.

Pourquoi ne pas étendre cette faculté à la tante du mineur non mariée? Le conseil de famille serait juge.

On ne peut pas alléguer l'incapacité absolue de la femme, puisque, dans certains cas, elle est tutrice de droit.

X *bis*. — Après avoir posé les règles de la tutelle, la loi détermine la capacité du mineur.

En déclarant le mineur incapable de contracter, la loi se fonde sur son ignorance présumée pour la gestion de ses intérêts; en d'autres termes, sur le manque de discernement.

Mais cette règle invariable, qui prive le mineur de discernement jusqu'à l'âge de vingt-un ans, est-elle logique?

Quelles sont les règles admises par la législation pénale?

Les Romains distinguaient plusieurs degrés dans la responsabilité encourue par le mineur:

On distinguait l'enfant, *infans*, jusqu'à sept ans;

Le *proximus infantiæ*, jusqu'à dix ans;

Le *proximus pubertatis*, de dix à quatorze ans;

Le pubère, à quatorze ans jusqu'à dix-huit ans;

Le mineur, jusqu'à vingt-cinq ans.

A partir de la puberté (quatorze ans), l'enfant était assimilé au majeur pour la responsabilité de ses actes; il ne pouvait plus invoquer le défaut de discernement, *innocentiam consilii*.

Ces règles du droit romain étaient passées dans l'ancienne jurisprudence.

Les lois nouvelles ont fixé à seize ans la limite de l'innocence présumée, sauf à poser la question de savoir si le mineur a agi avec discernement.

Aussi y a-t-il présomption d'innocence jusqu'à seize ans, à moins qu'on ne prouve le discernement.

A partir de cette époque, le discernement est admis, seulement la loi prononce une peine moindre.

Ce qu'on peut induire de là, c'est qu'à partir de seize ans la responsabilité du mineur est complète.

La capacité de discerner est admise de droit.

Si le mineur est capable de discernement à seize ans, comment se fait-il que la loi présume l'incapacité d'administrer jusqu'à vingt-un ans ?

Il est bien vrai qu'à dix-huit ans la capacité d'administrer est admise par la loi, puisqu'à cet âge le mineur peut être émancipé.

Ne résulterait-il pas de là la nécessité d'une distinction ?

Les actes passés par le mineur au-dessous de seize ans ne devraient-ils pas être rangés dans une autre catégorie que ceux qui sont passés par le mineur au-dessus de cet âge ?

Peut-être y aurait-il lieu d'abaisser l'âge fixé pour la majorité.

Les progrès des lumières, les moyens d'instruction plus répandus, ont dû nécessairement influer sur la capacité individuelle.

Les lois de Venise fixaient la majorité à seize ans (1) pour les hommes, à quatorze ans pour les filles. On avait à cœur, dans l'intérêt de la vie commerciale, de restreindre les incapacités.

Sous les anciens principes, la majorité était fixée à vingt-cinq ans; le Code l'a fixée à vingt-un ans. N'y aurait-il pas lieu de faire un pas de plus et de fixer la majorité à dix-huit ans ?

A dix-huit ans, le mineur peut être émancipé. La loi reconnaît donc que le mineur, à cet âge, est capable de pourvoir à l'administration de sa fortune.

La loi le répute apte à faire le commerce et à se livrer ainsi valablement à des opérations de la plus haute importance.

Il faut, il est vrai, que cette aptitude soit reconnue par le conseil de famille; mais cela suppose qu'à dix-huit ans le mineur peut posséder un degré de capacité qui le rend habile à la gestion de ses intérêts.

Il n'est donc pas logique de vouloir, d'une manière absolue, l'autoriser à faire prononcer l'annulation des actes qu'il a souscrits à cet âge.

On objecte, il est vrai, que celui qui traite avec un mineur doit connaître la condition de celui avec qui il traite.

Mais rien ne ressemble plus à un majeur qu'un mineur de dix-huit ou vingt ans. La preuve de la minorité n'est pas tellement visible que des tiers ne puissent s'y méprendre, alors surtout que le mineur se présente comme ayant atteint sa majorité.

Lorsqu'un traité intervient sur des points éloignés du domicile des parties, peut-on faire un reproche au tiers qui aura traité avec ce mineur d'avoir négligé de se faire exhiber l'acte de naissance?

Si donc la majorité était maintenue à vingt-un ans, ne serait-il pas juste de poser en principe que l'engagement souscrit par le mineur âgé de dix-huit ans sera valable, s'il a tourné au profit du mineur, ou si les tiers ont été trompés par la fausse déclaration qu'il avait atteint sa majorité ?

XI. — Quant au mineur émancipé, il n'y a aucune raison pour ne pas lui donner la capacité absolue de disposer de sa fortune.

C'est au conseil de famille à n'accorder l'émancipation qu'à celui qui a donné des garanties de capacité suffisantes pour veiller à ses intérêts.

Dans l'état de nos mœurs, avec la tendance qui se produit vers la mobilisation des fortunes,

(1) Daniel Manin, *Jurisprudence vénète.*

la distinction des biens mobiliers et immobiliers n'a plus la valeur qu'elle avait autrefois.

Le mineur émancipé peut intenter seul les actions mobilières; il ne peut intenter celles qui sont relatives aux immeubles qu'avec l'assistance de son curateur. Quant aux actions mobilières, le mineur émancipé peut actionner son débiteur en payement d'un capital mobilier, et il ne peut pas recevoir ce payement sans l'assistance de son curateur.

Il y a là absence de logique.

Le passage de la tutelle à la curatelle n'a pas de raison d'être.

L'émancipation ne devrait avoir d'autre effet que d'avancer l'époque de la majorité.

Aux yeux de la loi, il existe un intérêt supérieur à l'intérêt particulier : c'est l'intérêt général.

Le législateur ne peut pas veiller sur la fortune privée, de façon à ce qu'elle ne puisse pas disparaître par la faute de celui qui la possède; ce serait une tâche au-dessus de ses forces : sa mission doit se borner à veiller à l'intérêt général.

Or ce qui importe à l'intérêt général, c'est le respect des conventions, la sécurité dans les relations, le développement du crédit.

C'est la bonne foi des tiers, qui doit être sauvegardée contre les piéges qui peuvent leur être tendus.

La loi ne doit protéger que ceux qui sont incapables de se protéger eux-mêmes.

Mais, là où la capacité subsiste, la loi doit être sobre de protection.

XII. — Est-il bien vrai, d'ailleurs, que les précautions prises par la loi pour sauvegarder les intérêts des mineurs ne tournent pas à leur détriment?

Les biens des mineurs ne peuvent être vendus qu'aux enchères. Est-il bien certain que ce soit là la meilleure voie à prendre pour que la vente ait lieu à sa véritable valeur ?

Quand il s'agit de ventes d'immeubles, la vente aux enchères, en général, facilite l'acquisition à vil prix.

Il est rare qu'un immeuble à vendre trouve un grand nombre de prétendants : on n'achète sur une vente aux enchères que dans l'espoir de payer un prix moindre que celui qu'on aurait offert de gré à gré.

En général, ce sont des raisons de convenance qui déterminent l'acquisition d'un immeuble. Les enchères attirent ceux qui espèrent acheter à vil prix. Elles éloignent quelquefois ceux qui, ayant le désir d'acheter, auraient traité de gré à gré, sans se mêler à une vente publique.

La loi a pris sans doute de sages précautions : elle exige une expertise ; elle a voulu qu'on fixât une mise à prix, qu'on ne pût vendre au-dessous qu'en vertu d'un second jugement. Chacune de ces précautions, par les frais qu'elle suscite, diminue d'autant le prix qui proviendra de la vente.

Si le tuteur avait le pouvoir de vendre en soumettant les conditions de la vente à l'approbation du conseil de famille, les intérêts des mineurs ne seraient-ils pas mieux sauvegardés ?

XIII. — Ces réflexions s'appliquent surtout aux partages de succession :

Le mineur ne peut procéder qu'à un partage provisoire.

Pour arriver à un partage définitif, il faut l'intervention de la justice.

Le partage judiciaire est presque toujours indispensable.

Des héritiers majeurs ne peuvent attendre, pour se mettre en possession de leur lot, que leurs cohéritiers mineurs aient atteint leur majorité.

De là la nécessité d'un partage judiciaire.

C'est surtout dans les successions modiques que l'inconvénient est grave.

Le partage judiciaire dévore la presque totalité de la succession, et des cohéritiers majeurs trouvent une cause de ruine dans la circonstance que parmi leurs cohéritiers il se rencontre un mineur.

N'y a-t-il pas là un grave sujet d'examen pour le législateur (1)?

La responsabilité des tuteurs doit être la meilleure sauvegarde des intérêts des mineurs.

Quand il s'agit de la tutelle des ascendants, la loi doit présumer la fidélité dans la gestion, la sollicitude scrupuleuse pour les intérêts du pupille.

Quand il s'agit de la tutelle dative, le conseil de famille devrait être investi du droit de surveiller la gestion du tuteur, en conciliant ses fonctions avec celles du subrogé-tuteur.

Ce double contrôle empêcherait que les intérêts des mineurs ne pussent être compromis.

Ces précautions prises, les formalités judiciaires prescrites pour les ventes des biens des mineurs et les partages des successions pourraient sans danger être supprimées.

XIV. — Si dans certains cas la loi a dû, comme mesure extrême, frapper d'interdiction ceux que de cruelles infirmités condamnent à l'impossibilité d'agir, qu'en est-il de la nomination d'un conseil judiciaire à l'égard du prodigue?

Que celui qui est privé de raison soit interdit, rien n'est plus naturel : la cause de l'interdiction se produit elle-même; on ne serait pas excusable de traiter avec un fou.

Si, dans un moment donné, un monomane peut avoir des intervalles lucides, il est aisé pour les tiers de savoir que l'état de folie subsiste.

Mais en est-il ainsi pour le prodigue?

Combien n'existe-t-il pas de prodigues dans le monde sans qu'ils soient pourvus du conseil judiciaire?

Le marchand qui vend, à Paris, à un individu porteur d'un nom connu et qui vient d'un point éloigné, est-il tenu de savoir que cet individu est pourvu d'un conseil judiciaire et ne peut s'engager?

N'y a-t-il pas à considérer la bonne foi des tiers, l'impossibilité d'avoir des renseignements, les mille raisons qui peuvent avoir déterminé les actes intervenus, les engagements pris, sans pouvoir soupçonner leur invalidité?

Les engagements souscrits par ceux qui sont pourvus d'un conseil judiciaire ne devraient donc être annulés que dans le cas où la bonne foi des tiers n'aurait pu être trompée, où l'incapacité aurait été connue ou aurait pu l'être aisément.

En dehors de ces cas, l'engagement devrait être valable.

Peut-être la nomination d'un conseil judiciaire pourrait-elle être à bon droit critiquée.

Dans un siècle où la prodigalité semble être le vice de tous, il est difficile de distinguer le prodigue de celui qui ne l'est pas.

D'ailleurs peut-on interdire au majeur de dissiper sa fortune?

N'est-ce pas là un remède exagéré demandé à la loi, qui ne doit avoir souci que de l'intérêt public?

XV. — Si de la protection accordée aux mineurs nous passons à celle qui est accordée à la femme mariée, les dispositions de la loi sont-elles en harmonie avec notre état social?

Ce n'est pas l'incapacité de la femme que la loi considère.

Fille, veuve, la femme est capable de tous les actes de la vie civile.

Mariée, elle est frappée d'incapacité par respect pour l'autorité maritale.

Cette disposition de la loi est logique.

(1) Un projet de loi relatif à la diminution des frais de justice à raison des ventes judiciaires est soumis en ce moment au Conseil d'État : c'est là une réforme dont la nécessité a été dès longtemps signalée.

Toutefois, lorsque la séparation de biens est prononcée, que devient l'autorité maritale?

La loi, enlevant au mari l'administration de la fortune de sa femme, ne fait-elle pas cesser l'autorité maritale, sinon quant à la personne, du moins quant aux biens?

N'est-il pas logique alors que la femme puisse disposer de ses biens sans contrôle?

La loi lui permet la disposition de son mobilier, mais lui refuse celle des immeubles.

L'observation que nous avons faite pour le mineur s'applique aussi à la femme séparée.

La distinction des meubles et des immeubles n'a plus aujourd'hui l'importance qu'elle avait autrefois; les changements dans les mœurs doivent entraîner des modifications dans les lois.

Il ne faut pas vouloir, tant que le mariage subsiste, soustraire la femme d'une manière absolue à l'autorité maritale; mais la séparation de biens n'a lieu que lorsque le mari a dissipé sa propre fortune. A quoi bon alors soumettre la femme, qui peut être plus capable d'administrer que son mari, à la nécessité de n'agir qu'avec son autorisation?

La femme marchande publique agit et s'engage sans l'autorisation de son mari; pourquoi n'en serait-il pas de même de la femme séparée de biens?

On peut objecter sans doute que la loi n'a étendu la capacité de la femme qu'en considération de l'intérêt du commerce, de la sécurité des transactions commerciales; mais, en dehors du commerce, il y a aussi l'intérêt des tiers, la nécessité du crédit, la sûreté des engagements contractés.

La femme séparée, que la loi déclare apte à administrer, ne devrait-elle pas recouvrer une capacité entière?

La nécessité de l'autorisation n'est pas, il est vrai, une entrave absolue; la femme à qui le mari refuse l'autorisation peut se faire autoriser par la justice.

Mais, lorsque les tribunaux ont prononcé la séparation de biens, le principe absolu de la nécessité de l'autorisation ne devrait-il pas fléchir? La loi ne le maintient que pour l'aliénation des immeubles.

Il est illogique de vouloir que la femme séparée puisse disposer d'un million de valeurs mobilières et qu'elle ne puisse pas, sans l'autorisation de son mari, aliéner un champ de quelques ares.

Le Code sarde contient, à cet égard, d'importantes modifications.

Ainsi il est permis au mari de donner à sa femme une procuration générale.

La femme n'a besoin ni de l'autorisation du mari ni de celle de la justice:

1° Si le mari est mineur, interdit, ou absent, ou condamné à plus d'un an de prison;

2° Si la femme est légalement séparée pour une cause imputable au mari;

3° Si elle exerce un commerce.

Dans le cas où il y a opposition d'intérêts entre la femme et le mari, la loi sarde exige l'autorisation du tribunal.

Ces diverses dispositions sont sages et devraient être introduites dans la loi française (1).

XVI. — En résumé, il importe à l'intérêt général, et principalement au développement du crédit, que les incapacités de contracter soient restreintes.

La capacité des contractants doit être la règle; l'incapacité, l'exception.

(1) Le Code sarde, promulgué en 1866, se fait remarquer par de notables améliorations apportées au Code civil français.

Ainsi, pour les successions, le Code sarde n'admet pas le retour légal établi par l'article 747, le retour conventionnel est seul maintenu.

Les règles sur la succession des enfants naturels, sur le retrait successoral, sur la séparation des patrimoines, ont été mises en harmonie avec les enseignements de la doctrine et de la jurisprudence. (Voir *Revue critique de législation*, t. XXIX, p. 172; le *Droit*, numéro du 20 mai 1868.)

Les causes d'incapacité doivent être renfermées dans les plus étroites limites; celles qui ne reproduisent pas d'elles-mêmes sont autant de piéges tendus à la bonne foi des tiers.

En résumé, la capacité légale doit se modeler sur la capacité réelle.

A la différence des temps anciens, aujourd'hui dans toutes les professions, dans toutes les industries, on rencontre des sujets capables qui n'ont pas atteint l'âge de vingt-un ans.

Tous les degrés d'instruction sont parcourus longtemps avant cet âge. Sans prétendre que l'intelligence soit de nos jours autre que ce qu'elle était autrefois, il est certain qu'elle trouve plus de moyens de se développer de bonne heure.

Avant d'avoir atteint l'âge de vingt-un ans, le médecin, l'avocat, peuvent exercer et exerçent réellement leur profession; des ouvriers habiles, sans distinction de sexe, se rencontrent dans tous les genres d'industrie. Est-il logique, lorsque la capacité est généralement plus précoce, de maintenir une incapacité légale en désaccord avec les mœurs?

C'est là une question grave, qui se lie essentiellement au progrès social; il y a utilité pour le législateur à étudier de plus près les lois qui régissent la capacité des personnes.

En cette matière surtout, il est désirable que, par de sages réformes, les lois soient mises d'accord avec les mœurs.

TABLE DES MATIÈRES

Montpellier, imprimerie Gras.

BIBLIOTHEQUE NATIONALE DE FRANCE
3 7502 01898000 5

www.ingramcontent.com/pod-product-compliance
Lightning Source LLC
Chambersburg PA
CBHW072300210326
41519CB00057B/2035

* 9 7 8 2 0 1 1 2 6 8 2 1 1 *